# La Grammaire à l'œuvre

# La Grammaire à l'œuvre

**QUATRIÈME ÉDITION**

## JOHN BARSON
Stanford University

**HOLT, RINEHART AND WINSTON, INC.**
New York
Chicago
San Francisco
Philadelphia
Montreal
Toronto
London
Sydney
Tokyo

**Library of Congress Cataloging-in-Publication Data**

Barson, John.
  La grammaire à l'œuvre.

  Includes index.
  1. French language—Grammar—1950–.  I. Title.
PC2112.B32   1987      448.2'421      86-14224

ISBN 0-03-003742-5

Printed in the United States of America
Published simultaneously in Canada

  9 0 1  016  9 8 7 6 5 4

Holt, Rinehart and Winston
The Dryden Press
Saunders College Publishing

# TABLE DES MATIÈRES

# 10   Le Subjonctif      174

# 11   La Comparaison      195

# PREFACE TO THE FOURTH EDITION OF **La Grammaire à l'œuvre**

Since first published in 1969, *La Grammaire à l'œuvre* has continued to reflect the fundamental commitment of the author to the study of grammar for the purpose of self-expression and communication. Indeed, reviewing French grammar proves valid insofar as it fosters increased ability to communicate effectively. To a large extent, language is creation, and we are constantly reinventing ourselves and the world through its use. Developing the ability to accomplish this should stand out as the central goal of this grammar review.

The fourth edition, with its overall chapter reorganization and modification of the exercises, continues to embody *La Grammaire à l'œuvre*'s emphasis on concision, clarity, practicality, and diversity of application and function.

## NEW FEATURES

More specifically, the current edition offers the following new features.

— Redistribution of material within fourteen chapters. The former contents of Chapter 12 of the third edition—possessive adjectives and possessive pronouns—have been relocated in Chapters 2 and 6. Key chapters with respect to immediate communicative needs are placed early in the first half of the text (for example, *L'interrogation* is now Chapter 4). Indicative tenses, determiners, and pronouns are all covered by Chapter 6. The autonomy of each chapter permits easy division or regrouping of the chapters to suit teacher and student requirements.

— Increased rapport between *Principes* and *Constructions* sections of each lesson, within a redesigned chapter format. The first section, PRÉSENTATION, includes the grammar explanations of both *Principes* and *Constructions* and is followed by ASSIMILATION, containing all the exercises: *Mise en pratique*, *Vérification*, and *Réalisation*.

— Revised and updated explanations for greater clarity and sharper focus on main points. Striking a balance between the completeness of a reference grammar and the schematic nature of outline form, each chapter aims at presenting a cohesive distillation in French of essentials at the intermediate level written with the English-speaking reader in mind. Amplification of examples and exercises makes it possible for students to examine grammatical function in connected, meaningful discourse and to argue intelligently from examples and exercise material as well as from rules in their efforts to internalize the language and utilize it proficiently.

— Études de verbes. All grammar sections now close with an *Étude de verbes* section, focusing primarily on the complementary infinitives and related idiomatic expressions. Expanded reference tables in the appendix provide easy reference for this aspect of grammar.

— A broadened exercise program, including more situational exercises and extended context.

• The *Vérification* section now offers, in addition to discrete-point exercises, anecdotes with a variety of situations, embodying the key grammar of the chapter and presented in a light vein so as to hold students' interest. The story line of some of these vignettes also serves as the basis for certain oral and written exercises in the *Réalisation* section, which contains (as did *Assimilation* in the third edition) varied open-ended projects.

• The exercises pertaining to *Constructions* are now in the *Vérification* section and labelled for ease in assigning them.

• With the answers now placed at the end of the section rather than following each exercise, the student-interactive exercises of *Mise en pratique* afford—within the limits imposed by close-ended exercises—some structured question-answer practice, from which students can improvise at the instructor's discretion. These exercises are also available in the language laboratory program.

— The *Tableaux*. The number of tableaux and charts has been increased, offering a visual presentation of essential grammar points for easier retention.

— Revised and expanded appendix. The *Appendices* now contain, in addition to the verb paradigms and lists of the third edition, some material formerly located in the main body of the text:

• *La syntaxe des temps à l'indicatif.*

• *Temps, fois, moment, heure.*

New appendix material includes:

• A brief alphabetical reference table for prepositions and prepositional phrases.

• A table of phonetic symbols for pronunciation.

• A French-English glossary containing special words and phrases that might be unfamiliar to a beginning intermediate student.

— The revised laboratory program and workbook. *À l'œuvre!*, the laboratory manual and workbook, has been revised to conform to the fourth edition. It is both a student guide to the revised exercises in the laboratory and a written workbook with ample supplementary written practice.

## PRESENTATION OF GRAMMAR

The *Principes* section of each chapter deals with basic areas of grammar requiring intensive study and practice (verbs, pronouns, negation, interrogation, etc.), while *Con-*

*structions* presents material for which more limited explanations and exercises are sufficient. Insofar as possible, the *Constructions* section deals with idiomatic expressions and structural problems related to the topics in *Principes. Constructions* also presents unrelated grammar points, frequently of a structural nature: use of conjunctions, idiomatic expressions, and complementary infinitives, the latter grouped under the rubric *Étude de verbes*.

The *Coin du spécialiste* section of certain chapters discusses more difficult points, intended for students who already grasp essentials well and wish some insight into more complex nuances. This section can be assigned at the instructor's discretion, but exercises covering these subtleties have been purposely omitted. Students' comprehension of these points can be checked in the written work of those who undertake to study them.

As in the past, grammar is presented in outline form, using double-column format, with critical points highlighted by headings such as *N'oubliez pas...*, *Attention!*, *Remarque, Note*. The first of these, *N'oubliez pas...*, is a flashback device and applies to points that most students have already encountered in first-year courses and may have forgotten. *Attention!*, *Remarque*, and *Note* call attention to details in descending order of importance, but have been used sparingly in order not to detract from the main thrust of each chapter.

## Order of chapters

The ideal order of chapters ultimately depends as much on student needs as on the nature of the course or the structure of a given curriculum. Since the chapters of *La Grammaire à l'œuvre* are independent and amply cross-referenced, the order of study can easily be set by the instructors in accordance with curricular needs. For instructors opting to use the text sequentially, attention has been given to the following:

- Key concepts are placed early in the book. Indicative tenses, determiners, pronouns, pronominal verbs, are all covered by Chapter 7.
- The *Constructions* section of each chapter closes with an *Étude de verbes* intended as a gradual review of the complementary infinitive. In addition, reference lists of verbs taking *à* or *de* (or a direct infinitive) are also given in the appendix.
- Chapter 14 (*Les Temps littéraires*) is last and can be treated as reference material if so desired. It emphasizes recognition and understanding of tenses rather than active use, and the exercises are geared accordingly. However, in an intermediate course based on literary readings, the *passé simple* section of this chapter would appropriately be taken up early in the term.
- Interrogation has been moved to the fourth chapter, following the treatment of the *passé composé* and *imparfait* in Chapter 3. In this way, interrogative structures can be reviewed in relationship to both the present and past tenses.
- Chapter 2, "*Les Déterminants*," now includes the possessive adjectives, which lend themselves to this category of noun-related words.
- The possessive pronouns are now studied in Chapter 6, "*Les Pronoms*." Instructors wishing to emphasize the direct and indirect object pronouns could relegate the possessives to a later point in the course.

### The tableaux

The tableaux are an integral part of the grammar explanations and are intended for close study.

Several tableaux of the third edition have been redesigned so that they are easier to follow. New tableaux have been added to present even more information than before in a dynamic, graphic form. Students should be encouraged to study the tableaux carefully, as they frequently contain material not found elsewhere in the chapter.

### Limited use of English

While remaining basically committed to the idea of studying French entirely in the target language, *La Grammaire à l'œuvre* recognizes the value of an occasional reference to English, especially in areas of conflicting usage or in situations where an English translation provides a more accurate understanding of a difficult idiom. Consequently, a few idioms formerly explained in French are now translated for the convenience of the students when they study at home. Classroom discussion, however, should remain focused on the examples in French and on providing ample illustration of usage.

## THE EXERCISES

The exercises in *La Grammaire à l'œuvre* continue to offer a diversified and systematic approach to the review of the basic elements of the language with the objective of developing functional proficiency.

### Mise en pratique

In the first stage, *Mise en pratique*, students should work together in groups of two or three, sharing the practice of basic structures and recurring language reflexes. Most of the exercises in this section involve language patterns embedded in meaningful exchanges between students. The *tu* form is used in question-answer exercises, and the vocabulary is drawn from everyday activities. Answers are provided at the end of the *Vérification* section so that students can check each other in turn according to the instructions. Students should be encouraged to do the exercises orally and to divide each exercise according to the indicated roles. In most cases, only the controlling student has his or her book open. Where indicated, students should feel free to improvise on the various models given, using their own experience and vocabulary.

The *Mise en pratique* warm-up sessions, even those requiring fairly simple operations, offer students an opportunity to practice without stress, without the embarrassment often connected with getting wrong answers in front of the whole class. Participating occasionally, adding supplementary questions, or dealing with any grammatical difficulties that arise, the instructor can observe the groups during this practice phase. (A 10- to 15-minute practice phase is suggested.) With the answers provided at the end of the section, a substantial portion of the warm-up will be corrected without the instructor's needing to attend to every individual response. In this way, practice involving all students simultaneously is possible and better use is made of class time in furthering oral skills.

*Mise en pratique* can also be used as a self-testing device at home or in the language laboratory. (See the discussion of the laboratory program, below.)

## Vérification

The *Vérification* section, which offers more extensive practice on the main points of the lesson, comprises a wide range of exercises: fill-ins, substitutions, transformations, question-answer, short reading passages (vignettes), and so on. Some translation has also been included in areas where salient mistakes are clearly due to interference from English. Since isolated sentences with little or no point of reference can become very tedious, individual sentences and questions are frequently grouped under specific topics or situations to be imagined. The short stories that have been provided incorporate the grammar under study and may be utilized for further class discussion once students have mastered the grammar they contain.

The instructor normally will conduct the *Vérification* exercises, many of which may be done orally in class as a rapid check of essentials. Note that the *vous* form has been used throughout in question-answer exercises so that students will practice this form of address as well as *tu*. Instructors preferring the use of *tu* are free to adjust accordingly, but some practice of *vous* (in formal address) should be retained.

As much as thirty minutes could be devoted to the *Vérification* section. The translation and sentence-writing exercises based on specific material in the chapter are best assigned as written homework. Students should understand that even a sentence is a composition, and in experimenting with a given usage or form, they should also be imaginative.

## Réalisation

The exercises of the *Réalisation* section provide a variety of class activities and homework projects that require a conscious effort on the part of the student to draw on the grammar studied while engaging in natural and worthwhile communication. Included are debate topics, skits, oral exposés, class discussions, games, research projects, and written compositions. Students thus have a range of choice in developing their ability to speak and write clearly and effectively.

Complete coverage of the *Réalisation* exercises is not intended. At least one written assignment may be given per lesson. The oral presentations may be undertaken voluntarily on a rotating basis from lesson to lesson. By the end of the course, all students should have performed in a debate, a skit, or some oral exposé. If these are to be spontaneous and lively, they cannot be as rigorously controlled in class as the *Vérification* exercises. Interruption of student activities for purposes of grammatical corrections tends to be very discouraging and even counterproductive in terms of learning. Comments on oral work are in order when students have concluded their presentation and should address the content and quality of the presentation as much as, if not more than, grammatical form.

Instructors may also wish to have students turn in their scripts or notes after they have performed in class for further correction.

In preparing written essays, students should be particularly attentive to form since they have the requisite time and access to reference materials (grammar text and dictionary) to produce their best level of writing. Instructors may wish to adopt a system of multiple drafts (underlining errors without correction in preliminary versions) so that students gain extra practice in self-correction and stylistic emendations. Allotting some class time for students to discuss their written work in small groups is quite beneficial and in keeping with the "workshop" atmosphere of the *Réalisation* section. In addition to accomplishing the task at hand, students develop the language skills they need to discuss these tasks. This, too, is an important part of developing proficiency in the target language.

Student presentations can range anywhere from a few minutes to an entire class hour. Some budgeting of time is necessary, but there are too many variables to make any suggestions uniformly valid.

## LANGUAGE LABORATORY PROGRAM AND EXERCISE MANUAL

A language laboratory program containing both oral and written exercises accompanies *La Grammaire à l'œuvre*. The laboratory lessons, coordinated with the chapters in the main text, review and reinforce key points of grammar and idiomatic usage. The student manual, *À l'œuvre!*, contains a guide to the laboratory exercises as well as supplementary written practice for each chapter of *La Grammaire à l'œuvre*. Diversified exercises are provided, including open-ended questions and oral comprehension, as well as suggestions for compositions and class activities.

A special feature of the laboratory program is the inclusion of the *Mise en pratique* exercises from the main text. This will assist students either in preparing for class or in securing additional practice after class if needed.

For further details concerning the laboratory program and exercise manual, see the preface to *À l'œuvre!*

## SUGGESTED TIMING

In planning courses, it should be noted that some chapters (such as those covering the subjunctive, past tenses, pronouns, and interrogation) will undoubtedly take longer to cover than others. On the average, two to four days per chapter is sufficient, depending on the course requirements, variations in student ability, and whatever supplementary reading material may be included in the curriculum (for example, *Intrigues*, ed. Barson/Bertrand, Holt, Rinehart and Winston, 1979).

*La Grammaire à l'œuvre*, in this fourth edition, will provide students with a clear, flexible review of French and some systematic practice in achieving proficiency, without ever losing sight of language as the instrument and reflection of our creative energy and humanity. The basic assumption of *La Grammaire à l'œuvre* is that rules are not studied for their own sake or for the sake of performing exercises but to make invention and communication possible.

## ACKNOWLEDGMENTS

I wish to extend special thanks to Jean-François Fourny of Vassar College for his assistance in preparing this current edition of *La Grammaire à l'œuvre*. His spirited and sympathetic contribution to the exercises and his interest in the overall project were indispensable to the complex elaboration of the book.

I am also deeply indebted to Claudie Hester, Menlo College, for her understanding and constructive reading of the manuscript. Her close attention to the text, informed by years of teaching experience and high standards, has contributed to many refinements in this edition.

My thanks also go to Josiane Cohanim for her encouragement and her attentive reading of the manuscript, to Jean-Philippe Mathy for his close reading of final pages, and to all reviewers for their conscientious comments.

Also, much credit is due the editorial and production staff at Holt, Rinehart and Winston, especially Phyllis Block, for her unfailing eye and insight in editing the final manuscript. Her judgment and good-natured fine-tuning are without parallel in my experience. I am also grateful to Janet Field for her skilled and patient editorial assistance in all phases of production. The cover design is the inspiration of Fred Charles, whom I warmly thank for giving such intriguing visual form to the basic concept of this text.

J.B.

### Reviewers

Richard Blakeley, Brown University
Rae Baudouin, The University of British Columbia
Douglas G. Creighton, The University of Western Ontario
Patricia DeMeo, Dalhousie University
Michel Gabrielli, University of Michigan
John Gesell, University of Arizona
Isabelle Kaplan, Northwestern University
Yvon LeBras, Brigham Young University
Claire-Lise Malarte, University of New Hampshire
Josephine Ott, Smith College
M. G. Pifer, University of Wisconsin
Jacqueline Simons, University of California, Santa Barbara
Christian van den Berghe, University of Santa Clara
Gail G. Wade, University of California, Berkeley
Joel Walz, University of Georgia
Steven Winspur, Columbia University

# La Grammaire à l'œuvre

# CHAPITRE 1

# Le Présent et l'impératif

## PRÉSENTATION

### PRINCIPES
La formation du présent
L'emploi du présent
La formation de l'impératif
L'emploi de l'impératif

### CONSTRUCTIONS
L'infinitif
ÉTUDE DE VERBES : **Être en train de** + *infinitif;* **venir de** + *infinitif;* **aller** + *infinitif*

## PRINCIPES

### I.  La formation du présent

**A.**  Verbes en **-er**

Pour les verbes réguliers en **-er**, ajoutez au radical[1] (**parl-**) les terminaisons :

| | | | Parler | |
|---|---|---|---|---|
| -e | -ons | | je parle | nous parlons |
| -es | -ez | | tu parles | vous parlez |
| -e | -ent | | il / elle parle | ils / elles parlent |

[1]On obtient le radical d'un verbe en supprimant la terminaison de l'infinitif. EXEMPLES : **parler, finir, rendre, recevoir** ont pour radical **parl-, fin-, rend-, recev-**.

1

**B.** Verbes en **-ir**

1.  Pour les verbes conjugués comme **finir**, ajoutez au radical (**fin-**) les terminaisons :

| | | Finir | |
|---|---|---|---|
| -is | -issons | je finis | nous finissons |
| -is | -issez | tu finis | vous finissez |
| -it | -issent | il / elle finit | ils / elles finissent |

Principaux verbes conjugués comme **finir**[2] :

| | | |
|---|---|---|
| agir (réagir) | établir | ralentir |
| agrandir | grandir | réfléchir |
| bâtir | grossir | réussir |
| blanchir | noircir | rougir |
| choisir | obéir | salir |
| démolir | pâlir | vieillir |

2.  Certains verbes en **-ir** (modèle : **partir**) ne prennent pas l'infixe **-iss,** notamment :

| | |
|---|---|
| courir | partir |
| dormir | servir |
| mentir | sortir |

Voir Tableau 1 pour la conjugaison au présent de ces verbes.

**TABLEAU 1**

| Verbes en *-ir* sans infixe (*-iss*) | | |
|---|---|---|
| **Courir** | **Dormir** | **Mentir** |
| je cours | je dors | je mens |
| tu cours | tu dors | tu mens |
| il / elle court | il / elle dort | il / elle ment |
| nous courons | nous dormons | nous mentons |
| vous courez | vous dormez | vous mentez |
| ils / elles courent | ils / elles dorment | ils / elles mentent |
| **Partir** | **Servir** | **Sortir** |
| je pars | je sers | je sors |
| tu pars | tu sers | tu sors |
| il / elle part | il / elle sert | il / elle sort |
| nous partons | nous servons | nous sortons |
| vous partez | vous servez | vous sortez |
| ils / elles partent | ils / elles servent | ils / elles sortent |

[2]Notez que les verbes formés sur un adjectif sont souvent des verbes en **-ir** avec l'infixe **-iss : blanchir, grandir, grossir, pâlir, noircir, rougir, vieillir.**

**ATTENTION!** Les verbes suivants en **-ir** se conjuguent au présent comme les verbes en **-er** :

offrir
souffrir
ouvrir (rouvrir)
couvrir (découvrir, recouvrir)

### Offrir

| | |
|---|---|
| j' offre | nous offrons |
| tu offres | vous offrez |
| il / elle offre | ils / elles offrent |

**C.** Verbes en **-re**

1. Pour les verbes conjugués comme **rendre**, ajoutez au radical (**rend-**) les terminaisons :

| | |
|---|---|
| -s | -ons |
| -s | -ez |
| - (pas de terminaison) | -ent |

### Rendre

| | |
|---|---|
| je rends | nous rendons |
| tu rends | vous rendez |
| il / elle rend | ils / elles rendent |

2. Pour les verbes conjugués comme **prendre**, le pluriel est irrégulier :

### Prendre

| | |
|---|---|
| je prends | nous prenons |
| tu prends | vous prenez |
| il / elle prend | ils / elles prennent |

**ATTENTION!** Ne confondez pas les verbes conjugués comme **rendre** avec les verbes conjugués comme **prendre** :

- Conjugués comme **rendre** :

| | |
|---|---|
| confondre | pendre |
| défendre | perdre |
| dépendre | répondre |
| descendre | tendre |
| détendre | tordre |
| fondre | vendre |
| mordre | |

- Conjugués comme **prendre** :

| | |
|---|---|
| apprendre | reprendre |
| comprendre | surprendre |

**D.** Verbes irréguliers en **-re, -ir, -oir**

Les verbes qui changent de radical dans la conjugaison au présent ont les terminaisons :

| | |
|---|---|
| -s | -ons |
| -s | -ez |
| -t | -ent |

### Recevoir

| | |
|---|---|
| je reçois | nous recevons |
| tu reçois | vous recevez |
| il / elle reçoit | ils / elles reçoivent |

Voir Tableau 2, pages 4–5, pour les principaux verbes irréguliers au présent.

**TABLEAU 2**

### Verbes irréguliers à l'indicatif présent

| **Être** | **Avoir** | **Aller** | **Faire** | **Prendre\*** |
|---|---|---|---|---|
| je suis | j' ai | je vais | je fais | je prends |
| tu es | tu as | tu vas | tu fais | tu prends |
| il / elle est | il / elle a | il / elle va | il / elle fait | il / elle prend |
| nous sommes | nous avons | nous allons | nous faisons | nous prenons |
| vous êtes | vous avez | vous allez | vous faites | vous prenez |
| ils / elles sont | ils / elles ont | ils / elles vont | ils / elles font | ils / elles prennent |

| **Dire** | **Lire** | **Écrire** | **Vivre** | **Ouvrir†** |
|---|---|---|---|---|
| je dis | je lis | j' écris | je vis | j' ouvre |
| tu dis | tu lis | tu écris | tu vis | tu ouvres |
| il / elle dit | il / elle lit | il / elle écrit | il / elle vit | il / elle ouvre |
| nous disons | nous lisons | nous écrivons | nous vivons | nous ouvrons |
| vous dites | vous lisez | vous écrivez | vous vivez | vous ouvrez |
| ils / elles disent | ils / elles lisent | ils / elles écrivent | ils / elles vivent | ils / elles ouvrent |

| **Connaître** | **Rire** | **Mourir** | **Mettre** | **Cueillir** |
|---|---|---|---|---|
| je connais | je ris | je meurs | je mets | je cueille |
| tu connais | tu ris | tu meurs | tu mets | tu cueilles |
| il / elle connaît | il / elle rit | il / elle meurt | il / elle met | il / elle cueille |
| nous connaissons | nous rions | nous mourons | nous mettons | nous cueillons |
| vous connaissez | vous riez | vous mourez | vous mettez | vous cueillez |
| ils / elles connaissent | ils / elles rient | ils / elles meurent | ils / elles mettent | ils / elles cueillent |

\*Conjugués comme **prendre : comprendre, reprendre, apprendre**

†Conjugués comme **ouvrir : couvrir (découvrir, recouvrir), offrir, souffrir**

**E.** Les verbes à changements orthographiques à l'indicatif présent

1. Verbes en **-ger** ou **-cer (manger, placer)**

À la forme **nous** les verbes en **-ger** se terminent par **-geons** et les verbes en **-cer** se terminent en **-çons**. Ces changements (**g → ge** et **c → ç**) préservent le son que les lettres **c** et **g** produisent à l'infinitif de ces verbes (**g** = *j* et **c** = *ss*).

manger : nous mangeons
placer : nous plaçons

Principaux verbes comme **manger :**

| déranger | plonger | songer |
|---|---|---|
| nager | ranger | voyager |
| partager | | |

Nous rangeons nos affaires dans le placard.

Principaux verbes comme **placer :**

| commencer | lancer |
|---|---|
| forcer | menacer |

Nous commençons à être fatigués du mauvais temps.

**TABLEAU 2**

## Verbes irréguliers à l'indicatif présent

| Boire | Recevoir | Devoir | Plaire | Conduire |
|---|---|---|---|---|
| je bois | je reçois | je dois | je plais | je conduis |
| tu bois | tu reçois | tu dois | tu plais | tu conduis |
| il / elle boit | il / elle reçoit | il / elle doit | il / elle plaît | il / elle conduit |
| nous buvons | nous recevons | nous devons | nous plaisons | nous conduisons |
| vous buvez | vous recevez | vous devez | vous plaisez | vous conduisez |
| ils / elles boivent | ils / elles reçoivent | ils / elles doivent | ils / elles plaisent | ils / elles conduisent |

| Pouvoir | Vouloir | Valoir | Croire | Voir |
|---|---|---|---|---|
| je peux | je veux | je vaux | je crois | je vois |
| tu peux | tu veux | tu vaux | tu crois | tu vois |
| il / elle peut | il / elle veut | il / elle vaut | il / elle croit | il / elle voit |
| nous pouvons | nous voulons | nous valons | nous croyons | nous voyons |
| vous pouvez | vous voulez | vous valez | vous croyez | vous voyez |
| ils / elles peuvent | ils / elles veulent | ils / elles valent | ils / elles croient | ils / elles voient |

| Craindre | Peindre | Éteindre | Venir | Tenir |
|---|---|---|---|---|
| je crains | je peins | j' éteins | je viens | je tiens |
| tu crains | tu peins | tu éteins | tu viens | tu tiens |
| il / elle craint | il / elle peint | il / elle éteint | il / elle vient | il / elle tient |
| nous craignons | nous peignons | nous éteignons | nous venons | nous tenons |
| vous craignez | vous peignez | vous éteignez | vous venez | vous tenez |
| ils / elles craignent | ils / elles peignent | ils / elles éteignent | ils / elles viennent | ils / elles tiennent |

Notez bien la forme **vous** des verbes **être, faire** et **dire** : vous **êtes**, vous **faites**, vous **dites**; et la forme **ils** des verbes **être, faire, avoir, aller** : ils **sont**, ils **font**, ils **ont**, ils **vont**.

2. Verbes en **-yer (employer, ennuyer, payer)**

Pour les verbes en **-yer**, **y** devient **i** excepté aux formes **nous** et **vous**.

|  | Employer | Payer |
|---|---|---|
|  | j' emploie | je paie |
|  | tu emploies | tu paies |
|  | il / elle emploie | il / elle paie |
|  | ils / elles emploient | ils / elles paient |
| MAIS : | nous employons | nous payons |
|  | vous employez | vous payez |

NOTE: Les verbes en **-ayer**, comme **payer, rayer, balayer**, peuvent garder le **y** dans toute la conjugaison : **je paye, tu payes**, etc.

3. Pour les verbes en **-e** ou **-é** + *consonne* + **er,** comme **acheter, espérer, e** ou **é** devient **è** devant une terminaison avec un **e** muet. Remarquez les changements de prononciation.

| Acheter | Espérer |
|---|---|
| j' achète | j' espère |
| tu achètes | tu espères |
| il / elle achète | il / elle espère |
| ils / elles achètent | ils / elles espèrent |
| MAIS :   nous achetons | nous espérons |
| vous achetez | vous espérez |

ATTENTION!   Certains verbes en **-eler** et **-eter** (**appeler, jeter**) redoublent la consonne finale au lieu de prendre un **è.** Notez que **-ète** et **-ette** se prononce de la même façon, ainsi que **-èle** et **-elle.**

| Appeler | Jeter |
|---|---|
| j' appelle | je jette |
| tu appelles | tu jettes |
| il / elle appelle | il / elle jette |
| ils / elles appellent | ils / elles jettent |
| MAIS :   nous appelons | nous jetons |
| vous appelez | vous jetez |

## II.   L'emploi du présent

En général, l'emploi du présent est le même en français qu'en anglais[3].

**A.**   Il exprime une action qui se déroule au moment où on parle.

Que fait Miriam? — Elle prépare un article sur ses recherches en biochimie.

Je comprends bien votre situation et les difficultés que vous éprouvez à parler de cet incident.

**B.**   Le présent exprime aussi un état général ou permanent.

Marianne ne mange jamais de viande et ne boit pas de café.

Les salaires n'augmentent pas aussi vite que le taux d'inflation.

L'après-midi nous faisons un peu de natation ou nous courons, puis nous travaillons au laboratoire. Avant de dîner, nous écoutons les informations locales.

Dans le nord-ouest des États-Unis, il pleut souvent.

**C.**   On peut employer le présent pour donner une impression d'actualité à une action future.

Je vais chez des copains demain soir.

Les délégués arrivent de New York dans deux jours.

Jean-Claude est triste parce qu'il reprend ses études le mois prochain.

**D.**   Employé après **si,** le présent indique une hypothèse qui est envisagée dans sa réali-

---

[3]En anglais, il y a trois formes différentes pour exprimer le présent : par exemple, « Elle travaille. » = *She works, she is working, she does work.* Faites attention à ne pas traduire littéralement de l'anglais la forme progressive en *-ing.*

sation probable. Le verbe de la proposition principale est d'habitude au futur et quelquefois à l'impératif ou au présent.

| hypothèse | proposition principale |
|---|---|
| | futur |
| **si** + présent... | présent |
| | impératif |

Si tu manges trop de chocolat, tu auras mal au ventre.

Si vous ne comprenez pas ce que je dis, levez la main et posez-moi une question.

Si Christophe boit trop, il raconte des bêtises. (Ici, *si* a la valeur de *quand*.)

Si les gens parlent trop vite, je ne les comprends pas.

L'usage français diffère de l'anglais avec **depuis**. Si l'action commencée dans le passé continue au moment présent, on emploie le présent après **depuis**[4].

Nous étudions le français depuis un an (depuis le semestre d'automne, depuis 1983, etc.).

Pour la formation de la question avec **depuis quand...?, depuis combien de temps...?,** voir Chapitre 4, Constructions I, page 68.

# III.   La formation de l'impératif

*Jan. 31/91.*

**A.** Les trois personnes de l'impératif correspondent aux formes **tu, nous** et **vous** de l'indicatif présent[5].

**Attendre**

| *Indicatif* | *Impératif* |
|---|---|
| tu attends | attends |
| nous attendons | attendons |
| vous attendez | attendez |

**Parler**

| *Indicatif* | *Impératif* |
|---|---|
| tu parles | parle |
| nous parlons | parlons |
| vous parlez | parlez |

EXCEPTION:   Pour la forme **tu** de tous les verbes en **-er** et les verbes en **-ir** conjugués comme des verbes en **-er** (*offrir, souffrir, ouvrir, couvrir, découvrir, recouvrir*), il n'y a pas de **s** à l'impératif, mais il y en a un au présent de l'indicatif.

**Offrir**

| | |
|---|---|
| tu offres | offre |
| nous offrons | offrons |
| vous offrez | offrez |

N'OUBLIEZ PAS...   Il n'y a jamais de pronom sujet à l'impératif.

Ne buvez pas ce lait.
Viens avec moi.
Ne dis rien à ton père.
Va chez Léon et dis-lui de venir me voir tout de suite.

---

[4]En anglais on emploie dans ce cas le *present perfect*.

[5]Pour l'impératif avec les verbes pronominaux, voir Chapitre 7, page 122.

**B.** Les verbes **avoir, être** et **savoir** sont irréguliers à l'impératif:

| Avoir | Être | Savoir |
|-------|------|--------|
| aie | sois | sache |
| ayons | soyons | sachons |
| ayez | soyez | sachez |

NOTE : Pour l'impératif irrégulier de **vouloir,** voir Coin du spécialiste, page 12.

**C.** Les verbes qui ont des changements orthographiques au présent (voir page 4) les ont également à l'impératif.

Nageons dans le lac, puis mangeons nos sandwichs.
Nettoie ta chambre tout de suite!
Répète (Répétez) la question.
Retraçons nos pas jusqu'à la sortie.
Jette-moi la balle.
Rappelle-le ce soir sans faute.

**D.** À l'impératif affirmatif seulement, les pronoms objets sont placés après le verbe. Pour l'ordre des pronoms après le verbe, voir Tableau 21, page 102.

À l'impératif négatif, les pronoms se mettent à leur place habituelle devant le verbe.

Laisse-le tranquille.
Prête-lui ton appareil-photo.
Raconte-nous ton aventure.
Passe-moi un crayon.

Ne le laisse pas seul.
Ne lui prête pas ton appareil-photo.

# IV.   L'emploi de l'imperatif

On emploie l'impératif pour donner un ordre. À la forme **nous** l'impératif exprime souvent une suggestion.

Partez. Courez. Ne perdez pas une minute.
Ne touche à rien sur mon bureau.
Ayez de la patience.
Sois raisonnable.
Allons faire une promenade.

Comme la forme impérative est très forte, son emploi se limite aux situations qui tolèrent l'aspect direct de ce mode. Le plus souvent, on cherche à exprimer les ordres d'une manière indirecte en se servant d'autres tournures à la place de l'impératif. Le choix de ces alternatives dépend le plus souvent de facteurs socio-linguistiques ou du contexte dans lequel l'ordre est donné plutôt que de règles grammaticales proprement dites.

**A.** L'infinitif peut exprimer un ordre écrit et impersonnel. On ne s'adresse pas spécifiquement à quelqu'un. Les ordres à l'infinitif se trouvent dans les recettes de cuisine, dans les lieux publics.

Bien laver les champignons et les ajouter à la salade. Préparer une vinaigrette. Servir bien frais.
Ne pas fumer. Ne pas se pencher au dehors.
En cas d'urgence, appuyer sur le bouton rouge.

**B.** Une question avec **pouvoir** + *infinitif* exprime souvent un ordre atténué.

Pouvez-vous ouvrir la fenêtre? Il fait très chaud dans la pièce.
Pourrais-tu m'accompagner jusqu'à la gare?

**C.** Le futur s'utilise aussi pour donner des ordres.

Pour demain, vous lirez le premier acte d'*Antigone* et vous préparerez trois questions.

# CONSTRUCTIONS

## L'infinitif

**A.** Formes

1.  À l'infinitif présent les verbes ont les terminaisons : **-er, -ir, -re, -oir.**

| | | | |
|---|---|---|---|
| parler | sortir | prendre | vouloir |
| danser | finir | rendre | recevoir |

Denis veut prendre le train, aller en ville, voir les musées et dîner au restaurant.

2.  Il existe aussi une forme composée de l'infinitif : *l'infinitif passé.*

$\left.\begin{array}{l}\textbf{avoir}\\\textbf{être}\end{array}\right\}$ + *participe passé du verbe utilisé*

avoir parlé
avoir dansé, etc.

être $\begin{cases}\text{arrivé(s)}\\\text{arrivée(s)}\end{cases}$

être $\begin{cases}\text{sorti(s),}\\\text{sortie(s), etc.}^{6}\end{cases}$

Après avoir dansé toute la soirée, Denis est rentré à deux heures du matin.
Après être arrivés à Genève, nous avons cherché un hôtel.

3.  À la forme négative les deux parties de la négation sont placées devant l'infinitif.

ne pas parler
ne plus boire
ne pas avoir parlé
ne jamais être allé

On m'a dit de ne pas boire trop de café.
Evelyne regrette de ne jamais être allée à Chartres[7].

4.  Les pronoms objets directs et indirects sont à leur place habituelle devant le verbe qui gouverne les pronoms.

Gardez ces cerises pour vous; je ne veux pas vous en priver.
Je lui ai demandé de ne pas le faire.
Après y être arrivés, nous chercherons une auberge.

---

[6]Le participe passé des infinitifs passés conjugués avec **être** s'accorde avec le sujet du verbe principal de la phrase. Voir Chapitre 3, page 43.

[7]Avec **être** et **avoir** on peut dire **n'être pas** et **n'avoir pas,** et, par conséquent, à l'infinitif composé des autres verbes: **n'avoir pas chanté, n'être pas arrivé.** (Cette tournure appartient au style soutenu.) EXEMPLE : Evelyne regrette de n'être jamais allée à Chartres.

5. Le pronom réfléchi d'un verbe pronominal à l'infinitif est à la même personne que le pronom du verbe principal.

Moi, je veux m'habiller pour sortir, mais elle, elle veut se mettre en tenue de sport. Décidément, nous ne pouvons jamais nous entendre!

**B.**   Emploi

1. L'infinitif est surtout employé comme complément d'un verbe[8]. Le plus souvent il est ou objet direct ou introduit par **à** ou **de**[9].

Nous pensons faire un pique-nique.
J'aide mes amis à faire leurs devoirs.
Fabien a décidé d'interrompre ses études.

2. Dans une phrase ayant un infinitif complément objet direct, l'action de l'infinitif se rapporte au sujet du verbe principal. C'est-à-dire, la phrase ne peut avoir qu'un sujet.

Marie-Laure voudrait danser.
L'oncle de Jean-Pierre préfère dîner seul.

Dans le cas où un autre sujet que celui de la proposition principale accomplirait l'action subordonnée[10], il faut employer une proposition subordonnée, introduite par **que,** pour exprimer ce changement du sujet.

Marie-Laure voudrait que je danse avec elle.

L'oncle de Jean-Pierre préfère que vous dîniez sans lui.

3. Utilisez l'infinitif composé (passé) pour indiquer que l'action de l'infinitif précède chronologiquement l'action du verbe principal. L'infinitif passé exprime toujours une action terminée par rapport à l'autre verbe dans la phrase.

Après avoir fini ses études, il cherchera un poste dans l'exportation.
Il regrette d'avoir oublié son rendez-vous.
Elle a quitté Paris sans être allée à Montmartre.
Après être arrivés, mes parents ont défait leurs valises.

REMARQUE:   Certains verbes n'ont pas la même construction quand ils sont suivis d'un infinitif ou d'un nom. Voir Appendice IV pour la construction multiple des verbes les plus courants.

Après avoir fini mon café, je finirai d'écrire cette lettre. (café : objet direct de *finir*; écrire : infinitif introduit par *finir* de.)

4. L'infinitif s'emploie aussi dans certaines constructions idiomatiques :

a)   **Être** + *adjectif* + **de** + *infinitif*

Employez cette construction quand l'adjectif exprime un sentiment : **furieux, content, triste, heureux, désolé.**

Marie-Hélène est furieuse d'être en retard.
Je suis très content de vous voir.

---

[8]Pour le système de présentation de l'infinitif complément dans ce manuel, voir la Préface.

[9]Pour l'infinitif après **pour, avant de, sans,** voir Chapitre 10, Tableau 46.

[10]Exceptionnellement, avec les verbes de perception comme **voir, regarder, entendre, sentir,** etc., l'action de l'infinitif complément est accomplie par quelqu'un d'autre que le sujet du verbe principal. EXEMPLES : Il regardait danser les singes (les singes dansaient). J'ai entendu l'avocat lire le testament (l'avocat lisait). Voir Chapitre 13, page 233.

b) **Être** + *adjectif* + **à** + *infinitif*

Employez cette construction avec certains adjectifs comme :

| | | |
|---|---|---|
| difficile | lent | pénible |
| facile | rapide | impossible |
| amusant | léger | dur |
| triste | lourd | premier |
| prêt | agréable | (dernier) |
| intéressant | terrible | seul |

L'infinitif complément (**à** + *infinitif*) précise l'application de l'adjectif.

NOTE: **À** + *infinitif* indique parfois une obligation.

La philosophie de Sartre est souvent difficile à comprendre. (difficile à expliquer, etc.)
Cet enfant est dur à réveiller. (à surveiller, à comprendre, etc.)
Ce paquet est lourd à porter.
Voilà une histoire amusante à entendre.

J'ai du travail à faire. (qu'il faut que je fasse)
Voilà un livre à lire. (qu'il faut lire)

c) **Il est** + *adjectif* + **de** + *infinitif*
**C'est** + *nom* + **de** + *infinitif*

Dans ces deux constructions, **il est** (impersonnel) et **c'est** sont des présentatifs, c'est-à-dire qu'ils servent à introduire un fait non-mentionné encore. (L'infinitif est en réalité le sujet du verbe **être**.)

Dans la conversation on dit souvent **c'est** au lieu de **il est** + *adjectif* + **de** + *infinitif*.

ATTENTION! Ne confondez pas **il est** et **c'est** (présentatifs) avec **c'est** + *adjectif* + **à** + *infinitif* où **c'** renvoie à un fait déjà mentionné.

Il est important de bien prononcer le français. (Bien prononcer est important.)
Il était facile de choisir le meilleur joueur.
C'est une folie d'aller en mer par ce mauvais temps.
C'est une bonne idée de faire des économies.

C'est (Il est) dommage de rentrer si tôt.

La couturière m'a montré comment recoudre la poche. C'est très facile à faire. COMPARER : Il est facile de recoudre une poche.

5. L'infinitif peut être sujet. Il exprime alors un fait général.

Vouloir c'est pouvoir.
Savez-vous qui a dit « Partir c'est mourir un peu. »?

6. L'infinitif sert souvent à exprimer des ordres impersonnels ou des instructions générales. Voir page 8.

Ralentir. Travaux. (*Slow. Roadwork ahead.*)

## ÉTUDE DE VERBES

### A. **Être en train de** + *infinitif*

Employez **être en train de** pour insister sur le fait qu'une action se passe au moment où on parle. Remarquez que l'expression n'est pas limitée au présent. Au passé, **être en train de** est toujours à l'imparfait.

Étienne ne peut pas venir au téléphone. Il est en train de se raser.
Ma femme était en train de payer les factures quand je suis rentré.
Demain à cette heure, ils seront en train de se bronzer sur une plage de Tahiti.

**B.  Venir de** + *infinitif*

L'expression **venir de** s'applique à une action récemment achevée. Au passé **venir de** est toujours à l'imparfait. (Voir page 51.)

Je viens de casser mes lunettes.
Il venait de verser les gouttes d'arsenic dans le verre quand l'espion est entré.
Je n'ai pas lu ce roman, mais mes amis viennent de m'en parler.

**C.  Aller** + *infinitif*

Le présent du verbe **aller** + *infinitif* exprime un futur assez proche du présent.

Je pense que le tigre va attaquer la gazelle.
Il fait gris en ce moment, mais je pense que le soleil va percer d'ici quelques minutes.

Dans un contexte au passé, la construction **aller** + *infinitif* est toujours à l'imparfait.

Je pensais que le tigre allait attaquer la gazelle.

**NOTE** :  La construction **aller** + *infinitif* ne peut pas se mettre au subjonctif. Dans ce cas, on met le verbe en question au subjonctif ou on utilise une tournure comme : **être sur le point de, avoir l'intention de.**

Je ne crois pas que le tigre attaque (soit sur le point d'attaquer, ait l'intention d'attaquer) la gazelle.

## Coin du spécialiste

**A.**  Le présent historique (littéraire)

On intercale parfois le présent dans une narration au passé pour rendre cette narration plus vivante.

> La nuit dernière le bruit de la porte m'a réveillé; vite, j'ai pris ma lampe électrique et je suis descendu. En arrivant dans le salon, je vois un voleur qui sort par la fenêtre. Furieux, je cours après lui, je le frappe avec la lampe. Il tombe inconscient. Alors, j'ai téléphoné à la police. Un agent est arrivé en moins de cinq minutes...

**B.**  L'impératif pour la supposition

L'impératif peut exprimer une supposition, dans des phrases du type: « Donnez-lui cent dollars, il les dépensera inutilement. » Dans ce cas, l'impératif équivaut à une proposition : **si** + *présent* (ou *imparfait*).

> Si vous lui donnez (donniez) cent dollars, il les dépensera (dépenserait) inutilement.

**C.**  Formules de politesse

L'impératif de **vouloir** et d'**avoir** est employé dans les formules de politesse comme : *ayez la gentillesse de* + infinitif...; *veuillez agréer, cher Monsieur, l'expression de mes sentiments distingués* (fin d'une lettre d'affaires); *veuillez vous asseoir*, etc. Le verbe **vouloir** n'est guère usité aux autres formes de l'impératif : **veuille, veuillons.**

# ASSIMILATION

## Mise en pratique[11]

**I.** *Répondez aux questions. **A** et **B** poseront les questions et contrôleront les réponses à tour de rôle. On improvisera d'autres questions sur le même modèle.*

**A**

SITUATION **1** : Les distractions

1. Est-ce que tu joues au tennis? (au volley ball? au football? au basket?)
2. Quel sport préfères-tu?
3. Est-ce que tu fais la cuisine? (Quel plat fais-tu le mieux?)
4. Quels disques écoutes-tu?
5. Lis-tu des journaux? Lesquels?
6. Est-ce que tu vas danser tous les week-ends? Où?

**B**

SITUATION **2** : Les études

1. Est-ce que tu suis des cours intéressants? Lesquels?
2. As-tu des professeurs originaux?
3. Où est-ce que tu étudies?
4. Écris-tu des dissertations chaque semaine?
5. Prends-tu de bonnes notes pendant la conférence? Peux-tu me prêter tes notes?
6. Comment viens-tu à l'université?

**II.** SITUATION : « Tu n'as pas de chance! »

**A** *racontera ses activités pendant un week-end typique consacré aux études. Pour chacune d'elles, **B** précisera celles des amis de **A** en utilisant les verbes donnés dans la colonne de droite et en ajoutant d'autres détails applicables à la situation. **A** et **B** changeront de rôle et contrôleront la forme correcte du verbe donné entre parenthèses.*

**MODÈLE :**

| A | B |
|---|---|
| J'étudie... le calcul... | (aller)... en ville |

**B :** *Toi, tu étudies le calcul, et tes amis vont en ville (à la montagne, etc.).*

| | A | B |
|---|---|---|
| 1. | Je dîne... d'un sandwich... dans ma chambre. | (prendre)... une pizza |
| 2. | Je lis mes livres d'histoire. | (voir)... pièce de théâtre |
| 3. | J'organise mes notes. | (flâner)... dans les rues |
| 4. | J'écris mon devoir d'anglais. | (aller)... à un concert |
| 5. | Je finis mes expériences scientifiques. | (visiter)... les musées |

[11]Dans ce manuel, les réponses aux exercices de « Mise en pratique » se trouvent à la fin de la section « Mise en pratique ».

|                                                    | **B**                          | **A**                          |
|---|---|---|
| 6. | Je fais des recherches à la bibliothèque. | (organiser)... une excursion au bord de la mer |
| 7. | Je mets de l'ordre dans ma chambre. | (préparer)... un pique-nique |
| 8. | Je regarde les informations à la télé. | (faire)... de la planche à voile |
| 9. | Je corrige mes devoirs de français. | (jouer)... à la balle |
| 10. | Je travaille toute la nuit. | (dormir) |

*(Répétez l'exercice II en changeant les activités selon votre invention.)*

**III.**  **A** *et* **B** *formuleront les ordres qui conviennent à chaque situation et contrôleront les réponses à tour de rôle.*

SITUATION 1 : Vous êtes malade et vous ne pouvez pas sortir. Vous avez besoin de manger. Imaginez que **B** est votre camarade de chambre. Vous lui dites (employez la forme **tu** de l'impératif) :

1. de prendre votre voiture pour aller au magasin.
2. d'acheter du lait, du pain et du fromage.
3. de choisir aussi quelques fruits.
4. de payer avec sa carte de crédit.
5. de revenir vite.

SITUATION 2 : Imaginez que **A,** un bon ami (une bonne amie), vient vous parler de ses ennuis. Il (Elle) est très agité(e). (Employez la forme **tu** de l'impératif.)

1. Dites à votre ami(e) de ne pas parler si vite.
2. Dites à votre ami(e) de vous raconter tous les détails.
3. Dites à votre ami(e) de profiter de votre expérience.
4. Dites à votre ami(e) d'être plus patient(e) avec ses amis.
5. Dites à votre ami(e) de faire plus attention à l'avenir.

SITUATION 3 : Imaginez que vous êtes un professeur très sérieux. Donnez les conseils suivants à un étudiant ou à une étudiante. (Employez la forme **vous** de l'impératif.)

1. Dites à votre étudiant(e) de lire attentivement le texte.
2. Dites à votre étudiant(e) de faire tous ses devoirs.
3. Dites à votre étudiant(e) de venir vous voir s'il ou si elle a des difficultés.
4. Dites à votre étudiant(e) d'avoir le courage de travailler chaque soir.
5. Dites à votre étudiant(e) de résister à la tentation de sortir.

## Réponses

**I.**  SITUATION 1
1. Je joue au tennis (au volley-ball, au football, au basket, etc.).
2. Je préfère le...
3. Oui, je fais la cuisine. Non, je ne fais pas la cuisine. Le plat que je fais le mieux est...
4. J'écoute...
5. Oui, je lis... Non, je ne lis pas de journaux.
6. Oui, je vais danser tous les week-ends. Non, je ne vais pas danser tous les week-ends.

SITUATION 2

1. Oui, je suis des cours intéressants, la biologie, le calcul, l'histoire, etc.
2. Oui, j'ai des professeurs originaux. (Oui, j'en ai.) Non, je n'ai pas de professeurs originaux. (Non, je n'en ai pas.)
3. J'étudie à la bibliothèque, dans ma chambre, au café, etc.
4. Oui, j'écris des dissertations chaque semaine. Non, je n'écris pas de dissertation chaque semaine.
5. Oui, je prends de bonnes notes pendant la conférence. Non, je ne prends pas de bonnes notes pendant la conférence. Oui, je peux te prêter mes notes. Non, je ne peux pas te prêter mes notes.
6. Je viens à l'université à bicyclette, en voiture, à pied, etc.

**II.**
1. Toi, tu dînes d'un sandwich dans ta chambre, et tes amis prennent une pizza.
2. Toi, tu lis tes livres d'histoire, et tes amis voient des pièces de théâtre.
3. Toi, tu organises tes notes, et tes amis flânent dans les rues.
4. Toi, tu écris ton devoir d'anglais, et tes amis vont à un concert.
5. Toi, tu finis tes expériences scientifiques, et tes amis visitent les musées.
6. Toi, tu fais des recherches à la bibliothèque, et tes amis organisent une excursion au bord de la mer.
7. Toi, tu mets de l'ordre dans ta chambre, et tes amis préparent un pique-nique.
8. Toi, tu regardes les informations à la télé, et tes amis font de la planche à voile.
9. Toi, tu corriges tes devoirs de français, et tes amis jouent à la balle.
10. Toi, tu travailles toute la nuit, et tes amis dorment.

**III.** SITUATION 1
1. Prends ma voiture pour aller au magasin.
2. Achète du lait, du pain et du fromage.
3. Choisis aussi quelques fruits.
4. Paie (Paye) avec ta carte de crédit.
5. Reviens vite.

SITUATION 2
1. Ne parle pas si vite.
2. Raconte-moi tous les détails.
3. Profite de mon expérience.
4. Sois plus patient(e) avec tes amis.
5. Fais plus attention à l'avenir.

SITUATION 3
1. Lisez attentivement le texte.
2. Faites tous vos devoirs.
3. Venez me voir si vous avez des difficultés.
4. Ayez le courage de travailler chaque soir.
5. Résistez à la tentation de sortir.

## Vérification

**I.** *Mettez les verbes entre parenthèses au présent de l'indicatif.*

1. J'ai des amis qui (écrire) des poèmes.
2. Mes parents (prendre) quelquefois l'apéritif avant de dîner.
3. Je (mettre) un blue-jean pour aller au cours.
4. (Rire)-vous quand vous (entendre) une mauvaise nouvelle?
5. Certaines personnes (croire) qu'une troisième guerre mondiale est inévitable.
6. Si vous (vouloir) m'aider, vous (pouvoir) préparer la salade.
7. Les membres de cette organisation (ne pas boire) d'alcool.
8. Jérôme (ennuyer) tout le monde avec ses histoires. Même quand on (essayer) de changer de sujet, il (revenir) constamment à ses préoccupations personnelles.
9. Quand il (pleuvoir), nous (ne pas sortir).
10. Des étudiants (payer) cinquante dollars pour écouter ce chanteur. Cela (paraître) excessif.

**II.** *Répondez aux questions.*

1. Que prenez-vous pour le dîner?
2. À quelle heure finissez-vous de travailler?
3. Voyez-vous souvent des films français?
4. Quels cours suivez-vous?
5. Que dites-vous à vos parents quand vous manquez d'argent?
6. Appréciez-vous la musique classique?
7. Recevez-vous des lettres de vos amis?
8. Savez-vous piloter un avion?
9. Revendez-vous vos livres à la fin du trimestre (semestre)?
10. Connaissez-vous un bon restaurant français?

**III.** *Mettez les verbes entre parenthèses au présent.*

Chaque week-end les amis de Carlos (dire) la même chose :
— Alors, mon vieux! tu es de la partie? On (avoir) envie de faire du camping près du lac.
— Comme la semaine dernière?
— Oui, nous (emporter) des tentes et des sacs de couchage. Karen et Joël (apporter) des provisions. Toi, tu (pouvoir) nous aider à charger les voitures. Il nous (falloir) aussi un fourneau à gaz portatif. Et puis, si tu (avoir) du travail à faire, emporte-le. C'est bien plus agréable de travailler dehors dans la nature que dans une bibliothèque qui (sentir) les vieux livres.

Et chaque week-end Carlos (partir) avec eux. Pourtant, c'est un étudiant sérieux. Il (savoir) que ses études sont importantes, que ses parents (payer) une partie des frais d'inscription, qu'il (devoir) faire un effort s'il (vouloir) réussir dans la vie. Mais il (ne pas vouloir) que ses amis croient qu'il est un rat de bibliothèque.

*Racontez les activités de Carlos et de ses amis pendant leur week-end dans la nature. Utilisez votre imagination et les verbes dans le Tableau 2, pages 4 et 5.*

**IV.** *Remplacez les verbes entre parenthèses par la forme correcte du présent.*

Cécile Deschamps et Thierry Dulac ont un appartement dans une vieille maison dans la banlieue. Ils (faire) le ménage une fois par mois. Cela (déplaire) un peu à la mère de Thierry, qui est une maniaque de la propreté. Quand les jeunes gens (être) à leurs cours, elle se glisse dans l'appartement, (faire) la vaisselle, (éteindre) les lumières qu'ils ont laissées allumées[12], (nettoyer) la cuisinière, (balayer) l'entrée et (passer) l'aspirateur. Avant de partir, elle (cueillir) une fleur dans le jardin qu'elle (laisser) sur la table avec un petit mot.

Un mercredi matin, elle (arriver) à onze heures pour trouver Cécile et Thierry devant la télé. Ils (rougir) tous les deux.

— Qu'est-ce que vous (faire) là, (dire)-elle?

— Et toi, maman, (répondre) Thierry, qu'est-ce que tu (faire) là?

— Je (venir) m'occuper de votre linge. Pourquoi (vous / ne pas être) au cours?

— L'université (ne plus nous plaire). Nous (lire), nous (écrire) des rédactions sans intérêt, et nous (vouloir) nous retirer à la campagne. Nous allons élever des chèvres et vivre de la vente de nos fromages... Pourquoi (rire)-tu?

— Si je (mourir) de rire, c'est que je (savoir) que vous n'y resterez pas plus d'une semaine. Mon pauvre Thierry, tu ne sais même pas reconnaître une carotte d'un poireau[13].

— Mais pas du tout. Nous (penser) aller chez mon grand-père, affirme Cécile. Il (posséder) une ferme et des troupeaux. Ça (faire) des années qu'il y (vivre) seul. Depuis que grand-maman est morte, il (devoir) tout faire lui-même, et à son âge, il (ne pas falloir) qu'il se donne tant de mal. Il (vouloir) que nous nous occupions de ses chèvres.

La mère se remet à rire en disant : « Si les chèvres vous (mordre), ne venez pas pleurer chez moi! »

**V.** *Formez un ordre direct, puis adoucissez cet ordre. Suivez le modèle.*

**MODÈLE :** Dites à votre camarade de vous prêter sa moto.
*Prête-moi ta moto, s'il te plaît.*
*Pourrais-tu me prêter ta moto? Tu peux me prêter ta moto?*

1. Dites à vos parents de vous envoyer de l'argent.
2. Dites à votre professeur d'être plus indulgent dans ses notes.
3. Dites à votre ami(e) de vous écrire plus souvent.
4. Dites à votre conseiller (conseillère) de vous recommander un bon cours.
5. Dites à vos camarades de ne pas parler si fort.

---

[12]En France, on fait attention d'éteindre, car l'électricité est hors de prix.

[13]**Poireau :** sorte d'oignon très apprécié en France. On en fait d'excellentes soupes, la vichyssoise, par exemple.

**VI.** (*Constructions*) *À partir de la phrase donnée, faites des phrases avec* **être en train de** + infinitif : *(a) en utilisant le verbe donné entre parenthèses; (b) en utilisant votre imagination.*

**MODÈLE :**   Gérard ne peut pas regarder la télé.
a)   Il (prépare) le dîner.
b)   _____

a)   *Gérard ne peut pas regarder la télé parce qu'il est en train de préparer le dîner.*
b)   *Gérard ne peut pas regarder la télé parce qu'il est en train de tondre la pelouse.*

1.   Philippe ne peut pas venir au téléphone.
a)   Il (mange).
b)   _____
2.   Henri ne peut pas aller au cinéma avec toi ce soir.
a)   Il (finit) un devoir important.
b)   _____
3.   Où est Christophe?
a)   Il (répare) sa moto dans le garage.
b)   _____
4.   L'agent ne sait pas l'heure du premier vol Paris-Londres.
a)   Il (vérifie) directement avec la ligne aérienne.
b)   _____

**VII.** (*Constructions*) *Refaites les phrases en employant* **aller** + infinitif.

1.   Nous prendrons le train de minuit.
2.   Ils emmèneront leur chien en voyage avec eux parce qu'ils ne veulent pas le mettre dans un chenil.
3.   Je vous montrerai ma toute dernière invention ce soir.
4.   Chantal fera des recherches à l'Institut Pasteur.

**VIII.** (*Constructions*) *À partir de la phrase donnée, faites des phrases avec* **venir de** + infinitif : *(a) en utilisant le verbe donné entre parenthèses; (b) en utilisant votre imagination.*

**MODÈLE :**   Hélène est très agitée.
a)   Elle (a eu) un accident de bicyclette.
b)   _____

a)   *Elle vient d'avoir un accident de bicyclette.*
b)   *Elle vient de recevoir un coup de téléphone anonyme.*

1.   Alexis est fou de joie.
a)   Il (a reçu) une bourse pour aller en France.
b)   _____
2.   Je n'irai pas voir ce film.
a)   J'en (ai lu) une mauvaise critique.
b)   _____

3. Ça m'a fait plaisir de te parler, mais je dois raccrocher maintenant.
   a)   Mes amis (sont arrivés) à l'instant.
   b)   _____
4. Les étudiants sont inquiets.
   a)   Le professeur (a annoncé) un examen difficile.
   b)

   _____

**IX.** *(Constructions) Mettez l'infinitif entre parenthèses à la forme négative. Employez l'infinitif composé quand le contexte l'exige.*

1. Il a couru pour (être) en retard.
2. Pierre m'a conseillé de (acheter) cette lampe.
3. Nous étions tristes de (rencontrer) vos amis quand ils sont venus en visite.
4. M. Le Brun a reproché à mon ami de (arriver) à l'heure.
5. On m'a recommandé de (voyager) en deuxième classe.
6. Elle est heureuse de (avoir) la responsabilité du budget.

**X.** *(Constructions) Remplacez la proposition subordonnée par une construction infinitive.*

1. Je croyais que je vous avais envoyé le paquet.
2. Avant qu'elle ne prenne ces pilules, Nathalie demandera à son médecin ce qu'elles sont.
3. Philippe avait décidé qu'il dirait la vérité à Laure.
4. M. Rému pense qu'il a perdu son portefeuille à la gare.
5. Après qu'il est devenu milliardaire, cet homme a décidé d'habiter une île déserte.

**XI.** *(Constructions) Remplacez les tirets par* **il est** *ou* **c'est** *selon le cas, en mettant le verbe* **être** *au temps qui convient. Choisissez la préposition correcte quand il y a lieu.*

1. _____ dommage (de / à) ne pas visiter la ville.
2. On ne m'avait pas dit que _____ nécessaire (de / à) prendre rendez-vous.
3. Voulez-vous savoir pourquoi ils sont partis? _____ un peu compliqué (de / à) expliquer, mais j'essaierai de vous le faire comprendre.
4. _____ inutile (de / à) prendre votre parapluie. Il ne pleuvra pas.
5. _____ une bonne idée (de / à) passer un mois à la campagne.
6. Je ne sais pas pourquoi je me sens si nerveux. _____ difficile (de / à) expliquer.

**XII.** *(Constructions) Faites des phrases avec :*

1. **Il est** + *adjectif* + **de** + *infinitif*
2. **C'est** + *adjectif* + **à** + *infinitif*
3. **C'est** + *nom* + **de** + *infinitif*

# Réalisation

**I.** *(Devoir écrit)* Racontez les aventures de Cécile et Thierry à la ferme. (Voir Vérification IV.) Utilisez, entre autres, les verbes dans le Tableau 2, pages 4 et 5.

**II.** *(Sketch)* Présentez le premier dîner de Thierry et Cécile avec le grand-père Deschamps, après une journée épuisante. (Voir Vérification IV.) Mordus par les chèvres, couverts de boue, dévorés par les moustiques, ils découvrent que grand-papa boit un petit cognac après son repas et se couche à huit heures. La maison n'a pas de chauffage central, pas d'eau courante, et les voisins les plus proches qui ont une télévision sont à dix kilomètres de distance.

**III.** *(Débat)* La classe, divisée en deux ou en groupes de trois ou quatre étudiants, discutera au choix les avantages et désavantages de :
1. la vie universitaire
2. les fraternités / sororités
3. les dortoirs (résidences) mixtes

**IV.** *(Devoir écrit)* Imaginez qu'un être extra-terrestre invisible vous suit toute une journée et télégraphie tout ce qu'il observe à sa planète d'origine.

**V.** *(Échange de lettres : « Courrier du cœur »)* Chaque étudiant(e) écrira une lettre à « Dear Abby » (en France, c'est Marcelle Ségal, dans le journal *Elle*) détaillant un problème vécu ou imaginaire. On échangera les lettres en classe et chaque étudiant(e) pourra formuler la réponse d'Abby. Comme il s'agit de donner beaucoup de conseils, employez une variété de verbes à l'impératif.

**VI.** *(Présentation orale à deux)*
A. Expliquez votre recette de cuisine préférée.
B. Dialogue entre vous et votre conscience (votre alter ego). Votre conscience emploie beaucoup de verbes à l'impératif.

**VII.** *(Devoir écrit)* Détaillez les activités d'un homme ou d'une femme que vous admirez particulièrement ou bien que vous enviez.

**VIII.** *(Devoir écrit)* Racontez au présent l'intrigue d'une histoire que vous avez lue récemment (ou d'un film que vous avez vu).

**IX.** *(Discussion en groupes)* Trouvez des définitions pour les termes suivants. Employez des infinitifs dans la mesure du possible.

**MODÈLE :**    le mauvais goût
        *Le mauvais goût c'est porter une chemise bleue à pois orange.*

| | | |
|---|---|---|
| 1. la réussite | 4. l'arrivisme | 7. l'altruisme |
| 2. la discrétion | 5. la libre entreprise | 8. la paresse |
| 3. le dilettantisme | 6. l'égoïsme | 9. la jalousie |

CHAPITRE **2**

# Les Déterminants

## PRÉSENTATION

### PRINCIPES

Les articles (définis, indéfinis, partitifs)
Les adjectifs possessifs
Les adjectifs et pronoms démonstratifs

### CONSTRUCTIONS

Expressions idiomatiques avec **avoir**
ÉTUDE DE VERBES : **Avoir l'air** + *infinitif;* **avoir besoin de, avoir envie de, avoir du mal à, avoir à** + *infinitif*

## PRINCIPES

### Remarque préliminaire

En français, un nom est presque toujours accompagné d'un mot qui le détermine — un article (**le, un, du,** etc.), un adjectif démonstratif (**ce, cette, ces**) ou un adjectif possessif (**mon, ton, son,** etc.). Chacun de ces déterminants présente le nom dans une perspective différente. La plupart des déterminants reflètent le genre et le nombre du nom : le banquet (*m.s.*), ma réputation (*f.s.*), ces remarques (*f.pl.*).

# I.  Les articles

## A.  L'article défini

|  | singulier | pluriel |
|---|---|---|
| *masculin* | **le**  **l'**\* | **les** |
| *féminin* | **la** | |
| | | |
| *articles* | **du (de + le)** | **des (de + les)** |
| *contractés†* | **au (à + le)** | **aux (à + les)** |

\***L'** est utilisé : (a) devant les noms masculins ou fé-
minins qui commencent par une voyelle : **l'arbre** (*m.*),
**l'auto** (*f.*) — EXCEPTION : **le onze;** (b) devant un **h** « non
aspiré » (c'est-à-dire, un **h** qui permet l'élision) :
**l'homme, l'heure.** Devant un **h** « aspiré » (un **h** qui
refuse l'élision) on garde **le** ou **la : le haut, le hibou,
la hache, le héros, la hauteur.** Dans les deux cas, **h**
n'est pas prononcé.

†On fait la contraction seulement avec **le** et **les.** Il n'y
a pas de contraction avec **la** ou **l'.** EXEMPLES : le stylo
du garçon, des étudiants, de la jeune fille, de l'étudiant, de l'étudiante.

---

L'article défini détermine le nom soit dans son
sens spécifique soit dans son sens général
suivant le cas.

1.  Sens spécifique

Avec l'article défini dans son sens spécifique, on considère le nom déjà connu,
déjà mentionné ou présent dans l'esprit
de la personne qui parle.

> La moto que j'ai achetée (*spécifique*) a de mau-
> vais freins. Je vais la déposer chez le ga-
> ragiste près de mon bureau.
> Les illustrations dans ce manuel sont très bien
> faites. L'artiste est-il connu?

**NOTE :**  L'article défini est répété dans
une série de noms. En anglais ce n'est
pas toujours le cas.

> Il a acheté la veste, la chemise et la cravate qu'il
> avait vues dans la vitrine.

2.  Sens général

L'article défini accompagne aussi les
noms utilisés dans un sens général. Cet
usage s'étend également aux abstrac-
tions. Notez qu'en anglais on omet l'article dans ce cas.

> Aimez-vous le vin français ou préférez-vous le
> vin californien?
> Ils préfèrent la musique rock.
> L'amour fait tourner le monde.
> La patience est une grande vertu.
> **COMPARER :** J'admire la patience de cette femme
> (*sens spécifique*).

3.  Cas particuliers

On utilise aussi l'article défini :

a)  Devant les titres — président, professeur, docteur, prince, général, etc. — suivis d'un nom propre. Remarquez qu'en anglais, il n'y a pas d'article dans ce cas.

Le président Latour a adressé quelques mots aux journalistes.
On a demandé au professeur Delacroix d'expliquer sa nouvelle théorie.

b)  Dans les dates. Notez les différentes façons de formuler la date.

C'est le samedi 26 janvier.
Nous sommes aujourd'hui le 26.
Je suis né le 26 avril.

On peut aussi omettre l'article quand on précise le jour avec la date : « C'est aujourd'hui samedi 26 janvier. » En tête d'une lettre on met : « Samedi 26 janvier, 1985 » OU « Le 26 janvier 1985 ».

NOTE:  Employé devant les jours de la semaine, l'article défini indique qu'un fait est habituel — que ce fait a lieu toutes les fois que ce jour revient. (Dans ce cas, « le samedi » = « *on Saturdays* ».)

*every Wednesday*

Le mercredi, je vais au laboratoire. (c'est-à-dire, régulièrement ce jour-là)
Beaucoup de gens mangent du poisson le vendredi.
*every FRI.*
Avez-vous vu le film *Jamais le dimanche* avec Mélina Mercouri?

c)  Devant les noms géographiques (pays, îles, villes). Les règles pour l'article et les prépositions devant les noms géographiques sont complexes parce que les usages varient d'une catégorie à l'autre. Pour les cas les plus courants, consultez l'Appendice VII.

d)  Dans la formation du superlatif. (Voir page 196.)

Henri nous a raconté l'épisode le plus amusant de la pièce qu'il avait lue.

**B.**  L'article indéfini

|  | singulier | pluriel |
|---|---|---|
| *masculin* | **un** | **des***  |
| *féminin* | **une** |  |

*Ne confondez pas **des**, le pluriel de **un (une)**, avec **des**, la contraction de **de** + **les**. EXEMPLES : Voilà **des** haricots (*indéfini*). Où sont les livres **des** étudiants (*contraction*)?

1. Avec l'article indéfini, le nom utilisé reste indéterminé. Au pluriel il s'agit d'un nombre imprécis.

J'ai vu un oiseau dans l'arbre. Va-t-il y construire un nid?
Nous avons planté des radis, des carottes et des concombres. Cet été nous pourrons faire des salades avec les légumes de notre jardin.

2. Au singulier l'article indéfini a parfois le sens numérique.

Je ne peux pas faire plus d'une chose à la fois.
Comme il lui restait deux tickets de métro, il m'en a passé un.

3. L'article indéfini devient **de** quand il détermine un objet direct après un verbe négatif. (L'article défini ne change pas.)

J'ai un chat. Je n'ai pas de chien. Je n'aime pas spécialement les chiens.
J'ai mis du poivre dans la sauce mais je n'y ai pas mis de sel.
Voulez-vous de la crème sur vos fraises? — Non merci, je ne prends pas de crème à cause de mon régime.

ATTENTION! Dans une phrase avec le verbe **être**, l'article indéfini (**un, une**) et l'article partitif (**du, de la**) ne change pas au négatif.

La truite est un poisson d'eau douce. Ce n'est pas un poisson de mer.
Ce n'est pas du chocolat suisse, c'est du chocolat belge.

4. Quand un adjectif précède un nom pluriel, on emploie souvent **de** à la place de **des** mais ce n'est pas obligatoire.

J'ai trouvé de beaux coquillages (**OU** des beaux coquillages) au bord de la mer.
On a abattu de vieilles maisons (**OU** des vieilles maisons) pour construire des usines.

ATTENTION! Quand l'adjectif forme un mot composé avec le nom, il faut employer **des** (pas **de**). C'est le cas avec des mots comme :

des petits pois
des jeunes gens
des grands-parents

On a servi des petits pois avec les pigeons.
Il y avait des jeunes gens très sympathiques à la réception.

5. **Des** + *nom* représente un nombre indéterminé grand ou petit. Si on veut indiquer qu'un nombre indéterminé n'est pas grand, on emploie **quelques.**

Il y a des livres rares à la bibliothèque. — Combien? — À peu près cinq cents.
J'ai quelques disques de Beethoven.

6. **Des** (le pluriel de **un**) devient **d'** devant l'adjectif **autres.**

L'avocat a d'autres clients à voir. **COMPARER** : Il ne faut pas envier le bien des autres gens (*des* = contraction de *de* + *les*).

## C. L'article partitif

L'article partitif est formé de la préposition **de** + *l'article défini,* ce qui donne les formes suivantes :

|  | singulier | pluriel |
|---|---|---|
| *masculin* | **du** (de l') | |
| *féminin* | **de la** (de l') | (des)* |

*L'article partitif pluriel est rare (par exemple, *des épinards, des confitures*).

L'article partitif est employé avec des noms quand on parle de masses (de substances) non comptables (par exemple : *de la viande, du pain, de l'eau, du café, de la crème, du bois*). La préposition **de,** qui forme l'article partitif, exprime l'idée d'une quantité indéfinie de ce « tout » (viande, crème) désigné par le nom. L'article partitif est également utilisé avec les noms abstraits (par exemple : *de la patience, du courage*).

En anglais, il n'y a pas d'article partitif, mais on utilise *some* ou *any* pour exprimer la même idée.

NOTE:   Certains noms peuvent être considérés dans un sens partitif ou peuvent être comptés. C'est le cas, par exemple, avec **thé, café, bière.**

## D.  Omission de l'article

On emploie rarement un nom sans article en français. Voici les cas où l'on omet l'article :

1.   Quand un nom est qualifié par **de** + *un autre nom*, l'article s'omet devant le second nom. (Dans ce cas, **de** + *le second nom* s'appelle un complément déterminatif.)

　　une tasse de thé
　　une classe de biologie
　　un livre de français
　　des chaussures de tennis
　　des photos d'animaux

Nous avons bu du vin rouge pour le dîner. Les enfants ont mis de l'eau dans leur vin.
Y a-t-il de la crème dans ce dessert?
Est-ce que tu as mis du beurre dans la sauce?
Il faut de la patience pour faire de la broderie.

Jean a mis du miel dans son thé. *(John put [some] honey in his tea.)*
Y a-t-il du rhum dans la mousse au chocolat que vous avez préparée? *(Is there any rum in the chocolate mousse you prepared?)*

Allons prendre une bière après le film. **COMPARER** : Prend-il de la bière avec son repas?
Il a bu un café et un cognac.

Voulez-vous une tasse de thé?
Faut-il mettre des chaussures de tennis blanches?

2.  Après toute expression de quantité comme :

| | |
|---|---|
| beaucoup de | autant de |
| trop de | moins de |
| une foule de | peu de (un peu de) |
| un tas de (*fam.*) | un kilo de |
| ne... pas assez de | |

J'ai de la chance d'avoir beaucoup de bons amis.
À cause des soldes, il y avait une foule de gens dans le magasin.
Les étudiants ont parfois trop de travail et pas assez de temps pour le faire.
Il y avait un tas de briques devant la maison.

EXCEPTIONS:   Devant un nom pluriel, les expressions de quantité suivantes utilisent **des** :

bien des
la moitié des
la plupart des
le plus grand nombre des

Bien des gens prennent leurs vacances en juillet.
Je n'ai pas compris la plupart des idées de ce philosophe.

NOTE:   Avec **la plupart des...** comme sujet, le verbe est au pluriel. C'est souvent le cas avec **la moitié des...**

La plupart des étudiants demandent des bourses et le plus grand nombre n'en reçoit pas.
La moitié des employés ont fait la grève.

Devant un nom singulier, ces expressions sont suivies de **de** + *l'article défini, l'article indéfini ou l'adjectif possessif.*

Il a mangé la moitié d'un petit pain.
Nous avons eu bien de la peine à trouver votre maison.
Elle passe la plupart de son temps au laboratoire.

# II.   Les adjectifs possessifs

**A.**  Formes

Voir Tableau 3.

**TABLEAU 3**

| Adjectifs possessifs | | | |
|---|---|---|---|
| **Pronoms sujets** | Singulier | | **Pluriel** |
| | *Masculin* | *Féminin* | *Masculin et féminin* |
| je | **mon** | **ma** | **mes** |
| tu | **ton** | **ta** | **tes** |
| il / elle / on | **son** | **sa** | **ses** |
| | *Masculin et féminin* | | |
| nous | **notre** | | **nos** |
| vous | **votre** | | **vos** |
| ils / elles | **leur** | | **leurs** |

**Ma / ta / sa** deviennent **mon / ton / son** devant un nom féminin ou un adjectif qui commence par une voyelle ou un **h** « non aspiré ».

Mon amie n'aime pas mon histoire.
Ton autre cravate est plus jolie que celle-ci.

**B.** Emploi

L'adjectif possessif exprime un rapport d'appartenance. En général, il s'emploie en français comme en anglais, mais il présente certaines particularités qu'il faut noter.

1. **Son / sa / ses**

Chacun de ces mots correspond à *his, hers, one's, its*, puisque l'adjectif possessif s'accorde avec le nom déterminé et n'indique pas le genre du possesseur.

Philippe a perdu sa nouvelle montre et son compas (*his watch and his compass*).
Madeleine a rangé son jean, son pull et sa chemise dans la commode (*her jeans, her sweater, and her shirt*).
Ce restaurant a perdu tout son charme (*its charm*) depuis qu'il y a de nouveaux propriétaires.
Il ne faut pas perdre son temps (*one's time*) à parler pour ne rien dire.

Pour éviter l'équivoque de phrases telles que « Quand Yves est arrivé au bal avec Valérie, il a mis son casque au vestiaire », on peut :

a) Ajouter **à lui** ou **à elle** selon le cas

Quand Yves est arrivé au bal avec Valérie, il a mis son casque à elle au vestiaire. (*le casque de Valérie*)

b) Ajouter **propre**

Quand Yves est arrivé au bal avec Valérie, il a mis son propre casque au vestiaire. (*le casque d'Yves*)

c) Employer un pronom démonstratif

Quand Yves est arrivé au bal avec Valérie, il a mis le casque de celle-ci au vestiaire. (*le casque de Valérie*)

2. **Chacun... son**

Avec les pronoms indéfinis **on, chacun, quelqu'un** (*sujet*), on utilise **son / sa / ses**.

Quelqu'un m'a prêté sa moto.
On prend sa retraite à soixante ans.
Chacun a donné son explication de l'accident.

Si **chacun** est en apposition[1] au sujet, l'adjectif possessif est de la même personne que le sujet, et **chacun** se place après le verbe.

Demain, vous ferez chacun votre présentation. (*Tomorrow you will each give your presentation.*)
Ils ont parlé chacun de leurs expériences au lycée. (*They each spoke of their high school experiences.*)

[1]**En apposition :** juxtaposé sans lien grammatical.

**C.** Adjectif possessif ou article défini avec les parties du corps

1. Avec les parties du corps employées comme compléments dans une phrase, l'article défini remplace l'adjectif possessif quand le verbe (ou la construction) utilisé rend clair qui est la personne dont la partie du corps est affectée. Ceci arrive dans les cas suivants :

a) Dans des phrases qui expriment des actions courantes où une personne agit sur une partie de son propre corps. Il s'agit surtout de gestes courants :

hausser les épaules
cligner de l'œil
baisser (lever) les yeux (la tête, la main, etc.)
tendre la main
serrer la main
hocher la tête

L'étudiant, perplexe, a haussé les épaules au lieu de répondre à la question.
Alice m'a tendu la main en me disant bonjour.
La jeune fille a baissé la tête pour mieux se concentrer.
Ferme les yeux et ouvre la bouche!
« Haut les mains! » a crié l'agent.

Cette notion s'étend également à des expressions comme :

élever la voix
perdre la vue
perdre la tête (idiomatique)

Ce n'est pas la peine d'élever la voix avec lui, ça ne marche pas.
Cette compagnie utilise des produits chimiques dangereux qui ont déjà fait perdre la vue à plusieurs employés.
Ce chanteur de rock fait perdre la tête aux foules dès qu'il apparaît sur la scène.

b) Dans les phrases avec un verbe pronominal puisque le pronom réfléchi désigne clairement le sujet :

se laver (le visage, la bouche, etc.)
se peigner les cheveux
se brosser (les cheveux, les dents, etc.)
se casser (le bras, la jambe, le poignet, etc.)
se couper (la peau, la menton, le doigt, etc.)
se tordre (le cou, la cheville, etc.)
se brûler (la langue, le doigt, etc.)
se faire mal (à la jambe, au nez, au genou, etc.)

Henri s'est brossé les cheveux. (se = à Henri)
Je me suis lavé le visage et les dents. (me = à moi)
Notre meilleur joueur s'est fait mal au dos au cours du match d'hier.
Elle s'est brûlé la langue en mangeant la soupe.

REMARQUE: Quand les verbes ci-dessus sont employés à leur forme non pronominale, la personne affectée est l'objet indirect du verbe.

Laurent lave le dos à son fils. Laurent lui lave le dos. **COMPARER** : Laurent se lave le dos.

En se battant avec moi, mon frère m'a fait mal au cou.

Le coiffeur leur a lavé et teint les cheveux.

c) Avec des expressions comme **avoir chaud à, avoir froid à, avoir mal à** + *partie du corps*. Comme la personne affectée est évidente, on emploie l'article défini.

Cet enfant a très chaud à la tête et a les yeux rouges. Il faut l'emmener d'urgence à la clinique. Il se plaint aussi d'avoir mal au ventre et à la tête.

Les alpinistes avaient froid aux mains et aux pieds.

d) Dans des phrases descriptives avec **avoir** quand les adjectifs suivent la partie du corps.

Tous les bébés ont les yeux bleus.
Madame Godard a le visage rond et souriant.
Alexis a les jambes très musclées.

On peut aussi employer l'article indéfini.

Mon amie a des yeux bleus.

Si un adjectif précède la partie du corps, il faut employer l'article *indéfini* même si d'autres adjectifs la suivent.

Christiane a de (des)[2] jolis yeux bleus.

2. Dans certains cas, on revient à l'adjectif possessif :

a) Quand l'action affectant une partie du corps n'est pas considérée typique.

Notre guide a mis son doigt sur sa bouche pour nous signaler de ne pas parler.
Elle a posé sa tête sur le coussin dans un geste de lassitude.
Il a mis sa main dans la mienne pour me témoigner de son affection.

b) Quand la partie du corps est qualifiée d'un adjectif (autre que **droit** et **gauche**).

Francine lui a tendu sa main gantée de noir.
Jacques a fermé ses yeux qui se remplissaient de larmes.
J'ai pris sa petite main glacée, et je l'ai serrée contre ma joue.
MAIS :
Je me suis fait mal à l'oreille gauche.
Il s'est cassé le bras droit.

c) Au cas où l'emploi de l'article défini produirait une phrase équivoque.

Il a pris sa main pour la guider.

---

[2]Pour **de** ou **des** devant un nom précédé d'un adjectif, voir page 24.

## III.   Les adjectifs et pronoms démonstratifs

**A.**   L'adjectif démonstratif

|  | singulier | pluriel |
|---|---|---|
| *masculin* | ce (cet)* | |
| *féminin* | cette | ces |

*Devant un mot masculin qui commence par une voyelle ou un **h** « non aspiré » (c'est-à-dire, avec lequel on peut faire la liaison) : **cet arbre, cet homme**

1.   L'adjectif démonstratif désigne une personne ou une chose comme si on la montrait.

Ce magasin vend des objets d'art.
Avez-vous déjà entendu cette chanson?
Cet homme là-bas a l'air malade.

2.   Pour distinguer entre ce qui est près et ce qui est loin quand deux personnes (ou choses) sont opposées, on ajoute **-ci** pour ce qui est plus proche et **-là** pour ce qui est plus éloigné aux formes de l'adjectif démonstratif.

Ce tableau-ci est beau, mais ce tableau-là est tout à fait médiocre.

**B.**   Les pronoms démonstratifs variables

|  | singulier | pluriel |
|---|---|---|
| *masculin* | celui | ceux |
| *féminin* | celle | celles |

Les pronoms démonstratifs, qui sont variables, remplacent nécessairement un nom spécifique. On évite ainsi la répétition du nom. Les constructions suivantes sont possibles :

1.   *Pronom démonstratif* + **de** + *nom*

Prenez ce stylo et remettez celui de Thomas dans le tiroir.

2.   **Celui-ci... celui-là** (employé surtout dans le sens de *the former, the latter*)

Remarquez que contrairement à l'anglais, le français commence par l'objet le plus proche.

Il a parlé à Charles et à Audrey. Celle-ci lui a conseillé d'aller à l'université, celui-là de travailler, puis de se décider plus tard.

3.   *Pronom démonstratif* + *proposition relative* : **celui qui..., celui que..., celui dont...,** etc. (Voir Chapitre 12, page 213.)

Quel fromage préférez-vous, celui qui sent si fort, celui que vous venez de goûter ou celui dont on fait tant de publicité?

**C.** Le pronom démonstratif **ce** (neutre et invariable)

Le pronom neutre **ce** est employé principalement avec le verbe **être** dans les situations suivantes :

1. Pour présenter (identifier) un nom. C'est la construction **c'est** + *nom*. Si vous employez un pronom personnel après **être**, il faut utiliser les pronoms disjoints : **moi, toi, lui / elle, nous, vous, eux / elles.** Notez que **ce** traduit l'anglais *he, she, they*, quand il s'agit d'une personne[3].

   Connais-tu la Renault 5 (« Le Car »)? C'est une voiture très économique.
   Caroline est venue me voir. C'est ma meilleure amie.
   Voilà Thomas. C'est mon neveu. C'est à lui qu'il faut vous adresser.
   C'est toi qui as cassé la fenêtre, pas moi.
   C'était pour eux que nous avions organisé la réception.

   NOTE : À la troisième personne du pluriel, on emploie **ce sont** ou **c'est.**

   Ce sont (C'est) mes parents qui paient mes frais d'inscription à l'université, mais c'est moi qui paie mon loyer.

2. Avec les noms de profession, de nationalité, de religion, si ceux-ci sont précédés d'un déterminant.

   Connaissez-vous M. Rigault? C'est un avocat qui habite dans la même rue que moi.
   Qui sont ces jeunes gens? — Ce sont des ingénieurs qui travaillent chez IBM.

   REMARQUE : Si les noms de professions, de nationalités ou de religions sont employés tout seuls (sans déterminants et sans adjectifs qualificatifs), on les considère alors comme des adjectifs, et on utilise par conséquent **il(s) / elle(s)** + **être** ou **devenir** + *profession, nationalité* ou *religion* (sans article indéfini).

   Connaissez-vous Mme Trévous? — Oui, elle est ingénieur dans une compagnie d'électronique. — Et son mari? — Ce n'est pas un scientifique. Il est bibliothécaire à notre université.
   Mon ami m'a dit qu'il est devenu athée.

   ATTENTION ! Si la profession (religion, nationalité) est qualifiée d'un adjectif, elle devient alors un nom, et il faut utiliser **ce** + **être** + *article* + *nom.*

3. Pour introduire aussi un adjectif qui exprime un jugement ou une valeur. Dans ce cas, **ce** réfère à une idée déjà mentionnée et qui ne peut pas être désignée par **il** ou **elle.**

   Voilà M. Wapner. C'est un juge retraité qui est devenu célèbre à la télévision. **COMPARER** : Voilà M. Wapner. Il est juge.

   Je suis allé à la fête; tout le monde parlait, personne ne dansait; je ne connaissais personne. C'était si ennuyeux que je suis rentré. (ce = l'ensemble des activités, la situation en général)
   Elle a publié son premier roman à l'âge de dix-sept ans. C'est merveilleux. (ce = publier un roman si jeune)

---

[3]Si on désire attirer l'attention sur le sujet, on peut parfois remplacer **ce** par **il / elle.** EXEMPLE : Je n'oublierai jamais Julie. Elle était la seule femme à bien comprendre ce que j'essayais de faire.

Remarquez que l'on choisit entre **ce** ou **il / elle** suivant la chose ou la personne désignée dans le contexte.

Mae West a tourné un film quand elle avait plus de quatre-vingts ans. Elle était merveilleuse dans ce film (*elle* = Mae West). **COMPARER:** C'est merveilleux (*ce* = tourner un film). Il est merveilleux (*il* = le film).
David a triché à son examen. Il est malhonnête (*il* = David). **COMPARER:** C'est dommage (*ce* = tricher à l'examen).

ATTENTION! Dans la conversation, **ce** remplace parfois **il / elle** même quand on parle d'une chose clairement désignée.

J'ai mis trop de sel dans la soupe. C'est immangeable (*ce* = la soupe). C'est idiot (*ce* = mettre trop de sel).

4. Devant le verbe **être** quand un infinitif est sujet du verbe.

Voir c'est croire.
Partir c'est mourir un peu.

**D.** Les pronoms démonstratifs **cela / ceci** (neutres et invariables)

1. Le pronom **cela** est employé devant tous les verbes excepté **être,** et se réfère en général à quelque chose dont le genre ne peut pas être déterminé : une idée, une proposition, etc. En conversation **cela** devient souvent **ça.**

Louis n'est pas encore là. — Cela m'étonne; il a promis d'être à l'heure. (*cela* = le fait qu'il n'est pas là)
Bonjour Emmanuel, ça va? — Pas mal, et toi?
J'ai oublié d'apporter du vin. — Ça ne fait rien; j'ai trois cent cinquante bouteilles à la cave. — C'est parfait! Ça m'évitera de retourner au magasin.

REMARQUES:
• On peut employer **cela** (**ça**) devant **être** si un autre mot intervient entre **cela** et le verbe.

J'ai manqué le début du film, mais cela (ça) m'est égal.

• Pour insister, on emploie parfois **cela** directement devant le verbe **être.**

Quatre agents, tous armés, n'ont pas réussi à arrêter le bandit. Cela est incroyable et inadmissible.

2. **Ceci** est employé surtout avec **cela** quand on oppose deux notions (actions). **Ceci** désigne ce qui est le plus proche.

Ceci est important, cela l'est moins.

**Ceci** sert aussi à attirer l'attention sur quelque chose qu'on est sur le point de dire ou de montrer.

J'ai parlé à mon conseiller pédagogique qui m'a dit ceci : « Vous avez tout le temps devant vous pour vous spécialiser. » Dites-moi si vous êtes d'accord. — Oui, cela me semble un très bon conseil.

# CONSTRUCTIONS

## Expressions idiomatiques avec **avoir**

**A.** **Avoir** est utilisé dans certaines expressions qui décrivent un état physique ou mental.

avoir faim        avoir froid
avoir soif        avoir peur
avoir chaud       avoir sommeil

Notez qu'il n'y a pas d'article entre **avoir** et le nom qui le suit.

Ce garçon a peur des fantômes.
Quand nous étions jeunes, nous n'avions jamais sommeil.
Quand on a soif, rien n'est aussi désaltérant qu'un thé glacé.

**B.** **Avoir** + *âge*

En français l'âge est exprimé avec le verbe **avoir,** et le nombre d'années doit être suivi du mot **an(s) :** un an, cinquante-six ans, soixante-treize ans.

Quel âge avez-vous? — J'ai vingt ans.

**C.** **Avoir besoin de / avoir envie de**

Ces deux expressions se construisent de la même façon.

J'aurai besoin d'un dictionnaire scientifique pour traduire ce document.
On a besoin d'inspiration pour écrire.
Il a envie de poisson, de haricots verts à l'ail et d'un jus de tomate. Il n'a pas envie de dessert.
As-tu envie d'un café?
Je n'ai pas besoin de crème.

Voir aussi Coin du spécialiste, page 34.

**D.** **Avoir mal à** + *article défini* + *partie du corps*

Employez cette expression pour indiquer une partie de votre corps qui vous fait souffrir. Notez l'emploi de l'article défini ou contracté. (Voir page 29.)

Hélène a mal à l'estomac (à la tête, aux pieds, à la gorge, etc.).

**E.** **Avoir l'air**

1. **Avoir l'air** + *adjectif*. Vous pouvez accorder l'adjectif soit avec le sujet de la phrase soit avec **air.**

Éliane a l'air très heureuse (heureux).

2. **Avoir l'air d'un(e)** + *nom*

Justine a l'air d'une vieille fille.

## ÉTUDE DE VERBES

Certaines des expressions idiomatiques avec **avoir** peuvent gouverner un infinitif.

**A.  Avoir l'air** + *infinitif*

Ils ont l'air de ne pas avoir dormi depuis plusieurs jours.

**B.  Avoir besoin de / avoir envie de** + *infinitif*

Vous avez besoin de faire plus attention.
J'ai envie d'aller au cinéma.

**C.  Avoir du mal à** + *infinitif* a le sens de « avoir de la difficulté à ».

Il a du mal à rester debout jusqu'à minuit.

**D.  Avoir à** + *infinitif* indique une obligation, comme le verbe **devoir.**

J'ai à écrire un devoir sur *Madame Bovary* pour demain. ( = Je dois écrire un devoir...)
Les Nations Unies auront à trouver une solution au conflit. ( = Les Nations Unies devront trouver...)

## Coin du spécialiste

**A.**   Dans une phrase négative, **du, de la, un, une** et **des** (le pluriel de **un**) deviennent normalement **de.** (Voir page 24.) Cependant, dans certains cas, quand la négation est mise en contraste avec une affirmation, on emploie **du, de la, des.**

Marilyn ne prend pas de la crème, mais du lait. (C'est-à-dire, elle prend quelque chose.)
Éliane ne fait pas du ski alpin; elle fait du ski de fond.

Charlotte n'a pas cueilli des roses rouges, mais des roses jaunes. (Elle a cueilli des roses.)
COMPARER : Elle n'a pas cueilli de roses. (C'est-à-dire, aucune rose n'est cueillie.)

**B.**   Après **avoir besoin de** et **avoir envie de,** l'article défini s'utilise seulement quand le nom est pris dans un sens spécifique.

J'ai besoin de la sauce que j'ai préparée l'autre jour. ( = une sauce spécifique)
COMPARER : J'ai besoin de sauce. ( = une quantité de sauce)

De même, dans une phrase négative avec ces expressions, on utilise l'article indéfini (**un, une**) seulement quand la négation est mise en contraste avec une affirmation.

Je n'ai pas besoin d'une voiture sur le campus, mais j'ai besoin d'une bicyclette pour aller à mes cours.

**C.**   Normalement, il n'y a pas d'article défini dans un complément déterminatif (c'est-à-dire, **de** + *nom*). EXEMPLES : un livre de français, un verre de vin. Cependant, l'article défini est utilisé dans certains cas :

**1.**   Quand le complément déterminatif est qualifié (par exemple, d'un adjectif, d'une proposition relative).

> Louis a bu un verre du vin que j'avais mis sur la table. **COMPARER** : Louis a bu un verre de vin.
> Donnez-moi une livre des tomates qui viennent d'être livrées. (C'est-à-dire, spécifiquement ces tomates-là, et non pas n'importe quelles tomates.)

**2.**   Quand le nom est employé dans un sens spécifique.

> L'histoire de la France est très complexe. (*La France* est considérée comme un pays spécifique.) **COMPARER** : Adèle connaît bien son histoire de France. (*De France* indique le domaine historique connu.)
> Viviane vient de trouver un petit dictionnaire du français argotique. **COMPARER** : Viviane utilise son dictionnaire de français pour écrire ses rédactions.

**D.**   **Leur** est l'adjectif possessif de la troisième personne du pluriel, mais il reste singulier quand le nom qu'il détermine est singulier. Ceci permet d'indiquer que **leur** + *nom* se réfère à chaque membre individuel d'un groupe. Examinez bien les exemples et notez qu'en anglais on emploie quelquefois le pluriel où le français met **leur** au singulier.

> Les passagers qui fumaient ont éteint leur cigarette pour l'atterrissage de l'avion. (Chaque passager fumait une cigarette.)
> Tous les invités ont levé leur verre pour porter un toast à l'invité d'honneur.

On peut aussi mettre le pluriel en français pour insister sur l'ensemble des objets (ou des personnes) plutôt que sur un rapport d'attribution individuelle.

> Les passagers qui fumaient ont éteint leurs cigarettes...
> Tous les invités ont levé leurs verres...

ATTENTION!   Certains mots abstraits restent au singulier en français, par exemple, **vie.** Notez l'usage contraire en anglais.

> Ces chercheurs ont consacré leur vie (*their lives*) à la recherche nucléaire.

**E.**   **Avoir beau** + *infinitif* indique que l'action à l'infinitif est faite en vain; même si elle s'accomplit avec persévérance, elle n'affectera pas l'action qui s'ensuit. En anglais on utilise l'expression *no matter how much* pour exprimer la même idée.

> J'ai beau lui dire de ne pas s'inquiéter, il continue à croire qu'il ne réussira pas à son examen. (Je lui dis en vain [Quoique je lui dise] de ne pas s'inquiéter,...)
> Vous aurez beau insister, elle n'acceptera jamais de quitter sa mère.
> Le bébé avait beau crier, personne ne l'entendait à travers la porte fermée.

# ASSIMILATION

## Mise en pratique

I. *Répondez négativement aux questions.* **A** *et* **B** *poseront les questions et contrôleront les réponses à tour de rôle.*

**A**

1. Est-ce que tu bois de la bière le matin?
2. Lis-tu le journal pendant le cours?
3. Est-ce que tu as vu de bons films récemment?
4. Y a-t-il des allumettes sur la table?

**B**

5. Reçois-tu des lettres du président des États-Unis?
6. As-tu visité la Guadeloupe?
7. Met-on du poivre dans une mousse au chocolat?
8. Est-ce que tu aimes ce pull-over rose?

II. *Refaites les phrases avec le verbe donné en faisant les changements d'article nécessaires.* **A** *et* **B** *liront les phrases et contrôleront les réponses à tour de rôle.*

| **A** | **B** |
|---|---|
| 1. J'aime le lait. | 1. Je bois _____. |
| 2. Je prends du café le matin. | 2. Je ne prends pas _____. |
| 3. J'aime la tempête. | 3. J'ai peur de _____. |
| 4. J'aime l'océan. | 4. Je n'ai jamais vu _____. |

| **B** | **A** |
|---|---|
| 5. J'écoute les informations. | 5. Je ne m'intéresse pas _____. |
| 6. J'ai beaucoup d'amis. | 6. Je n'ai pas beaucoup _____. |
| 7. Je sais faire des crêpes. | 7. Je ne veux pas manger _____. |
| 8. Je lis un roman russe. | 8. Je n'ai pas encore lu _____. |

## Réponses

I.
1. Je ne bois pas de bière le matin.
2. Je ne lis pas le journal pendant le cours.
3. Je n'ai pas vu de bons films récemment.
4. Il n'y a pas d'allumettes sur la table.
5. Je ne reçois pas de lettre du président des États-Unis.
6. Je n'ai pas visité la Guadeloupe.
7. On ne met pas de poivre dans une mousse au chocolat.
8. Je n'aime pas ce pull-over rose.

**II.** 1. Je bois du lait.
2. Je ne prends pas de café le matin.
3. J'ai peur de la tempête.
4. Je n'ai jamais vu l'océan.
5. Je ne m'intéresse pas aux informations.
6. Je n'ai pas beaucoup d'amis.
7. Je ne veux pas manger de crêpes.
8. Je n'ai pas encore lu de roman russe.

# Vérification

**I.** *Remplacez les tirets par l'article correct, si c'est nécessaire. Faites attention aux contractions.*

**A.** L'autre jour, je suis allé à __au__ supermarché (m.) pour acheter __des__ provisions. Il me fallait __du__ beurre, __du__ lait, __de la__ crème, __des__ pâtes, __de la__ viande, __des__ petits pois. Dans le magasin, il y avait une dame qui faisait déguster __des__ fromages aux clients.

— Ce sont __des__ fromages français, disait-elle, __du__ camembert (m.) et __du__ brie (m.).

— Et celui-là, a demandé un monsieur qui avait __l'__ air un peu perdu, qu'est-ce que c'est?

— Ce n'est pas __du__ fromage, c'est __de la__ crème fraîche. Voulez-vous en goûter? Si vous en mettez sur des framboises, c'est délicieux.

Julia Child, qui se trouvait présente pour son émission de télévision, a commencé à lui faire __un__ discours sur __les__ différentes utilisations de __la__ crème fraîche dans __la__ cuisine française. Le Monsieur ne remarquant pas __les__ caméras :

— Laissez-moi tranquille avec votre cuisine étrangère; et je n'aime pas __la__ crème fraîche de toute façon. Donnez-moi __du__ bon Cheddar américain. Ma femme m'a promis mon plat préféré, qui est « Tuna Noodle Casserole au gratin with cheese ».

Julia, très heureuse de n'être pas invitée, lui a souhaité bon appétit et lui a offert __la__ boîte __de__ thon importé de France. Sur le point de refuser à cause de __l'__ étiquette qu'il ne reconnaissait pas, __le__ client a remarqué __la__ caméra, a souri bêtement et a demandé où étaient __les__ champignons en boîte avant de commencer à saluer tous __les__ membres de sa famille.

**B.** C'est aujourd'hui mardi __le__ onze janvier. Il fait froid dehors. __La__ neige tombe depuis hier et recouvre __les__ arbres. Tout à l'heure __les__ enfants sortiront de classe pour __la__ récréation. Ils pourront faire __un__ bonhomme de neige. Il leur faudra __une__ carotte pour son nez, __un__ chapeau haut de forme (*top hat*) et __un__ cache-nez. Comme ils auront faim après avoir joué, je leur servirai __un__ bon dîner : __un__ bifteck avec __des__ épinards (non, ils n'aiment pas __les__ épinards), avec __des__ pommes de terre frites. Je boirai __du__ vin rouge et les enfants __du__ lait. Pour __le__ dessert nous prendrons __une__ tarte aux pommes avec __de la__ crème glacée à la vanille.

**II.** *Le président Albert I. Neférien est accusé d'avoir pris de l'argent dans la caisse, d'avoir placé des gens de sa famille à des postes importants, d'avoir multiplié les voyages inutiles avec le jet privé de la compagnie et d'avoir ronflé pendant le conseil d'administration. Prenez sa défense en mettant chacune des accusations suivantes à la forme négative. Faites attention à changer l'article quand c'est nécessaire.*

1. Il a détourné des fonds (500 000 francs).
2. Il a placé des membres de sa famille à des postes importants.
3. Il a nommé une amie vice-présidente.
4. Sa grand-mère touche une pension de la compagnie.
5. Il joue de l'harmonica pendant ses heures de bureau.
6. Il lit des revues au lieu de suivre les cours de la bourse.
7. Il fait la sieste sur le divan de son bureau.
8. Il donne des soirées coûteuses où il fait venir un orchestre punk.
9. Il fait des petits dessins sur son carnet pendant les réunions.
10. Il organise des colonies de vacances au Yukon en hiver.

**III.** *Placez l'expression entre parenthèses dans la phrase en faisant les changements d'articles nécessaires.*

1. Julienne a reçu des compliments. (beaucoup de)
2. Nous avons des problèmes à résoudre. (bien des)
3. Ces étudiants travaillent pendant l'été. (la plupart des)
4. Irène a des copains. (un tas de)

**IV.** *Remplacez les tirets par l'adjectif possessif qui convient.*

### Au bureau des objets trouvés

Vous vous trouvez à l'aéroport Roissy–Charles de Gaulle prêt à rentrer aux États-Unis. Tout d'un coup vous remarquez que vous n'avez plus _votre_ valise où vous avez mis toutes _vos_ affaires, ainsi que celles de _votre_ femme et de _votre_ fille. Vous allez au bureau des objets trouvés et vous vous adressez à l'employé qui est endormi sur _son_ bureau. Vous le réveillez pour réclamer _votre_ valise.

— Monsieur, je viens vous demander si on ne vous a pas apporté _notre (ma)_ valise.

L'employé, l'air ennuyé, pose _son_ journal, se lève et demande :

— C'est possible. Vous pouvez me la décrire, _votre_ valise? Nous en recevons au moins cinquante par jour. Comment est-elle?

— Eh bien, elle est toute neuve, marron. _Sa_ fermeture est dorée et j'y ai mis _mes_ affaires avec celles de _ma_ femme et de _mon_ enfant.

— Monsieur, _votre_ valise est peut-être au milieu des quatre-vingt-trois valises que nous avons ici et que vous venez de décrire. Est-ce que _votre_ nom est dessus?

— Non, mais il y a les initiales de _ma_ femme.

— Et quelles sont _ses_ initiales?

— C.R.

— Ça réduit le nombre à vingt-trois. Décidemment, _votre_ journée commence mal. Pouvez-vous me détailler ce qu'elle contient _votre_ valise?

— Eh bien, il y a les affaires de _ma_ petite fille : _son_ walkman (m.), _ses_ cassettes, _ses_ affaires de toilette, _sa_ revue de musique punk, _son_ chapeau de plage. Je crois que _ma_ femme et moi y avons mis _nos_ maillots, _notre_ Ambre Solaire[4], et _nos_ serviettes, et peut-être _nos_ sandales.

L'employé, en train de fouiller dans différentes valises, demande :

— Est-ce que _vos_ maillots sont rouges et jaunes?

— Non. Ils sont bleus et verts.

— Bon, voilà une bouée gonflable en forme de canard, un matelas pneumatique et un clavier d'ordinateur. Ce n'est pas croyable; il y a des gens qui emportent _leur_ bureau avec eux.

— Je ne vous demande pas de me donner _votre_ avis, mais plutôt de trouver _ma_ valise. Ce que les autres emportent dans _leurs_ valises n'est pas _mon_ affaire.

— Ah, en voilà une qui semble correspondre à _votre_ description. Tiens. Qu'est-ce que c'est que cette poudre blanche?

— Ce doit être _mon_ bicarbonate (m.) de soude!

— J'ai l'impression que c'est plutôt _votre_ cocaïne et que vous allez manquer _votre_ avion. (_L'employé se met à crier._) Monsieur l'Inspecteur! un couple de trafiquants!...

_Terminez l'aventure en quelques lignes. Comment vous y prenez-vous pour convaincre l'agent de votre innocence?_

**V.** _Dans le dialogue suivant remplacez les tirets par la forme correcte de l'adjectif démonstratif (_**ce, cette, ces**_), du pronom démonstratif (_**celui, celle, ceux, celles**_) ou du pronom neutre (_**ce, cela, ça**_)._

## Une mauvaise surprise

_Un acheteur, qui voit affichés des prix très avantageux, entre dans un garage exposant des Porsches, des Maseratis, des BMW, des Jaguars, etc._

ACHETEUR : Une BMW à moitié prix et neuve. Quelle affaire!

VENDEUR : (_pensant qu'il tient un gogo_)[5] Oui, monsieur, nous en avons trois, une bleu marine, une gris métallisé, une noire à toit-ouvrant automatique. Laquelle vous intéresse?

ACHETEUR : La bleue. Est-ce que je peux la regarder?

VENDEUR : Je savais que _c'_ était _cela_ que vous vouliez. Elle est merveilleuse : silencieuse, confortable, économique. Elle est idéale pour l'homme d'affaires. _C'_ est le modèle que nous vendons le plus. Je garantis que vous ne regrett...

ACHETEUR : (_inspectant minutieusement_) D'où vient _cette_ marque sur la carrosserie?

VENDEUR : (_frottant rapidement avec sa manche_) _Ce_ n'est rien, ça. Rien du tout.

[4]**Ambre Solaire :** marque de crème solaire.

[5]**Gogo** (_m. fam._) : client naïf à qui on peut vendre n'importe quoi à n'importe quel prix.

ACHETEUR :   Mais vous m'avez dit que _cette_ voiture est neuve. Il ne devrait pas y avoir de griffes. Voyons _ce_ stéréo avec ses quatre hauts-parleurs. Est- _ce_ compris dans le prix?

VENDEUR :   _C'_ est une option. _Ça_ vous coûtera un petit supplément de trois mille francs.

ACHETEUR :   Et _cette_ peau de panthère sur les sièges avant?

VENDEUR :   _Cela_ c'est du vrai. Et vous l'aurez pour dix mille francs... (à _voix basse_) par siège.

ACHETEUR :   Et _ce_ boîte derrière le siège?

VENDEUR :   _C'_ est notre nouveau modèle de bar portatif. _C'_ est automatique pour la plupart des boissons. Vous appuyez sur _____ deux boutons pour obtenir le cocktail de votre choix. Voulez-vous essayer?

ACHETEUR :   D'accord. (_Il appuie sur le bouton, rien ne sort, mais le coffre de la voiture s'ouvre avec un bruit d'enfer._)

VENDEUR :   Tiens! c'est le système d'alarme. Une question de réglage, je suppose, mais une fois que _____ sera mis au point, vous voyagerez en toute sécurité et sans devoir vous arrêter pour boire. Moyennant un petit supplément de cinq cents francs, notre mécanicien s'occupera de _____ réparation immédiatement.

ACHETEUR :   Nous verrons _____ par la suite. Est-ce que je peux regarder le moteur?

VENDEUR :   Allez-y.

ACHETEUR :   (_constatant que le moteur a l'air suspect puisqu'il ressemble à _____ de sa Citroën deux chevaux_) Est-ce bien le moteur de _____ modèle de BMW?

VENDEUR :   Non, non. Vous n'y pensez pas. Un moteur de 2,7 litres consomme bien trop. _____ est le moteur que nous proposons à nos clients désireux de faire des économies d'essence. En fait, il fonctionne à l'alcool. Si vous voulez le moteur allemand original, on vous l'installera gratuitement, bien entendu, pour un modeste supplément de vingt mille francs (pour les pièces, taxes et transport non-compris).

ACHETEUR :   Alors, tout compris _____ voiture coûte plus cher que le modèle standard?

VENDEUR :   Oui, mais à la longue _____ est vous qui bénéficiez, et il faut bien que nous recouvrions nos frais... Qu'est-ce que c'est que _____ carte?

ACHETEUR :   Eh bien, mon ami, _____ est ma carte du Ministère du Commerce... et des frais, je garantis que vous en aurez moins en prison.

**VI.**   (_Constructions_) _Remplacez les tirets par_ **avoir l'air, avoir mal à** _ou_ **avoir du mal à.**

1. Alexis _____ comprendre les nuances stylistiques. Il confond romantisme et naturalisme.

2. Si vous _____ à la tête, allez faire un tour dehors.

3. Ma voisine _____ sympathique. J' _____ croire que personne ne lui parle.

4. Après avoir bien dansé avec Roland sur des rythmes cubains, Alice _____ ravie.

5. Cet homme _____ d'un cinéaste.

**VII.** (*Constructions*) *Dans les phrases suivantes, remplacez le verbe* **devoir** *par* **avoir à.**

1. Nous devons faire des exposés tous les jours.
2. Je dois vérifier le résultat de mes dernières expériences.
3. Il devra payer une grosse amende s'il fait un faux témoignage.
4. Nathalie devait préparer les hors-d'œuvre avant l'arrivée de ses invités.
5. Si Jérôme veut me remplacer, il devra présider le conseil pendant mon absence.

**VIII.** (*Constructions*) *Faites des phrases qui illustrent bien le sens de :*

1. avoir l'air
2. avoir soif
3. avoir envie de
4. avoir du mal à + infinitif
5. avoir mal à
6. avoir à

# Réalisation

**I.** (*Sketch*) Mettez en scène un épisode similaire à celui du bureau des objets trouvés ou du garage. (Voir Vérification IV et V.)

**II.** (*Devoir écrit*) Avez-vous déjà perdu un objet important : votre portefeuille, votre voiture dans un grand parking à l'aéroport, un devoir important auquel vous avez travaillé des semaines, un objet que vous avez emprunté à un ami / une amie? Qu'avez-vous fait?

**III.** (*Sketch*) Un groupe d'étudiants dîne dans un restaurant où le service est aussi mauvais que la cuisine. Le garçon, inepte, étourdi, se trompe dans la commande, renverse les plats sur les clients. Tout est mal préparé. Quand on renvoie les plats, le chef se met en colère, insulte tout le monde.

**Expressions à utiliser**

peu de, la plupart des, bien des, ceux-ci, ceux-là, c'est + *adjectif* (c'est immangeable, c'est froid, c'est chaud, etc.)

**IV.** (*Devoir écrit*) Préparez un paragraphe sur un des sujets suivants :

A. Description de votre endroit préféré (réel ou imaginaire). Essayez de donner envie d'y aller à la personne qui vous lit.
B. Quelles sont les qualités que vous admirez le plus chez vos amis?

**V.** (*Débat*) Les principes selon lesquels il faut régler sa vie : dévouement? fidélité? héroïsme? arrivisme? hédonisme? matérialisme? À quelles valeurs spirituelles attachez-vous le plus d'importance?

**VI.** (*Travail écrit collectif*) Préparez une brochure publicitaire pour votre université (école) destinée à attirer les étudiants et les convaincre de venir à cette école. La brochure peut être satirique si vous le voulez. S'il y a des artistes ou des photographes dans la classe, on pourrait l'illustrer.

# CHAPITRE 3

# Le Passé

## PRÉSENTATION

### PRINCIPES
Le passé composé (formation)
L'imparfait (formation)
La distinction entre le passé composé et l'imparfait
Précisions sur l'imparfait et le passé composé
Le plus-que-parfait
Le futur du passé

### CONSTRUCTIONS
Les termes d'enchaînement **d'abord, ensuite, puis, enfin**
Les conjonctions **mais, cependant, pourtant**
Les conjonctions **car, parce que, puisque, comme**
ÉTUDE DE VERBES : **Avant de** + *infinitif;* **après** + *infinitif passé;* **en** + *participe présent*

## PRINCIPES

### I. Le passé composé (formation)

**A.** On forme le passé composé avec l'indicatif présent de l'auxiliaire **avoir** ou **être** et le participe passé du verbe utilisé. Voir Tableau 4.

## TABLEAU 4

### Le passé composé

| Parler | Sortir |
|---|---|
| j'ai parlé | je suis  sorti / sortie* |
| tu as parlé | tu es  sorti / sortie |
| il / elle a parlé | il / elle est  sorti / sortie |
| nous avons parlé | nous sommes  sortis / sorties |
| vous avez parlé | vous êtes $\begin{cases} \text{sorti / sortie} \\ \text{sortis / sorties} \end{cases}$ |
| ils / elles ont parlé | ils / elles sont  sortis / sorties |

*Pour l'accord du participe passé des verbes conjugués avec **être,** voir C3, page 45.

N'OUBLIEZ PAS... Aux temps composés, l'auxiliaire est le verbe conjugué. Par conséquent :

- La négation s'attache à l'auxiliaire excepté **personne, aucun** et **nulle part.** (Voir page 143.)

    Nous n'avons pas vu les *Nymphéas* de Monet.
    Je n'ai rien fait de spécial dimanche dernier.
    MAIS : Nous n'avons vu personne au marché.

- Les pronoms personnels objets directs et indirects précèdent l'auxiliaire.

    Êtes-vous allé au cinéma hier soir? — Non, nous n'y sommes pas allés.
    J'avais reçu des chocolats pour mon anniversaire, alors je leur en ai offert.
    Daniel n'avait pas besoin de sa voiture, alors il me l'a prêtée pour le week-end.

- Quand il y a inversion, le pronom sujet se place après l'auxiliaire.

    Jean-Claude a-t-il gagné à la loterie?

**B.** Certains verbes sont conjugués avec **avoir,** d'autres avec **être.**

1. Verbes conjugués avec **avoir**

    a) Les verbes **être** et **avoir**

    Avez-vous eu du mal à trouver notre maison?
    Chantal a été très surprise de me voir.
    Charles a eu très peur en voyant les tigres.

    b) Tous les verbes transitifs directs et indirects, et la plupart des verbes intransitifs

    J'ai vu ton chat dans l'arbre. (transitif direct)
    Nous avons parlé au chef. (transitif indirect)
    Ils ont couru à la gare pour ne pas rater le train. (intransitif)

    c) Les verbes essentiellement impersonnels comme **falloir, pleuvoir, neiger**

    Il a fallu deux heures pour aller de Cannes à Nice. Quelle circulation!
    Il a neigé hier soir dans tout le nord-est du pays.
    Il a plu tous les jours pendant une semaine. C'est vraiment dommage!

2.  Verbes conjugués avec **être**

  a)   Tous les verbes pronominaux

*Catherine s'est levée à huit heures, s'est habillée et s'est dépêchée d'aller à son bureau à l'ambassade.*

*Vous êtes-vous souvenus d'apporter des fleurs pour décorer la salle?*

*Marc et Suzanne se sont donné rendez-vous dans un café près de Notre Dame.*

  b)   Certains verbes intransitifs

| | |
|---|---|
| aller ≠ venir | passer |
| arriver ≠ partir | rentrer (chez soi) |
| entrer ≠ sortir | rester |
| devenir | retourner |
| monter ≠ descendre | tomber |
| naître ≠ mourir | |

*Mes invités sont arrivés à six heures du soir et ne sont repartis qu'à deux heures du matin.*

*Nous sommes restés au bord du lac toute la journée.*

*Marie est passée chez son oncle pour emprunter de l'argent.*

*Napoléon est mort à Sainte-Hélène.*

  NOTE:   Les composés des verbes intransitifs, comme *revenir, repartir, ressortir, remonter, renaître, repasser, redescendre,* sont également conjugués avec **être.**

  REMARQUE:   Les verbes **monter, descendre, passer, rentrer, retourner, sortir,** peuvent aussi être transitifs directs. Dans ce cas, ils se conjuguent alors avec **avoir** aux temps composés. Certains de ces verbes ont alors un sens différent.

*Quand Yves a retourné la pierre, il a vu tous les insectes qui vivaient dessous.*

*Le chauffeur de Madame Didier a rentré la voiture dans le garage, puis il a sorti les valises du coffre et les a montées dans la chambre.*

*Mon frère a passé un mois dans une maison de santé.*

*Il a descendu l'escalier d'un pas mal assuré.*

*Quand nous avons passé la frontière, il a fallu montrer nos passeports.*

**C.** Les participes passés présentent une variété de formes.

1.  Pour les verbes de formation régulière, les participes passés se terminent par **-e, -i, -u.**

  Verbes en **-er (parler)** ⟶ **-é (parlé)**
  Verbes en **-ir (finir / partir)** ⟶ **-i (fini / parti)**
  Verbes en **-re (rendre)** ⟶ **-u (rendu)**

2.  Pour les verbes irréguliers, les participes passés se terminent par **-u, -i, -s, -t.** Voir Tableau 5 pour quelques verbes courants. Voir Appendice V, pour une liste alphabétique plus complète.

**TABLEAU 5**

| Participes passés irréguliers (liste partielle) |
| --- |

| En -u | | En -i | | En -t | |
| --- | --- | --- | --- | --- | --- |
| boire | bu | nuire | nui | couvrir | couvert |
| croire | cru | rire | ri | offrir | offert |
| devoir | dû | sourire | souri | ouvrir | ouvert |
| lire | lu | suffire | suffi | souffrir | souffert |
| plaire | plu | suivre | suivi | | |
| pleuvoir | plu | | | atteindre | atteint |
| pouvoir | pu | | | craindre | craint |
| savoir | su | **En -s** | | distraire | distrait |
| voir | vu | s'asseoir | assis | faire | fait |
| | | mettre | mis | peindre | peint |
| | | prendre | pris | rejoindre | rejoint |
| battre | battu | | | | |
| falloir | fallu | | | dire | dit |
| recevoir | reçu | | | écrire | écrit |
| tenir | tenu | **Diversement irréguliers** | | inscrire | inscrit |
| valoir | valu | avoir | eu | | |
| venir | venu | être | été | conduire | conduit |
| vivre | vécu | mourir | mort | produire | produit |
| vouloir | voulu | naître | né | séduire | séduit |

**NOTE:** Tous les verbes composés à partir des verbes ci-dessus (c'est-à-dire, précédés par un préfixe) ont également leur participe passé irrégulier. EXEMPLES : découvrir → découvert; comprendre → compris; apprendre → appris; contenir → contenu; retenir → retenu; convenir → convenu; prévenir → prévenu

3. Accord du participe passé

   a) Accord avec le sujet

   Si le verbe est conjugué avec **être,** on accorde le participe passé avec le sujet. C'est le cas :

   (1) Pour les verbes intransitifs comme **aller, venir, sortir,** etc.

   Éliane est venue me voir ce week-end, et nous sommes sortis. — Dans une discothèque? — Non, nous sommes allés voir *Les Fourberies de Scapin* de Molière.

   (2) Pour les verbes à la voix passive

   Les tapisseries ont été détruites par le feu.

   ATTENTION! Les verbes pronominaux, quoique conjugués avec **être,** suivent des règles d'accord spéciales. Voir Chapitre 7, page 123, pour ces règles.

b) Accord avec l'objet

Si un verbe conjugué avec **avoir** a un objet direct qui le *précède*, on fait l'accord avec cet objet direct. (Si l'objet direct suit le verbe, on ne fait pas l'accord.) L'accord avec l'objet direct qui précède le verbe a lieu dans trois cas :

(1) Avec un pronom personnel objet direct (**la, les, nous,** etc.)

Où as-tu mis les fourchettes? — Je les ai mises dans le tiroir.

(2) Avec **que** (*pronom relatif*)

Les suggestions que vous avez faites étaient excellentes. (*que* = les suggestions)

(3) Avec **quel** (*interrogatif ou exclamatif*) et **lequel** (*pronom interrogatif*)

Quelles histoires a-t-il écrites?
Il y a deux routes pour aller en ville. Laquelle ont-ils prise?

ATTENTION! Avec le pronom objet **en,** le participe passé reste d'habitude invariable. Avec le pronom relatif **dont,** le participe passé ne s'accorde jamais.

Ont-ils acheté de jolies affiches? — Oui, ils en ont acheté de très jolies[1].
Les peintres dont elle a parlé étaient tous impressionnistes.

c) Le participe passé invariable

On ne fait pas l'accord du participe passé :

(1) Avec les verbes impersonnels

Les touristes ont beaucoup souffert des chaleurs qu'il a fait cet été.

(2) Dans la construction **faire** + *infinitif*[2]

Les musiciens qu'il a fait venir à la fête ont très bien joué.

# II.　L'imparfait (formation)

**A.** Pour former l'imparfait, on remplace la terminaison **-ons** de la première personne du pluriel de l'indicatif présent par les terminaisons de l'imparfait. Voir Tableau 6.

---

[1]Il est aussi considéré correct de faire l'accord du participe avec **en** complément du verbe. EXEMPLE : Ces cerises sont excellentes. En avez-vous prises?

[2]Pour la construction **faire** et **laisser** + *infinitif* et les verbes de perception (**regarder, voir, apercevoir, écouter, entendre**) + *infinitif*, voir Chapitre 13, page 231.

**TABLEAU 6**

| Formation de l'imparfait | | | |
|---|---|---|---|
| Terminaisons de l'imparfait | Verbe modèle : *parler*<br>Indicatif présent : nous parlons | Autres verbes | |
| | *Imparfait* | *Indicatif présent* | *Imparfait* |
| **-ais** | je parlais | prendre : nous prenons ⟶ | je prenais |
| **-ais** | tu parlais | faire : nous faisons ⟶ | je faisais |
| **-ait** | il / elle parlait | boire : nous buvons ⟶ | je buvais |
| **-ions** | nous parlions | rendre : nous rendons ⟶ | je rendais |
| **-iez** | vous parliez | finir : nous finissons ⟶ | je finissais |
| **-aient** | ils / elles parlaient | croire : nous croyons ⟶ | je croyais |

*(handwritten: Nous comprenons)*

**ATTENTION!** L'imparfait d'**être** est formé sur le radical **ét-**.

**Être**
j' étais
tu étais
il / elle était
nous étions
vous étiez
ils / elles étaient

**B.** Les verbes en **-ger** et en **-cer** ont des changements orthographiques à l'imparfait pour préserver le son **c** ( = **ss**) et **g** (= **j**) que ces lettres ont à l'infinitif du verbe.

**Manger**
je mangeais
tu mangeais
il / elle mangeait
ils / elles mangeaient

MAIS : nous mangions
vous mangiez

**Commencer**
je commençais
tu commençais
il / elle commençait
ils / elles commençaient

MAIS : nous commencions
vous commenciez

# III.   La distinction entre le passé composé et l'imparfait

Tous les verbes en français ont un passé composé et un imparfait. Quand vous parlez ou écrivez, il y a toujours un choix à faire entre ces deux temps. Pour faire ce choix, il faut tout d'abord distinguer entre une série d'actions qui font avancer le récit, nous l'appellerons *narration*, et une *description* qui est stationnaire par rapport au récit (même si elle comporte des verbes d'action).

### A.   La narration

Les actions d'une narration dirigent le récit vers sa conclusion. Dans le passé, le temps de la narration est le passé composé, qui répond à la question : « *Qu'est-ce qui est arrivé?* » L'action est considérée achevée (complétée).

Un soir vers minuit, on a frappé à ma porte. Je suis descendu et j'ai ouvert. Devant moi, j'ai vu le visage pâle et terrifié d'un jeune homme. Plein de pitié, j'ai dit à l'inconnu d'entrer. Le malheureux a fait un pas en avant, m'a donné une boîte en métal, et il est tombé inconscient sur le parquet. J'ai essayé en vain de le ranimer. Alors, j'ai téléphoné d'urgence à l'hôpital. En attendant l'arrivée du médecin, j'ai ramassé la boîte que j'avais posée par terre dans mon énervement. Quand j'ai voulu soulever le couvercle, j'ai entendu un gémissement.

### B.   La description

Les verbes d'une description ne font pas avancer le récit. Dans le passé, le temps de la description est l'imparfait, qui répond à la question : « *Comment étaient les choses?* » Il s'agit de dépeindre les conditions existantes, d'indiquer les actions qui étaient en train de se dérouler dans le passé.

Il faisait froid ce soir-là, et le vent soufflait.

Le jeune homme portait un grand chapeau qui lui cachait les yeux. Ses lèvres tremblaient, et il essayait en vain de dire quelque chose.

Le jeune homme tenait une boîte en métal à la main. Sur le couvercle on voyait un dragon qui attaquait un chevalier. Le jeune homme semblait à peine respirer.

Était-ce le vent? La boîte contenait-elle un démon? Le jeune homme semblait se ranimer. Essayait-il de me prévenir? Je ne savais pas quoi faire tant je tremblais de peur.

### C.   La narration et la description

Naturellement, dans un récit au passé, on alterne, selon le cas, entre la narration et la description. C'est le contexte ou le sens que l'on veut donner à la phrase qui détermine le choix entre le passé composé et l'imparfait.

Un soir vers minuit, on a frappé à ma porte. Il faisait froid ce soir-là, et le vent soufflait. Je suis descendu, et j'ai ouvert. Devant moi, j'ai vu le visage pâle et terrifié d'un jeune homme. Il portait un chapeau qui lui cachait les yeux. Ses lèvres tremblaient, et il essayait en vain de dire quelque chose. Plein de pitié, j'ai dit à l'inconnu d'entrer. Le malheureux a fait un pas un avant, m'a donné une boîte en métal qu'il tenait à la main, et il est tombé inconscient sur le parquet. J'ai essayé en vain de le ranimer; il semblait à peine respirer. Alors, j'ai téléphoné d'urgence à l'hôpital.

En attendant l'arrivée du médecin et de la police, j'ai ramassé la boîte que j'avais posée par terre dans mon énervement. Sur le couvercle, on voyait un dragon qui attaquait un chevalier. Quand j'ai voulu soulever le couvercle, j'ai entendu un gémissement. Était-ce le vent? La boîte contenait-elle un démon? Le jeune homme, qui semblait se ranimer, essayait-il de me prévenir? Je ne savais que faire tant je tremblais de peur...

# IV.  Précisions sur l'imparfait et le passé composé

Quand on met un verbe à l'imparfait ou au passé composé, il adopte forcément la signification de ce temps. Voici quelques illustrations.

**Le passé composé** communique une des idées suivantes :

— *L'action (ou l'état) est finie.*

La personne à qui j'ai prêté de l'argent ne veut pas me le rendre.

— *L'action est arrivée à un moment relativement précis du passé.* Notez qu'un enchaînement de ces moments précis forme le récit, la narration. (Voir III, pages 47–48.)

Vers huit heures du soir, un garçon est entré furtivement dans le magasin. Quand il a vu que personne ne le regardait, il a pris un billet de cent francs dans la caisse et il s'est enfui à toutes jambes.

— *L'action a eu lieu pendant une durée clairement délimitée (spécifiée)* (trois jours, un an, plusieurs jours, longtemps, etc.).

Nous avons vécu trois ans en Suisse. (durée précise)

Les acteurs ont répété la pièce pendant des semaines.

**L'imparfait,** par contre, communique une des idées suivantes :

— *L'action (ou l'état) est en train de se dérouler dans le passé.*

Quand Henri et Diane sont entrés dans le restaurant, plusieurs personnes dînaient déjà, d'autres prenaient l'apéritif au bar. Le sommelier[3] passait de table en table pour prendre les commandes de vin. Le maître d'hôtel surveillait la salle d'un air cérémonieux et donnait à voix basse des ordres aux serveurs. Quand celui-là a aperçu Henri et Diane qui attendaient patiemment, il s'est empressé de les accueillir et leur a montré une table libre qu'il gardait toujours pour eux.

Quand j'étais jeune, je prenais le train tous les jours pour aller à l'école.

— *L'action est répétée un nombre indéterminé de fois.* Notez qu'un ensemble d'actions répétées constitue un tableau descriptif.

Le vendredi après-midi, Anne jouait au hockey.

[3]**Sommelier :** le garçon spécialisé en vin.

ATTENTION! Si le nombre de répétitions est spécifié, il faut employer le passé composé.

J'ai lu ce poème dix fois avant de le comprendre.

Elle a visité Moscou plusieurs fois (cinq fois, sept fois, etc.) avant d'être nommée ambassadrice.

### A.    Les verbes **être** et **avoir**

Ces verbes se mettent à l'imparfait quand ils décrivent un état (ou un état de choses).

J'étais fatiguée parce que j'avais trop de travail.

Cependant, quand on les met au passé composé, ils ont les sens suivants :

1.    Le verbe **être** peut indiquer un changement d'état : il a été = il est devenu.

Quand Jérôme a vu qu'il n'y avait pas de lettre de son amie, il a été très triste.

« Quand j'ai lu la mauvaise critique de mes nouveaux tableaux, j'ai été furieux. » a avoué le jeune peintre.

Le verbe **être** au passé composé peut aussi indiquer qu'un état situé dans le passé est complètement fini[4].

Christophe a été aveugle jusqu'à l'âge de cinq ans, quand, grâce à une opération remarquable, il a retrouvé une partie de sa vue.

2.    Le verbe **avoir** au passé composé indique qu'un état de choses arrive assez rapidement et à un moment précis dans le passé.

Quand il a senti la bonne odeur du poulet rôti à la broche, Bertrand a eu faim. **COMPARER** : Bertrand n'avait pas envie de poisson, alors il a commandé une quiche.

En rentrant à Toronto l'autre soir, j'ai eu un accident à cause du verglas. **COMPARER** : André était si distrait qu'il avait tout le temps des accidents de voiture.

L'année dernière, Hélène a eu une commotion cérébrale à la suite d'une mauvaise chute. **COMPARER** : Quand elle avait un an, Hélène souffrait de crises d'asthme terribles.

Le verbe **avoir** indique aussi qu'un état de choses situé dans le passé est complètement fini.

Au début de ma carrière, j'ai eu des doutes sur la voie que je voulais suivre. (Ces doutes n'existent plus.)

Christian et sa femme ont d'abord eu du mal à s'habituer à la vie de campagne, car la ferme qu'ils habitaient n'offrait aucun confort moderne. Maintenant, ils y sont très heureux.

---

[4]Dans la langue parlée, **être** (au passé composé) est employé aussi comme synonyme d'**aller**. EXEMPLE : J'ai déjà été (je suis déjà allé) dans ce restaurant.

**B.** Les verbes d'état mental

Les verbes **croire, penser, savoir, vouloir, pouvoir, aimer, désirer, espérer,** se mettent à l'imparfait pour exprimer qu'un état se prolonge dans le temps, ce qui est le cas le plus fréquent.

Le public croyait qu'il allait assister à un concert de grande classe. Il a été très déçu de voir un jeune musicien apparaître sur la scène avec son accordéon.

Françoise voulait se marier avec Georges. Elle ne savait pas que celui-ci espérait surtout épouser une femme très riche.

Le pilote voulait atterrir mais ne pouvait pas à cause du brouillard. Comme il préférait ne pas prendre de risques, il a décidé de retourner à son point de départ.

Quand on met les verbes d'état mental au passé composé, ils adoptent l'aspect de ce temps. Voir Tableau 7.

**TABLEAU 7**

| Verbes d'état mental au passé composé | |
|---|---|
| **Sens au passé composé** | **Exemples** |
| **croire** = le fait de croire a eu lieu à un moment précis | Quand Marc a expliqué son retard à Suzanne, elle l'a cru. |
| **penser** = une idée s'est présentée à l'esprit | En voyant le collier de perles, j'ai pensé l'offrir à ma femme pour sa fête. |
| **savoir** = découvrir, apprendre | Quand le docteur Leclerc a vu les résultats des tests, elle a su que son malade était anémique. |
| **vouloir** = essayer de | J'ai voulu le prévenir du danger, mais il a refusé de m'écouter. |
| **ne pas vouloir** = refuser de | Comme Pierre n'a pas voulu leur prêter son camion, Philippe et Marion ont dû en emprunter un. Avec ce camion, ils ont pu emménager dans leur nouvel appartement. |
| **pouvoir** = réussir à | |

**C.** Les expressions **venir de** + *infinitif,* **aller** + *infinitif* et **depuis (depuis quand)** + *expression de temps*

Ces expressions s'emploient avec un verbe à l'imparfait quand elles sont dans un récit au passé[5].

Je venais de m'asseoir quand j'ai entendu quelqu'un crier au fond de l'autobus. Le chauffeur s'est retourné pour voir ce qui se passait et

---

[5]Pour **venir de** + *infinitif* et **aller** + *infinitif,* voir Chapitre 1, page 12. Notez que **depuis (depuis quand)** + *expression de temps* peut aussi être suivi du *plus-que-parfait.* EXEMPLE: Depuis quand n'avait-elle pas revu sa ville natale? Elle ne s'en souvenait pas.

a brûlé un feu rouge. En même temps, un camion sortait d'une rue latérale. J'étais sûre que nous allions avoir un accident...

Quand je me suis réveillée, la première chose que j'ai vue c'était le visage souriant d'une infirmière qui se penchait sur mon lit. Depuis quand est-ce que j'étais dans cet hôpital? Je n'en savais rien. Pas plus que je ne savais mon nom, ni comment j'étais arrivée dans ce lieu.

# V.   Le plus-que-parfait

**A.**  Formation

On forme le plus-que-parfait avec l'imparfait de l'auxiliaire et le participe passé du verbe utilisé.

**Parler**

|  | |
|---|---|
| j'avais | parlé |
| tu avais | parlé |
| il / elle avait | parlé |
| nous avions | parlé |
| vous aviez | parlé |
| ils / elles avaient | parlé |

**Aller**

|  | |
|---|---|
| j'étais | allé / allée |
| tu étais | allé / allée |
| il / elle était | allé / allée |
| nous étions | allés / allées |
| vous étiez | { allé / allée / allés / allées } |
| ils / elles étaient | allés / allées |

**B.**  Emploi

Quand une action arrive avant une autre action dans le passé, employez le plus-que-parfait pour l'action qui précède.

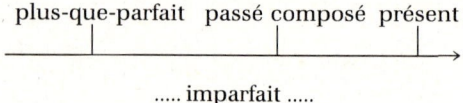

plus-que-parfait   passé composé   présent

..... imparfait .....

La lettre que j'avais envoyée à Frédéric, quand celui-ci était à Moscou, n'est jamais arrivée. S'était-elle égarée, ou l'avait-on confisquée?

Quand nous avions fini d'étudier, nous allions souvent prendre une pizza.

Comme on lui avait mis un bandage sur les yeux, Madame Lagrange ne savait pas où ses kidnappeurs l'avaient emmenée. Elle avait l'impression qu'ils avaient roulé pendant deux ou trois heures sur une route très tournante.

## VI.   Le futur du passé

Le conditionnel présent sert à exprimer une action future par rapport à un moment du passé. C'est l'équivalent du futur simple dans un contexte passé. Pour les formes du conditionnel présent, voir page 84.

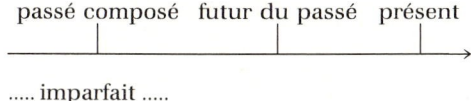

..... imparfait .....

Daniel savait que quand Louise rentrerait, elle serait de mauvaise humeur, qu'elle se ferait un sandwich et se coucherait sans rien dire. **COMPARER** : Daniel sait que quand Louise rentrera, elle sera de mauvaise humeur, qu'elle se fera un sandwich et se couchera sans rien dire.

À ce moment-là, tout était calme dans le laboratoire de chimie. Comment deviner que dans quelques instants une bombe exploserait?

# CONSTRUCTIONS

## I.   Les termes d'enchaînement **d'abord, ensuite, puis, enfin**

Dans un récit (qu'il soit au présent, au passé ou au futur) il convient de lier les actions principales par les mots suivants : **d'abord,** pour présenter la première action; **enfin,** pour présenter la dernière. Entre ces termes, **puis** et **ensuite** peuvent s'utiliser interchangeablement.

Quand le marin est tombé à l'eau, il a d'abord cru qu'il allait se noyer, puis il s'est vu entouré de requins; ensuite, il a remarqué une ligne qu'on lui tendait du bateau. Au moment où il sombrait pour la troisième fois, il a enfin réussi à saisir la corde, et on a pu le ramener à bord.

## II.   Les conjonctions **mais, cependant, pourtant**

Ces conjonctions servent aussi à cimenter le récit en exprimant une opposition entre deux phrases ou deux propositions.

**Cependant** et **pourtant** se placent au début de la deuxième proposition ou bien après le verbe de la deuxième proposition. Ils sont alors moins accentués.

**Mais** se place entre deux propositions.

ATTENTION!   **Mais** sert aussi à mettre en opposition des adjectifs et des adverbes à l'intérieur d'une proposition. **Cependant** et **pendant** ne peuvent pas jouer ce rôle.

Cécile joue très bien de la guitare, cependant (pourtant) elle n'étudie que depuis un an.

Elle est rentrée à deux heures du matin, cependant elle avait promis (elle avait promis cependant) d'être de retour avant minuit.

Il a essayé d'expliquer son retard à sa patronne, mais elle ne voulait pas l'écouter.

Ces jeunes gens sont intelligents mais paresseux.

Le candidat a répondu lentement mais correctement à toutes les questions qu'on lui a posées.

Ce tailleur Chanel est bien joli mais hors de prix.

# III.  Les conjonctions car, parce que, puisque, comme

**A. Car** et **parce que** introduisent une proposition qui donne une explication ou la cause d'une autre action. **Car** est plus littéraire que **parce que**.

Quelquefois il est possible de remplacer **parce que** + *proposition* par **à cause de** + *nom*.

Il est nerveux parce qu'il a un rendez-vous important.

Il est nerveux, car son patron le critique beaucoup depuis quelques jours.

J'ai fait plusieurs erreurs parce que j'étais très énervé. ou J'ai fait plusieurs erreurs à cause de ma nervosité.

**B. Puisque** et **comme** (*since*) établissent un lien entre une cause exprimée qui est mise en relief et l'action qui en résulte. Ils sont interchangeables mais **comme** est un peu moins fort que **puisque.**

Puisque vous n'êtes pas content, plaignez-vous au directeur.

Puisqu'il n'avait pas faim, il n'a pas fini son dîner.

Comme Frédéric est encore en retard, nous allons commencer sans lui.

## ÉTUDE DE VERBES

**A.  Avant de** + *infinitif*

Pour situer deux actions chronologiquement l'une par rapport à l'autre, on utilise la préposition **avant de** suivie de l'*infinitif présent*.

Avant de nommer Daniel au poste, la directrice lui a posé plusieurs questions sur les études qu'il avait faites.

**B.  Après** + *infinitif passé*

La préposition **après** suivie de l'*infinitif passé* situe également deux actions l'une avant l'autre.

Notez que dans les phrases avec **avant de** + *infinitif* et **après** + *infinitif passé*, le sujet du verbe principal doit être celui qui accomplit l'action exprimée à l'infinitif. S'il y a un changement de sujet, il faut alors utiliser les conjonctions **avant que** ou **après que.** (Voir Chapitre 10, page 179.)

Après avoir terminé son article, le reporter l'a envoyé au rédacteur du *Nouvel Observateur.*

Nous voulions être de retour avant qu'il fasse nuit.

Elle finira ses devoirs après que ses amis seront partis.

**C.  En** + *participe présent*

Pour présenter deux actions qui ont lieu en même temps, on utilise la préposition **en** + *participe présent*. Notez que si l'action du verbe principal et celle du gérondif ne sont pas accomplies par la même personne, il faut utiliser la conjonction **pendant que** + *verbe*.

En prenant le petit déjeuner, je lis le journal.
  COMPARER : Pendant qu'Odette lisait le journal, j'ai préparé le petit déjeuner.

REMARQUE: Ces trois constructions sont particulièrement pratiques dans une narration puisqu'elles peuvent s'employer dans un contexte présent, passé ou futur.

J'ai fait (Je faisais, Je ferai, Je fais) mes devoirs en écoutant la radio.

Après avoir vu ce film, nous l'avons discuté (nous le discuterons).

Avant de se coucher, elle boit (a bu, buvait, boira) un verre de lait.

# ASSIMILATION

## Mise en pratique

**I.** *Mettez les phrases suivantes au passé composé.* **A** *et* **B** *contrôleront les réponses à tour de rôle.*

**A**

1. J'étudie la biologie.
2. Il refuse de quitter Bangkok.
3. Son père lui offre un ordinateur pour son anniversaire.
4. Ils doivent suivre des cours d'informatique.
5. Sa belle-sœur ne boit pas de champagne.

**B**

6. Je souffre d'insomnies.
7. Nous vendons notre studio.
8. Jean-Noël revient d'Israël.
9. Il pleut beaucoup en hiver.
10. Nous rions quand nous voyons Dan Akroyd.

**II.** **A** *demande à* **B** *de donner le participe passé des verbes suivants. Puis on changera de rôle.*

| A | | B | |
|---|---|---|---|
| 1. | faire | 11. | mettre |
| 2. | écrire | 12. | prendre |
| 3. | lire | 13. | venir |
| 4. | recevoir | 14. | croire |
| 5. | descendre | 15. | boire |
| 6. | avoir | 16. | vouloir |
| 7. | pouvoir | 17. | suivre |
| 8. | être | 18. | savoir |
| 9. | couvrir | 19. | comprendre |
| 10. | rire | 20. | offrir |

**III.** *Mettez les phrases suivantes à l'imparfait.* **A** *et* **B** *contrôleront les réponses à tour de rôle.*

**A**

1. Je mange trop vite quand je suis énervé(e).
2. Nous buvons du jus d'orange chaque matin.
3. Nous faisons beaucoup de sport au lycée.
4. Je ne connais personne à Paris.
5. Ils ne croient pas à la réincarnation.

**B**

6. Je prends souvent ma bicyclette quand il fait beau.
7. Félix ne réfléchit jamais avant de répondre.
8. Est-ce que vous jouez au Ping-Pong tous les dimanches?
9. Nous étudions la parapsychologie chaque semaine.
10. Il essaie d'articuler clairement en anglais mais n'y réussit jamais.

**IV.** *Refaites les phrases en commençant par* **Il ne savait pas que...** *Utilisez le plus-que-parfait.* **A** *et* **B** *contrôleront les réponses à tour de rôle.*

**A**

1. J'ai couru toute la matinée.
2. Nous sommes allés au cinéma.
3. Le doyen a reçu une lettre anonyme à son sujet.

**B**

4. Ses voisins ont fait la fête jusqu'à deux heures du matin.
5. Tu es sorti avant le petit-déjeuner.
6. Les taux d'intérêt sont montés jusqu'à vingt pour cent.

**V.** *Répondez à la première question affirmativement et à la deuxième négativement. Employez des pronoms objets.* **A** *et* **B** *poseront les questions et contrôleront les réponses à tour de rôle.*

**A**

1. As-tu écrit cet article? et cette lettre?
2. As-tu fait la vaisselle hier soir? et tes devoirs?
3. As-tu ouvert la fenêtre? et le tiroir du bureau?

**B**

4. As-tu mis ta chemise dans le placard? et ton chapeau?
5. As-tu traduit ce poème de Prévert? et ces maximes (*f.*) de La Rochefoucauld?
6. As-tu repeint le salon? et la salle à manger?

## Réponses

**I.**
1. J'ai étudié la biologie.
2. Il a refusé de quitter Bangkok.
3. Son père lui a offert un ordinateur pour son anniversaire.
4. Ils ont dû suivre des cours d'informatique.

5. Sa belle-sœur n'a pas bu de champagne.
6. J'ai souffert d'insomnies.
7. Nous avons vendu notre studio.
8. Jean-Noël est revenu d'Israël.
9. Il a beaucoup plu en hiver.
10. Nous avons ri quand nous avons vu Dan Akroyd.

**II.**

| | | | | | |
|---|---|---|---|---|---|
| 1. | fait | 8. | été | 15. | bu |
| 2. | écrit | 9. | couvert | 16. | voulu |
| 3. | lu | 10. | ri | 17. | suivi |
| 4. | reçu | 11. | mis | 18. | su |
| 5. | descendu | 12. | pris | 19. | compris |
| 6. | eu | 13. | venu | 20. | offert |
| 7. | pu | 14. | cru | | |

**III.**
1. Je mangeais trop vite quand j'étais énervé(e).
2. Nous buvions du jus d'orange chaque matin.
3. Nous faisions beaucoup de sport au lycée.
4. Je ne connaissais personne à Paris.
5. Ils ne croyaient pas à la réincarnation.
6. Je prenais souvent ma bicyclette quand il faisait beau.
7. Félix ne réfléchissait jamais avant de répondre.
8. Est-ce que vous jouiez au Ping-Pong tous les dimanches?
9. Nous étudiions la parapsychologie chaque semaine.
10. Il essayait d'articuler clairement en anglais mais n'y réussissait jamais.

**IV.**
1. Il ne savait pas que j'avais couru toute la matinée.
2. Il ne savait pas que nous étions allés au cinéma.
3. Il ne savait pas que le doyen avait reçu une lettre anonyme à son sujet.
4. Il ne savait pas que ses voisins avaient fait la fête jusqu'à deux heures du matin.
5. Il ne savait pas que tu étais sorti avant le petit-déjeuner.
6. Il ne savait pas que les taux d'intérêt étaient montés jusqu'à vingt pour cent.

**V.**
1. Oui, je l'ai écrit.   Non, je ne l'ai pas écrite.
2. Oui, je l'ai faite.   Non, je ne les ai pas faits.
3. Oui, je l'ai ouverte.   Non, je ne l'ai pas ouvert.
4. Oui, je l'ai mise dans le placard.   Non, je ne l'ai pas mis dans le placard[6].
5. Oui, je l'ai traduit.   Non, je ne les ai pas traduites.
6. Oui, je l'ai repeint.   Non, je ne l'ai pas repeinte.

# Vérification

**I.** *Mettez les verbes entre parenthèses au temps voulu du passé : passé composé, imparfait, plus-que-parfait.*

**Requin ou sirène?**

À peine arrivé à St.-Tropez pour ses vacances, Norbert de La Tour avait immédiatement été invité sur le yacht de Boris et Estelle. Ils y donnaient une soirée pour fêter leur anniversaire. Tous les mondains de St.-Tropez étaient

[6]Notez qu'on tend à éviter de dire « Je l'y ai mis. » Voir page 105.

invités et (s'en réjouir) d'avance. Dès quatre heures de l'après-midi, Norbert (préparer) déjà son costume blanc et sa chemise noire en soie. À partir de huit heures, Boris en smoking (accueillir) les premiers invités alors que Norbert (faire) quelques pas sur le pont.

Il (faire) déjà nuit quand Norbert (avoir) l'impression de distinguer quelque chose qui (bouger) dans l'eau à quelques mètres du bateau. Norbert, se penchant pour mieux voir, (perdre tout à coup) l'équilibre. Les invités (entendre soudain) une voix qui (hurler) : « Au secours! Je ne sais pas nager! Il y a un requin! » Norbert, qui (commencer) à avaler de l'eau, (sentir) avec terreur que quelque chose l'(agripper). Il (hurler de nouveau) : « Il y a aussi des pieuvres! » C'est alors qu'il (entendre) une voix douce mais assurée lui murmurer : « Ne bougez pas, et laissez-moi vous ramener au bateau. » Norbert, qui ne croyait pas aux sirènes, (se croire) déjà mort quand il a rouvert les yeux sur le pont au milieu des invités. Une charmante jeune femme brune, en maillot, (se pencher) sur lui et le (regarder). Norbert lui (demander) : « Mais qui êtes-vous?

— Je m'appelle Delphine Clastres, et je (faire) de la pêche sous-marine au moment où vous (tomber) à l'eau. »

Boris, qui (venir) d'arriver avec deux verres de cognac, a dit à Norbert :
« Comment (faire / tu) pour tomber? »

Au lieu de répondre, Norbert, que le cognac (ranimer), a demandé à Delphine : « (Ne pas se rencontrer / nous) sur le champ de course d'Auteuil?[7]

— C'(être) peut-être le jour du grand derby, et j'y (aller) avec mon père. C'est mon cheval Artémis qui (gagner).

— Oui! Justement. Je (parier) sur lui. Mais... vous êtes donc la fille de... voyons... Hercule Clastres, le roi du pétrole!

— Oui, c'est lui, (répondre) Delphine en souriant. »

Et Norbert (ajouter):
« Même quand je tombe à l'eau, je tombe bien! Permettez-moi de me présenter : je m'appelle Norbert de La Tour, et je vous invite à rester parmi nous ce soir. »

Norbert (avoir) du mal à s'endormir ce soir-là : (être)-ce le souvenir du charmant sourire de Delphine? Ou (être)-ce les spéculations portant sur le montant de la fortune des Clastres? Sans doute les deux.

**II.**  *Dans les phrases suivantes, mettez les verbes au passé composé ou au plus-que-parfait selon le cas. Faites attention à l'accord du participe passé.*

1.  Elle ne savait pas si les fleurs qu'elle (recevoir) venaient de son petit ami.
2.  Comme elle (boire) du café après le dîner, elle (ne pas dormir).
3.  Quand nous (arriver), la présentation de la nouvelle collection Cardin (déjà commencer).
4.  Comme il (hériter) des œuvres complètes de Jules Verne, il les a (offrir) à ses neveux.
5.  L'opposition (dénoncer) les erreurs que le gouvernement (faire).
6.  Y avait-il des fraises au marché? — Non, je (ne pas en voir).
7.  Les disques que nous (acheter) étaient rayés.
8.  Qui est le couturier japonais dont David nous (parler)?
9.  Quelles bonnes photos tu (prendre)!
10. Voilà les poèmes que nous (traduire). Les (lire)-vous?

[7]**Auteuil :** banlieue de Paris célèbre pour ses courses de chevaux.

**III.**  *Mettez les verbes entre parenthèses au temps correct du passé : passé composé, imparfait, plus-que-parfait.*

## Histoire d'un fou

M. Maurin (être) un brave bourgeois. Il (posséder) plusieurs immeubles à Montmartre et (habiter) le premier étage d'une de ses maisons où il (vivre) une vie de loisir. À quarante ans, il (commettre) la faute d'épouser une jeune fille, Henriette. Elle (n'avoir que) dix-huit ans, et ses yeux (ressembler) à ceux d'un chat. C'était une jeune femme voluptueuse et cruelle.

Un an après le mariage, Henriette (tomber) amoureuse d'un jeune médecin qui (occuper) le second étage de la maison. Les deux amants (vouloir) vivre ensemble, mais le mari (présenter) un obstacle sérieux. Maurin (être) un mari exemplaire; il (ne rien voir), (ne rien entendre). Il (être) toujours doux et complaisant. Dans le quartier on le (considérer) comme le modèle des maris. Mais, justement cette bonté (irriter) les amoureux. Ils (ne pas vouloir) le tuer parce qu'ils (craindre) d'être pris par la police.

Un jour, un de leurs amis, médecin aussi, leur (donner) une idée qui leur (plaire). Ils (ne pas perdre) de temps pour l'exécuter.

Quelques jours plus tard, au milieu de la nuit, Henriette (faire) semblant d'avoir une crise, et elle (commencer) à crier. Quand les voisins, alarmés par ses cris terrifiants, (défoncer) la porte de l'appartement, ils (voir) Henriette échevelée et les épaules rouges de coups. M. Maurin (avoir) l'air extrêmement troublé de ne pas pouvoir répondre aux questions qu'on lui (poser). Il (dire) simplement :

— Je ne sais pas, je ne sais pas. Je ne lui ai rien fait.

Ces scènes bizarres (recommencer) cinq ou six fois et au bout de quelque temps, les gens du quartier (penser) que M. Maurin (battre) sa femme, et que celle-ci (être) trop douce pour accuser son mari.

Entre-temps, M. Maurin (devenir) très soucieux. Il (maigrir), il (dormir) mal. Quand sa femme (avoir) ses crises, il (ne pas savoir) quoi dire. Il (finir) par croire qu'elle (être) folle et (décider) de garder le silence le plus complet sur ce sujet.

Maintenant, chaque fois que Maurin (sortir), les gens du quartier le (regarder) à la fois fascinés et troublés par son air soucieux et ses regards étranges. Tout le monde (croire) que le pauvre homme (être) fou. Même ses actions les plus innocentes (confirmer) cette impression.

Quand Henriette et son amant (sentir) que la rumeur publique (favoriser) leur sinistre projet, Henriette (jouer) sa comédie une dernière fois. La police (venir) et (emmener) Maurin de force pour le mettre à Charenton, un asile pour les fous.

Henriette et son amant, qui (vouloir) profiter de leur liberté, (partir) tout de suite.

Leur lune de miel (être) courte. Au bout d'un an, Henriette (avoir) des remords; elle (découvrir) qu'elle (aimer) vraiment son mari. Elle (aller) à Charenton parce qu'elle (vouloir) tout avouer. Elle (ne pas comprendre), d'ailleurs, pourquoi les médecins (ne pas reconnaître) beaucoup plus vite que son mari (ne pas être) fou.

Quand elle (arriver) dans la chambre que son mari (occuper), elle (voir) un homme maigre et pâle qui la (regarder) avec des yeux terrifiés. Henriette (appeler) Maurin par son nom, mais il (ne pas la reconnaître). Il (répéter) seulement :

—Je ne sais pas, je ne sais pas... je ne lui ai rien fait.

Un des gardiens de l'asile, qui (accompagner) Henriette, (dire) : « Il recommence ce jeu dix fois par jour. »

Henriette, qui (trembler) de peur, (détourner) son visage pour ne plus voir le misérable dont elle (faire) une telle brute.

Maurin (devenir) réellement fou.

—Adapté très librement d'Émile Zola, *Esquisses de la vie parisienne.*

IV.  *(Constructions) Combinez les deux phrases en une avec* **parce que, comme, car, puisque, mais, cependant.** *Remarquez bien les différences de construction, les nuances et les équivalences entre certains de ces termes.*

1.  Il faisait beau. Les enfants se sont baignés dans le bassin.
2.  Le gâteau était délicieux. Louis l'a mangé en entier.
3.  Il faut prendre des vêtements chauds, ton sac de couchage et de la nourriture. Nous serons loin de toute habitation au moins une semaine.
4.  Mes frères ne voulaient pas continuer leurs études. Ils sont allés habiter la ferme de notre oncle.
5.  Le médecin a promis à Madame Gallois qu'elle guérirait. Elle doit se reposer souvent et suivre à la lettre son régime.
6.  Irène est intelligente et travailleuse. Elle réussira dans la vie.
7.  Étienne avait travaillé trois ans à sa sculpture. Aucune galerie ne voulait l'exposer.
8.  Ils sortent presque tous les soirs pour danser. Ils ont plus de soixante ans.
9.  Il avait vérifié le moteur soigneusement. La voiture ne voulait pas se mettre en marche.

# Réalisation

I.  *(Devoir écrit)* Racontez une soirée passée avec un jeune homme / une jeune fille avec qui vous aviez rendez-vous pour la première fois. Essayez d'utiliser les verbes suivants à l'imparfait et au passé composé en faisant bien attention au rapport entre le contexte et le temps du verbe que vous choisissez.

**Verbes à utiliser**

croire (penser), vouloir, pouvoir, être, avoir, savoir, préférer

II.  *(Jeu)* « Histoire enchaînée. » Un étudiant / une étudiante commence une histoire sur une feuille de papier (de préférence, une histoire où il y a un élément de mystère, de suspense). Puis à un moment critique il / elle passe le papier à son voisin / à sa voisine qui continue l'histoire. Quand tous les étudiants auront contribué deux ou trois phrases, on lira l'histoire à haute voix en y apportant les changements nécessaires.

**III.** (*Devoir écrit ou discussion en groupes*) Racontez au passé un fait comique ou scandaleux qui vous est arrivé. N'oubliez pas d'utiliser les termes d'enchaînement (voir page 53).

**IV.** (*Devoir écrit*) À votre avis, comment s'est terminée la soirée sur le yacht de Boris? Y a-t-il eu d'autres aventures imprévues? Imaginez quelque chose de drôle.

**V.** (*Devoir écrit*) Imaginez une autre conclusion pour *Histoire d'un fou* de Zola. (Voir Exercice III, page 59.)

CHAPITRE **4**

# L'Interrogation

## PRÉSENTATION

### PRINCIPES

Formation de la phrase interrogative

Questions avec les adverbes **combien, comment, quand, où, pourquoi**

Questions avec **qui / qu'est-ce qui / que / quoi** (pronoms interrogatifs invariables)

Questions avec **quel, lequel**

### CONSTRUCTIONS

**Depuis / depuis quand / depuis combien de temps**

**Depuis que**

ÉTUDE DE VERBES : Verbes impersonnels et personnels; infinitifs compléments

## PRINCIPES

### I.  Formation de la phrase interrogative

On peut former une phrase interrogative à partir d'une phrase déclarative :

— soit en utilisant l'inversion,

Tu as soif. ⟶ As-tu soif?

— soit en précédant la phrase de **est-ce que,**

Tu as soif. ⟶ Est-ce que tu as soif?

— soit en élevant la voix vers la dernière syllabe du dernier mot de la phrase.

Tu vas aller au ci- né- ma? (interrogation)

Tu vas aller au ci- né- ma. (déclaration)

**A.** Mécanisme de l'inversion

1. Quand le sujet de la phrase est un *pronom*, on emploie l'inversion simple :

VERBE — SUJET (pronom)

Vient-il demain? — Oui, il vient.
As-tu vu mes clés? — Non, je ne les ai pas vues.
Serons-nous les premiers? — Oui, je crois bien.

N'OUBLIEZ PAS...   Pour tous les verbes qui se terminent par une voyelle à la troisième personne du singulier, il faut mettre un **-t-** entre le verbe et le pronom sujet.

Ira-t-elle à la conférence?
Mange-t-on des escargots chez vous?

ATTENTION!   À la forme **je** du présent de l'indicatif, on n'emploie pas l'inversion. Il faut utiliser **est-ce que.**

Est-ce que je cours trop vite?
Est-ce que je ronfle en dormant?[1]

2. Quand le sujet de la phrase est un *nom*, on emploie l'inversion à sujet double (l'inversion complexe); c'est-à-dire :

NOM SUJET + VERBE + PRONOM SUJET

Robert vient-il demain?
Marc a-t-il pris mon journal?
Vos amis sont-ils en retard?

**B.  Est-ce que**

Pour éviter l'inversion, employez **est-ce que** suivi de la phrase déclarative. L'ordre des mots ne change pas.

Est-ce qu'elles iront à Tahiti?
Est-ce que Marie-Hélène a lu le journal?

**C.  N'est-ce pas**

On peut ajouter **n'est-ce pas** à une phrase pour la rendre interrogative. On s'attend alors à une confirmation dans la réponse—**oui** pour une question affirmative, **non** pour une question négative. Lorsqu'on répond affirmativement à une question négative, on emploie **si.**

Tu comprends la leçon, n'est-ce pas? — Oui, bien sûr.
Il n'a pas parlé de moi, n'est-ce pas? — Non, il n'a pas dit un mot. **ou** Si, il a même fait tes éloges.

# II.   Questions avec les adverbes interrogatifs

**A.  Combien / comment / quand / où**

1. Quand la phrase a un *pronom sujet*, on utilise l'inversion simple.

Combien de langues parle-t-on en Belgique?

---

[1]Pour certaines verbes, l'inversion est possible, mais elle est plutôt réservée au style soutenu : *ai-je, suis-je, fais-je, puis-je, que sais-je?* EXEMPLE : Ai-je le temps de vous lire encore une citation avant de conclure mon exposé?

2. Quand la phrase a un *nom sujet*, il faut employer l'inversion à sujet double.

Quand Cécile a-t-elle obtenu son diplôme?
Comment les explorateurs ont-ils traversé la rivière?
Où les gens du quartier promènent-ils leurs chiens?
Combien de films français les étudiants voient-ils chaque trimestre?
Quand la France s'appelait-elle la Gaule?

REMARQUE: Quand le verbe est à un temps simple (présent, futur, etc.), et n'a pas d'objet, on utilise souvent l'inversion VERBE — NOM SUJET, mais l'inversion à sujet double est également correcte.

Combien gagne ton père? **OU** Combien ton père gagne-t-il?
Où vont les étudiants le week-end? **OU** Où les étudiants vont-ils le week-end?

## B. Pourquoi

Si le *sujet* de la phrase est un *nom*, on emploie toujours l'inversion à sujet double.

Pourquoi Marie veut-elle un chien?
Pourquoi les truffes coûtent-elles si cher?
Pourquoi Léa n'a-t-elle pas voulu aller au cinéma?

N'OUBLIEZ PAS... L'interrogation peut se faire avec **est-ce que,** mais alors il n'y a pas d'inversion. On emploie beaucoup **est-ce que** dans la conversation.

Quand est-ce que Cécile a obtenu son diplôme?
Pourquoi est-ce que Marie veut un chien?
Comment est-ce que les explorateurs ont traversé la rivière?
Combien de films français est-ce que les étudiants voient chaque trimestre?

# III.    Questions avec **qui** / **qu'est-ce qui** / **que** / **quoi** (pronoms interrogatifs invariables)

Si l'inconnu est une personne, employez l'interrogatif **qui** (sujet, objet du verbe ou après une préposition). Si l'inconnu est une chose, employez **que** (objet du verbe) ou **quoi** (après une préposition).

## A. Qui

La réponse à une question avec **qui** est toujours une personne. **Qui** est singulier, mais la réponse peut être au pluriel.

Remarquez qu'on emploie l'inversion complexe si la phrase a un nom sujet.

Qui frappe à la porte? — Ce sont (C'est) peut-être nos amis.
À qui parlez-vous? — À mon frère.

Qui Christian a-t-il essayé d'influencer? — Le directeur de la compagnie.
À qui l'infirmière a-t-elle donné ce médicament?

NOTE:  Dans une question du type **qui** + **être** + *nom pluriel*, le verbe **être** est au pluriel.

Qui sont vos meilleures amies?
Qui sont les gagnants du Derby?

### B.  Qu'est-ce qui, que, quoi

L'inconnu dans une question avec **qu'est-ce qui**, **que** ou **quoi** peut être une chose ou une action.

1.  **Qu'est-ce qui** est toujours sujet. Notez qu'il n'y a pas de forme courte correspondante.

    Qu'est-ce qui cause les marées? — C'est l'attraction de la lune.
    Qu'est-ce qui vous rend si nerveux? — Je bois trop de café, je crois.

2.  **Que** est toujours objet direct de la phrase. L'inversion VERBE — NOM SUJET est obligatoire avec **que.** On ne peut pas utiliser l'inversion complexe. Notez que **que** devient **qu'** devant une voyelle ou un **h** « non-aspiré ».

    Que mettrez-vous dans cette petite valise? — Mon short et mes sandales.
    Que fait Georges après ses cours? — Il joue au tennis.
    Qu'a répondu Alice quand Guy lui a proposé le mariage?

3.  **Quoi** est utilisé principalement après une préposition quand l'inconnu est une chose ou une action (voir ci-dessus). (On emploie en général l'inversion complexe.)

    De quoi le conférencier a-t-il parlé hier soir? — De la crise économique.
    À quoi Madame Vernier pense-t-elle? — Elle voudrait fonder un institut pour étrangers.

### C.  Qui est-ce qui, qui est-ce que, qu'est-ce qui, qu'est-ce que

Pour les questions avec **qui, que, quoi,** il existe aussi des formes longues faites avec **est-ce** suivi du pronom relatif qui convient :

| pronom interrogatif | | pronom relatif |
|---|---|---|
| qui | est-ce | qui |
| qui | est-ce | que |
| qu' | est-ce | qui |
| qu' | est-ce | que |

Notez que le pronom interrogatif désigne une personne (**qui**) ou une chose (**que**), et le pronom relatif indique la fonction (**qui** — sujet; **que** — objet). Après une préposition, on emploie **qui** pour une personne et **quoi** pour une chose. Le pronom relatif dans ce cas sera toujours **que.** (EXEMPLES : À qui est-ce que…? À quoi est-ce que…?) Voir le Tableau 8, page 66, pour ces formes et leurs fonctions.

**TABLEAU 8**

| | | |
|---|---|---|
| | **Les pronoms interrogatifs *qui, que, quoi*** | |
| | Pour les personnes | Pour les choses |
| *Sujet de la phrase* | **qui?** <br> **qui est-ce qui?** <br><br> Qui publie ce journal? <br> Qui est-ce qui publie ce <br> journal? — Mme Dupuis. | (pas de forme courte) <br> **qu'est-ce qui?** <br><br> (pas de forme courte) <br> Qu'est-ce qui fait ce bruit? <br> — C'est le ventilateur, je crois. |
| *Objet de la phrase* | **qui?** <br> **qui est-ce que?** <br><br> Qui avez-vous vu au café? <br> Qui est-ce que vous avez vu au <br> café? — Un reporter de *France <br> Soir.* | **que?** <br> **qu'est-ce que?** <br><br> Qu'avez-vous pris? <br> Qu'est-ce que vous avez pris? <br> — Nous avons pris un sandwich. |
| *Après une préposition* <br> (*à, de, avec,* etc.) | **à (de,** etc.) + **qui?** <br> **à (de,** etc.) + **qui est-ce que?** <br><br> À qui le sénateur parle-t-il? <br> À qui est-ce que le sénateur <br> parle? — Aux journalistes. | **à (de,** etc.) + **quoi?** <br> **à (de,** etc.) + **quoi est-ce que?** <br><br> De quoi a-t-on parlé? <br> De quoi est-ce qu'on a parlé? <br> — Des maladies causées par la <br> sous-alimentation. |

# IV.   Questions avec **quel** / **lequel**

## A.   **Quel**

1.  L'adjectif interrogatif **quel** est utilisé quand on veut qu'une personne ou une chose soit identifiée ou précisée. **Quel** varie en genre et en nombre avec le nom qu'il accompagne.

| | singulier | pluriel |
|---|---|---|
| *masculin* | **quel** | **quels** |
| *féminin* | **quelle** | **quelles** |

Quel jour viens-tu me voir? samedi? dimanche?
Quels jeux de cartes préfèrent-ils? le bridge? la canasta? le poker?
Quelle heure est-il?
Quelles batailles célèbres connaissez-vous?

2. **Quel** est souvent séparé du nom par le verbe **être.** Dans ce cas, il faut faire très attention à ne pas confondre **quel** (*adjectif*) avec **qu'est-ce que** (*pronom*). Notez qu'en anglais c'est le même mot : *what*.

Quelle est la meilleure route pour aller à Nice? **COMPARER** : Qu'est-ce que vous ferez à Nice? Quel est le sens de cette phrase? **COMPARER** : Qu'est-ce que cette phrase veut dire?
— Quel jour sommes-nous? Qu'est-ce que nous faisons aujourd'hui? a demandé le professeur distrait.
Quelles étaient ses objections à cette nouvelle loi? Qu'est-ce qu'il propose de faire?
Quelle est l'origine de ce rite curieux? (Qu'est-ce que vous pensez de ce rite?)

Ne confondez pas non plus **quel** avec **qu'est-ce que c'est que** + *nom* (*what is . . . ?*) utilisé pour les définitions.

Qu'est-ce que c'est qu'un *opossum*?
Qu'est-ce que c'est que la sémiologie?

Notez que les trois mots français qui traduisent *what* ne sont pas interchangeables.

### B. Lequel

1. Le pronom interrogatif **lequel** remplace **quel** + *nom* et varie donc en genre et en nombre avec le nom qu'il remplace.

|  | singulier | pluriel |
|---|---|---|
| *masculin* | **lequel** | **lesquels** |
| *féminin* | **laquelle** | **lesquelles** |

Quels instruments de musique préfères-tu? / Lesquels préfères-tu?
Quelle robe Élisabeth a-t-elle mise? / Laquelle a-t-elle mise?

*formes contractées (après **à** et **de**)*

|  | | |
|---|---|---|
| *masculin* | **auquel** | **auxquels** |
| *féminin* | ———* | **auxquelles** |
| *masculin* | **duquel** | **desquels** |
| *féminin* | ———* | **desquelles** |

*Il n'y a pas de contraction au féminin singulier : **à laquelle, de laquelle.**

2. Une question avec **lequel** contient une référence explicite ou implicite à un groupe (un ensemble) de personnes ou de choses.

De tous mes amis, lesquels vous ont fait bonne impression?
Lequel de vos rêves voulez-vous analyser aujourd'hui?
Voilà mes nouveaux disques. Lesquels voulez-vous entendre?
Les enfants regardaient avec envie toutes les pâtisseries sur le plateau. Lesquelles étaient les meilleures?

3. **Lequel** s'emploie également après une préposition. N'oubliez pas les contractions **auquel, duquel,** etc.

Il y a trois candidats aux élections présidentielles. Pour lequel allez-vous voter?

Voilà trois sujets intéressants. Duquel parlerezvous demain?

On a annoncé une série de cinq conférences. Auxquelles assisterez-vous?

Le magicien a dit : « Voilà deux chapeaux. Dans lequel se trouve le lapin blanc? »

À laquelle de ces musiciennes avez-vous parlé?

# CONSTRUCTIONS

## I.   Depuis / depuis quand / depuis combien de temps

### A.   Emploi des temps

L'usage français diffère de l'anglais avec **depuis.**

1. Si l'action qui a commencé au passé continue au moment où l'on parle, on emploie le présent avec **depuis.** Notez qu'en anglais on utilise dans ce cas le *present perfect*, souvent à la forme progressive.

Depuis quand jouez-vous de la guitare? — J'en joue depuis deux ans. (jouez = *have been playing*)

La famille Tremblay habite Montréal depuis 1959. (habite = *has been living*)

Depuis quand les agents d'Interpol surveillent-ils cette maison? — Depuis le mois de janvier. (surveillent = *have been watching*)

2. Dans un récit au passé, on emploie généralement l'imparfait avec **depuis** ou **depuis quand.** (Notez qu'en anglais le verbe est au *past perfect*, souvent à la forme progressive.)

Il vivait à Paris depuis un an quand la guerre a commencé. (vivait = *had been living*)

Depuis quand les agents d'Interpol surveillaient-ils cette maison? — Depuis le mois de janvier. (surveillaient = *had been watching*)

3. Dans une phrase négative seulement, on peut utiliser le passé composé avec **depuis** ou **depuis quand,** pour indiquer l'interruption d'une action à partir d'un moment du passé jusqu'au présent.

Mon oncle et ma tante habitent à Ajaccio. Je ne les ai pas vus depuis dix ans.

Je ne suis pas allé au cinéma depuis septembre (depuis trois mois, depuis une éternité).

Depuis quand n'avez-vous pas eu de ses nouvelles?

### B.   Détails de constructions

1. Remarquez qu'à la question **Depuis quand...?** on peut répondre:

   a)  Soit en indiquant le temps d'origine de l'action : une date, une heure, etc. (Dans ce cas, notez que **depuis** = *since* en anglais.)

Depuis quand m'attendez-vous? — Je vous attends depuis midi. (*I have been waiting for you since noon.*)

b) Soit en indiquant la totalité du temps en question : deux ans, trois minutes, etc. (Notez qu'ici, **depuis** = *for* en anglais. Faites attention à ne pas employer **pour,** qui est incorrect.)

Depuis quand m'attendez-vous? — Je vous attends depuis une demi-heure. *(I have been waiting for you for half an hour.)*

2. Lorsqu'on veut une précision temporelle (savoir le nombre de jours, d'heures ou de minutes), il faut former la question avec **Depuis combien de temps...?** Dans ce cas, il faut préciser le laps de temps dans la réponse.

Depuis combien de temps sortez-vous avec Anne-Marie? — Je sors avec elle depuis un mois.

3. Quand il s'agit d'un laps de temps, dans la réponse on peut remplacer la construction avec **depuis** par :

a) **Il y a (Il y avait)** + *laps de temps* + **que**

Il y a une heure que nous parlons du même sujet.

b) **Cela fait (Cela faisait)** + *laps de temps* + **que**

Cela faisait un mois que j'habitais cet appartement quand on a abattu l'immeuble.

c) **Voilà** + *laps de temps* + **que**

Voilà vingt minutes que nous attendons l'autobus.

En ajoutant **combien de temps** aux formes dans *a)* et *b)* ci-dessus, on obtient les questions suivantes:

Combien de temps y a-t-il (Combien de temps cela fait-il) que François vous écrit? — Cela (Ça) fait dix ans.

Combien de temps y a-t-il que...?
Combien de temps y avait-il que...?
Combien de temps cela fait-il que...?
Combien de temps cela faisait-il que...?

Combien de temps y avait-il (Combien de temps cela faisait-il) qu'ils étaient mariés quand ils ont eu leur premier enfant? — Cela faisait cinq ans.

**Voilà** + *laps de temps* + **que** s'utilise exclusivement pour répondre à une question.

4. Les questions **depuis quand** et **depuis combien de temps** peuvent se former avec **est-ce que,** mais alors il n'y a pas d'inversion.

Depuis quand est-ce que tu la vois?
Depuis combien de temps est-ce que François vous écrit?

## II. Depuis que

La conjonction **depuis que** introduit une proposition. Vous pouvez employer le présent ou les différents temps du passé après **depuis que.**

Depuis que je la vois, je me sens mieux.
Depuis qu'on m'a dit qu'il y avait des avalanches, je ne skie plus dans cette région.

## ÉTUDE DE VERBES

**A.** Verbes impersonnels et personnels

1. Un verbe impersonnel est utilisé exclusivement à la troisième personne du singulier avec **il** pronom sujet « neutre ». Par exemple : **falloir, pleuvoir.** (Voir Appendice III.)

   Il y a eu une tempête hier soir. Il a plu toute la nuit.
   Il faut boire beaucoup d'eau quand il fait chaud.

2. Certains verbes peuvent s'employer de façon impersonnelle ou personnelle. Quand on les emploie à la forme impersonnelle, on met en relief l'action en question. Voir Tableau 9.

**TABLEAU 9**

| Verbes impersonnels ou personnels | | |
| --- | --- | --- |
| Verbes | Forme impersonnelle | Forme personnelle |
| **arriver** | Il m'arrive de travailler toute la nuit. | Le train est arrivé à six heures. |
| **venir** | Il lui est venu une idée ridicule. | Deux cents visiteurs viennent voir le parc chaque jour. |
| **(se) passer** | Il se passe quelque chose d'inattendu dans cette pièce de théâtre. | Mes amis sont passés me voir ce matin. |
| **rester** | Il reste trois gâteaux dans la boîte. | Nous resterons trois jours à la Nouvelle Orléans. |
| **importer** | Il importe de faire ce travail comme il faut. | Je n'ai pas peur de lui. Ses menaces m'importent peu. |
| **valoir** | Il vaudrait mieux ne rien dire. | Ces tomates valent 15 F le kilo. |
| **suffire** | Il aurait suffi de les prévenir par téléphone. | Une éternité ne suffirait pas pour te dire combien je t'aime. |
| **convenir** | Il conviendrait d'envoyer une lettre de remerciement à votre hôte. | Cette chambre ne me convient pas. Elle est trop sombre. |

3. Certains verbes dans le Tableau 9 peuvent être suivis d'une proposition au subjonctif. (Voir Tableau 45, page 180.)

   Il importe que vous fassiez ce travail comme il faut.
   Il aurait suffi que nous les prévenions.

4. Notez les formes interrogatives suivantes :

   Que se passe-t-il?          Qu'arrive-t-il?
   Que s'est-il passé?          Qu'est-il arrivé?

   Dans la conversation on dit souvent :

   Qu'est-ce qui est arrivé? (sans *il*)
   Qu'est-ce qui s'est passé? (sans *il*)

**B.** Infinitifs compléments

1. Les verbes suivants gouvernent l'infinitif complément avec **de :**

| | | |
|---|---|---|
| avoir peur de | refuser de | Les États-Unis ont refusé de signer le traité. |
| craindre de | regretter de | Diane m'a remercié de l'avoir emmenée à l'exposition. |
| féliciter de | remercier de | |
| négliger de | reprocher de | Nous craignons de lui apprendre la vérité. |

REMARQUES:

- **Craindre, refuser, négliger, remercier, féliciter,** peuvent gouverner un nom objet direct.

  Le gouvernement néglige la politique maritime.
  J'ai félicité le gagnant du concours.

- En français on dit **reprocher à** quelqu'un **de faire** quelque chose.

  Elle reprochait à son mari de ne pas jouer avec les enfants.

2. Les verbes suivants gouvernent l'infinitif avec **à :**

| | |
|---|---|
| chercher à | Bernard hésitait à présenter aux autorités son interprétation de l'affaire. |
| hésiter à | |
| renoncer à | Il travaille à corriger sa mauvaise prononciation. |
| travailler à | |

# ASSIMILATION

## Mise en pratique

**I.** *Imaginez que vous êtes un administrateur de l'école Polytechnique de Paris. Vous rédigez un questionnaire. Les questions vous viennent à l'esprit sous leur forme parlée (avec* **est-ce que**)*. Transformez ces questions en style plus formel avec l'inversion du verbe et du sujet.* **A** *et* **B** *se partageront les phrases.*

**A**

1. Est-ce que vous avez déjà étudié le français?
2. Est-ce que vous connaissez d'autres langues étrangères?
3. Pourquoi est-ce que vous souhaitez entrer à l'école Polytechnique?
4. Quand est-ce que vous comptez recevoir votre diplôme?

**B**

5. Est-ce que vos parents ou une institution sont prêts à vous soutenir financièrement?
6. Où est-ce que vous avez déjà fait des stages?
7. Est-ce que d'autres écoles vous intéressent?
8. Quelle carrière est-ce que vous envisagez?

**II.** *Imaginez que vous allez faire un tour dans un zoo. Le gardien est très sympathique, et vous lui posez les questions suivantes, mais en utilisant la forme longue.* **A** *et* **B** *se partageront les questions et contrôleront les réponses à tour de rôle.*

**A**

1. Qui nourrit les animaux?
2. Que mangent les renards?
3. À qui donnez-vous ces cacahuètes?
4. Que font les girafes en hiver?
5. Que reproche-t-on à l'ancien vétérinaire?

**B**

6. Pourquoi ces lions rugissent-ils?
7. Combien d'animaux avez-vous?
8. D'où viennent les tigres?
9. À quelle heure le zoo ferme-t-il?
10. *(Le gardien se demande)* Pourquoi les gens me posent-ils tant de questions?

**III.** *Imaginez que vous avez trouvé une situation (un emploi) et que vous avez rendez-vous avec le directeur du personnel. Posez-lui les questions suivantes, mais en les mettant à la forme courte.* **A** *et* **B** *referont les questions et contrôleront les exemples à tour de rôle.*

**A**

1. À qui est-ce qu'il faut adresser les papiers pour la Sécurité sociale[2]?
2. Qui est-ce qui va me donner mon chèque?
3. Où est-ce que mon bureau se trouve?
4. Pourquoi est-ce que mon bureau n'a pas de fenêtres?
5. De quoi est-ce que vous voulez que je parle aux clients?

**B**

6. Qu'est-ce qu'il faut faire en cas d'incendie?
7. Quand est-ce que vous comptez m'augmenter?
8. Avec qui est-ce que je pourrais jouer au tennis?
9. À combien de semaines de congé est-ce qu'on a droit par an?
10. *(Puis le directeur vous demande)* Quand est-ce que vous comptez travailler?

## Réponses

**I.**
1. Avez-vous déjà étudié le français?
2. Connaissez-vous d'autres langues étrangères?
3. Pourquoi souhaitez-vous entrer à l'école Polytechnique?
4. Quand comptez-vous recevoir votre diplôme?
5. Vos parents ou une institution sont-ils prêts à vous soutenir financièrement?
6. Où avez-vous déjà fait des stages?
7. D'autres écoles vous intéressent-elles?
8. Quelle carrière envisagez-vous?

[2]En France la Sécurité sociale est un organisme servant à protéger les travailleurs et leurs familles contre certains risques sociaux (assurances sociales, assurances contre les accidents, etc.).

**II.**   1.   Qui est-ce qui nourrit les animaux?
2.   Qu'est-ce que les renards mangent?
3.   À qui est-ce que vous donnez ces cacahuètes?
4.   Qu'est-ce que les girafes font en hiver?
5.   Qu'est-ce qu'on reproche à l'ancien vétérinaire?
6.   Pourquoi est-ce que ces lions rugissent?
7.   Combien d'animaux est-ce que vous avez?
8.   D'où est-ce que les tigres viennent?
9.   À quelle heure est-ce que le zoo ferme?
10.   Pourquoi est-ce que les gens me posent tant de questions?

**III.**   1.   À qui faut-il adresser les papiers pour la Sécurité sociale?
2.   Qui va me donner mon chèque?
3.   Où mon bureau se trouve-t-il? Où se trouve mon bureau?
4.   Pourquoi mon bureau n'a-t-il pas de fenêtres?
5.   De quoi voulez-vous que je parle aux clients?
6.   Que faut-il faire en cas d'incendie?
7.   Quand comptez-vous m'augmenter?
8.   Avec qui pourrais-je jouer au tennis?
9.   À combien de semaines de congé a-t-on droit par an?
10.   Quand comptez-vous travailler?

## Vérification

**I.**   *Imaginez que votre sœur a passé l'été à l'Université de Paris. À son retour vous lui posez des questions que vous formerez à partir des éléments donnés.*

**MODÈLE:**   voir / film / avec Gérard Depardieu (où / quel)
*Où as-tu vu un film avec Gérard Depardieu?*
*Quel film as-tu vu avec Gérard Depardieu?*

1.   rencontrer / Jeanne Moreau (où / comment)
2.   partager / un appartement (avec qui)
3.   rencontrer / le Président Mitterrand (à quelle occasion)
4.   faire / le 14 juillet (que)
5.   discuter / avec la concierge (de quoi)
6.   passer du temps / dans les cafés (combien)
7.   se coucher tard (pourquoi)
8.   voir une tragédie de Racine (quelle)
9.   *(Votre sœur ouvre sa valise pour en sortir un paquet.)* m'apporter (que)

**II.**   *Transformez les phrases en questions avec l'adverbe donné entre parenthèses.*

**MODÈLE:**   Marie se sent fatiguée. (pourquoi)
*Pourquoi Marie se sent-elle fatiguée?*

1.   Philippe va faire du camping. (quand)
2.   Charles a quitté sa femme. (pourquoi)
3.   Nicole joue au tennis. (quand)
4.   Vos amis partent en vacances. (où)
5.   Ce chien aboie tout le temps. (pourquoi)
6.   Tu as réussi à convaincre tes parents. (comment)

**III.** *Remplacez les tirets par la forme correcte de* **quel, lequel** *ou par* **qu'est-ce que.** *Faites attention aux contractions. (Exercice avancé.)*

1. _____ animal court le plus vite?
2. _____ les paysans feront cet été s'il ne pleut pas?
3. _____ est la solution la plus pratique?
4. _____ de ses albums a gagné un prix?
5. _____ de ses amis a-t-elle parlé?
6. _____ les médecins disent de faire quand on a mal à la tête?
7. _____ version de l'incident croyez-vous? celle d'Alex ou la mienne?
8. _____ des étudiants a-t-on donné une bourse?
9. _____ est le sens de cette expression?
10. _____ on lui a dit pour qu'il rougisse tant?

**IV.** *À partir des phrases données et en utilisant les éléments entre parenthèses, formez des questions avec* **lequel (laquelle, lesquels,** *etc.). N'oubliez pas de faire les contractions si une préposition est nécessaire.*

MODÈLE:   Le vendeur lui a montré des chemises sport et des chemises habillées. (acheter / il)
*Lesquelles a-t-il achetées?*

1. Je peux vous prêter une veste bleue ou une veste verte. (vouloir / vous)
2. Le restaurant te propose trois desserts différents. (choisir / tu)
3. Xavier connaît trois cafés dans cette rue. (vouloir aller / vous)
4. Patrick a trois amis qui peuvent l'aider. (demander de l'aide à / il)
5. Je voudrais t'offrir un roman de Robbe-Grillet. (avoir envie de lire / tu)
6. Il y avait trois épisodes importants dans cette pièce. (se souvenir le mieux / vous)

**V.** *Pour chaque série de réponses, écrivez les questions.*

A.
1. _____? — La fenêtre est cassée.
2. _____? — Xavier l'a cassée.
3. _____? — Une nouvelle vitre coûte 200 F.
4. _____? — Le vitrier la remplacera demain.

B.
1. _____? — Nous allons à une danse.
2. _____? — Il y aura un orchestre.
3. _____? — On jouera de la musique rock.
4. _____? — Nous boirons du punch.
5. _____? — La fête finira à minuit.

C.
1. _____? — Adrienne travaille dans un restaurant.
2. _____? — Elle sert les clients.
3. _____? — Deux de ses amis travaillent avec elle.
4. _____? — On y sert des spécialités régionales de France.
5. _____? — Leur grand succès c'est le bœuf bourguignon.

D.
1. _____? — Patrick a pris ma voiture.
2. _____? — Il est parti vers six heures.
3. _____? — Il a démoli l'aile droite en stationnant.
4. _____? — Je lui dirai de faire plus attention.

**II.** *Traduisez les phrases suivantes.*

1. What is an "hachis parmentier"?
2. What are you doing with those knives?
3. What bus goes to town?
4. What records do your friends listen to?
5. What is the meaning of this paragraph?
6. What does "hyperbole" mean?
7. What can I offer you?
8. What are the causes of the French Revolution?
9. What time is it?
10. What does Christian want?
11. What caused her allergies?
12. What happened the other day?

**III.** *(Constructions) Répondez aux questions.*

1. Depuis quand avez-vous le permis de conduire?
2. Combien de temps y a-t-il que vous étudiez le français?
3. Depuis quand n'avez-vous pas écrit à vos grands-parents?
4. Depuis quand le monde existe-t-il?
5. Combien de temps cela fait-il que les femmes ont le droit de vote aux États-Unis?

**IX.** *(Constructions) Refaites les phrases suivantes en employant* **il y a (avait)... que, cela fait (faisait)... que** *ou* **voilà... que.** *Mettez les verbes au temps exigé par la phrase.*

1. Philippe prend des vitamines depuis six mois.
2. Il dormait depuis cinq minutes quand le tremblement de terre a commencé.
3. Elle joue avec ce morceau de papier depuis une demi-heure.
4. Mme Du Lac s'occupe de l'appartement de sa fille depuis trois mois.
5. Christian regardait la nouvelle étudiante depuis plus d'un quart d'heure, mais il n'osait pas l'aborder.
6. Myriam roulait depuis quatre heures quand elle s'est arrêtée pour déjeuner.
7. J'étudie l'algèbre depuis cinq ans.

**X.** *(Constructions) Mettez les verbes entre parenthèses au temps correct.*

1. Depuis quand Thomas et Louise (faire)-ils du ski?
2. Il y avait quatre mois que j'(habiter) St.-Tropez quand j'ai rencontré Julie.
3. Depuis qu'elle (porter) des lunettes, elle n'a plus de maux de tête.
4. Depuis quand la bibliothèque (fermer)-elle le dimanche après-midi?
5. Cela fait cinq ans que je (prendre) le train pour aller à mon travail.

**VI.** *De retour à Paris après un voyage en Bourgogne, Boris, gros mangeur e* *vivant, se sent mal pendant plusieurs jours, ne dort pas et mange plus jamais. Estelle, sa femme, inquiète, réussit à le convaincre d'aller vo docteur. D'après les réponses de Boris dans le cabinet du docteur, for les questions que le docteur et Boris ont dû se poser.*

DOCTEUR : Mon cher Boris, _____?

BORIS : Mal, très mal.

DOCTEUR : _____?

BORIS : J'ai mal un peu partout.

DOCTEUR : _____?

BORIS : Je dors très mal.

DOCTEUR : _____?

BORIS : L'appétit va bien : même un peu trop bien.

DOCTEUR : _____?

BORIS : Trois ou quatre repas par jour.

DOCTEUR : _____?

BORIS : Surtout de la viande ou des plats en sauce. Une pizza avant de coucher, un bon petit déjeuner anglais le matin...

DOCTEUR : _____?

BORIS : Rarement de l'eau. Plutôt du vin et du café toute la journée.

DOCTEUR : _____?

BORIS : Je vais avoir quarante-cinq ans en février.

DOCTEUR : _____?

BORIS : Allons donc, le sport n'est plus de mon âge!

DOCTEUR : _____?

BORIS : Oui, je fume toujours. Quarante cigarettes par jour et quelques c gares cubains aussi.

DOCTEUR : _____?

BORIS : Nous nous couchons vers 3 ou 4 heures du matin. Estelle et mo sortons beaucoup. Vous savez ce que c'est, la vie mondaine!

*Le médecin prend la tension de Boris, l'ausculte, lui dit qu'il a les yeux vitreux et le pèse.*

BORIS : _____?

DOCTEUR : Vous pesez 105 kilos. La dernière fois vous pesiez 90 kilos. Vous avez beaucoup trop grossi et devriez suivre un régime.

BORIS : _____?

DOCTEUR : Je vous recommande de quitter Paris. Voulez-vous faire une cure dans une ville d'eau?

BORIS : Pas spécialement. *(réfléchissant)* Mais, j'ai une vieille tante qui habite la campagne.

DOCTEUR : C'est parfait.

BORIS : _____?

DOCTEUR : Vous devriez y passer un mois. Plus de soirées mondaines, plus de repas lourds, mais des légumes, de l'eau minérale, de longues promenades à pied et au lit à neuf heures tous les soirs! Avez-vous des questions?

BORIS : *(avec humour)* Oui, combien est-ce que vous allez me faire payer pour ces conseils que je ne suivrai certainement pas?

**XI.** *(Constructions) Traduisez les phrases suivantes.*

1. They have been studying computer science *(l'informatique)* for a year.
2. How long have you played the cello?
3. He hasn't seen his parents in months.
4. We haven't eaten in that restaurant for years.
5. Viviane hasn't had a moment's peace since her friends returned from their trip.
6. How long had Gérard been writing when *The New Yorker* published his first poem?
7. I have been eating in that restaurant for years.
8. How long have you known this? — Only since last night.
9. They have spoken English and French since the age of five.
10. Since when have the dorms been coeducational *(mixte)*?

**XII.** *(Constructions) Remplacez les tirets par* **à** *ou* **de** (**d'**) *selon le cas.*

1. Je regrette _____ ne pas avoir le temps de vous parler.
2. Elle hésitait _____ répondre à la question.
3. Le jambon avait l'air mauvais, alors nous avons eu peur _____ le servir.
4. Je crains _____ les offenser en leur disant la vérité.
5. Ils ont renoncé _____ faire l'ascension du Mont Blanc.
6. Tous mes amis m'ont félicité _____ avoir gagné une médaille.
7. Elle reprochait _____ son frère _____ ne jamais lui écrire.

**XIII.** *(Constructions) Faites des phrases avec les verbes suivants.*

1. arriver
2. suffire
3. importer
4. valoir
5. convenir
6. reprocher de
7. remercier de
8. craindre de
9. regretter de

# Réalisation

**I.** *(Interviews)* Quelles seraient les questions que vous souhaiteriez poser pendant une interview avec :

un joueur de football célèbre
le président des États-Unis (ou de votre université)
la première cosmonaute à son retour de l'espace
un chanteur rock
un cuisinier célèbre
un diététicien

un champion de décathlon
un fantôme
le propriétaire d'une boîte de nuit
Catherine Deneuve
un acteur raté (ou une actrice ratée)
quelqu'un qui a failli mourir

En groupes de trois, choisissez la personne à interviewer et préparez une dizaine de questions. Puis, présentez l'interview en classe en jouant les rôles voulus. Utilisez les mots interrogatifs suivants :

| | |
|---|---|
| qu'est-ce que c'est | combien |
| qui (qui est-ce qui) | où |
| qui (qui est-ce que) | pourquoi |
| que (qu'est-ce que) | quel (quelle, etc.) |
| qu'est-ce qui | quand |
| lequel (laquelle, etc.) | depuis quand |
| *préposition* + quoi | depuis combien de temps |
| auquel (auxquels, etc.) | (combien de temps y a-t-il que) |
| duquel (de laquelle, etc.) | |

**II.** (*Devoir écrit*) Écrivez une conversation dans laquelle vous posez des questions à vos parents sur leur vie quand ils avaient votre âge.

**III.** (*Sketch*) Préparez une petite satire des conversations de cocktail où les gens échangent des banalités. Dans la conversation suivante, trouvez les questions. Puis, continuez le dialogue si vous le voulez, ou bien écrivez une conversation différente en vous inspirant de ce modèle. N'oubliez pas d'employer une grande variété de questions.

X :   Je viens d'acheter une nouvelle voiture.
Y :   _____?
X :   Elle est jaune... décapotable.
Y :   _____?
X :   Je l'ai payée deux mille dollars, une vraie affaire.
Y :   _____?
X :   Non, elle est d'occasion; je ne pouvais pas m'en payer une neuve.
Y :   _____?
X :   C'est une Renault Alliance.
Y :   _____?
X :   Un de mes amis qui part en Afrique pour deux ans.
Y :   _____?
X :   Je vais faire des excursions au bord de la mer le week-end.
Y :   _____?
X :   Bien sûr, si tu veux conduire une partie du temps et partager les frais.
Y :   ........

**IV.** (*Devoir écrit*) Dans le courant de votre vie, quelles sont les grandes questions que vous vous êtes posées? Y avez-vous trouvé des réponses?

**V.** (*Devoir écrit*) Avez-vous déjà été arrêté(e) par la police pour excès de vitesse (ou pour d'autres raisons)? Quelles questions vous a-t-on posées?

## Vocabulaire utile

| | |
|---|---|
| contravention | permis de conduire |
| faire du 120 à l'heure | ne pas mettre le clignoteur (le |
| doubler dans la file de droite | clignotant) |

| brûler un feu rouge | ne pas signaler un changement de direction |
| suivre une voiture de trop près | ne pas respecter la vitesse affichée |
| carte grise (papiers d'immatriculation) | pot d'échappement défectueux |

**VI.**  (*Jeu*) « À qui pensez-vous? » Deux ou trois étudiants sortiront de la classe. Pendant ce temps la classe choisira un personnage contemporain connu. Les victimes à leur retour poseront des questions à leurs camarades jusqu'à identification du personnage. Formulez toutes les questions possibles en utilisant :

| qu'est-ce que? | pourquoi? |
| quel? | depuis quand? |
| comment? | qui? |
| où? | etc. |

On répondra évasivement pour essayer de prolonger le jeu.

**VII.**  (*Devoir écrit*) Gérard Klein, dans un conte intitulé *les Villes*, a imaginé une société complètement contrôlée par des robots plus parfaits que les hommes. Leur surveillance comprend l'interrogation quotidienne des citoyens. Imaginez une conversation dans cette ville futuriste, entre une machine et un homme.

**VIII.**  (*Exposés oraux en groupes de deux*) Imaginez un dialogue entre deux personnes. Choisissez A ou B ci-dessous, et employez une variété de questions avec les interrogations **que, quoi, comment, où, quand, pourquoi, quel, lequel, auquel, duquel.**

   A.  Vous appartenez à une fraternité (sororité) ou à une organisation très exclusive ou même snob. Préparez un questionnaire pour interviewer une personne qui désire en devenir membre.

   B.  Vous cherchez un travail d'été. Quelles questions vous pose-t-on? Lesquelles posez-vous?

**IX.**  (*Sondage*) Interviewer un groupe d'amis (amies) pour déterminer les activités les plus importantes de chaque personne et depuis quand il (elle) les fait. Rapportez le résultat de votre enquête.

# CHAPITRE 5

# Le Futur et le conditionnel

## PRÉSENTATION

PRINCIPES
Les formes du futur
L'expression du futur
Les formes du conditionnel
L'emploi du conditionnel

CONSTRUCTIONS
Les conjonctions temporelles : **quand, lorsque, dès que, aussitôt que, avant que, après que**
**Pendant / pour**
**Pendant que / tandis que**
ÉTUDE DE VERBES : **Devoir**

## PRINCIPES

### I. Les formes du futur

**A.** Le futur simple

Le futur simple se forme en ajoutant les terminaisons du futur à l'infinitif du verbe utilisé. Voir Tableau 10. Remarquez que pour les verbes en **-re** le **e** final de l'infinitif disparaît.

**TABLEAU 10**

| Le futur simple des verbes en *-er, -ir, -re* | | | |
|---|---|---|---|
| Terminaisons du futur simple | Parler | Finir | Rendre |
| **-ai** | je parlerai | je finirai | je rendrai |
| **-as** | tu parleras | tu finiras | tu rendras |
| **-a** | il / elle parlera | il / elle finira | il / elle rendra |
| **-ons** | nous parlerons | nous finirons | nous rendrons |
| **-ez** | vous parlerez | vous finirez | vous rendrez |
| **-ont** | ils / elles parleront | ils / elles finiront | ils / elles rendront |

Certains verbes ont un radical irrégulier au futur. Les terminaisons sont les mêmes que pour les verbes réguliers. Voir Tableau 11.

**TABLEAU 11**

| Verbes à radical irrégulier au futur | | | |
|---|---|---|---|
| **être** | je serai | **voir** | je verrai |
| **avoir** | j' aurai | **pouvoir** | je pourrai |
| **savoir** | je saurai | **mourir** | je mourrai |
| **faire** | je ferai | **courir** | je courrai |
| **aller** | j' irai | **envoyer** | j' enverrai |
| **tenir** | je tiendrai | **recevoir** | je recevrai |
| **venir** | je viendrai | **devoir** | je devrai |
| **vouloir** | je voudrai | **pleuvoir** | il pleuvra |
| **valoir** | je vaudrai | | |
| **falloir** | il faudra | | |

Certains verbes ont des changements orthographiques au futur. Ce sont, pour la plupart, les mêmes verbes qui ont des changements orthographiques au présent. Pour les verbes en **-yer, y →i** dans toute la conjugaison. Pour les verbes en **-eter** ou en **-eler,** on redouble la consonne **t** ou **l** au futur. Pour les verbes comme **peser, emmener, ramener,** qui se terminent par **e** + *consonne* + **er,** on ajoute un accent grave sur le premier **e.** Voir Tableau 12, page 82.

**TABLEAU 12**

| Verbes à changements orthographiques | | | |
|---|---|---|---|
| y → i | t ou l ——→ tt ou ll | | e → è* |
| **Employer** | **Jeter** | **Appeler** | **Emmener** |
| j' emploierai | je jetterai | j' appellerai | j' emmènerai |
| tu emploieras | tu jetteras | tu appelleras | tu emmèneras |
| il / elle emploiera | il / elle jettera | il / elle appellera | il / elle emmènera |
| nous emploierons | nous jetterons | nous appellerons | nous emmènerons |
| vous emploierez | vous jetterez | vous appellerez | vous emmènerez |
| ils / elles emploieront | ils / elles jetteront | ils / elles appelleront | ils / elles emmèneront |

*Les verbes en **-érer** — comme **espérer, préférer, suggérer** — au futur donnent normalement **j'espérerai, tu espéreras**, etc.

**B.** Le futur antérieur

Le futur antérieur est formé avec le futur simple de l'auxiliaire **avoir** ou **être** et le participe passé du verbe utilisé. Voir Tableau 13.

**TABLEAU 13**

| Le futur antérieur | |
|---|---|
| **Parler** | **Sortir** |
| j'aurai parlé | je serai sorti / sortie |
| tu auras parlé | tu seras sorti / sortie |
| il / elle aura parlé | il / elle sera sorti / sortie |
| nous aurons parlé | nous serons sortis / sorties |
| vous aurez parlé | vous serez { sorti / sortie / sortis / sorties |
| ils / elles auront parlé | ils / elles seront sortis / sorties |

## II.  L'expression du futur

**A.** Le futur simple

1. Le futur simple s'emploie en français comme en anglais pour exprimer qu'un fait (une action ou un état) est postérieur au moment présent.

Dans une semaine, Cécile aura dix-huit ans. Que lui offrirez-vous pour son anniversaire?
En l'an 2345, les hommes ne travailleront qu'un jour par semaine. Ils auront beaucoup plus de loisirs.

2. Avec les conjonctions **quand, lorsque, aussitôt que, dès que,** il faut employer le futur s'il s'agit d'un fait situé dans le futur. Notez qu'en anglais, on emploie le présent dans ce cas.

> Quand nous irons à Paris, nous visiterons les musées. *(When we go to Paris, we'll visit the museums.)*
> Dès que Viviane arrivera, je lui donnerai son cadeau d'anniversaire. *(As soon as Viviane arrives, I'll give her her birthday present.)*

REMARQUE: Les autres temps (le présent, le passé composé, etc.) sont utilisés après **quand** selon le contexte. (Voir Constructions, page 87.)

> Quand nous sommes allés à Paris, nous avons visité les musées.

3. Le futur simple exprime parfois un ordre. (Voir page 9.)

> Le général a dit à ses officiers : « Vous irez jusqu'à la frontière et le régiment se reposera. »

**B.** Le futur proche

1. Pour indiquer qu'une action (ou un état) se situe dans un avenir proche du moment où l'on parle, le futur simple est souvent remplacé par la construction **aller** (*au présent*) + *infinitif.*

> Rentrons vite! Il va pleuvoir.
> Maintenant, nous allons faire une partie de cartes.

Le futur proche n'est pas nécessairement limité à une action immédiate.

> Je vais aller à la Côte d'Ivoire l'année prochaine.

Avec le futur proche, l'action future est présentée comme une « intention » de la part du sujet. Avec le futur simple, l'action se situe plus objectivement dans un temps futur. En général, ces deux temps restent le plus souvent interchangeables.

> Quand il fera nuit, je rentrerai les chaises du jardin et je m'installerai dans la salle de séjour.
> Je vais nettoyer la salle de séjour tout à l'heure. Je vous promets qu'elle sera prête quand nos amis arriveront.

2. Dans un récit au passé, **aller** (*à l'imparfait*) + *infinitif* exprime la même idée.

> Chantal et ses amis, qui faisaient un pique-nique dans le Bois de Boulogne, sont vite rentrés, car il allait pleuvoir.
> Étienne ne savait pas que ses amis allaient lui offrir un disque de chansons folkloriques.

**C.** Le futur antérieur

Le futur antérieur est utilisé pour une action (ou un état) future qui précède une autre action future ou qui est considérée finie par rapport à un moment futur. Il est utilisé principalement après les conjonctions **quand (lorsque), dès que (aussitôt que).** Voir Tableau 14, page 84.

**TABLEAU 14**

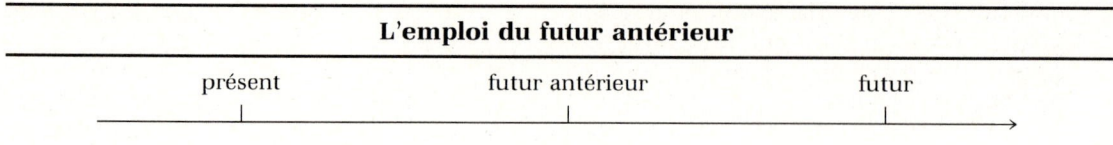

**L'emploi du futur antérieur**

| présent | futur antérieur | futur |

**Exemples**

1. Quand j'aurai lu ce livre, j'en ferai une analyse.
2. Dès que nous aurons déjeuné, nous irons faire des courses.
3. Avant la fin de l'année, nous aurons étudié trois philosophes français. (action complétée à un moment futur).
4. Il nous fera part de sa décision quand il aura bien réfléchi.

# III.  Les formes du conditionnel

**A.**  Le conditionnel présent

Le conditionnel présent se forme en ajoutant à l'infinitif du verbe utilisé les terminaisons du conditionnel[1]. Voir Tableau 15. Notez que le **e** final de l'infinitif des verbes en **-re** disparaît.

**TABLEAU 15**

**Le conditionnel présent des verbes en *-er, -ir, -re***

| Terminaisons du conditionnel présent | Parler | Finir | Rendre |
|---|---|---|---|
| **-ais** | je parlerais | je finirais | je rendrais |
| **-ais** | tu parlerais | tu finirais | tu rendrais |
| **-ait** | il / elle parlerait | il / elle finirait | il / elle rendrait |
| **-ions** | nous parlerions | nous finirions | nous rendrions |
| **-iez** | vous parleriez | vous finiriez | vous rendriez |
| **-aient** | ils / elles parleraient | ils / elles finiraient | ils / elles rendraient |

Les verbes qui ont un radical irrégulier au futur ont le même radical irrégulier au conditionnel présent. (Voir Tableau 11, p. 81.)

je serais, tu serais,...
je pourrais, tu pourrais,...
je voudrais, tu voudrais,...
je recevrais, tu recevrais,...

[1]Les terminaisons du conditionnel sont les mêmes que celles de l'imparfait de l'indicatif.

Les verbes qui ont des changements orthographiques au futur les ont également au conditionnel présent.

j'emploierais, tu emploierais,...
je jetterais, tu jetterais,...
j'appellerais, tu appellerais,...
j'emmènerais, tu emmènerais,...

**B.** Le conditionnel passé

On forme le conditionnel passé avec le conditionnel présent de l'auxiliaire **être** ou **avoir** et le participe passé du verbe utilisé. Voir Tableau 16.

**TABLEAU 16**

| Le conditionnel passé | |
|---|---|
| **Parler** | **Sortir** |
| j'aurais parlé | je serais   sorti / sortie |
| tu aurais parlé | tu serais   sorti / sortie |
| il / elle aurait parlé | il / elle serait   sorti / sortie |
| nous aurions parlé | nous serions   sortis / sorties |
| vous auriez parlé | vous seriez { sorti / sortie |
| ils / elles auraient parlé |                     sortis / sorties |
|  | ils / elles seraient   sortis / sorties |

# IV.   L'emploi du conditionnel

**A.**  Dans les phrases hypothétiques

Une phrase hypothétique est composée d'une proposition subordonnée introduite par **si** (indiquant une condition, une hypothèse ou une possibilité) et une proposition principale indiquant le résultat de cette condition. Notez que la phrase peut commencer par la proposition introduite par **si** ou par la proposition principale.

Si j'étais riche (*hypothèse*), je serais heureux (*résultat*).

Si je travaillais davantage, j'aurais de meilleures notes.

Je serais très déçu si tu oubliais mon anniversaire.

Les phrases hypothétiques se construisent le plus souvent selon le schéma suivant (voir Tableau 17, page 86) :

1.   Pour une conséquence envisagée comme « possible », on utilise **si** + *imparfait*.

Si tu tombais de ce rocher, tu te ferais très mal. (« Tomber » est considéré une possibilité dont une conséquence précise découle.)

**TABLEAU 17**

| | | |
|---|---|---|
| **Les phrases hypothétiques** | | |
| Proposition subordonnée | Proposition principale | Exemples |
| **si + imparfait** | **conditionnel présent** | Si je lui disais la vérité, il serait furieux. |
| **si + plus-que-parfait** | **conditionnel passé** | S'il avait fait beau, nous aurions fait une promenade dans la forêt. |
| **si + présent** | **futur**[*] | Si je lui explique cela, elle comprendra. |

[*]On trouve parfois le présent ou l'impératif dans la proposition principale d'une phrase hypothétique. EXEMPLES : Si vous arrivez à la maison avant moi, vous pouvez attendre dans le jardin. Si vous avez encore faim, mangez un peu de fromage. (Voir Coin du spécialiste, page 90.)

2. Pour transposer le système hypothétique dans le passé, on utilise **si** + *plus-que-parfait*.

3. Pour une conséquence envisagée comme éventuelle ou probable, on utilise **si** + *présent*.

   ATTENTION!   On ne met jamais ni le futur ni le conditionnel après **si** quand ce mot introduit une hypothèse (**si** = *if*)[2].

   N'OUBLIEZ PAS...
   **Si** devient **s'** devant **il(s)** mais pas devant les autres voyelles :

   s'il / s'ils          si on
   si elle / si elles    si un

Si tu étais tombé de ce rocher (l'autre jour, la semaine dernière), tu te serais fait très mal. (possibilité non accomplie)

S'il fait beau demain, nous irons à la pêche. (Beau temps probable... l'activité aura sans doute lieu.)

S'il venait, je lui parlerais.
Si elle voulait, elle pourrait jouer avec nous.

**B.** Dans un récit au passé

Les formes du conditionnel sont utilisées dans un récit au passé pour exprimer un fait « futur » par rapport aux verbes passés du récit. Dans ce cas, le conditionnel présent fonctionne comme un futur simple dans le passé, et le conditionnel passé fonctionne comme le futur antérieur dans le passé. Voir Tableau 18 et Appendice VI.

[2]Le futur et le conditionnel peuvent s'employer après **si** dans le sens de *whether* dans le discours indirect. EXEMPLE : Il se demande si le match aura lieu. Voir page 225.

**TABLEAU 18**

### Le futur / le futur dans le passé

Récit au présent

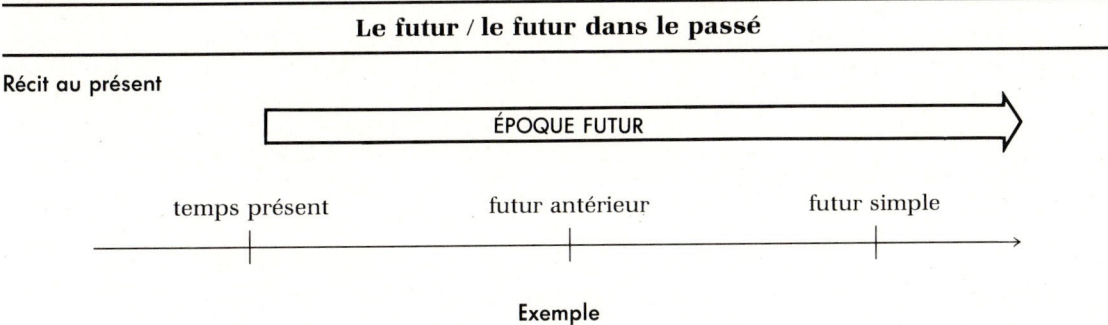

**Exemple**

Henri, agité et nerveux, attend l'arrivée de ses parents. Dans quelques minutes, ils seront là et se mettront à poser des centaines de questions indiscrètes. Que leur dira-t-il quand ils auront enfin compris qu'il mène une double vie?

Récit au passé

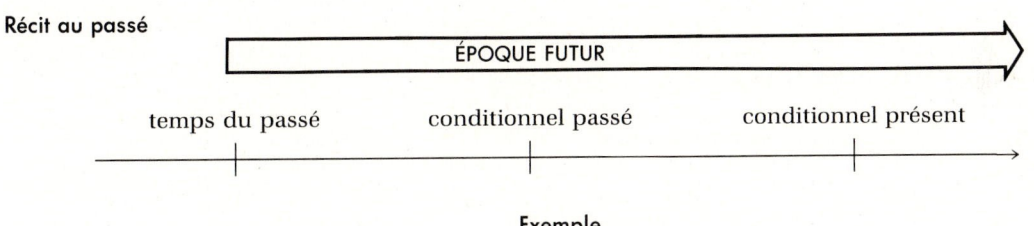

**Exemple**

Henri, agité et nerveux, attendait l'arrivée de ses parents. Dans quelques minutes, ils seraient là et se mettraient à poser des centaines de questions indiscrètes. Que leur dirait-il quand ils auraient enfin compris qu'il menait une double vie?

---

**C.** Pour exprimer l'atténuation ou la supposition

Le conditionnel présent des verbes **pouvoir** et **vouloir** est employé pour diminuer la force d'une demande ou pour exprimer un ordre poliment.

Je voudrais passer l'après-midi avec vous. Pourriez-vous me prêter 500 F?

## CONSTRUCTIONS

## I.   Les conjonctions temporelles

**A.** On emploie toujours un temps de l'indicatif (présent, imparfait, passé composé, futur, etc.) après les conjonctions temporelles **quand, lorsque, dès que, aussitôt que.**

Quand (Lorsque) Frédérique est partie, j'ai commencé à travailler.
Dès que (Aussitôt que) le chien voyait son maître, il accourait.

ATTENTION! Le futur ou le futur antérieur est de rigueur après ces conjonctions s'il est question d'une action future. (Ce n'est pas le cas en anglais.)

Quand nous aurons défait nos valises, nous irons faire un tour au port.

Quand Albert verra son cousin, il lui proposera de devenir partenaire dans sa nouvelle entreprise.

Mme Pelletier nous rejoindra aussitôt qu'elle pourra. Elle assiste à une réunion des directeurs du musée en ce moment.

Dès que vous aurez reçu de ses nouvelles, dites-le-moi[3].

**B. Avant que** est suivi du subjonctif. (Voir Chapitre 10, page 179.)

Dites-lui de descendre du toit avant qu'il (ne) se fasse mal.

**C. Après que** est normalement suivi de l'indicatif, mais par assimilation avec **avant que,** on peut aussi utiliser le subjonctif.

Après que nous nous étions installés, le garçon nous a versé à boire. (Après que nous nous soyons installés,...)[4]

## II.  Pendant / pour

**Pendant** introduit la totalité de temps que prend une action. Vous pouvez l'omettre devant une mesure de temps exacte comme deux minutes, quatre heures, cinq mois, etc. (**pendant** = *for* en anglais), mais n'employez jamais **pour** en français dans ce cas[5].

J'ai marché (pendant) trois heures au bord de la mer.

Guy a dormi pendant tout le film.

Emmanuel travaillera (pendant) quatre ans dans cette compagnie.

## III.  Pendant que / tandis que

**Pendant que** (*while*) relie deux propositions qui ont lieu en même temps.

J'achèterai du pain pendant que vous irez à la poste.

Irène a planté des fleurs pendant que son mari dormait.

**Tandis que** (*whereas*) sert à unir deux propositions qui présentent des actions opposées, des contrastes. Faites attention à ne pas le confondre avec **pendant que** qui indique la simultanéité de deux actions sans les opposer.

Fabienne travaille l'après-midi, tandis que son mari travaille le soir.

Hélène fait du ski nordique, tandis que sa sœur fait du ski alpin.

---

[3]Remarquez l'impératif dans la proposition principale.

[4]On tend à éviter **après que** en y substituant **quand** + *indicatif* ou bien en tournant la phrase d'une autre façon. EXEMPLE: Après son arrivée, nous avons joué au bridge. (Après qu'il est [soit] arrivé...)

[5]Quand il s'agit d'une action projetée (une intention), on emploie quelquefois **pour** avec les verbes **aller, partir** et **venir.** EXEMPLES : Nous irons en France pour quinze jours. Victor était venu à Boston pour trois mois, mais il n'y est pas resté pendant le mois de juillet, car il a fait trop chaud.

# ÉTUDE DE VERBES

## A.  Devoir + *infinitif*

**Devoir** à l'indicatif a deux sens. Il indique soit l'obligation soit la supposition ou l'intention. Comparez les exemples dans le Tableau 19. Pour la conjugaison complète du verbe **devoir,** voir Appendice III.

**TABLEAU 19**

| Devoir + infinitif | |
|---|---|
| **Obligation** | **Supposition** |
| 1.  Je dois arriver à l'heure, sinon on diminue mon salaire. ( = Il faut que j'arrive à l'heure.) | 1.  Henri doit être malade. Ce doit être la grippe. ( = Henri a probablement la grippe.) |
| 2.  Chaque jour, elle devait prendre le train à cinq heures pour arriver à l'heure. | 2.  Son avion devait arriver à deux heures, mais il a eu beaucoup de retard. |
| 3.  Comme il y avait une longue queue devant le magasin, j'ai dû attendre une demi-heure. | 3.  Il a dû oublier son parapluie dans le train. |

**Devoir** au conditionnel présent + *infinitif* exprime un conseil, une suggestion (en anglais : *should, ought to*).

Vous devriez manger plus lentement.
Nous devrions aller voir cette pièce de théâtre.

**Devoir** au conditionnel passé indique qu'une obligation n'a pas été accomplie. Il en résulte que ce verbe au conditionnel passé exprime souvent un reproche ou un regret (en anglais : *should have, ought to have*).

Vous auriez dû me prévenir un peu plus tôt. (reproche)
Je n'aurais pas dû lui parler si sévèrement. (regret)

REMARQUE:  Lorsque **devoir** signifie l'obligation, il est interchangeable avec la construction **falloir** + *subjonctif* ou *infinitif*.

Je dois m'absenter deux jours. **OU** Il faut que je m'absente deux jours.
J'ai dû payer comptant. **OU** Il a fallu que je paye comptant. (Il m'a fallu payer comptant.)
Elle devait apprendre le fonctionnement des ordinateurs. **OU** Il fallait qu'elle apprenne le fonctionnement des ordinateurs.

## B.  Devoir + *nom*

Le verbe **devoir** suivi d'un nom a le sens de *to owe.*

Je dois trente dollars à Antoine.
Nous devons notre succès à l'aide que votre pays nous a donnée.
Elle me doit une lettre d'excuse.

## Coin du spécialiste

**A.**   Dans le système des phrases hypothétiques, l'action des verbes au conditionnel n'est pas considérée dans sa réalité. Elle est présentée (envisagée) comme une conséquence qui dépend entièrement de l'hypothèse annoncée (**si** + *imparfait* ou **si** + *plus-que-parfait*).

> Si j'étais riche, je fonderais une université.
> S'il parlait plus lentement, je le comprendrais mieux.

En transposant ce système dans le passé on obtient :

> Si j'avais été riche, j'aurais fondé une université.
> S'il avait parlé plus lentement, je l'aurais mieux compris.

Parfois, le contexte exige que le « système » soit disloqué; c'est-à-dire, l'hypothèse est énoncée dans une perspective présente, et la conséquence qui en dérive se trouve dans le passé.

> Si l'oncle d'Irène aimait vraiment sa nièce (il continue maintenant à ne pas l'aimer), il ne lui aurait pas rendu la vie si difficile l'année dernière.
> M. Raymond nous aurait offert l'apéritif l'autre jour s'il n'était pas si avare. (Il est toujours avare.)

L'inverse est également possible, en situant l'hypothèse au passé.

> Si je n'avais pas volé l'argent de la banque, je ne serais pas en prison aujourd'hui.
> Si vous n'aviez pas tant couru hier, vous ne seriez pas si fatigué aujourd'hui.

C'est le sens de la phrase qui détermine le choix des temps.

**B.**   Quand le verbe après **si** est au présent, la conséquence (au futur ou à l'impératif) est envisagée comme éventuelle ou probable.

> S'il pleut (et le ciel me semble bien gris), nous resterons à la maison.
> Si tu veux dîner avec moi, passe à mon appartement vers sept heures.
> Si tu réussis ton soufflé au Grand Marnier, tout le monde sera ravi.

Quand le verbe de la proposition principale est au présent, **si** ( + *présent*) a souvent le sens de **quand, toutes les fois que** (*whenever*).

> Si je me sens fatigué, je prends du café. Si j'ai faim, je mange une pomme.
> Si nous allons au bord de la mer, nous emportons toujours une bouteille de vin et un poulet grillé.
> Si elle a de la fièvre, elle prend des comprimés d'aspirine.

NOTE:   **Si** n'a pas forcément le sens de « quand » dans cette construction.

> Si tu penses cela, tu as tort. (si = *if*)
> Si tu plonges dans ce lac, tu es fou. L'eau en est glaciale.

**C.**   Le conditionnel présent et le conditionnel passé sont quelquefois utilisés pour annoncer un fait douteux ou une supposition. Le futur et le futur antérieur ont parfois cette fonction aussi.

Le danger des réacteurs atomiques serait minime. (Fait douteux; c'est ce qu'on dit.)

Où est Cécile? — Serait-elle malade? Aurait-elle oublié notre rendez-vous? (suppositions)

Ce nouveau médicament guérirait les rhumes de cerveau. (On le dit, mais on n'est pas sûr.)

Où est Sylvie? Elle n'est pas venue à la fête. — Elle sera malade. OU Elle aura oublié la date.

**D.** L'expression **au cas où** (*in case*) est suivie du conditionnel présent ou passé. Remarquez qu'en anglais on emploie l'indicatif présent ou passé.

Au cas où il voudrait des renseignements plus tôt, prévenez-moi.
J'ai apporté des sandwichs au cas où nous aurions faim.
Je vous téléphonerai au cas où je n'aurais pas fini à temps.

# ASSIMILATION

## Mise en pratique

**I.** *Répondez aux questions.* **A** *et* **B** *poseront les questions et contrôleront les réponses à tour de rôle.*

**A**

SITUATION 1 : La semaine prochaine tu iras à une soirée.

1. Qui emmèneras-tu à la soirée?
2. Qu'est-ce qu'on servira à boire? à manger?
3. Y aura-t-il un orchestre ou jouera-t-on des disques?
4. Qu'est-ce que tu feras pendant la soirée? (Danseras-tu avec ton ami[e]?)
5. À quelle heure finira la soirée?
6. Est-ce que tu étudieras quand tu seras rentré(e)?
7. Enverras-tu une lettre de remerciement à tes hôtes?

SITUATION 2 : Imagine que tu vas faire un voyage au Québec.

1. Est-ce que tu choisiras la ligne Air Canada?
2. Descendras-tu dans un hôtel de luxe à Montréal?
3. Rencontreras-tu des Québécois?
4. Est-ce que tu feras du ski dans les Laurentides?
5. Suivras-tu des cours à McGill ou à Laval?
6. Goûteras-tu les tourtières[6]?
7. Visiteras-tu la Baie James[7]?
8. Est-ce que tu iras à des concerts?
9. Est-ce que tu enverras des cartes postales à tes amis?
10. Est-ce que tu prendras beaucoup de photos?

[6]**Tourtières** : tartes à la viande, spécialité du Québec.

[7]**La Baie James** : énorme réalisation industrielle du gouvernement québécois dans le nord de la province; importantes installations hydroélectriques.

**II.** *Répondez « non » aux questions, puis refaites les phrases au futur avec l'expression de temps donnée.* **A** *et* **B** *poseront les questions et contrôleront les réponses à tour de rôle.*

**MODÈLE:**

| A | B |
|---|---|
| Est-ce que tu as parlé à Thomas aujourd'hui? | (demain) |

**B :** *Non, je ne lui ai pas parlé aujourd'hui, mais je lui parlerai demain.*

| A | B |
|---|---|
| 1.  As-tu bien dormi hier? | (ce soir) |
| 2.  Est-ce que tu peux m'aider à repeindre ma chambre aujourd'hui? | (demain) |
| 3.  As-tu téléphoné à Guy pour l'inviter? | (après le dîner) |

| B | A |
|---|---|
| 4.  Es-tu allé(e) au marché? | (lundi prochain) |
| 5.  Est-ce que tu as préparé le dessert? | (plus tard) |
| 6.  As-tu rangé ta chambre? | (tout à l'heure) |

**III.** **A** *posera la question* « Qu'est-ce que tu ferais...? » **B** *répondra avec le verbe entre parenthèses.* **A** *contrôlera les réponses. Puis on changera de rôle, et* **B** *posera la question* « Qu'est-ce que tes parents feraient...? »

| A | B |
|---|---|
| SITUATION 1 : Qu'est-ce que tu ferais... | |
| 1.  si tu avais soif? | (boire un verre d'eau) |
| 2.  si tu étais fatigué(e)? | (aller au lit) |
| 3.  si tu recevais $2 000? | (faire un voyage en France) |
| 4.  s'il pleuvait? | (rester à la maison et lire un roman policier) |
| 5.  s'il faisait beau? | (se promener à la campagne) |

*Improvisez d'autres réactions aux hypothèses ci-dessus.*

| B | A |
|---|---|
| SITUATION 2 : Qu'est-ce que tes parents feraient... | |
| 6.  si tu interrompais tes études? | (se mettre en colère) |
| 7.  si l'université te renvoyait? | (demander pourquoi) |
| 8.  s'ils étaient en vacances? | (faire une croisière [*cruise*] en Amérique du Sud) |
| 9.  s'ils gagnaient à la loterie? | (s'offrir une nouvelle croisière) |
| 10. si tu recevais le Prix Nobel? | (être fou de joie) |

*Improvisez d'autres réactions aux hypothèses ci-dessus.*

# Réponses

**I.** SITUATION 1

1. J'emmènerai...
2. À boire on servira du vin, de la bière, du punch, des boissons non alcoolisées; et à manger on servira des chips, du fromage, des hors-d'œuvre, des gâteaux, etc.
3. Il y aura un orchestre. (Il n'y aura pas d'orchestre. Nous jouerons des disques.)
4. Pendant la soirée, nous danserons, nous parlerons à nos amis, etc.
5. La soirée finira à onze heures (à minuit, à une heure du matin, etc.).
6. Non, je n'étudierai pas (Oui, j'étudierai) quand je serai rentré(e).
7. Oui, je leur en enverrai une.

SITUATION 2

1. Oui, je choisirai la ligne Air Canada. Non, je ne choisirai pas la ligne Air Canada.
2. Oui, je descendrai dans un hôtel de luxe à Montréal. Non, je ne descendrai pas dans un hôtel de luxe à Montréal.
3. Oui, je rencontrerai des Québécois.
4. Oui, je ferai du ski dans les Laurentides. Non, je ne ferai pas de ski dans les Laurentides.
5. Oui, je suivrai des cours à McGill ou à Laval. Non, je ne suivrai pas de cours à McGill ou à Laval.
6. Oui, je goûterai les tourtières. Non, je ne goûterai pas les tourtières.
7. Oui, je visiterai la Baie James. Non, je ne visiterai pas la Baie James.
8. Oui, j'irai à des concerts. Non, je n'irai pas à des concerts.
9. Oui, j'enverrai des cartes postales à mes amis. Non, je n'enverrai pas de cartes postales à mes amis.
10. Oui, j'en prendrai beaucoup. Non, je n'en prendrai pas beaucoup.

**II.**
1. Non, je n'ai pas bien dormi hier, mais je dormirai bien ce soir.
2. Non, je ne peux pas t'aider à la repeindre aujourd'hui, mais je pourrai t'aider à la repeindre demain.
3. Non, je ne lui ai pas téléphoné, mais je lui téléphonerai après le dîner.
4. Non, je ne suis pas allé(e) au marché (Je n'y suis pas allé[e]), mais j'irai lundi prochain.
5. Non, je n'ai pas préparé le dessert, mais je le préparerai plus tard.
6. Non, je n'ai pas rangé ma chambre, mais je la rangerai tout à l'heure.

**III.** SITUATION 1

1. Si j'avais soif, je boirais un verre d'eau.
2. Si j'étais fatigué(e), j'irais au lit.
3. Si je recevais $2.000, je ferais un voyage en France.
4. S'il pleuvait, je resterais à la maison et je lirais un roman policier.
5. S'il faisait beau, je me promènerais à la campagne.

SITUATION 2

1. Si j'interrompais mes études, ils se mettraient en colère.
2. Si l'université me renvoyait, ils me demanderaient pourquoi.
3. Si mes parents étaient en vacances, ils feraient une croisière en Amérique du Sud.
4. S'ils gagnaient à la loterie, ils s'offriraient une nouvelle croisière.
5. Si je recevais le Prix Nobel, ils seraient fous de joie.

## Vérification

**I.**  *Mettez les verbes entre parenthèses à la forme correcte.*

1. Si vous nagiez moins longtemps, vous (être) moins fatigué.
2. Si tu vois Serge ce soir, tu (pouvoir) tout lui raconter.
3. Mon père me disait toujours : « Si tu (ne pas finir) ton assiette, tu (être) puni. »
4. Je serais très content si vous (pouvoir) m'accompagner à bord de mon yacht.
5. Si le conseil judiciaire déclare Thierry coupable, il (devoir) quitter l'université.
6. Si vous voyez M. Leclerc, (dire)-lui que je passerai chez lui dans la soirée.
7. Si j'avais su qu'elle aimait l'opéra, je (l'inviter) à voir le *Mariage de Figaro*.
8. Votre belle-mère vous aurait fait une scène si vous (ne pas lui envoyer) de fleurs.

**II.**  *Mettez le passage au futur. Remarquez que certains futurs ont une valeur impérative et que certains verbes restent au présent.*

**Un vol audacieux**

Deux gangsters projettent un vol. C'est le chef qui parle :

—À midi pile, tu (être) devant la Banque Nationale de Paris, et tu (attendre) devant la porte. Quand Madame Coste-Grüner (arriver), tu lui (demander) une interview. Voilà un appareil-photo et une carte de presse, pour compléter ton déguisement. Si Madame Coste-Grüner (refuser) de collaborer, tu la (menacer) discrètement. Elle (avoir) certainement très peur et (ne pas oser) appeler au secours. Tu lui (dire) de prendre 3 000 000 de francs en argent comptant. Aussitôt qu'elle (obtenir) l'argent, tu le (mettre) dans cette serviette. Moi, j'(attendre) dans un faux taxi devant la porte. Nous (emmener) Madame Coste-Grüner avec nous. Si la police (essayer) de nous arrêter, nous (avoir) un otage. Dès que nous (sortir) du pays, nous (aller) au chalet comme convenu. Quand nous (voir) que tout va bien, nous (mettre) Madame Coste-Grüner sur l'Orient Express en direction de Vienne.

**III.**  *Dans le passage suivant adapté d'un conte de Voltaire intitulé, « Memnon ou la sagesse humaine », mettez les verbes entre parenthèses à la forme correcte du futur.*

Un jour, Memnon a conçu le projet insensé d'être parfaitement sage. Il n'y a guère d'hommes à qui cette folie n'ait quelquefois passé par la tête. Memnon se dit à lui-même : « Pour être très sage, et par conséquent très heureux, il n'y a qu'à être sans passions ; et rien n'est plus aisé, comme on sait. Premièrement, je (ne jamais aimer) de femmes, car, en voyant une beauté parfaite, je me (dire) à moi-même : Ces joues-là (se rider) un jour ; ces beaux yeux (être) bordés de rouge... cette belle tête (devenir) chauve. Or, je n'ai qu'à la voir à présent des mêmes yeux dont je la (voir) alors ; et assurément cette tête (ne pas faire) tourner la mienne.

« En second lieu, je (être) toujours sobre ; je (ne pas me laisser) tenter par la bonne chère[8], par des vins délicieux, par la séduction de la société ; je

___
[8]**La bonne chère :** bonnes choses à manger.

n'(avoir) qu'à imaginer les suites des excès, une tête pesante, un estomac embarrassé, la perte de la raison, de la santé et du temps. Je ne (manger) alors que pour le besoin; ma santé (être) toujours égale, mes idées toujours pures et lumineuses...

« J'ai de quoi vivre dans l'indépendance : c'est là le plus grand des biens... Je (ne pas envier) personne, et personne (ne m'envier). Voilà qui est encore très aisé. J'ai des amis, continuait-il, je les (conserver), puisqu'ils n'(avoir) rien à me disputer... Cela est sans difficulté. »

*(Memnon, en regardant par la fenêtre, a aperçu deux femmes qui lui ont vite fait abandonner tous ses projets de sagesse. Tout finit très mal pour le jeune « philosophe ».)*

**IV.** *Lisez l'histoire suivante, puis terminez les phrases en mettant les verbes entre parenthèses au plus-que-parfait ou au conditionnel passé.*

À une soirée l'autre jour, Maryse a rencontré Sébastien, un jeune étudiant en droit. Comme ils s'ennuyaient à la soirée et qu'ils avaient faim, ils sont allés manger une pizza. En route, Sébastien a perdu son portefeuille et à la fin du repas, n'a pas pu payer l'addition. Alors, il a dû faire la vaisselle dans le restaurant pendant une semaine sans salaire. Mais le patron, voyant que le jeune homme était sérieux, lui a offert un travail permanent comme garçon de café. Sébastien était ravi parce qu'il avait besoin d'argent pour payer ses études.

1. Maryse n'aurait pas rencontré Sébastien si elle (ne pas venir) à la soirée.
2. Si la soirée avait été amusante, Sébastien et Maryse (ne pas aller) à la pizzeria.
3. Si Sébastien (ne pas perdre) son portefeuille, il aurait pu payer l'addition.
4. Si Sébastien avait pu payer, il (ne pas travailler) une semaine pour rien.
5. Si Sébastien n'avait pas fait la vaisselle, le patron du restaurant (ne pas découvrir) que le jeune homme était sérieux.
6. Sébastien (ne pas avoir) assez d'argent pour ses études s'il n'était pas devenu garçon de café.

**V.** *(Constructions) Remplacez les verbes entre parenthèses par le temps du verbe qui convient.*

1. Dès qu'il (écouter) la bande, il reconnaîtra ce que c'est.
2. Quand le jardin (être) refait, nous pourrons y prendre des photos de famille.
3. Lorsque Mme Lambert (se promener) dans la forêt, elle cherchait des champignons.
4. Aussitôt que le soufflé (être) cuit, il faudra le servir.
5. Quand vous (entendre) ma version de cette histoire, vous comprendrez pourquoi je me suis mis en colère contre le directeur.

**VI.** *(Constructions) Remplacez les tirets par* **pendant que, tandis que, pendant.**

1. Monica faisait de brillantes études, _____ sa sœur ne s'intéressait à rien.
2. _____ tu finiras la vaisselle, je m'occuperai des factures.
3. J'ai travaillé à la banque royale du Canada _____ un été.
4. _____ la cigale chantait, la fourmi travaillait.
5. Si vous vous reposez _____ une heure, vous aurez les idées plus claires.

**VII.**  *(Constructions) Refaites les phrases suivantes en employant* **devoir** + *infinitif.*

1.  Thomas a probablement raison.
2.  D'après l'horaire, le train est censé partir à six heures et demie.
3.  Il est possible que Brigitte ait perdu son sac dans l'avion.
4.  Ils ont sans doute trouvé les valises dans la cave.
5.  Il faudra qu'elle recopie les lettres avant demain.
6.  Il aurait fallu que je vous prévienne, mais j'étais trop occupé.

**VIII.**  *(Constructions) Formulez quelques conseils avec le conditionnel présent de* **devoir.**

MODÈLE:    Je suis fatigué.
—*Vous devriez aller vous coucher.*
—*Vous devriez vous reposer.*
—*Vous devriez rentrer plus tôt le soir.*

1.  Bernard pèse plus de deux cents livres.
2.  Il se perd chaque fois qu'il va en ville.
3.  Je n'ai pas compris ce poème.
4.  Je suis toujours pressé(e).

**IX.**  *(Constructions) Formulez un reproche ou un regret avec le conditionnel passé de* **devoir.**

MODÈLE:    Nous avons manqué le train.
—*Vous auriez dû vous dépêcher.*

1.  Barbara et son ami sont arrivés en retard pour la fête.
2.  Mes amis ont attrapé un rhume en faisant du ski.
3.  Mon chat est resté deux jours en haut d'un arbre.
4.  J'ai passé toute la journée dehors, et j'ai eu un coup de soleil.

**X.**  *(Constructions) Imaginez que vous partez en voyage (un séjour à l'étranger, par exemple) et que vous donnez des instructions aux membres de votre famille ou à vos amis. Utilisez les expressions suivantes :*

1.  pendant que
2.  tandis que
3.  aussitôt que (dès que)
4.  quand + *futur*

# Réalisation

**I.**  *(Devoir écrit)* En exergue à son conte, « Memnon ou la sagesse humaine » (voir page 94), Voltaire écrit :

Nous tromper dans nos entreprises
C'est à quoi nous sommes sujets;
Le matin je fais des projets,
Et le long du jour des sottises.

À la manière de Memnon, imaginez ce que vous ferez pour mener une vie sage et heureuse. Quelles difficultés à résoudre prévoyez-vous?

**II.** (*Devoir écrit*) Imaginez que vous pouvez devenir invisible quand vous le voulez, ou bien que vous avez le don de passer à travers les murs, ou le don de changer de forme. Que feriez-vous? Où iriez-vous?

**III.** (*Exposé oral*) Vous connaissez peut-être le dicton : « Avec des si... on mettrait Paris en bouteille. » Racontez brièvement une mésaventure que vous avez eue, et expliquez comment vous auriez pu éviter certaines difficultés.

**IV.** (*Sketch*) « Qui a le plus d'imagination? » Trois ou quatre participants choisissent et préparent un des sujets suivants qu'ils présenteront à tour de rôle en classe. Les autres étudiants décideront qui est le gagnant.

SUJET A : Si je découvrais une matière anti-gravité...
SUJET B : Si j'étais une fleur...
SUJET C : Si j'avais le pouvoir absolu...
SUJET D : (au choix de l'étudiant)

Naturellement, employez beaucoup de verbes au conditionnel.

**V.** (*Devoir écrit*) Racontez les obligations de la vie scolaire et sociale à l'université sous forme de lettre que vous écrivez à un(e) ami(e) qui sera bientôt étudiant(e) de première année. Employez le verbe **devoir.**

# CHAPITRE 6

# Les Pronoms

## PRÉSENTATION

### PRINCIPES

Les pronoms sujets
Les pronoms objets directs et indirects
Les pronoms objets **y** et **en**
Les pronoms disjoints
Les pronoms possessifs

### CONSTRUCTIONS

Constructions possessives
Expressions idiomatiques avec **en**
Expressions idiomatiques avec **y**
ÉTUDE DE VERBES : **Penser, manquer, jouer**

## PRINCIPES

### Remarque préliminaire

Un pronom est un mot qui remplace un nom;
il a donc le même genre et le même nombre
que le nom qu'il représente.

J'aime cette veste. Je la porte tous les jours. (la
= veste)

Dominique, tu es gentille d'être venue. (tu =
Dominique)

Où est la vidéo? — Elle est à la maison. (Elle =
la vidéo)

Où sont vos photos? — Je ne les (*f.*) ai pas vues.
(les = photos)

# I.   Les pronoms sujets

|  | singulier | pluriel |
|---|---|---|
| *1ᵉ personne* | **je** | **nous** |
| *2ᵉ personne* | **tu** | **vous** |
| *3ᵉ personne* | **il / elle / on** | **ils / elles** |

## A.   Tu / vous

**Tu** est la forme familière de la deuxième personne du singulier. On l'emploie quand on parle à ses amis, à des membres de sa famille ou à des enfants. Les étudiants emploient régulièrement **tu** entre eux. En cas d'hésitation, employez **vous** (forme polie), qui est toujours correcte. Le **vous** de politesse est considéré singulier pour l'accord des adjectifs et des participes passés lorsqu'on s'adresse à une seule personne. Quand on s'adresse à un groupe mixte (hommes et femmes), le **vous** est considéré masculin pluriel.

## B.   On

**On** est le pronom indéfini de la troisième personne.

On doit suivre le code de la route.
On boit beaucoup quand on a soif.

**On** peut aussi remplacer les autres pronoms sujets, mais cet usage se réserve à la langue parlée ou familière.

Alors, on est fatigué aujourd'hui. (on est = tu es)
Quand tout le monde arrivera, on ira prendre une pizza. (on ira = nous irons)

## C.   Place des pronoms sujets

Les pronoms sujets sont normalement placés devant le verbe. Cependant, l'inversion (verbe-sujet) est obligatoire dans les situations suivantes :

1.   dans une interrogation.

Prendra-t-elle la parole à la réunion ce soir?
Ont-ils oublié les paquets dans la voiture?

2.   avec les verbes de déclaration quand ils sont placés au milieu ou à la fin d'une phrase citée en discours direct.

« Allons au restaurant », a-t-elle suggéré.
« J'ai vu ce film, a-t-il dit, mais je ne l'ai pas aimé. »
MAIS: Il a dit : « J'ai vu ce film, mais je ne l'ai pas aimé ».

## II.  Les pronoms objets directs et indirects

|  |  | singulier | pluriel |
|---|---|---|---|
| *objet direct*<br>*ou indirect* | 1ᵉ personne | **me** | **nous** |
|  | 2ᵉ personne | **te** | **vous** |
|  | 3ᵉ personne | **se\*** | **se\*** |
| *objet direct*<br>*seulement* | 3ᵉ personne | **le / la** | **les** |
| *objet indirect*<br>*seulement* | 3ᵉ personne | **lui** | **leur** |

*\* **Se,** pronom réfléchi de la troisième personne, est utilisé dans la conjugaison pronominale. (Voir Chapitre 7.)*

### A.  Emploi

Les pronoms **le, la, les** et **se** remplacent des noms de personnes ou de choses. **Me, te, nous, vous** se réfèrent uniquement à des personnes. **Lui, leur** se réfèrent le plus souvent aux personnes ou aux animaux. **Le, la, les** sont toujours objets directs. **Lui, leur** sont toujours objets indirects.

Aimez-vous les bonbons? — Oui, je les aime.
Voyez-vous votre patron le week-end? — Non, je ne le vois pas.
Parlez-vous à Henri? — Oui, je lui parle.
Est-ce que vous me croyez? — Oui, je vous crois.
Elle se voit dans la glace. (verbe pronominal réfléchi)

### B.  Place des pronoms objets

1.  Les pronoms personnels objets sont placés devant le verbe aux temps simples, devant l'auxiliaire aux temps composés. Voir Tableau 20, page 101. N'oubliez pas l'accord du participe passé quand vous utilisez **le, la, les,** dans un temps composé. (Voir page 46.)

    Entendez-vous l'avion? — Oui, je l'entends.
    Je te ferai signe en arrivant à Bordeaux.
    Avez-vous remercié vos grands-parents? — Oui, je les ai remerciés. (— Non, je ne les ai pas remerciés.)
    Claude n'a pas reçu la lettre. Lui as-tu répondu?
    Avaient-ils téléphoné à leurs parents? — Oui, ils leur avaient téléphoné hier.

2.  Avec un verbe + *infinitif,* les pronoms sont placés devant le verbe qui gouverne logiquement le pronom[1].

    Je voudrais lire ces rapports. Je voudrais les lire.
    J'ai demandé à Carol de couper le rôti. Je lui ai demandé de le couper.

3.  À l'impératif affirmatif, le pronom objet se place après le verbe et y est attaché par un trait d'union. **Me** et **te** deviennent **moi** et **toi** (excepté quand ils sont suivis de **y** ou **en**).

    Laisse-nous tranquilles.
    Envoie-lui une carte drôle pour son anniversaire.
    Connaissez-vous la nouvelle version de la chanson : « Parlez-moi d'amour »?
    Combien de pommes voulez-vous? — Donnez-m'en quatre ou cinq.

---

[1]Pour la place des pronoms avec **faire** + *infinitif,* voir page 231.

À l'impératif négatif, les pronoms objets sont à leur place habituelle devant le verbe, sans trait d'union.

Ne me donne pas trop de sauce. Je suis au régime.

Ne le fatigue pas avec tes plaintes, ou il ne voudra plus te voir.

Ne lui parlez pas de cela. Il est terriblement indiscret.

Ne nous dites pas la réponse. Nous voulons la trouver nous-mêmes.

**C.** Ordre des pronoms objets

1. Quand il y a deux pronoms objets devant le verbe, le premier pronom se réfère à une personne, et le second à une chose, excepté avec les pronoms **le, la, les, lui, leur,** qui sont toujours dans l'ordre suivant (voir Tableau 20) :

$$\left.\begin{array}{l}\textbf{le}\\\textbf{la}\\\textbf{les}\end{array}\right\}\text{ précède }\left\{\begin{array}{l}\textbf{lui}\\ \\\textbf{leur}\end{array}\right.$$

**TABLEAU 20**

### L'ordre de certains pronoms devant le verbe

Exemples

| | | | |
|---|---|---|---|
| **me** | | | Ils me prêtent leur stéréo. Ils me la prêtent. |
| **te** | | **le (l')** | Vous nous avez montré vos nouveaux tableaux. Vous nous les avez |
| **se** | devant | **la (l')** | montrés. |
| **nous** | | **les** | J'aimerais te donner ce bracelet. J'aimerais te le donner. |
| **vous** | | | Daniel avait très envie de ce blouson, alors il se l'est offert. |
| **le** | | | Je lui ai prêté ma voiture. Je la lui ai prêtée. |
| **la** | devant | **lui** | Je leur offrirai l'apéritif. Je le leur offrirai. |
| **les** | | **leur** | |
| **me** | | | Je voulais un peu de salade, mais on ne m'en a pas offert. |
| **te** | | | Je commanderai un soufflé, et je t'en donnerai un peu. |
| **se** | | | Il est très égoïste, mais il ne s'en rend pas compte. |
| **nous** | devant | **en** | À votre place, je ne lui en parlerais pas. Vous risqueriez de l'offenser. |
| **vous** | | | Ils ne voulaient pas avoir de cartes de crédit, mais je leur en ai montré |
| **lui** | | | l'avantage. |
| **leur** | | | Que pensez-vous de ces montres? — Il y en a deux ou trois qui ne |
| **y** | | | coûtent pas trop cher. |

2. Pour l'ordre des pronoms après le verbe (impératif affirmatif seulement), voir Tableau 21, page 102.

**TABLEAU 21**

| | | | | | |
|---|---|---|---|---|---|

<table>
<tr><td colspan="5" align="center">Ordre des pronoms après le verbe à l'impératif affirmatif</td></tr>
</table>

|  |  |  |  | Exemples |
|---|---|---|---|---|
| | | **-moi** | | Merci de m'avoir prêté ta moto. — De rien, mais rends-la-moi avant ce soir. |
| | **-le** | **-toi***  | | |
| | | **-lui** | | S'il te demande de lui rendre ses disques, donne-les-lui. |
| VERBE  +  | **-la**  + | **-nous** | | Faut-il montrer ces articles aux étudiants? — Oui, montrez-les-leur tout de suite. |
| | **-les** | **-vous** | | |
| | | **-leur** | | Voulez-vous voir mes nouvelles affiches? — Oui, montrez-les-nous. |

| | | Exemples |
|---|---|---|
| | **-m'en** | Veux-tu de la sauce hollandaise? — Avec plaisir, mais donne-m'en seulement un peu. |
| | **-t'en** | |
| VERBE  + | **-lui-en** | Cette scie électrique est très dangereuse. Sers-t'en avec précaution. |
| | **-nous-en** | |
| | **-vous-en** | Charles n'a pas eu de crêpes; donnez-lui-en. |
| | **-leur-en** | « Allez-vous-en, je n'ai plus rien à vous dire! » a-t-il crié. |

*-**le-toi** ne se rencontre pas souvent. EXEMPLE : Si tu ne veux pas emporter ce paquet, fais-le-toi envoyer. (C'est-à-dire : demande à quelqu'un de te l'envoyer.)

**D.**  Répétition du pronom objet

Dans une série de verbes où vous employez le même pronom objet, il est toujours correct de répéter ce pronom; aux temps simples, c'est obligatoire. Pour les exceptions, voir Coin du spécialiste, page 111.

Je les prends et (je) les mets sur la table.
Je les ai pris et je les ai mis sur la table.
Claudine vous a insulté et vous a maltraité.

**E.**  Phrases négatives avec des pronoms

Les pronoms se placent entre **ne** et le verbe d'un temps simple, entre **ne** et l'auxiliaire d'un temps composé ou entre **ne pas** et l'infinitif complément si l'infinitif gouverne le pronom.

Je ne vous comprends pas.
Éliane ne m'en a pas parlé.
Le syndicat préfère ne pas lui écrire.
Xavier m'a écrit plusieurs lettres, mais il m'a demandé de ne pas vous les montrer.

NOTE:  Avec certains verbes comme **vouloir pouvoir, aimer, savoir,** etc., suivis d'un infinitif, la négation se place avec le verbe conjugué, et les pronoms sont devant l'infinitif.

Marianne avait écrit plusieurs poèmes, mais elle ne voulait pas me les montrer.

**F.  Le** neutre

**Le,** pronom neutre invariable, peut remplacer un adjectif ou une proposition (une idée complète).

Les maisons dans ce quartier sont-elles anciennes? — Oui, elles le sont. (le = anciennes)

Si quelqu'un vient fouiller dans vos affaires, je vous le dirai. (le = si on vient fouiller)
Puisque vous le voulez, nous dînerons en ville. (le = dîner en ville)

# III.  Les pronoms objets **y** et **en**

**A.**  Le pronom **y** se réfère aux choses. Ne le confondez pas avec **lui, leur,** qui remplacent **à** + *une personne.* Pour l'emploi de **y,** voir Tableau 22.

**TABLEAU 22**

| Emploi de *y* | |
| --- | --- |
| **Y remplace...** | **Exemples** |
| **à** + *un endroit* | Est-il allé au café? — Oui, il y est allé. |
| **en, au, dans** + *pays* | Passerez-vous encore vos vacances au Portugal? — Oui, j'y passerai mes vacances. |
| **à, dans, sur, sous, devant,** etc. + *une chose* | Les assiettes sont-elles sur la table? — Oui, elles y sont. |
| **à** + *une proposition* | Avez-vous réfléchi à ce que vous ferez? — Oui, j'y ai réfléchi. |

N'OUBLIEZ PAS...

- **Y** précède **en** quand vous employez les deux pronoms. On les trouve surtout dans l'expression **il y en a.**

- **Y** n'est pas exprimé devant le futur ni le conditionnel du verbe **aller.**

**B.** En principe, **en** remplace **de** + *une chose,* mais on peut utiliser **en** avec des personnes, surtout quand il s'agit d'un groupe comme **des amis, des parents, des gens, des professeurs,** etc.[2]

L'emploi de **en** est illustré dans le Tableau 23, page 104.

Y a-t-il du lait en poudre dans le placard? — Oui, il y en a.

Irez-vous aussi à l'île du Prince Édouard? — Oui, j'irai; j'adore la pêche.

Avez-vous des amis dans le milieu du cinéma? — Oui, j'en ai quelques-uns qui seraient très heureux de vous aider.
Êtes-vous content de vos nouveaux collègues? — Oui, j'en suis ravi.

[2]Quand la personne est nommée, il est préférable d'employer **de** + *pronom disjoint.* EXEMPLE : Le père de Jim est le nouveau président du Rotary Club. Les membres sont-ils satisfaits de lui?

**TABLEAU 23**

| Emploi de *en* | |
|---|---|
| *En* remplace... | Exemples |
| **de**<br>**du (de l', de la)** + *une chose*<br>**des** | Ces jeunes violonistes russes ont-ils beaucoup de talent? — Oui, ils en ont beaucoup. Tout le monde le dit.<br>Prenez-vous du café? — Non, merci. Je n'en prends jamais le soir.<br>Écrit-il des articles dans le journal des étudiants? — Oui, il en écrit beaucoup. |
| un nom précédé de l'article<br>   **un** | Avez-vous un chien? — J'en ai un.* |
| un nom précédé d'un nombre<br>   (un, trois, quinze, etc.) | Avez-vous acheté une dizaine de billets? — Oui, j'en ai même acheté onze.<br>A-t-il au moins une idée? — Oui, il en a une. Ça ne lui arrive pas souvent. |
| **de** + *un endroit (pays, ville)* | Arrive-t-il des Bermudes? — Oui, il en arrive; il est tout bronzé. |
| **de** + *proposition* | Est-il capable de vous remplacer? — Oui, il en est tout à fait capable. |

*Notez que dans une négation on n'emploie pas **un**. EXEMPLE : Avez-vous un chien? — Non, je n'ai pas de chien. (— Non, je n'en ai pas.)

REMARQUES:

- Ne confondez pas **en** ( = **de** + *quelque chose*) et **le, la, les** (objets directs).

  Avez-vous pris du pain? — Oui, j'en ai pris pour deux jours.
  Avez-vous pris mon papier à lettres? — Oui, je l'ai pris. Je vous le rends tout de suite.

- Quand **en** remplace un nom précédé d'une expression de quantité (**un, deux, beaucoup, plusieurs, une foule de,** etc.), il faut répéter l'expression de quantité.

  J'ai trois frères. Élisabeth en a trois aussi, mais elle est l'aînée.
  Avez-vous pris des spaghetti? — Oui, j'en ai pris beaucoup. J'en ai même pris un peu trop.

- L'adjectif **quelques** devient **quelques-uns (quelques-unes)** quand vous l'utilisez avec **en.**

  Est-ce que vous avez quelques suggestions à faire? — Oui, j'en ai noté quelques-unes qui me semblent indispensables.

- Le participe passé des verbes ayant **en** pour objet reste invariable.

  Combien de factures avez-vous reçues? — J'en ai reçu cinq, mais je n'ai pu en payer que deux.

ATTENTION!   À l'impératif, il faut mettre un **-s** à la 2ᵉ personne du singulier des verbes en **-er** quand **y** ou **en** suivent directement le verbe. C'est aussi le cas pour les verbes **couvrir, ouvrir, souffrir, offrir.**

Va prendre un bain de soleil sur le balcon. Vas-y et fais comme chez toi.
Combien de boîtes de sardines faut-il ouvrir? — Ouvres-en trois pour le moment.

ATTENTION! Les pronoms **le, la, les,** ne sont pas utilisés avec **en.** On peut les utiliser avec **y,** mais on évite de le faire, surtout avec **le** et **la.** (Voir aussi Coin du spécialiste, page 110.)

A-t-elle remis les clés dans le tiroir? — Elle les y a remises ce matin.

## IV. Les pronoms disjoints

|  | singulier | pluriel |
|---|---|---|
| 1ᵉ personne | **moi** | **nous** |
| 2ᵉ personne | **toi** | **vous** |
| 3ᵉ personne | **lui / elle** | **eux / elles** |

**A.** Le pronom disjoint est utilisé principalement quand le pronom est séparé du verbe. Pour les emplois les plus fréquents du pronom disjoint, voir Tableau 24.

**TABLEAU 24**

### Emploi du pronom disjoint

| Emploi | Exemples |
|---|---|
| 1. Après une préposition : **sur, pour, devant, à côté de, avec, sans,** etc. | Voulez-vous aller au restaurant avec moi? Ces jeunes gens sont très sérieux. Vous pouvez compter sur eux. |
| 2. Après **que** <br> a. Dans les comparaisons <br> b. Dans la restriction **ne... que** | Mon oncle court plus vite que moi. <br> Je n'aime que toi, et je n'aimerai toujours que toi. |
| 3. Dans l'expression de mise en relief **c'est... qui (que)** (*Faites attention à la personne du verbe.*) | Jack Nicholson, c'est lui qui a gagné un prix au festival de Cannes. <br> C'est à eux qu'il faut vous adresser. |
| 4. Dans les réponses elliptiques | Qui veut du gâteau? — Moi! |
| 5. Comme sujets multiples | Elle et toi vous apporterez du vin rouge, et Diane et moi nous apporterons du vin blanc. |
| 6. Pour renforcer le pronom sujet ou objet | Toi, on t'entend un peu trop parler. <br> Mon frère?... je ne l'ai pas vu, lui, depuis trois jours. Il est toujours en voyage. |
| 7. Après certains verbes exceptionnels, comme **penser à, se fier à, venir à** | Pensez-vous beaucoup à Lise depuis qu'elle vous a quittée? — Oui, je pense à elle jour et nuit. |

**B.** Quand un des sujets multiples d'une phrase est un pronom disjoint, il est préférable de résumer les sujets multiples avec le pronom sujet qui convient.

Sophie et moi nous sortons beaucoup depuis qu'elle a rompu avec son ancien fiancé.

Si les sujets multiples sont à la 3ᵉ personne, on omet en général le pronom sujet qui les résume.

Le directeur et eux s'entendent très bien.

NOTE: À la 3ᵉ personne seulement, le pronom disjoint peut être le sujet de la phrase; dans ce cas, on omet d'habitude le pronom sujet.

Voilà Frank et sa femme. Elle est médecin; lui finit ses études de droit. (C'est-à-dire : Elle, elle est médecin; lui, il finit ses études de droit.)

**C.  Soi** se réfère à un sujet indéfini comme **on, chacun, tout le monde, celui qui.**

On a souvent besoin d'un plus petit que soi. (La Fontaine)
Chacun pour soi et Dieu pour tous.
Maintenant, ça suffit. Tout le monde rentre chez soi.

# V.   Les pronoms possessifs

**A.**  Formes

Voir Tableau 25.

**TABLEAU 25**

| Les pronoms possessifs | | | |
|---|---|---|---|
| **Possesseur singulier** | | **Possesseurs pluriels** | |
| *Adjectifs possessifs* | *Pronoms possessifs* | *Adjectifs possessifs* | *Pronoms possessifs* |
| mon chien _____ | **le mien** | notre chien _____ | **le nôtre** |
| ma maison _____ | **la mienne** | notre maison _____ | **la nôtre** |
| mes livres _____ | **les miens** | nos livres ⟍ | |
| mes idées _____ | **les miennes** | nos idées ⟋ | **les nôtres** |
| ton chien _____ | **le tien** | votre chien _____ | **le vôtre** |
| ta maison _____ | **la tienne** | votre maison _____ | **la vôtre** |
| tes livres _____ | **les tiens** | vos livres ⟍ | |
| tes idées _____ | **les tiennes** | vos idées ⟋ | **les vôtres** |
| son chien _____ | **le sien** | leur chien _____ | **le leur** |
| sa maison _____ | **la sienne** | leur maison _____ | **la leur** |
| ses livres _____ | **les siens** | leurs livres ⟍ | |
| ses idées _____ | **les siennes** | leurs idées ⟋ | **les leurs** |

N'OUBLIEZ PAS...

- Les formes contractées après **à** et **de** devant tous les pronoms possessifs excepté le féminin singulier :

| | |
|---|---|
| au mien | du mien |
| aux miens | des miens |
| aux miennes | des miennes |
| au nôtre | du nôtre |

**MAIS :** à la mienne, de la leur, etc.

J'ai un dictionnaire. Je n'ai pas besoin du tien.
Occupe-toi de tes affaires. Ne pense pas tant aux leurs.

- Remarquez la différence de prononciation entre **notre** et **le nôtre,** entre **votre** et **le vôtre.**

L'automation est plus avancée dans mon pays que dans le vôtre (o fermé).
Votre omelette est bonne (o ouvert). La nôtre est trop salée (o fermé).

**B.** Emploi

1. Le pronom possessif remplace un nom précédé d'un adjectif possessif. Il varie donc en genre et en nombre selon le nom qu'il remplace.

J'ai pris ma voiture pour aller en ville, et mes amis ont pris la leur (*leur voiture*).
Votre maison est très grande; la mienne est toute petite.
Yves fera ses devoirs avant de dîner, et Suzanne fera les siens après la conférence ce soir.

2. Avec des sujets indéfinis comme **tout le monde** et **chacun** (*sujet*), on emploie **le sien, la sienne, les siens, les siennes.**

   Si **chacun** est en apposition au sujet, le pronom possessif est alors de la même personne que le sujet. Notez que **chacun** se place après le verbe. (C'est aussi le cas pour l'adjectif possessif. Voir page 27.)

Tout le monde avait des histoires amusantes à raconter, et chacun voulait être le premier à raconter la sienne.

Nous avions tous[3] des histoires à raconter. Nous avons raconté chacun la nôtre (chacun notre histoire).

# CONSTRUCTIONS

## I. Constructions possessives

Vous pouvez exprimer la possession de plusieurs façons en français.

**De** + *nom*

Les vêtements de Julienne sont très chics. (*Julienne's clothes . . .*)

---

[3]Prononcez bien le **s** de **tous** quand il est employé comme un pronom.

**Être à** + *nom* (*pronom disjoint*)

Notez qu'avec **être à** on emploie les pronoms disjoints.

Cette lampe à pétrole n'est pas à moi. Elle est à Xavier.

**C'est** + *pronom possessif*

Où avez-vous trouvé cette boucle d'oreille? Je crois bien que c'est la mienne. (Je crois bien qu'elle est à moi.)

**Appartenir à** + *nom*

Notez qu'avec **appartenir** on emploie les pronoms objets indirects.

Cette maison ne lui appartient pas. Il en est locataire.

## II.   Expressions idiomatiques avec **en**

**A.   En être :** pour indiquer le point auquel on est arrivé

Où en sommes-nous dans notre discussion?
Où en es-tu dans ta lecture? — J'en suis à la page soixante.

**B.   S'en aller (de) :** synonyme de **partir**

Le chien s'en allait du jardin par un trou qu'il avait creusé sous la clôture.
Je m'en irai dans quelques minutes.
Il s'en est allé (Il est parti) avant la fin de la conférence.

NOTE:   Le verbe **quitter** a aussi le sens de « partir », mais ne peut s'employer qu'avec un objet direct exprimé.

J'ai quitté la maison à cinq heures du matin pour ne pas être pris dans la circulation.
Comme il en avait assez de travailler, il a quitté un poste important et s'en est allé en Afrique où il a vécu plusieurs années en nomade.

**C.   En avoir assez :** arriver au bout de sa patience

J'en ai assez de lui répéter toujours la même chose! Si ça continue, je m'en irai et ne reviendrai plus.

## III.   Expressions idiomatiques avec **y**

**A.   S'y prendre (bien, mal) :** *to go about something* (*well, poorly*)

Comment s'y prend-on pour programmer un ordinateur?
Laissez-moi vous montrer comment couper la tarte. Vous vous y prenez très mal.

**B.   S'y connaître en**

Cette expression a le sens de « être expert (très compétent) en ».

Je vais demander à mon frère, qui s'y connaît en vin de Californie, de choisir une bouteille de pinot noir.

# ÉTUDE DE VERBES

### A. Penser / penser à

1. **Penser** + *infinitif* a le sens de « avoir l'intention de ».

   Il pense se spécialiser en biochimie.
   Nous pensons faire une excursion à la montagne.

2. **Penser à** + *infinitif* a le sens de « réfléchir à, considérer » ou « rappeler à l'esprit ».

   Quand j'étais jeune, je ne pensais pas à faire des économies. Maintenant, je le regrette.
   Je n'ai pas pensé à laisser du lait pour le chat.

REMARQUES :
- On dit aussi **penser à quelqu'un** ou **à quelque chose**.

  Ce docteur pense tout le temps à ses malades et à son travail.

- Pour solliciter une opinion on utilise **Que pensez-vous de...?** et pour répondre à cette question on utilise **Je pense que...**

  Que pensez-vous des nouvelles mesures prises par l'état pour protéger l'environnement? — Je pense qu'elles sont insuffisantes.

### B. Manquer / manquer à / manquer de

Le verbe **manquer** change de construction d'après le sens que vous lui donnez. (Notez l'emploi des pronoms dans les exemples ci-dessous.)

1. **Manquer :** *to miss*

   Si vous manquez ce film, vous aurez l'air vieux jeu. — Ne t'en fais pas, je ne le manquerai pas.
   Nous allons manquer le début du concert.
   J'ai manqué Julie l'autre jour parce que je suis arrivé avec une heure de retard.

2. **Manquer à :** *to be missing, to be lacking, to fail, not to live up to, not to be true to*

   La force a manqué au candidat pour terminer sa campagne.
   Mon ami m'avait promis d'être ici à cinq heures, mais une fois de plus, il a manqué à sa parole (*he broke his word*).

   ATTENTION! **Manquer à quelqu'un** a aussi le sens de *to be missed by someone*.

   Elle manque à ses amis. (*She is missed by her friends, i.e., her friends miss her.*)
   Tu me manques. (*You are missed by me, i.e., I miss you.*)

3. **Manquer à** (sens impersonnel) : *to be missing, to be lacking*

   Je crois qu'il manque trois pages à ce vieux manuscrit que j'ai trouvé. — Es-tu sûr qu'il n'en manque pas plus?

   NOTE : On peut employer **manquer à** intransitivement dans le même sens.

   Trois pages manquaient à ce manuscrit.

4. **Manquer de** + *nom* (*sans article*) : *to lack, to be short of*

Le Japon manque de matières premières.

Christophe ne manque pas de talent, mais quand il est question de bonne volonté, il en manque beaucoup.

En ce moment, je manque de temps pour arriver à tout faire.

## C.  Jouer à / jouer de

Il faut employer **jouer à** pour un sport ou un jeu et **jouer de** pour un instrument de musique. Notez l'emploi du pronom **y** ou **en** suivant le cas.

Robert aime-t-il jouer au tennis? — Non, il n'aime pas spécialement y jouer. Il préfère jouer aux échecs ou au bridge.

Alain joue-t-il de la contrebasse? — Oui, il en joue mais il préfère jouer du synthétiseur.

## Coin du spécialiste

**A.**  On emploie l'inversion du pronom sujet après **peut-être, aussi** (*consequently*), **à peine** (*hardly, scarcely*), **encore, sans doute** (*probably*), **en vain,** lorsque ces expressions introduisent une proposition.

Peut-être arrivera-t-elle par le prochain avion.
La théorie est facile, encore faut-il la prouver.
Ces spécimens sont très rares. Aussi sont-ils très recherchés par les collectionneurs.

Quand ces mots sont placés après le verbe, il n'y a pas d'inversion.

Elle arrivera peut-être par le prochain avion.

Dans la langue parlée, l'expression **peut-être** placée en tête de phrase peut devenir **peut-être que...** Dans ce cas, on ne fait pas l'inversion.

Peut-être qu'elle arrivera par le prochain avion.

**B.**  Quand on reprend ou l'on utilise un adjectif dans une phrase avec **en** (pronom), il faut mettre *de* devant cet adjectif.

Avez-vous de bons amis? — Oui, j'en ai *de* très bons.
Avez-vous trouvé des chemises habillées? — Oui, j'en ai vu *de* sensationnelles chez Cardin.

**C.**  On combine rarement les pronoms **me, te, se, nous, vous** avec **y** excepté avec certains verbes qui, pour la plupart, sont pronominaux (**se promener, s'installer,** etc.) ou pronominaux idiomatiques (**s'y prendre, s'y connaître**). (Voir Constructions II, page 108.)

Si tu vois une table de libre, tu peux t'y installer et nous attendre.
Vous emmène-t-elle quelquefois chez ses parents? — Oui, elle m'y emmène au moins une fois par an.
Nous nous y connaissons un peu en musique électronique.
Comment s'y prend-elle pour rester si mince?

**D.** Quand on a plusieurs verbes aux temps composés avec les mêmes pronoms objets, on n'est pas obligé de répéter les pronoms objets. Dans ce cas, on ne répète pas non plus l'auxiliaire si celui-ci ne change pas.

Il sait que Monique vous a insulté et maltraité. (*Vous* est l'objet direct d'insulter et de traiter. On peut aussi dire : Monique vous a insulté et vous a maltraité.)
Le photographe vous attend. Vous êtes-vous coiffée et maquillée? (*Être* est employé pour les deux verbes.)
Je lui ai téléphoné et écrit aussi hier soir. (*Lui* est l'objet indirect pour les deux verbes.)
MAIS: Il les a vus et leur a fait signe de la main. (*Les* est un objet direct; *leur* est un objet indirect.)

**E.** Avec certains verbes, il est impossible d'employer les pronoms objets indirects devant le verbe. C'est le cas avec **penser (à)**, **songer (à)** et certains verbes pronominaux comme **se fier (à)**, **s'intéresser (à)**, **s'adresser (à)**. Avec ces verbes, on emploie un pronom disjoint.

Pensez-vous à Élisabeth? — Oui, je pense à elle toute la journée, mais je me demande si elle pense à moi.
Ce type est un grand égoïste. À votre place je ne me fierais pas à lui.
Le sénateur s'est-il adressé aux officiers? — Oui, il s'est adressé à eux après le déjeuner et leur a fait beaucoup de compliments.

Remarquez que si l'objet indirect est une chose, on emploie alors le pronom **y** comme d'habitude :

S'intéressent-ils aux arts martiaux? — Oui, ils s'y intéressent énormément.
Pense-t-il aux conséquences de ses actes? — Non, il n'y pense jamais.

Le verbe **présenter** pose un problème spécial. Si l'objet direct du verbe est **le, la, les,** vous pouvez, ce qui est normal, avoir aussi un pronom objet indirect.

Voilà M. Tremblay. Je voudrais vous le présenter. (C'est-à-dire : Je voudrais présenter M. Tremblay à vous.)
Christophe a présenté son cousin à Madame Duloup. Christophe le lui a présenté.

Mais si l'objet direct du verbe **présenter** est **me, te, se, nous, vous,** il faut employer **à** + *pronom disjoint* pour exprimer l'objet indirect du verbe **présenter** s'il y en a un.

Je ne connais pas les amis de Christian. Il m'a dit qu'il me présenterait à eux.
Cher Monsieur..., Je me présenterai à vous dès mon arrivée à Strasbourg.

**F.** On peut renforcer les pronoms disjoints de la façon suivante :

**1.** En ajoutant **même** (*singulier*) ou **mêmes** (*pluriel*) au pronom disjoint pour l'intensifier. Remarquez le trait d'union.

Il vous le diront eux-mêmes, si vous voulez le savoir.
Il faut être indulgent. J'ai préparé le dîner moi-même.
Vous pouvez faire cette expérience scientifique vous-même(s).

REMARQUE:   Ne confondez pas **moi-même** (*myself*) et **même moi** (*even I*), **lui-même** et **même lui,** etc.

Même lui ne comprend pas les idées de ce philosophe autrichien, qui d'ailleurs se contredit lui-même.

2.   En utilisant **seul** (*alone*) pour renforcer le pronom disjoint. Dans ce cas, il n'y a pas de trait d'union.

Toi seule, tu as compris ma détresse.
Elle seule pouvait se baigner dans une eau si glaciale. Moi j'étais mort de froid.

# ASSIMILATION

## Mise en pratique

I.   *Répondez affirmativement aux questions. Utilisez un pronom dans vos réponses. **A** et **B** poseront les questions et contrôleront les réponses à tour de rôle.*

**A**

1.   Est-ce que tu as une bicyclette?
2.   Vas-tu au cinéma le week-end?
3.   Est-ce que tu prends des notes pendant les conférences?
4.   Est-ce que tu me comprends?
5.   Est-ce que tu m'as téléphoné hier?

**B**

6.   Est-ce que tu écoutes la radio le matin?
7.   Es-tu content(e) de tes voisins à la résidence?
8.   Est-ce que tu invites ton petit ami (ta petite amie) chez toi?
9.   Est-ce que tu écris quelquefois à tes amis de lycée?
10.   As-tu répondu à la lettre de la banque?

II.   *Imaginez que vous êtes à la plage. Répondez négativement aux questions en utilisant un pronom. **A** et **B** poseront les questions et contrôleront les réponses à tour de rôle.*

**A**

1.   Est-ce que tu as acheté de la bière?
2.   As-tu apporté ta serviette?
3.   As-tu remarqué les nuages noirs?
4.   Vas-tu te baigner tout de suite?

**B**

5.   As-tu mis les revues dans ton sac de plage?
6.   Est-ce que Sylvie a préparé le dessert?
7.   As-tu donné à manger au chien avant de partir?
8.   Vas-tu rester longtemps à la plage?

**III.** *Imaginez que vous êtes dans la salle de gymnastique.* **A** *et* **B** *poseront les questions et contrôleront les réponses à tour de rôle.*

**A**

1. Aimes-tu faire de la musculation?
2. Est-ce que tu sais utiliser cette machine?
3. Est-ce que tu veux essayer les barres parallèles?
4. As-tu envie d'aller au sauna?

**B**

5. As-tu besoin de faire quelques mouvements d'échauffement?
6. Est-ce que tu peux soulever ces haltères?
7. Est-ce que tu penses parler au moniteur aujourd'hui?
8. Crois-tu avoir perdu du poids?

**IV.** *Répondez affirmativement aux questions. Utilisez deux pronoms.* **A** *et* **B** *poseront les questions et contrôleront les réponses à tour de rôle.*

**A**

1. Est-ce que je t'ai prêté mon sac de couchage?
2. Est-ce que tu m'as rendu mon sac de couchage?
3. Est-ce que tu prêtes tes cassettes à tes amis?
4. Est-ce que tes amis te rendent tes cassettes?
5. Est-ce que tu m'as apporté un pot de confitures?
6. Est-ce que je t'ai donné une de mes photos?

**B**

7. Est-ce que tes amis te parlent de leurs difficultés?
8. Est-ce que tes parents t'envoient de l'argent?
9. Est-ce que tu écris des lettres à ton ami(e)?
10. Est-ce que ton ami(e) t'envoie aussi des lettres?
11. Est-ce que nous devons remettre nos devoirs au professeur?
12. Le professeur va-t-il nous rendre nos devoirs demain?

**V.** *Après avoir entendu la phrase de* **A,** **B** *donnera un ordre en employant les verbes donnés et des pronoms.* **A** *contrôlera les réponses. Puis on changera de rôle.*

SITUATION : En conduisant à New York.

| **A** | **B** |
|---|---|
| 1. Je n'ai plus d'essence. | Alors, (acheter) |
| 2. Je n'ai pas payé ma contravention. | Alors, (payer) |
| 3. J'ai laissé mon permis de conduire à l'hôtel. | Alors, (aller chercher) |
| 4. Je n'ai pas fermé la voiture à clé. | Alors, (fermer) |

| **B** | **A** |
|---|---|
| 5. Je n'ai pas éteint mes phares. | Alors, (éteindre) |
| 6. Je ne t'ai pas rendu tes clés. | Alors, (rendre) |
| 7. Je n'ai pas dit aux agents que mon père est le maire de la ville. | Alors, (dire) |
| 8. Je tombe de sommeil. | Alors, (laisser conduire) |

**VI.** *Répondez aux questions avec un pronom possessif. Improvisez selon les circonstances.* **A** *et* **B** *se partageront les questions et contrôleront les réponses à tour de rôle.*

**A**

1. J'ai mis de la crème sur mon gâteau. Et toi?
2. J'enferme souvent mes clés dans la voiture. Et toi?
3. J'ai fini ma traduction du poème. Et Annette?

**B**

4. J'ai repeint ma chambre en vert. Et toi, de quelle couleur as-tu repeint ta chambre?
5. Mon ami(e) et moi nous avons stationné notre voiture devant le théâtre. Et toi et tes amis, où avez-vous stationné votre voiture?
6. Mon ami(e) et moi nous avons revendu notre appartement. Et Carol et Françoise?

## Réponses

**I.** 1. Oui, j'en ai une.
2. Oui, j'y vais.
3. Oui, j'en prends.
4. Oui, je te comprends.
5. Oui, je t'ai téléphoné.
6. Oui, je l'écoute le matin.
7. Oui, j'en suis contente.
8. Oui, je l'invite chez moi.
9. Oui, je leur écris quelquefois.
10. Oui, j'y ai répondu.

**II.** 1. Non, je n'en ai pas acheté.
2. Non, je ne l'ai pas apportée.
3. Non, je ne les ai pas remarqués.
4. Non, je ne vais pas me baigner tout de suite.
5. Non, je ne les ai pas mises dans mon sac. (Je n'y ai pas mis les revues ou Je ne les y ai pas mises.)
6. Non, elle ne l'a pas préparé.
7. Non, je ne lui ai pas donné à manger.
8. Non, je ne vais pas y rester longtemps.

**III.** 1. Oui, j'aime en faire. (Non, je n'aime pas en faire.)
2. Oui, je sais l'utiliser. (Non, je ne sais pas l'utiliser.)
3. Oui, je veux les essayer. (Non, je ne veux pas les essayer.)
4. Oui, j'ai envie d'y aller. (Non, je n'ai pas envie d'y aller.)
5. Oui, j'ai besoin d'en faire. (Non, je n'ai pas besoin d'en faire.)
6. Oui, je peux les soulever. (Non, je ne peux pas les soulever.)
7. Oui, je pense lui parler. (Non, je ne pense pas lui parler.)
8. Oui, je crois en avoir perdu. (Non, je ne crois pas en avoir perdu.)

IV.
1. Oui, tu me l'as prêté.
2. Oui, je te l'ai rendu.
3. Oui, je les leur prête.
4. Oui, ils me les rendent.
5. Oui, je t'en ai apporté un.
6. Oui, tu m'en as donné une.
7. Oui, ils m'en parlent.
8. Oui, ils m'en envoient.
9. Oui, je lui en écris.
10. Oui, il (elle) m'en envoie aussi.
11. Oui, nous devons les lui remettre.
12. Oui, il va nous les rendre demain.

V.
1. Alors, achètes-en.
2. Alors, paye-la (paie-la).
3. Alors, va le chercher.
4. Alors, ferme-la à clé.
5. Alors, éteins-les.
6. Alors, rends-les-moi.
7. Alors, dis-le-leur.
8. Alors, laisse-moi conduire.

VI.
1. J'en ai mis (Je n'en ai pas mis) sur le mien.
2. J'enferme souvent (Je n'enferme jamais) les miennes.
3. Elle a fini (Elle n'a pas fini) la sienne.
4. J'ai repeint la mienne en... (Je n'ai pas repeint la mienne en...)
5. Nous avons stationné la nôtre...
6. Elles ont (Elles n'ont pas) revendu le leur.

# Vérification

I. *Remplacez les mots soulignés par des pronoms. Faites attention à l'accord du participe passé.*

1. Nous parlons de notre visite des châteaux de la Loire.
2. Il vous a donné son numéro de téléphone.
3. Jérôme a envoyé un joli bracelet à son amie.
4. Odile est allée en Turquie l'année dernière.
5. Sylvain nous fera entendre des disques de musique africaine.
6. Après avoir vu ces films, Bertrand est allé en discuter au café.
7. Nous avons envoyé des cartes de Noël à tous nos amis.
8. Quand est-ce que tu me rendras mon blouson de cuir?
9. J'ai fait ces raviolis moi-même.
10. M. Viguier a-t-il vraiment donné un magnétoscope à son fils?
11. Est-ce que j'ai mis trop de poivre dans la sauce?

**II.** *Répondez négativement aux questions. Utilisez un ou deux pronoms.*

1.   M'avez-vous donné votre chèque?
2.   Est-ce que je vous ai rendu vos documents?
3.   Avez-vous perdu vos écouteurs?
4.   Avez-vous fini de lire votre courrier?
5.   Avez-vous pris du jus de tomate?
6.   Pouvez-vous me prêter un peu d'argent?
7.   Avez-vous envie d'aller à la conférence?
8.   Emmenez-vous vos amis dans les restaurants chers?
9.   Est-ce que vous avez déjà fini vos études?

**III.** *Répondez aux questions selon le contexte. Utilisez des pronoms dans vos réponses quand c'est possible.*

**A.**   *Imaginez que vous êtes assis(e) à un café à Paris. Un(e) touriste assis(e) à une table voisine entame la conversation et vous demande :*

1.   Avez-vous visité le centre Beaubourg?
2.   Êtes-vous content(e) de votre hôtel?
3.   Aimez-vous votre chambre?
4.   Y a-t-il une salle de bain?
5.   Dînerez-vous à la Tour d'Argent ce soir?
6.   Avez-vous rencontré des Parisiens sympathiques?
7.   Est-ce que vous enverrez des cartes postales à vos amis?
8.   Irez-vous bientôt sur la Côte d'Azur?

**B.**   *Imaginez que vous êtes chez le dentiste qui vous demande :*

1.   Avez-vous mal à cette dent?
2.   Supportez-vous l'anesthésie?
3.   Est-ce qu'on vous a fait des radios à votre dernière visite?
4.   Est-ce que je vous fais mal?
5.   Vous lavez-vous les dents tous les jours?
6.   Voulez-vous des écouteurs pour vous distraire?
7.   Voulez-vous un plombage en or?

**C.**   *Imaginez que vous et vos amis rentrez d'une réception. On vous demande :*

1.   Êtes-vous arrivés en retard à la réception?
2.   Avez-vous rencontré des gens originaux ou excentriques?
3.   Avez-vous parlé à tous les invités?
4.   A-t-on servi des amuse-gueule?
5.   A-t-on offert du champagne?
6.   Avez-vous aimé les bons mots du candidat?
7.   Avez-vous remercié vos hôtes avant de partir?

**IV.** *Répondez aux questions. Utilisez des pronoms dans vos réponses. (Révision)*

1.   Buvez-vous du jus d'orange le matin?
2.   Êtes-vous allé(e) à la Martinique?
3.   Connaissez-vous les serveurs du café près de l'université?
4.   Avez-vous dîné chez le doyen?
5.   Me téléphonez-vous le dimanche?

6. Vos grands-parents vous envoient-ils des cadeaux de temps en temps?
7. Vous souvenez-vous de votre école élémentaire?
8. Est-ce qu'il faut de la patience pour apprendre le français?
9. Vous rappelez-vous les noms des trois personnages principaux de *Trois Mousquetaires?*
10. Promettez-vous de lire ce livre?
11. Votre mère vous envoie-t-elle de l'argent?
12. Allez-vous parfois aux concerts de rock?
13. Pensez-vous souvent à ceux qui sont plus malheureux que vous?
14. Avez-vous remboursé toutes vos dettes?
15. Réfléchissez-vous à votre carrière?

**V.** *Employez un pronom possessif à la place des mots entre parenthèses.*

1. Mon ami a acheté une voiture. Moi, j'ai vendu (ma voiture).
2. Tout le monde a apprécié le discours de Jérôme, mais personne n'a réagi (à mon discours).
3. Voilà ma jaquette. Henri, où est (ta jaquette)?
4. Ils nous ont montré leurs diapositives l'autre jour. La semaine prochaine, Elsa nous montrera (ses diapositives).
5. Georges a répondu à la lettre de son amie, mais il n'a pas répondu (à notre lettre).
6. J'aime bien tes affiches, mais je n'aime pas beaucoup (leurs affiches).
7. J'ai rendu à Valérie tous ses albums de photos, mais je ne sais pas ce que j'ai fait (de tes albums).
8. J'ai jeté tous mes devoirs à la fin du trimestre, mais Henri a gardé (ses devoirs).

**VI.** *(Constructions) Trouvez une autre façon de dire les phrases suivantes. Employez un pronom possessif ou les expressions* **être à, appartenir à, être** + *pronom possessif.*

1. Ce violon est à moi.
2. Ce sont leurs meubles.
3. Ces bouteilles m'appartiennent.
4. Ce journal est-il à vous?
5. Est-ce que c'est ton bateau?

**VII.** *(Constructions) Remplacez les tirets par* **à** *ou* **de** *là où c'est nécessaire.*

1. Patrick était triste parce qu'il devait jouer _____ violon, et il aurait voulu jouer _____ balle avec ses amis.
2. Si vous manquez _____ le début du film, vous pourrez sans doute le voir à la deuxième séance.
3. Votre exposé manque _____ clarté.
4. Si vous manquez _____ vos engagements, vous n'irez pas très loin dans votre carrière.
5. Nous avons manqué _____ l'autocar de 17 h 12.
6. Pendant les premiers jours de leur séparation, Carla manquait beaucoup _____ mari.
7. Gérard pensait _____ louer un appartement à Saint-Germain des Prés.
8. Chloé pense _____ repeindre sa chambre ce week-end.
9. Que pensez-vous _____ la crise d'énergie?

**VIII.**   *(Constructions) Faites des phrases avec les verbes suivants :*

    **1.**   jouer de     **4.**   penser de
    **2.**   jouer à     **5.**   manquer de
    **3.**   manquer à

# Réalisation

**I.**   *(Devoir écrit)* L'autre jour Henri a reçu une lettre. La lettre était dans une enveloppe rose parfumée. La mère d'Henri était très curieuse de savoir qui avait écrit cette lettre, mais elle savait qu'elle ne devait pas y toucher. Pourtant, incapable de résister à sa curiosité, elle l'a ouverte à la vapeur...

*(Continuez cette histoire. Quel est le contenu de la lettre? Imaginez le dialogue entre Henri et sa mère lorsque celui-ci découvre l'indiscrétion de sa mère.)*

**II.**   *(Sketch)* Un groupe de quatre ou cinq étudiants mettra en scène une des situations suivantes :

    **A.**   Un dîner en famille un jour de fête.
    **B.**   Une discussion au dortoir après le grand match de football américain.

**III.**   *(Sketch)* Pendant votre absence, on vous a laissé un mot vous demandant d'aller retirer un paquet à la poste. Après avoir fait la queue une demi-heure, vous découvrez une des situations suivantes:

    **A.**   On a fait suivre votre paquet à quelqu'un portant votre nom mais qui habite une autre ville.
    **B.**   On vous a envoyé votre paquet en exprès, et vous remarquez qu'il n'est arrivé qu'après trois mois. Vous déposez une réclamation.

Présentez une de ces scènes avec un(e) camarade qui joue le rôle du postier (de la postière). Utilisez beaucoup de pronoms dans votre présentation.

**Vocabulaire utile**
    une lettre recommandée   *registered letter*
    le code postal   *zip code*
    la poste restante   *general delivery*
    le mandat   *money order*
    un annuaire   *telephone directory (phone book)*
    le guichet   *teller window*
    la queue   *line (of people)*
    le cachet   *seal, stamp*
    le timbre   *postage stamp*
    le postier / la postière   *postal clerk*
    l'employé(e)   *employee*
    faire suivre   *to forward*
    égarer   *to lose, misplace*
    ficeler   *to tie (up)*
    réclamer   *to complain*

**Adjectifs**

aimable, désagréable, incompétent, impatient, poli, affairé, désobligeant, serviable

**Expressions**

d'une voix traînarde, d'un ton brusque

**IV.** (*Dialogue*) Choisissez une des situations suivantes, et préparez un dialogue que vous présenterez en classe.

**A.** Quand Agnès, qui voulait aller à une soirée, a demandé à son ami Patrice s'il voulait l'accompagner, il lui a répondu qu'elle pouvait y aller seule, car il en avait assez de rencontrer des gens qui ne s'y connaissent pas en sport. Elle lui a répondu qu'il ne savait pas s'y prendre avec ses amis, et qu'elle le laisserait tomber si ça continuait. Comme Patrice consultait déjà son magazine sportif, Agnès a décidé de s'en aller en claquant la porte...

(*Continuez en imaginant la conversation que Patrice a avec Agnès au téléphone pour se remettre dans les bonnes grâces de celle-ci. Utilisez, dans la mesure du possible, les expressions idiomatiques **s'y prendre** [**bien** ou **mal**], **en avoir assez, s'y connaître en**.*)

**B.** Vous allez quitter le restaurant, et vous décrochez votre imperméable, mais une autre main s'en est aussi saisie. Vous n'avez pas plus l'intention de laisser partir un étranger avec votre imperméable que lui de vous laisser partir avec le sien. Imaginez le dialogue en utilisant les pronoms possessifs.

MODÈLE:  — Je vous demande pardon, mais cet imperméable est à moi.
— Je regrette. C'est le mien. Je suis arrivé avec, et d'ailleurs j'y ai laissé mes clés.
— Eh bien, regardons ces clés.
— Vous voyez bien que ce sont les miennes!
— Et moi, je garantis que cette clé-là ouvrira la porte de ma voiture, si vous voulez bien m'accompagner au parking.

(La conversation continue dans le parking où les coïncidences se multiplient à l'infini.)

**V.** (*Devoir écrit*) Écrivez un paragraphe dans lequel vous utilisez les expressions idiomatiques étudiées dans Constructions.

**A.** Il vous est sans doute arrivé d'entreprendre quelque chose d'apparemment facile pour constater ensuite que tout se compliquait. En fin de compte, vous avez perdu patience. Racontez.

**B.** Dites vos goûts en matière d'habillement. Quelles questions auriez-vous pour quelqu'un qui s'y connaît en haute couture?

CHAPITRE **7**

# Les Verbes pronominaux

## PRÉSENTATION

PRINCIPES
Classification des verbes pronominaux
Conjugaison des verbes pronominaux
L'accord du participe passé des verbes pronominaux
Verbes pronominaux à sens idiomatique

CONSTRUCTIONS
Le passif
ÉTUDE DE VERBES : Infinitifs compléments; verbes comme
**s'asseoir / être assis(e)**

## PRINCIPES

### I.   Classification des verbes pronominaux

Un verbe pronominal est un verbe conjugué avec un pronom personnel « réfléchi » : **me, te, se, nous, vous.** Ce pronom représente le sujet du verbe.

**A.**  Quand le sujet de l'action est également l'objet de cette action, le verbe pronominal est *réfléchi.*

Marie-Claude se coiffe très bien.
Les enfants se baignent dans le lac.
Est-ce que tu te vois dans la glace?

**B.** Quand deux ou plusieurs sujets agissent l'un sur l'autre (ou les uns sur les autres), le verbe pronominal est *réciproque*. Dans ce cas, le verbe est toujours pluriel.

Mireille et Justin se téléphonaient chaque jour parce qu'ils n'avaient pas le temps de s'écrire.

**C.** Beaucoup de verbes pronominaux ne sont ni réfléchis ni réciproques. Ce sont des verbes pronominaux à sens idiomatique. Certains d'entre eux existent seulement à la forme pronominale :

À votre place, je me méfierais des gens qui me font trop de compliments.

s'absenter (*to be absent*)
s'abstenir de (*to refrain from*)
s'efforcer de (à) (*to strive*)
se méfier de (*to mistrust*)
se moquer de (*to make fun of*)
se souvenir de (*to remember*)

D'autres verbes peuvent se conjuguer avec ou sans pronom réfléchi. Pour ces verbes, la forme pronominale a souvent un sens différent de celui du verbe non pronominal. Par exemple, **plaindre :** *to pity;* **se plaindre :** *to complain.* Pour quelques verbes courants dans cette catégorie, voir Tableau 28, page 126.

**D.** Certains verbes pronominaux peuvent avoir un sens passif.

Le français se parle dans beaucoup de pays africains. ( = est parlé)
Le sucre se vend chez l'épicier. ( = est vendu)
Ce genre de décision ne se prend pas à la légère. (= n'est pas pris)

## II. Conjugaison des verbes pronominaux

Voir Tableau 26, page 122. Remarquez que les verbes pronominaux aux temps composés sont conjugués avec l'auxiliaire **être.**

**A.** Le pronom réfléchi est une partie intégrale de la conjugaison des verbes pronominaux. Notez la place du pronom avec un verbe négatif et aux temps composés.

À quelle heure te lèves-tu? — Je me lève à six heures.
Léa et Christophe se sont-ils amusés à la fête? — Non, ils ne se sont pas amusés. — Nous nous y sommes ennuyés aussi.
Il faut que vous vous reposiez et que vous ne vous fassiez pas de souci.
Nous ne nous sommes pas rendu compte que Viviane ne s'entendait pas avec sa mère.
Est-ce que je me serais trompé de route? Voilà deux heures que nous roulons sans avoir traversé de village.

**TABLEAU 26**

## Conjugaison d'un verbe pronominal : *se laver*

|  | Temps simples | Temps composés | Impératif |
|---|---|---|---|
|  | *Indicatif présent* | *Passé composé* |  |
| *Affirmatif* | je me lave | je me suis  lavé / lavée* |  |
|  | tu te laves | tu t'es  lavé / lavée | lave-toi |
|  | il / elle se lave | il / elle s'est  lavé / lavée |  |
|  | nous nous lavons | nous nous sommes  lavés / lavées | lavons-nous |
|  | vous vous lavez | vous vous êtes { lavé / lavée† / lavés / lavées } | lavez-vous |
|  | ils / elles se lavent | ils / elles se sont  lavés / lavées |  |
| *Négatif* | je ne me lave pas | je ne me suis pas  lavé / lavée |  |
|  | tu ne te laves pas | tu ne t'es pas  lavé / lavée | ne te lave pas |
|  | il / elle ne se lave pas | il / elle ne s'est pas  lavé / lavée |  |
|  | nous ne nous lavons pas | nous ne nous sommes pas  lavés / lavées | ne nous lavons pas |
|  | vous ne vous lavez pas | vous ne vous êtes pas { lavé / lavée / lavés / lavées } | ne vous lavez pas |
|  | ils / elles ne se lavent pas | ils / elles ne se sont pas  lavés / lavées |  |
| *Interrogatif* | est-ce que je me lave?‡ | me suis-je  lavé / lavée? |  |
|  | te laves-tu? | t'es-tu  lavé / lavée? |  |
|  | se lave-t-il / elle? | s'est-il / elle  lavée / lavée? |  |
|  | nous lavons-nous? | nous sommes-nous  lavés / lavées? |  |
|  | vous lavez-vous? | vous êtes-vous { lavé / lavée? / lavés / lavées? } |  |
|  | se lavent-ils / elles? | se sont-ils / elles  lavés / lavées? |  |

*Voir III, pages 123–125, pour l'accord du participe passé.

†Avec le **vous** de politesse, le participe passé est singulier (féminin ou masculin).

‡L'inversion est inusitée à la 1<sup>re</sup> personne des temps simples. On emploie **est-ce que.**

   EXEMPLE : Est-ce que je me trompe? Est-ce que je me fais des illusions?

**B.** Quand un verbe pronominal est employé dans une construction infinitive, le pronom réfléchi correspond au sujet.

J'ai envie de me reposer.
Tu peux te servir de ma voiture.
Ils voulaient se marier.

**C.** À l'impératif affirmatif, le pronom réfléchi se place après le verbe.

Asseyez-vous, je vous en prie.
Dépêche-toi, nous allons être en retard.
MAIS : Ne vous asseyez pas sur cette chaise, elle est très fragile.

Ne confondez pas l'impératif d'un verbe pronominal avec l'imperatif d'un verbe non pronominal.

Mettez votre manteau sur la chaise. (non pronominal)

Mettez-vous sur le divan. (pronominal)

Ne lave pas ta voiture aujourd'hui. Il va pleuvoir.

Lave-toi les mains avant de te mettre à table.

## III.  L'accord du participe passé des verbes pronominaux

**A.**  Les verbes pronominaux réfléchis ou réciproques, quoique conjugués avec **être**, s'accordent avec le complément d'objet direct si celui-ci *précède* le verbe. (C'est la règle de l'accord des verbes conjugués avec **avoir**.) Le plus souvent cet objet direct est le pronom réfléchi, mais il peut être un autre mot.

Nous nous sommes habillés (habillées) en vitesse. (nous = objet direct)

Elle s'est levée. (s' = objet direct)

Elle s'est offert une stéréo. (s' = objet indirect : offrir qq.ch. à qq'un)

Elles se sont écrit pendant les vacances. (se = objet indirect : écrire à quelqu'un)

Voilà la voiture que mon frère s'est achetée. (que [ = la voiture] = objet direct qui précède le verbe; s' = objet indirect)

Les cadeaux qu'elles se sont envoyés n'ont pas coûté très cher. (que [ = les cadeaux] = objet direct; se = objet indirect)

Les insultes qu'ils se sont lancées auraient fait rougir un gardien de prison. (qu' [ = les insultes] = objet direct, se = objet indirect)

**REMARQUE:**  Dans les phrases avec les parties du corps comme objet direct, le pronom réfléchi est considéré indirect, et le participe passé varie seulement si la partie du corps précède le verbe.

Voici quelques verbes courants employés avec les parties du corps :

se brosser / se coiffer / se peigner (les cheveux)
se laver (les mains, le visage, les dents, etc.)
se maquiller (les yeux)
se raser (la barbe, la tête, etc.)
se salir (les mains, la figure, etc.)
se brûler (le bras, la main, etc.)
se casser (le doigt, la jambe, etc.)
se blesser (le nez, les pieds, etc.)
se couper (le menton, le doigt, etc.)

Viviane s'est lavé le visage. (se = à elle : objet indirect) COMPARER : Elle s'est lavée. (se = objet direct qui précède le verbe)

Ils se sont brûlé les mains avec ce produit chimique. (se = objet indirect) MAIS : Ils se les sont brûlées. (les = objet direct qui précède le verbe)

**B.** Dans le cas des verbes pronominaux à sens idiomatique ou à sens passif, il n'est pas toujours possible d'analyser le pronom réfléchi. L'accord se fait alors avec le sujet. (Voir Tableau 27.)

Alice ne s'est pas souvenue de sa promesse.
Vous vous êtes trompés, mes amis!
Marie-Hélène s'est dépêchée d'écrire son article.
Nous ne nous sommes pas aperçus qu'il tremblait.
La porte s'est ouverte automatiquement. (pronominal « passif »)
Cette marchandise s'est vendue plus rapidement l'année dernière. (pronominal « passif »)

**TABLEAU 27**

### Verbes pronominaux dont le participe passé s'accorde avec le sujet
### (liste partielle)

| | | | |
|---|---|---|---|
| s'absenter de | s'échapper de | s'habituer à | se promener |
| s'amuser | s'efforcer de | se hâter de | se réjouir de |
| s'apercevoir de | s'éloigner de | s'inscrire | se repentir |
| s'approcher de | s'en aller de | s'intéresser à | se réveiller |
| s'arrêter de | s'endormir | se lever | se sauver de |
| s'attendre à | s'enfuir de | se marier | se sentir |
| s'avancer | s'ennuyer | se méfier de | se servir de |
| se cacher de | s'entendre | se mettre à | se soucier de |
| se coucher | s'étonner | se moquer de | se souvenir de |
| se couvrir de | s'évader de | se mordre | se suicider |
| se dépêcher de | s'excuser | se plaindre de | se taire |
| se diriger (vers) | se fâcher | s'y prendre | se tromper de |
| se disputer (avec) | se faire à | se presser de | se voir |
| se douter de | | | |

**Exemples**

Nous nous sommes amusés au cirque.
Elle ne s'est pas souvenue de ma fête.

Ils se sont trompés de route.
Je me suis bien douté(e) qu'il pleuvrait.

RÉSUMÉ
Pour faire l'accord du participe passé des verbes pronominaux, suivez le précis suivant :

- Si le pronom réfléchi d'un verbe pronominal est objet direct, faites l'accord avec le pronom réfléchi (c'est-à-dire, avec le sujet puisque le pronom réfléchi représente le sujet).

Elles se sont levées à cinq heures. (se = féminin pluriel)

- Si le pronom réfléchi est clairement indirect et si la phrase ne contient pas un autre objet direct qui précède le verbe, ne faites pas l'accord.

Elles se sont écrit.

- Si, en plus du pronom réfléchi, le verbe a un objet direct qui précède le verbe, faites l'accord avec cet objet direct. (Le pronom réfléchi sera indirect dans ce cas.)

  Quelles questions se sont-ils posées?

- Si le verbe pronominal est idiomatique (e.g., des verbes comme **se souvenir, s'apercevoir, se dépêcher**) où la fonction du pronom réfléchi n'est pas claire, faites l'accord avec le sujet.

  Lise s'est aperçue trop tard de son erreur.

- Si le verbe est pronominal à sens passif, faites l'accord avec le sujet.

  Cette maison s'est vendue très bon marché.

## IV.   Verbes pronominaux à sens idiomatique

**A.** Certains verbes peuvent se conjuguer avec ou sans pronom réfléchi. Voir Tableau 28, page 126, et notez bien les différences de sens entre les deux formes du verbe.

**B.** Les verbes pronominaux suivants gouvernent un complément avec **de :**

se rendre compte de (*to realize*)
se tromper de[1] (*to be wrong about*)
s'apercevoir de (*to notice, to perceive*)
se plaindre de[1] (*to complain about*)
se servir de (*to use*)

Faites attention à l'ordre des pronoms :

| | |
|---|---|
| m'en | nous en |
| t'en | vous en |
| s'en | s'en |

Il se rend compte des dangers de la vitesse. Il s'en rend compte.

Je me suis plaint du bruit. Je m'en suis plaint.

**NOTE:**   On peut dire aussi **se rendre compte que.**

Vous ne vous êtes pas rendu compte que le poème est écrit en vers libres.

**C.   S'en faire / s'y faire**

1. **S'en faire** (e.g., **se faire des soucis**) a le sens de *to worry.*

   Ne vous en faites pas. Nous arriverons à l'heure.

2. **Se faire à** (e.g., **s'y faire**) est un synonyme de **s'habituer à** (*to get used to*).

   Il ne s'est jamais fait à l'idée que sa femme, elle aussi voulait faire carrière. (Il ne s'y est jamais fait.)

---

[1]**Se tromper** et **se plaindre** s'emploient aussi sans **de.** EXEMPLES : Je me suis trompé (*I made a mistake*). Il se plaint toujours (*He is always complaining*).

**TABLEAU 28**

## Verbes pronominaux à sens idiomatique

| Verbes | Exemples |
|---|---|
| **aller**   *to go* | Nous allons à Strasbourg visiter le Parlement Européen. |
| **s'en aller**   *to go away, to leave* | Si tu continues à me critiquer, je m'en irai. |
| **apercevoir**   *to see, to perceive, to make out* | J'aperçois un petit village au fond de la vallée. |
| **s'apercevoir (de)**   *to notice, to realize* | Jean-Paul ne s'est pas aperçu de son erreur. |
| **demander**   *to ask* | J'ai demandé à quelqu'un de m'indiquer la route. |
| **se demander**   *to wonder* | Je me demande à qui je devrais parler. |
| **douter**   *to doubt* | Je doute qu'il accepte mon offre. |
| **se douter**   *to suspect* | Depuis quelque temps je me doute qu'il boit. |
| **ennuyer**   *to annoy, to vex, to bore* | Cette émission ennuiera les enfants. |
| **s'ennuyer**   *to be bored* | On ne s'ennuie jamais dans le cours de ce professeur. |
| **entendre**   *to hear* | Avez-vous déjà entendu la *Symphonie Fantastique* de Berlioz? |
| **s'entendre**   *to get along* | Je m'entends bien avec mes parents. |
| **faire**   *to make, to do* | Comment fait-on un « croque-monsieur »? |
| **se faire à**   *to get used to* | Je n'aurais pas pu me faire à la vie militaire. |
| **passer**   *to pass, to spend (time)* | Nous avons passé l'été à Vancouver. |
| **se passer de**   *to do without* | Je ne peux pas me passer de café le matin. |
| **plaire**   *to please* | Ces iris plairont beaucoup à ma mère. |
| **se plaire**   *to be happy, to be pleased* | Vous plaisez-vous dans notre pays? |
| **plaindre**   *to pity* | Je plains les gens qui n'ont pas assez à manger. |
| **se plaindre**   *to complain* | Les prisonniers se sont plaints de la mauvaise qualité de la cuisine. |
| **taire**   *to say nothing about, to hush up, to hide* | Pendant des années, il a tu son chagrin. |
| **se taire**   *to remain silent, to become silent* | Elle se taisait chaque fois qu'un étranger entrait dans la salle. |
| **tromper**   *to deceive* | Celui qui t'a vendu cette machine t'a trompé. Ce modèle qu'il prétend être nouveau a au moins dix ans. |
| **se tromper de**   *to be mistaken* | Il est arrivé à l'heure, mais il s'est trompé de jour. |
| **servir**   *to serve* | On servait le dîner à six heures. |
| **se servir de**   *to use* | On ne se sert pas d'un arrosoir quand il pleut. |
| **trouver**   *to find* | A-t-on trouvé une solution à la crise de l'énergie? |
| **se trouver**   *to be, to find oneself* | Au centre du village se trouvait une fontaine. |

**D. S'agir de :** *to be about, to concern*

Ce verbe est conjugué exclusivement à la forme **il** (*impersonnel*) : **il s'agit de, il s'agissait de, il s'agira de,** etc. Il ne peut avoir d'autre sujet. Pour dire « *This film (play, novel, etc.) is about . . .* », il faut dire : « Dans ce film (cette pièce, ce roman, etc.), il s'agit de... »

Dans cet article, il s'agit de plusieurs femmes qui jouent un rôle important dans le M.L.F.[2] Il s'agissait d'analyser les résultats de l'expérience.

**E. Se souvenir de / se rappeler**

Ces deux verbes synonymes ne se construisent pas de la même façon. Notez bien les différentes constructions possibles.

**se souvenir de**
**se rappeler —** } + *une personne* ou *une chose*

Je me souviens de Michel Pelletier, de son humour prodigieux. Je me rappelle aussi sa générosité sans bornes.

**se souvenir de**
**se rappeler —** } + *infinitif passé*

Vous souvenez-vous d'avoir traversé ce village? — Oui, et je me rappelle aussi avoir déjeuné dans cette auberge près du port.

**se souvenir que**
**se rappeler que** } + *proposition*

Il ne se souvient pas que nous avons parlé de ses difficultés.
Ne vous rappelez-vous pas que je vous ai dit de faire attention?

**se souvenir de**
**se rappeler de** } + *infinitif présent*

S'est-elle souvenue de lui rendre la clé?
Rappelle-toi d'éteindre le gaz.

# CONSTRUCTIONS

## Le passif

**A. Formation du passif**

Une phrase passive est seulement possible quand le verbe est transitif direct à la voix active. L'objet direct dans la phrase active de-

---

[2]**M.L.F.:** Mouvement de Libération des Femmes.

vient le sujet de la phrase passive et subit l'action. Le sujet de la phrase active devient le complément d'agent de la phrase passive et prend une part active à l'action[3]. (Voir Tableau 29.) L'agent est introduit en général par la préposition **par**.

**TABLEAU 29**

### Transformation de la phrase active en phrase passive

VOIX ACTIVE **Sujet + verbe actif + objet direct**

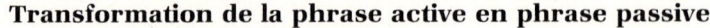

VOIX PASSIVE **Sujet + verbe passif + complément d'agent**

#### Exemples

Les enfants ont cueilli toutes les cerises. ⟶ Toutes les cerises ont été cueillies par les enfants.
La ville vend tous ces terrains. ⟶ Tous ces terrains sont vendus par la ville.
Étienne Faisan préparera les desserts pour notre banquet. ⟶ Les desserts pour notre banquet seront préparés par Étienne Faisan.

Pour mettre un verbe à la voix passive, vous placez le participe passé de ce verbe après le temps voulu du verbe **être**[4].

**Passé composé passif de reconnaître**

| | |
|---|---|
| j'ai été | reconnu / reconnue |
| tu as été | reconnu / reconnue |
| il / elle a été | reconnu / reconnue |
| nous avons été | reconnus / reconnues |
| vous avez été | { reconnu / reconnue<br>reconnus / reconnues |
| ils / elles ont été | reconnus / reconnues |

Pour les autres temps à la voix passive, voir Tableau 30.

---

[3]En anglais on peut former des phrases passives à partir de l'objet indirect; par exemple, « *Barbara was offered a job by her uncle* ». Pour traduire cette phrase en français, il faut commencer par l'objet direct : « Un poste a été offert à Barbara par son oncle », ou on peut exprimer l'idée d'une façon active : « L'oncle de Barbara lui a offert un poste. »

[4]Dans les temps composés, **été** reste invariable. Le participe passé du verbe en question s'accorde.

**TABLEAU 30**

**Temps des verbes à la voix passive**

*Présent*
je suis reconnu / reconnue*

*Subjonctif présent*
que je sois reconnu / reconnue

*Passé composé*
j'ai été reconnu / reconnue

*Subjonctif passé*
que j'aie été reconnu / reconnue

*Imparfait*
j'étais reconnu / reconnue

*Infinitif présent*
être reconnu(s) / reconnue(s)

*Plus-que-parfait*
j'ai été reconnu / reconnue

*Infinitif passé*
avoir été reconnu(s) / reconnue(s)

*Futur simple*
je serai reconnu / reconnue

*Participe présent*
étant reconnu(s) / reconnue(s)

*Futur antérieur*
j'aurai été reconnu / reconnue

*Participe présent (forme composée)*
ayant été reconnu(s) / reconnue(s)

*Conditionnel présent*
je serais reconnu / reconnue

*Passé simple*
je fus reconnu / reconnue

*Conditionnel passé*
j'aurais été reconnu / reconnue

*Passé antérieur*
j'eus été reconnu / reconnue

**Exemples**

1. La ville était inondée par la rivière chaque année.
2. L'équipe française de ski sera sûrement battue par les Italiens.
3. La reine d'Angleterre est accueillie par vingt et un coups de canon.
4. Sans le travail assidu de ces chercheurs, la cause de cette maladie n'aurait jamais été découverte.
5. Le général tenait à ce que ses ordres soient respectés.
6. Après le jugement, l'accusé a été conduit en prison.
7. Cela fait très mal d'être mordu par un chien.

*Accordez le participe passé avec le sujet.

---

REMARQUE: La préposition **de** peut remplacer **par** quand le verbe exprime un sentiment ou une action, mais où l'agent ne prend pas une part très active. C'est souvent le cas avec les verbes suivants :

| | |
|---|---|
| accompagner | obéir |
| aimer | précéder |
| couvrir | respecter |
| craindre | suivre |
| entendre | voir |
| haïr | |

Il est aimé de ses frères.
Néron était haï de ses sujets.
Philippe était toujours accompagné de son chien.
Le président sera précédé de ses ministres.

**B.** Moyens d'éviter le passif

Les Français utilisent la voix active dans des cas où on utilise le passif en anglais. Quand l'agent n'est pas exprimé, on peut former une phrase active avec **on** si l'agent sous-entendu est une personne. Quand il s'agit d'une action habituelle ou générale, on peut utiliser un verbe pronominal. Comparer les exemples dans le Tableau 31.

**TABLEAU 31**

| Moyens d'éviter le passif | | |
|---|---|---|
| | Voix passive | Voix active |
| **On** + *verbe actif* | Philippe a été emmené à l'hôpital. | On a emmené Philippe à l'hôpital. |
| | Des mesures strictes seront prises contre ses abus. | On prendra des mesures strictes contre ses abus. |
| | Elle avait été nommée chef de l'entreprise. | On l'avait nommée chef de l'entreprise. |
| *Verbe pronominal* | Le français est parlé à Québec. | Le français se parle à Québec. |
| | En France la salade est servie après le plat principal. | En France la salade se sert après le plat principal. |

## ÉTUDE DE VERBES

**A.** Infinitifs compléments

1. Certains verbes pronominaux gouvernent l'infinitif avec la préposition **à** :

   s'amuser à[5] (*to have a good time*)
   s'attendre à (*to expect*)
   se décider à (*to decide, to resolve; to make up one's mind*)
   s'intéresser à (*to be interested in*)
   se mettre à (*to begin*)
   s'habituer à[6] (*to get used to*)

   Il s'amuse à faire des mots-croisés.
   Mon père s'attend à être nommé vice-président.
   L'étudiant s'est décidé à travailler plus régulièrement.
   Ils se sont mis à crier.
   Je m'habitue à parler français.

2. Certains verbes pronominaux gouvernent l'infinitif avec **de** :

---

[5]**S'amuser à** s'emploie aussi sans infinitif. EXEMPLE : Je me suis bien amusé à la fête (*I had a good time at the party.*)

[6]**S'habituer** se construit aussi avec **à** + *nom.* EXEMPLE : Elle ne s'habitue pas à la campagne.

s'arrêter de (*to stop*)

se dépêcher de (*to hasten*)

s'efforcer de (à) (*to try hard, to make an effort to*)

s'excuser de (*to excuse oneself for*)

se hâter de (*to hasten*)

se presser de (*to be in a hurry, to rush*)

se réjouir de (*to be delighted or glad about*)

se souvenir de[7] (*to remember*)

s'en vouloir[8] de (*to be really sorry about, to regret, to be annoyed with oneself*)

Elle s'arrête de courir pour se reposer.

Il se dépêche (se hâte) de manger pour aller au cinéma.

Il s'efforce de plaire à ses supérieurs.

Je m'en veux de ne pas vous avoir écrit.

## B.  S'asseoir / être assis(e)

Pour certains verbes comme **s'asseoir, se lever,** etc., il ne faut pas confondre l'action (exprimée par un verbe pronominal) avec la situation qui en est le résultat (exprimée par **être** + *adjectif*).

s'asseoir ⟶ être assis(e)

se lever ⟶ être levé(e)

se coucher ⟶ être couché(e)

s'allonger ⟶ être allongé(e)

se presser ⟶ être pressé(e)

se fâcher ⟶ être fâché(e)

se fatiguer ⟶ être fatigué(e)

se perdre ⟶ être perdu(e)

Je me suis assis dans un fauteuil (action au passé : *I sat down in an armchair*).

COMPARER : Je suis assis dans un fauteuil (situation au présent : *I am seated in an armchair*).

J'étais assis (*I was seated*) devant la télé quand il est entré dans le salon. Je me suis levé (*I got up*) pour lui dire bonjour.

Depuis que nous habitons la campagne, nous sommes toujours levés (*we are up*) à l'aube pour nous occuper de la ferme, et nous ne nous couchons pas (*we don't go to bed*) avant minuit.

Elle s'est allongée (*she stretched out*) sur le divan, mais elle ne pouvait pas s'endormir.

Quand je suis rentré chez moi, mes chats étaient tous allongés (*were all stretched out*) sur le divan.

Comme Jean-Pierre était très pressé (*was in a hurry*), il n'est resté qu'une minute.

Ils se sont pressés de ranger (*They hurried to straighten up*) leurs affaires avant l'arrivée de leurs invités.

[7]Voir page 127.

[8]**En vouloir** existe aussi dans le sens de *to be angry*. EXEMPLE : Je lui en veux de ne pas m'avoir invité à son mariage.

# ASSIMILATION

## Mise en pratique

**I.** **A** *et* **B** *poseront les questions et contrôleront les réponses à tour de rôle.*

SITUATION 1 : Les activités quotidiennes

**A**

1. Te lèves-tu de bonne heure?
2. Est-ce que tu te laves la figure?
3. Est-ce que tu te brosses les cheveux?
4. (*pour une jeune fille*) Est-ce que tu te maquilles? (*pour un jeune homme*) Est-ce que tu te rases tous les jours?

**B**

5. Est-ce que tu te dépêches le matin?
6. T'assieds-tu toujours à la même place?
7. Est-ce que tu t'ennuies au cours?
8. Est-ce que tu te détends le week-end?

SITUATION 2 : Souvenirs d'enfance

**A**

1. Te disputais-tu quelquefois avec tes parents quand tu étais jeune?
2. Est-ce que tu te moquais de tes frères ou de tes sœurs?
3. Est-ce que tes parents se fâchaient contre toi?
4. Est-ce que tu t'entendais bien avec tes camarades de classe?

SITUATION 3 : Toi et tes amis, vous arrivez avec deux heures de retard pour le dîner. On vous pose quelques questions.

**B**

1. Vous êtes-vous perdus en route?
2. Vous êtes-vous arrêtés dans une station-service?
3. S'est-il mis à pleuvoir?
4. Est-ce que vous vous êtes ennuyés pendant le voyage?

**II.** *Mettez le verbe pronominal à la forme négative.* **A** *et* **B** *feront les phrases à tour de rôle.*

**A**

1. Nous nous arrêterons à Lyon.
2. Je me sers de la machine à écrire.
3. Les touristes se sont perdus dans le désert.

**B**

4. L'assassin s'est caché dans le placard.
5. Vous vous êtes aperçu de son sourire sarcastique.
6. Elles se feraient du souci si nous étions en retard.

**III.** *Mettez les phrases suivantes à la forme interrogative. N'employez pas « est-ce que ». **A** et **B** feront les phrases à tour de rôle.*

**A**

1. Myriam se rend compte que son mari ne l'aime plus.
2. Régine se sentait malade.
3. Vous vous êtes demandé pourquoi j'étais en retard.

**B**

4. Vous vous êtes souvenus de baisser le thermostat.
5. Nous nous plairons à la campagne.
6. Gilles s'est aperçu que sa voiture perdait de l'huile.

## Réponses

**I.** SITUATION 1
1. Oui, je me lève (Non, je ne me lève pas) de bonne heure.
2. Oui, je me lave la figure. (Non, je ne me lave pas la figure.)
3. Oui, je me brosse les cheveux. (Non, je ne me brosse pas les cheveux.)
4. Oui, je me maquille. (Non, je ne me maquille pas.) Oui, je me rase (Non, je ne me rase pas) tous les jours.
5. Oui, je me dépêche (Non, je ne me dépêche pas) le matin.
6. Oui, je m'assieds toujours (Non, je ne m'assieds pas toujours) à la même place.
7. Oui, je m'ennuie (Non, je ne m'ennuie pas) au cours.
8. Oui, je me détends (Non, je ne me détends pas) le week-end.

SITUATION 2
1. Oui, je me disputais quelquefois (Non, je ne me disputais jamais)...
2. Oui, je me moquais (Non, je ne me moquais pas) de...
3. Oui, ils se fâchaient (Non, ils ne se fâchaient pas) contre moi.
4. Oui, je m'entendais (Non, je ne m'entendais pas) bien avec mes camarades de classe.

SITUATION 3
1. Oui, nous nous sommes perdus en route. Non, nous ne nous sommes pas perdus en route.
2. Oui, nous nous sommes arrêtés dans une station-service. Non, nous ne nous sommes pas arrêtés dans une station-service.
3. Oui, il s'est mis à pleuvoir. Non, il ne s'est pas mis à pleuvoir.
4. Oui, nous nous sommes ennuyés. Non, nous ne nous sommes pas ennuyés.

**II.**
1. Nous ne nous arrêterons pas à Lyon.
2. Je ne me sers pas de la machine à écrire.
3. Les touristes ne se sont pas perdus dans le désert.
4. L'assassin ne s'est pas caché dans le placard.
5. Vous ne vous êtes pas aperçu de son sourire sarcastique.
6. Elles ne se feraient pas de souci si nous étions en retard.

**III.** 1. Myriam se rend-elle compte que son mari ne l'aime plus?
2. Régine se sentait-elle malade?
3. Vous êtes-vous demandé pourquoi j'étais en retard?
4. Vous êtes-vous souvenu de baisser le thermostat?
5. Nous plairons-nous à la campagne?
6. Gilles s'est-il aperçu que sa voiture perdait de l'huile?

## Vérification

**I.** *Mettez les verbes entre parenthèses à la forme correcte.*

1. Bernadette (se laver), (s'habiller), (se peigner), puis elle est descendue dans le salon. Sa sœur, qui l'attendait, lui a dit : « Enfin te voilà. (se dépêcher), ou nous allons manquer le début du spectacle. »
2. Vous (ne jamais vous faire) à la vie française si vous ne changez pas vos habitudes.
3. Si nous n'avions pas regardé la carte, nous (se tromper) de route.
4. Gilles (se demander) l'autre jour s'il ne devait pas quitter sa femme.
5. Nous (ne pas s'écrire) pendant les vacances de l'année dernière.
6. Hervé, (se souvenir)-tu de la fête des pères? — Non, j'ai complètement oublié.
7. Hier soir trois aliénés (s'échapper) de l'asile.
8. Dominique et son mari (s'endormir) pendant le concert. C'était bien dommage.
9. Nous (s'installer) au balcon pour bronzer un peu, mais nous sommes rentrés parce qu'il faisait trop chaud.
10. Thibault (se fâcher) contre moi parce que j'avais oublié de l'inviter au match de football ( = *soccer*).

**II.** *Accordez, s'il le faut, les participes passés. (Voir pages 45 et 123–125 avant de faire l'exercice.)*

**A.** Anne-Marie et Hélène se sont levé_____ à sept heures. Elles se sont baigné_____ et coiffé_____, et elles ont mis_____ leurs shorts. Elles se sont mis_____ à table et ont déjeuné_____ rapidement. (Elles ne se sont pas parlé_____ pendant le petit déjeuner.) Ensuite, elles sont sorti_____ et ont couru_____ pendant une heure. Puis, elles ont changé_____ de vêtements et sont allé_____ à leur cours d'histoire. Comme la conférence ne les intéressait pas beaucoup, elles se sont installé_____ au fond de la salle pour lire leur courrier.

**B.** Juliette et Christophe ont continué_____ à s'écrire longtemps après avoir quitté le lycée où ils étaient allé_____ ensemble. Christophe s'était engagé dans la marine. Juliette s'était marié_____ avec un pilote d'Air France. Comme les deux amis voyageaient beaucoup, les cartes qu'ils s'envoyaient venaient de tous les coins du monde. Ils se sont écrit_____ pendant des années, mais ils ne se sont jamais revu_____.

**C.** J'ai retrouvé_____ dans un carton au grenier les lettres d'amour que mes parents s'étaient envoyé_____ . Ils s'étaient écrit_____ pendant des années. Ils s'étaient rencontré_____ à l'Université de Grenoble où ma mère était allé_____ faire des recherches. C'était le coup de foudre. Mais mon père, devant faire son service militaire, avait passé_____ deux ans en Algérie. Ils se sont enfin marié_____ et se sont installé_____ dans le sud de la France.

**III.** *Mettez les verbes entre parenthèses à la forme correcte du présent, de l'im-pératif, du passé (passé composé, imparfait, plus-que-parfait). Attention! Cer-tains verbes restent à l'infinitif.*

## À la conférence

Sébastien et Chantal (s'intéresser) depuis quelque temps au domaine su-prasensible et aux expériences parapsychologiques. L'autre jour, ils (se lever) à 4 heures du matin et (se dépêcher) de s'habiller et de manger, car la conférence du grand parapsychologue Prosper Médium (se tenir) à 5 heures du matin dans un terrain vague dominant les bas quartiers de la capitale. Le docteur Médium, un charlatan accompli qui (se dire) diplômé d'un grand institut d'études parapsychologiques international, affirmait avec conviction à tous ceux qui voulaient bien l'écouter : « Je (s'engager) à vous mettre en rapport avec un groupe analogue de mes fidèles à Moscou, si vous (se dé-cider) à me verser la somme de 500 F et à (se réunir) à l'aube. »

À 5 heures juste, tous les disciples (se trouver) au lieu indiqué pour l'ex-périence. Le docteur a d'abord demandé aux participants de (s'asseoir) en cercle. Puis, il leur a dit : « Maintenant, (se donner) les mains et fermez les yeux pour mieux (se concentrer). Je vais vous jouer de la musique folklorique slave pour créer une bonne ambiance. »

Quand les spectateurs ont enfin rouvert les yeux une demi-heure plus tard, le docteur Médium avait disparu. Certains affirmaient avoir entendu parler russe et soutenaient que les voix semblaient venir de très loin. D'autres (se douter bien) que le bon docteur (se moquer) d'eux et avaient adroitement enregistré des conversations russes sur la cassette de musique de fond. Chantal et Sébastien (se promettre) de faire plus attention à l'avenir.

## Le petit diable

Le petit Martial Salvia (3 ans) est un vrai diable. En l'espace de vingt-quatre heures il s'est débrouillé pour mettre la maison sens dessus dessous. Il a d'abord fait tomber le téléviseur de ses parents. Ensuite, il (s'enrouler) dans le fil du téléphone qu'on venait d'installer. Une heure après, au lieu de s'endormir, il (se mettre) au travail dans la salle de bain. Voulant se baigner tout seul, il a inondé la pièce. À l'imitation de sa mère, il (se ma-quiller). Inspiré par une publicité à la télévision, il (se laver) les dents. Deux tubes de pâte dentifrice y sont passés. Puis, il (se peigner) avec un peigne couvert de crème Nivéa. Ses cris de joie ont attiré sa mère qui, le voyant le visage tout blanc de crème, lui a dit :

— Mais enfin, qu'est-ce que tu as fait? Pourquoi (se lever)? Je croyais t'avoir dit de (se reposer).

Martial a regardé sa mère d'un air ahuri en léchant ses doigts couverts de crème.

— Viens que je te lave les mains et la tête, et ça va te faire un peu mal.

Après dix minutes de hurlements sauvages et de gesticulations : — Voilà. Maintenant, va (se recoucher).

Le soir, la mère éreintée (se plaindre) à son mari des mauvais coups de leur futur prix Nobel.

M. Salvia :

— Il faut que nous (se décider) à embaucher une jeune fille au pair. Je sais que tu (se fatiguer) à surveiller Martial toute la journée. Comme ça tu (se remettre) à écrire et… qui sait, on (s'offrir) plus souvent des sorties.

À ce moment, Martial (se présenter) dans le salon, agitant les deux moitiés du permis de conduire de sa mère et des billets de banque déchirés…

*Continuez le récit en tenant compte des questions suivantes :*

1. Que font les parents de Martial?
2. Quand est-ce que la jeune fille au pair arrive? S'entend-elle avec Martial ou se disputent-ils? (Imaginez leur conversation, par exemple, à propos d'un bonbon dont il a envie et qu'elle ne veut pas lui donner.)
3. Que feriez-vous si vous vous occupiez de Martial?

**IV.** *(Constructions) Transformez les phrases suivantes au passif.*

1. Les gardiens nourrissaient les animaux du zoo.
2. Je suis content que le vent n'ait pas détruit l'antenne.
3. On a condamné Meursault[9] à la peine de mort.
4. Les États-Unis n'ont pas signé le traité.
5. La secrétaire avait déjà envoyé le paquet.
6. On pêche beaucoup de poissons à Terre Neuve.
7. On distribue mieux les journaux dans les villes que dans les campagnes.

**V.** *(Constructions) Remplacez les tirets par la préposition* **par** *ou* **de** *selon le cas.*

1. Le plus grand poisson a été pêché _____ M. Dulard.
2. Le train est tiré _____ deux locomotives.
3. Les branches des arbres étaient couvertes _____ neige.
4. Ce maire est très respecté _____ tous les habitants du village.

**VI.** *(Constructions) Mettez les phrases suivantes à la voix active.*

1. Le riz doit être planté à la main.
2. J'espère que vous n'avez pas été dérangé par le bruit.
3. La vallée était inondée chaque année par la rivière.
4. Il a été élevé par ses parents adoptifs.
5. La légende dit que Remus et Romulus ont été nourris par une louve.
6. La pièce a été applaudie longuement.

**VII.** *(Constructions)* Le sculpteur Barnabé Laroche, dont les statues très avant-garde ne sont pas toujours appréciées par le public, vient d'installer sa dernière création « Au Fermier inconnu » sur la place principale d'un petit

---

[9]**Meursault :** le personnage principal de *l'Étranger* de Camus.

village. La statue est faite entièrement de matériaux que l'artiste a rassemblés dans la région. Voici quelques-uns des commentaires défavorables des habitants de la région. Mettez ces remarques à la voix passive. (Notez qu'il n'est pas toujours nécessaire d'exprimer l'agent.)

1. Cette statue défigure notre village!
2. L'artiste a fait cette statue en un quart d'heure!
3. Les étrangers ridiculiseront cette œuvre!
4. Cette statue va décevoir les touristes!
5. Mais qui l'a commandée?
6. Notre maire l'aurait-il financée?
7. Le sculpteur a oublié les bras!
8. Ce bandit a volé mon tracteur et l'a incorporé à la statue!
9. Pourquoi a-t-on mis une antenne de télévision à la place de la fourche du fermier?
10. Cet imbécile de sculpteur a installé les phares de ma voiture à la place des yeux!
11. La statue émet un bruit affreux toutes les dix minutes!
12. La statue manipule périodiquement un marteau-piqueur.
13. Quand le train passe, la statue inonde la place du village avec un jet d'eau!
14. On va poursuivre ce Laroche en justice!
15. Il faut que nous détruisions cette horreur.

*Les habitants se ruent sur la statue et se mettent à la démolir. À ce moment, Barnabé Laroche, accompagné de sa femme et de ses enfants, arrive pour l'inauguration de la statue. Affolés, ils essaient en vain d'arrêter le massacre.*

**VIII.** *(Constructions) Remplacez les tirets par* **à** *ou* **de** *là où c'est nécessaire.*

1. Il s'attendait _____ voir un spectacle fabuleux.
2. Dépêchez-vous _____ partir; vous allez manquer le train.
3. Il ne s'est pas excusé _____ lui avoir marché sur le pied.
4. Elle s'est mise _____ rire.
5. Nous nous sommes décidés _____ leur servir de guide.
6. Il est très difficile de s'arrêter _____ fumer.

**IX.** *Remplacez les tirets par* **que** *ou* **de** *selon le cas là où c'est nécessaire.*

1. Elle se rappelait très bien _____ l'erreur qu'elle avait faite.
2. Vous souvenez-vous _____ sa réaction quand vous lui avez dit la vérité?
3. Je ne me rappelle pas _____ lui avoir donné ce conseil.
4. Je ne me souviens pas _____ leur avoir dit cela.
5. Vous souvenez-vous _____ moi?
6. Elle ne s'est pas rendu compte _____ son père était malade.
7. Je me rendais compte _____ son importance.
8. Il ne se souvenait pas _____ on lui avait promis une récompense de 1 000 francs.

# Réalisation

**I.** (*Devoir écrit*) Vous avez certainement pu observer une grande passion amoureuse dans votre entourage. Racontez-la en utilisant une variété de verbes pronominaux : *se voir, se rencontrer, se parler, se comprendre, s'entendre, se fâcher, se réconcilier, etc.*

**II.** (*Sketch*) Vous allez déménager. Quand la propriétaire vient inspecter les lieux, elle s'aperçoit que le four est sale, qu'il y a des trous dans les murs et que le chat a déchiré les rideaux. Vos amis ont aussi brûlé le tapis avec des cigarettes. Elle refuse donc de vous rendre la caution dont vous avez besoin pour payer les déménageurs. Ils vont arriver bientôt, et vous soutenez que l'appartement était déjà un vrai taudis quand vous avez emménagé. Vous vous expliquez avec elle.

**Vocabulaire utile**

| | |
|---|---|
| emménager / déménager | On aura tout vu! |
| déménageurs (*m.*) | Et puis quoi encore! |
| dégâts (*m. pl.*)   *damage* | C'est ça que vous appelez propre? |
| le loyer | On ne peut pas faire confiance |
| la caution   *damage deposit* | aux gens. |
| le bail   *lease* | Je m'en doutais |
| les arrhes (*f. pl.*)   *deposit* | Pour qui me prenez-vous? |
| (donner des arrhes   *put down a* | Vous n'y pensez pas! |
| *deposit*) | Vous êtes tombé sur la tête. |
| l'assurance | Mon avocat se mettra en rapport |
| le locataire   *tenant* | avec vous. |
| poursuivre en justice | |

**III.** (*Exposé oral*) Racontez une brouille (*dispute*) ou un malentendu...

1. avec un voisin (une voisine) de vos parents
2. avec un étranger (une étrangère)
3. entre deux jeunes mariés
4. avec un (une) camarade de chambre

**IV.** (*Discussion de classe*) Si vous êtes allé(e) à l'étranger, avez-vous eu des difficultés à communiquer avec les gens du pays que vous visitiez? Comment vous êtes-vous parlé? Vous êtes-vous compris? Vous êtes-vous fait des signes?

**V.** (*Débat*) Le mariage ou la cohabitation. (Utilisez beaucoup de verbes pronominaux.)

**VI.** (*Sketch*) Vous vous adressez à une agence matrimoniale dans l'espoir de trouver le mari parfait ou la femme idéale.

A. Décrivez vos habitudes au conseiller (à la conseillère) qui prend des notes.
B. Le conseiller (La conseillère) choisit, après consultation, un client (une cliente) dans la classe et organise la rencontre.

**EXEMPLES:**

LA CONSEILLÈRE :   Voici Mlle X, qui adore se baigner l'hiver à la Jamaïque, et qui comme vous aime se détendre devant un feu de bois avec un verre de vin blanc.

LE CONSEILLER :   Voici un jeune homme qui adore s'amuser avec son ordinateur. Il cherche une jeune fille s'intéressant à l'électronique pour échange de connaissances techniques dans le but de fonder une famille d'experts en matière d'informatique.

LA CONSEILLÈRE :   Voici un jeune homme écologiste qui cherche compagne pour se retirer à la campagne et essayer de s'y refaire une existence plus près de la nature.

LE CONSEILLER :   Voici une jeune fille qui cherche un compagnon pour former une communauté alternative.

LA CONSEILLÈRE :   Voici un jeune homme misanthrope qui cherche une compagne pour vivre sur une île déserte.

**VII.**   (*Dialogue*) Vous vous disputez avec votre frère parce que vous le trouvez trop égocentrique. Écrivez votre conversation selon le modèle suivant.

— Tu passes la journée à te regarder dans la glace, à te coiffer, te recoiffer et à te demander ce que les autres pensent de toi.
— Mais qu'est-ce que cela peut te faire? Occupe-toi de tes affaires.
— Je veux bien, mais la jeune fille avec qui tu veux sortir trouve que tu te prends trop au sérieux, et que si elle se marie un jour, ce ne sera pas avec quelqu'un qui se contemple le nombril!...

Dans votre dialogue, essayez d'utiliser quelques-uns des verbes de la liste suivante :

| | |
|---|---|
| s'aimer soi-même | s'ennuyer |
| s'admirer | se morfondre |
| se prendre pour le bon Dieu | s'habiller soigneusement |
| se croire sorti de la cuisse de Jupiter | se tenir la main |
| se rendre compte | s'amuser |
| se disputer | s'attirer mutuellement |
| se réconcilier | se décourager |
| se séparer | se monter la tête |
| se mettre en colère | sortir ensemble |
| se faire de la bile | croire que c'est arrivé |
| finir par s'énerver | attirer les filles, les garçons |

**VIII.**   (*Discussion*) L'exposition d'une œuvre d'art (ou d'une nouvelle école artistique) soulève souvent de vives discussions, surtout quand celle-ci ne semble pas se conformer au goût établi de l'époque. Illustrez ce fait en vous basant sur une expérience personnelle (par exemple : l'inauguration d'une nouvelle statue dans votre université) ou sur un exemple tiré de l'histoire de l'art.

**IX.** (*Devoir écrit*) Imaginez qu'à la suite d'un accident vous avez eu une crise d'amnésie. Racontez l'incident et votre comportement pendant que vous ne saviez pas qui vous étiez. Expliquez comment vous avez enfin retrouvé la mémoire. Utilisez entre autres les verbes suivants :

| | |
|---|---|
| se tromper | s'en vouloir |
| se demander | s'asseoir / être assis(e) |
| se souvenir de | se fâcher / être fâché(e) |
| se rappeler que | s'allonger / être allongé(e) |
| se rendre compte de (que) | |

# CHAPITRE 8

# La Négation

## PRÉSENTATION

### PRINCIPES

La négation d'un verbe conjugué ou d'un infinitif
La négation des pronoms et des adjectifs indéfinis
La négation d'une série de noms ou de verbes
La réponse négative elliptique
La restriction **ne... que, ne... guère**
**Si** (affirmation)

### CONSTRUCTIONS

La négation multiple
ÉTUDE DE VERBES : **Faire semblant de / prétendre; commencer à (de) / finir de; commencer par / finir par**

## PRINCIPES

### Remarques préliminaires

La négation en français est formée de deux mots : **ne** placé devant le verbe et **pas** ou un autre mot négatif (**plus, personne, rien, jamais,** etc.) placé après le verbe ou l'auxiliaire[1].

Quelquefois, la phrase commence par un mot négatif (**personne, rien**), mais il y a toujours un **ne** devant le verbe.

Je ne comprends pas cette idée de Pascal.
Je n'ai pas voulu vous faire de la peine.
Geoffrey n'a jamais vu la mer.

Personne ne peut répondre à ma question.

[1]Pour la négation d'un infinitif, voir page 9.

Dans une série de phrases négatives, on emploie **non plus** à partir de la deuxième négation, ce qui donne : **ne... pas (...) non plus, ne... rien (...) non plus,** etc. **Non plus** est l'équivalent dans une phrase négative de **aussi** dans une phrase affirmative.

J'ai téléphoné à mes parents, et je leur ai écrit aussi. Je n'ai pas téléphoné à mes parents, et je ne leur ai pas écrit non plus.
Marthe ne boit pas de café, et moi je n'en bois pas non plus.
Jean-Louis n'a rien fait hier, et moi, je n'ai rien fait non plus.

## I. La négation d'un verbe conjugué ou d'un infinitif

**A.** Le Tableau 32 résume les adverbes négatifs les plus courants. Remarquez l'adverbe ou les adverbes affirmatifs correspondant à chaque négation.

**TABLEAU 32**

| Négation d'un verbe | |
| --- | --- |
| **ne... pas** | Je ne vois pas vos clés. |
| **ne... pas du tout** (intensification de **ne... pas**) | Il n'a pas du tout compris notre idée. |
| **ne... jamais**<br>AFFIRMATION : *toujours, souvent, parfois, quelquefois, de temps en temps, de temps à autre* | Allez-vous parfois au cirque? — Non, je n'y vais jamais.<br>Vous téléphonait-il de temps à autre? — Non, il ne me téléphonait jamais. |
| **ne... plus**<br>AFFIRMATION : *encore* ou *toujours* dans le sens de *encore* | Avez-vous encore (toujours) faim? — Non, j'ai mangé une banane, et je n'ai plus faim. |
| **ne... pas encore**<br>AFFIRMATION : déjà | Audrey, êtes-vous déjà allée en France? — Non, je n'y suis pas encore allée. |
| **ne... nulle part**<br>AFFIRMATION : *quelque part* | Allez-vous quelque part pour les vacances? — Non, je ne vais nulle part. |
| **ne... pas toujours** | Je n'ai pas toujours le temps de faire mes exercices de gymnastique. |
| **ne... pas souvent** | Je ne vais pas souvent au cinéma. |

**B.** Détails de construction

1. Il y a normalement un **ne** devant le verbe ou l'auxiliaire à un temps composé. **Ne** devient **n'** devant une voyelle ou un **h** « non aspiré ».

Il ne dort pas bien.
Nous ne sommes jamais montés dans le grenier de cette maison.
Le rédacteur n'a pas encore lu mon article.
Nous n'habitons pas (à) Antibes.

NOTE:   Dans la langue parlée (familière), on omet parfois le **ne** de la négation, ce qui est grammaticalement incorrect.

J'ai pas dormi de la nuit. (familier) **COMPARER** : Je *n'*ai *pas* dormi de la nuit. (négation correcte)

2.  Quand l'infinitif complément est négatif, on met la négation (**ne pas, ne jamais**, etc.) devant l'infinitif présent ou devant l'auxiliaire pour l'infinitif passé².

J'ai envie de ne rien faire pendant dix jours.
Il regrette de ne pas pouvoir chanter.
Nous avons décidé de ne plus suivre ce régime.
Elle est triste de ne pas avoir gagné la course.

3.  Les pronoms objets (directs et indirects) se placent entre **ne** et le verbe ou l'auxiliaire. (Voir Chapitre 4.)

Je ne vous en parlerai plus.
Lui a-t-il prêté sa nouvelle machine à écrire?
— Non, il ne la lui a pas prêtée.

4.  L'article partitif (**du, de la**) et l'article indéfini (**un, une, des**) déterminant un objet direct deviennent **de** dans une phrase négative. (Voir Chapitre 2.)

Ne prenez pas de café; prenez plutôt du thé.
Nous ne faisons jamais de ski en été.

5.  Aux temps composés, **nulle part** est placé après le participe passé.

Avez-vous trouvé de vieux journaux quelque part? — Non, je n'en ai trouvé nulle part.

6.  Le mot **pas** n'est jamais utilisé dans une négation avec **jamais, plus, nulle part**.

Xavier ne fume plus.
Nous n'irons nulle part ce week-end.

ATTENTION!   Ne confondez pas les négations **ne... plus** et **ne... pas encore**.

| affirmatif | négatif |
|---|---|
| **encore** (*still*) ⟷ | **ne... plus** (*no longer*) |
| **déjà** (*already*) ⟷ | **ne... pas encore** (*not yet*) |

Êtes-vous encore fatigué? — Non, je ne suis plus fatigué.
Avez-vous déjà fini? — Non, je n'ai pas encore fini.

## II.   La négation des pronoms et des adjectifs indéfinis

### A.  Personne / rien

**Personne** et **rien** (la négation de **quelqu'un** et **quelque chose**) peuvent être le sujet ou l'objet d'un verbe dans une phrase. On les emploie aussi après les prépositions. Voir Tableau 33, page 144.

N'OUBLIEZ PAS...
• Aux temps composés, **personne** (*objet*) suit le participe passé.

Je n'ai vu personne. **COMPARER** : Je n'ai rien fait.

---

²L'infinitif passé **n'avoir pas**, (**n'être pas, n'être jamais**, etc.) + *participe passé* est également possible. Cette tournure se rencontre surtout dans le style soutenu. EXEMPLES : Il est content de n'avoir pas fait d'erreurs. Elle est triste de n'y être pas allée.

**TABLEAU 33**

| | | |
|---|---|---|
| **La négation : *personne* et *rien*** | | |
| *Sujet de la phrase* | **personne ne** + *verbe*<br>**rien ne** + *verbe* | Est-ce quelqu'un vous a insulté?<br>— Non, personne ne m'a insulté.<br>Grégoire est si blasé que rien ne l'intéresse. |
| *Objet de la phrase* | **ne** + *verbe* + **personne**<br>**ne** + *verbe* + **rien** | Avez-vous remarqué quelqu'un de suspect dans le bâtiment?<br>— Non, je n'ai remarqué personne de suspect.<br>Je ne comprends rien parce que vous parlez trop vite. |
| *Après une préposition* | **ne** + *verbe* + *préposition* + **personne (rien)** | Avez-vous parlé à quelqu'un de vos projets? — Non, je n'en ai parlé à personne.<br>Cet été je ne veux m'occuper de rien. |

- Le verbe d'une phrase avec **personne ne...** ou **rien ne...** est toujours au singulier.

  Personne ne peut comprendre ce qu'il dit.
  Rien ne me fera changer d'avis.
  Rien ne sert de courir, il faut partir à point. (La Fontaine)

- Le mot **pas** n'est jamais utilisé dans une négation avec **personne** et **rien.**

  Personne n'est venu[3] me voir.
  Pourquoi ne m'as-tu rien dit?

**B. Personne (rien) de** + *adjectif*
**Personne (rien)** + **à** + *infinitif*

1. L'adjectif qui qualifie **personne** et **rien** est toujours précédé de la préposition **de.**

   Je ne connais personne de compétent.
   Je ne fais rien de spécial pour Noël.

2. L'infinitif complément de **personne** et de **rien** est précédé de **à.**

   Mon beau-frère n'a personne à voir dans cette ville.
   D'après ce qu'a dit le docteur, il n'y a rien à faire.
   Il ne m'a rien offert à boire.

   NOTE: Ces deux règles s'appliquent aussi à **quelqu'un** et à **quelque chose.**

   Connaissez-vous quelqu'un de sympathique à inviter?
   Il se met toujours en colère quand j'ai quelque chose à lui demander.
   Elle aimerait quelque chose de chaud à boire.

[3]Notez que **personne** est masculin dans la négation **personne... ne / ne... personne,** mais le mot **personne** (*affirmatif*) est féminin. EXEMPLES : Personne n'est venu me voir. Une personne est venue me voir.

### C. Aucun(e)

1. **Aucun** veut dire « pas un ». C'est la négation qui correspond à **tous, quelques**. **Aucun** peut être adjectif ou pronom et en général, est au singulier.

   ATTENTION! Ne confondez pas **aucun** (*none*) avec **personne** (*no one*) ou **rien** (*nothing*).

J'ai fait quelques exercices. Et vous? — Je n'en ai fait aucun. (Je n'ai fait aucun exercice.)

Veut-il un dessert? — Non, aucun ne le tente. **COMPARER** : Veut-il manger? — Non, rien ne le tente.
Aucun de mes amis n'est venu. **COMPARER** : Personne n'est venu.

2. **Aucun** (*pronom*) remplace **aucun** (*adjectif*) + nom. C'est la négation de « quelques-uns » et peut être sujet ou objet du verbe ou objet d'une préposition. Quand **aucun** est sujet, le verbe est toujours au singulier.

Aucune de mes valises n'est assez grande pour toutes les affaires que je veux emporter.
Je n'ai vu aucun de mes amis au café.

3. Si vous utilisez **aucun** (*pronom*) à la place de **aucun** (*adjectif*) quand celui-ci accompagne un objet direct, notez qu'il faut aussi utiliser **en** pour désigner le nom remplacé.

Avez-vous pris des précautions? — Non, je n'ai pris aucune précaution. Je n'en ai pris aucune. (en = des précautions)
A-t-il goûté ces tartes? — Il n'a goûté aucune tarte. Il n'en a voulu aucune. (en = de ces tartes).

   ATTENTION! Dans des phrases où **aucun** remplace un nom précédé d'une préposition autre que **de**, n'employez pas **en**.

A-t-il dit cela à tous ses amis? — Il ne l'a dit à aucun.
S'est-il fâché contre tous ses amis? — Non, il ne s'est fâché contre aucun (d'entre eux).
Vous êtes-vous assis sur une de ces chaises anciennes? — Non, je ne me suis assis sur aucune (d'entre elles).
**MAIS** : Se souvenait-il de ses amis après son amnésie? — Non, il ne s'en souvenait d'aucun.

4. Aux temps composés, **aucun** (*objet*) suit le participe passé.

Ont-ils visité quelques monuments à Rome? — Non, ils n'en ont visité aucun.

**D.** La négation **ne... pas grand-chose** a le sens de « peu de chose ».

Il ne fait pas grand-chose le week-end à part regarder les matchs de football à la télé.

## III.  La négation d'une série de noms ou de verbes

**A.** La négation **ne** + *verbe* + **ni... ni...** ou **ni... ni... ne** + *verbe* sert à réunir dans une phrase négative des séries de noms, de pronoms ou d'infinitifs. **Ni... ni...** correspond aux affirmations **et... et...**, **ou... ou...**, **soit... soit...**

Aimez-vous le ballet et l'opéra? — Non, je n'aime ni le ballet ni l'opéra.
Ni lui ni elle n'ont compris ma remarque.
Ce bâtiment est surveillé jour et nuit. On ne peut ni entrer ni sortir sans carte d'identité.

Détails de construction :

1. **Ni... ni... ne** + *verbe*

   Avec **ni... ni... ne** + *verbe*, le verbe se met en général au pluriel[4].

   Ni mon frère ni ma sœur ne sont allés à l'université.
   Ni vous ni moi ne pourrons (nous ne pourrons) les persuader de nous accompagner.

2. **Ne** + *verbe* + **ni... ni...**

   Dans une phrase avec **ne** + *verbe* + **ni... ni...,**

   a) L'article partitif (**du, de la**) et l'article indéfini (**un, une, des**) disparaissent. C'est-à-dire, dans une phrase négative et partitive, il n'y a pas d'article après **ni.**

   Je prends du pain et de la confiture le matin. Je ne prends ni fromage ni poisson. MAIS : Je n'aime ni les escargots ni les cuisses de grenouilles.
   Avez-vous acheté des chips et du vin? — Non, je n'ai acheté ni chips ni vin.

   b) On répète la préposition s'il y en a une.

   Je ne suis amateur ni de thé ni de café.

   c) On utilise **ne** devant chaque verbe quand on a une série de verbes négatifs.

   Ces jeunes gens ne fument ni ne boivent d'alcool (ni ne sortent, etc.).

**B.** La négation **ne... ni... ni...** réunit aussi des séries de propositions.

L'inspecteur de police ne sait ni qui est entré dans la maison ni ce qu'on a pris.
Philippe ne nous a dit ni quand il arrivait ni quand il partait.

**C.** La négation en série avec **ne... ni... ni...** rend souvent difficile la construction de la phrase. Pour simplifier, on peut construire la phrase de la manière suivante :

1. Avec **ne... pas... ni... (ni...)**

Je ne prends pas de sucre, ni de crème. COMPARER : Je ne prends ni sucre ni crème.
Véronique ne sait pas que son beau-père est malade ni qu'il est à l'hôpital. COMPARER : Véronique ne sait ni que son beau-père est malade ni qu'il est à l'hôpital.

2. En faisant deux phrases négatives indépendantes

Elle ne mange pas de produits laitiers. Elle ne mange pas de viande non plus. COMPARER : Elle ne mange ni produits laitiers ni viande.

[4]Le singulier est également possible avec deux sujets à la troisième personne quand on veut insister sur l'idée de disjonction. EXEMPLE : Ni Carole ni Sébastien n'a été élu président de l'association des étudiants.

## IV.   La réponse négative elliptique

Pour éviter la répétition de toute une phrase négative, on peut utiliser la plupart des négations sans **ne**.

Quelqu'un m'a-t-il demandé? — Non, personne.

Qu'avez-vous fait hier soir? — Rien.

As-tu déjà vu les égouts de Paris? — Non, pas encore.

REMARQUE:   **Pas** n'est jamais employé seul comme réponse elliptique. On dit, par exemple : *pas moi, pas un, pas maintenant, pas vraiment, pas pour vous,* etc.

Qui a pris mon blouson? — Pas moi.

Aimes-tu les tripes à la mode de Caen? — Pas vraiment; en fait, pas du tout.

## V.   La restriction **ne... que, ne... guère**

**A.**  Employez **ne... que** comme expression restrictive. C'est un synonyme de l'adverbe « seulement ».

Les Japonais n'ont que quelques jours de congés payés. (Les Japonais ont seulement quelques jours de congé.)

**B.**  Employez **ne... guère** dans le sens de « peu, à peine, presque pas, pas beaucoup » ou « pas très ».

Mes amis n'ont guère envie d'entendre de nouveau cette histoire.

Ce garçon ne travaille guère parce que sa femme appartient à l'aristocratie de la finance.

## VI.   Si (affirmation)

**Si** remplace **oui** lorsqu'on réagit emphatiquement à une phrase négative ou à une question négative.

Vous n'avez pas compris cette phrase. — Si, je l'ai comprise!

N'êtes-vous pas fatigué après trois heures de marche? — Bien sûr que si.

# CONSTRUCTIONS

## La négation multiple

On peut dans une même phrase combiner plusieurs mots négatifs (excepté **pas**). La phrase reste négative en dépit de cette accumulation. Les différentes combinaisons ainsi que l'ordre des mots sont illustrées dans les Tableaux 34 et 35.

**A.**  Les adverbes négatifs **ne... jamais, ne... plus, ne... pas encore, ne... nulle part,** peuvent se combiner selon le Tableau 34.

**TABLEAU 34**

**Adverbes négatifs multiples**

*sujet* + **ne** + *verbe* +
| |
|---|
| **plus jamais** |
| **plus nulle part** |
| **jamais nulle part** |
| **encore jamais** |
| **encore nulle part** |
+ *le reste de la phrase*

**Exemples**

1. Cet accident l'a laissé paralysé. Il ne marchera plus jamais.
2. Cette nouvelle mode ne se voit encore nulle part aux États-Unis.
3. Ce vieillard ne veut plus aller nulle part sans être accompagné.

---

**B.** Les négations **ne... personne, ne... rien, ne... aucun, ne... ni... ni...** peuvent être sujet ou objet de la phrase ou les deux à la fois. Ils peuvent également s'utiliser avec un ou plusieurs adverbes. Voir Tableau 35 pour les différentes combinaisons possibles.

**N'OUBLIEZ PAS...**
Aux temps composés, **rien, jamais, encore, plus,** précèdent le participe passé. **Personne, aucun, nul** (employés comme objet) et **nulle part** suivent le participe passé.

Les spectateurs n'ont rien dit quand il a lancé cette remarque.
Ni Jérôme ni Chantal n'ont vu personne en allant au magasin.

**C.** Dans une négation multiple, le **pas** de **ne... pas encore** disparaît.

Il n'a encore rien vu de si beau.
Je n'ai encore parlé à personne de mon projet de thèse.

**D.** On peut combiner plus de deux négations.

1. Avec **personne** et **rien** :

Cette recluse n'a plus jamais reçu personne chez elle.
Yves ne demandera plus rien à personne.

2. Avec **ne... ni... ni...** :

Il n'a plus jamais parlé de son voyage ni à sa famille ni à ses amis.

3. Avec **nulle part** :

Après avoir perdu sa femme, il n'est plus jamais allé nulle part.

4. Avec **non plus** :

Je ne suis plus jamais retourné à ce magasin non plus.

**TABLEAU 35**

**La négation multiple (deux négations)**

Sujet négatif + objet négatif

| personne | | personne | |
|---|---|---|---|
| rien | + ne + verbe + | rien | + le reste de la phrase |
| aucun (de...) | | aucun | |
| ni... ni... | | ni... ni... | |

Exemples

1. Personne n'a rien vu parce qu'il y avait trop de brouillard.
2. Aucun de mes amis n'a parlé à personne de notre secret.

Sujet négatif + adverbe négatif

| personne | | | |
|---|---|---|---|
| rien | | jamais | |
| aucun (de...) | + ne + verbe + | encore | + le reste de la phrase |
| ni... ni... | | plus | |

Exemples

1. Personne ne veut plus jouer.
2. Rien ne lui faisait jamais peur.
3. Ni Viviane ni Pierre n'ont jamais rien vu de si beau.

Adverbe négatif + objet négatif

| | | | personne | |
|---|---|---|---|---|
| | | jamais | rien | |
| Sujet non négatif + ne + verbe + | | encore + | aucun | + le reste de la phrase |
| | | plus | ni... ni... | |

Exemples

1. Je voulais acheter un magnétoscope, mais le marchand n'en avait plus aucun à me montrer.
2. Marc et Louise n'avaient encore rien préparé pour leurs invités.
3. Je suis sûr qu'il ne montrera jamais à personne les documents que je lui ai confiés.

## ÉTUDE DE VERBES

**A. Faire semblant de / prétendre**

1. **Faire semblant de** + *infinitif* veut dire *to pretend.*

Ne fais pas semblant de comprendre quand tu ne comprends pas.
Il ne sait rien, mais il fait toujours semblant de tout savoir.

2. **Prétendre** veut dire *to claim* ou *to aspire.* Il n'a jamais le sens de « faire semblant ».

Les économistes prétendent que l'énergie nucléaire remplacera un jour le pétrole.
On savait que ce jeune prince prétendait au trône, alors on l'a exilé.

### B.  Commencer à (de) / finir de

**Finir de** est le contraire de **commencer à.**

Les ouvriers ont commencé à construire la maison en septembre, et ils ont fini de poser le toit en décembre.

### C.  Commencer par / finir par

1. Employez **commencer par** + *infinitif* pour parler de la première chose que vous faites dans une série.

Il a commencé sa conférence par énumerer quelques théories de base, puis il a enchaîné avec plusieurs démonstrations de réactions chimiques.

2. **Finir par** + *infinitif* est idiomatique et a le sens de « enfin, finalement ».

Mon camarade a fini par reconnaître qu'il mangeait trop.

## Coin du spécialiste

### A.  Nul (nulle) ne... / ne... nul (nulle)
Cette négation, synonyme de **aucun... ne,** appartient au style écrit.

> Je n'ai nulle envie de revoir Julie.
> Nul n'est prophète en son pays. (proverbe)

### B.  Remarquez l'adverbe négatif **ne... nullement (aucunement)** qui s'emploie dans le sens de « ne... pas du tout ».

> Est-ce que cela vous gêne que je passe la nuit sur votre divan? — Non, nullement (aucunement).

### C.  Ne... point, synonyme de **ne... pas,** est réservé au style écrit recherché.

> Le vieillard, presqu'aveugle, ne reconnaissait point ses enfants.

### D.  La préposition **sans** peut être suivie d'une négation. Dans ce cas, on n'emploie pas **ne.**

> Nous sommes partis sans rien dire.
> « Il a longtemps vécu seul sans personne avec qui parler. » Saint-Exupéry, *Le Petit Prince*
> Nous arriverons à huit heures sans aucune difficulté.

### E.  Les verbes **pouvoir, savoir, cesser** et **oser** peuvent être négatifs sans **pas :** *je ne sais = je ne sais pas.* Cette tournure s'emploie plutôt dans le style soutenu que dans la conversation.

Je n'ose (Je n'ose pas) lui parler de cela.
Il ne cesse de répéter la même chose[5].
Je ne peux (Je ne puis) vous voir avant la semaine prochaine.
Il ne pouvait s'empêcher de penser à Hélène tout le temps.

# ASSIMILATION

## Mise en pratique

**I.** *Répondez négativement aux questions.* **A** *et* **B** *poseront les questions et contrôleront les réponses à tour de rôle.*

**A**

1. Est-ce que tu t'endors quand tu vas à un concert?
2. Neige-t-il quelquefois à Tahiti?
3. J'ai perdu mon nouveau stylo Mont Blanc. Est-ce que tu l'as vu quelque part?
4. Prends-tu du sucre et du lait dans ton thé?
5. Est-ce qu'on danse encore le *jerk* aux États-Unis?
6. Est-ce que quelqu'un est venu te voir hier soir?

**B**

7. As-tu écrit quelque chose pour *le Monde*[6]?
8. Est-ce que tu crois encore au Père Noël?
9. Les cosmonautes ont-ils déjà atterri sur Vénus?
10. Y a-t-il quelque chose à ajouter à la discussion?
11. Est-ce que tu as lu Pascal et Descartes en français?
12. As-tu parlé de ton invention à quelqu'un?

**II.** *Mettez les phrases au passé composé. Remarquez bien la place de la négation.* **A** *et* **B** *poseront les questions et contrôleront les réponses à tour de rôle.*

**A**

1. Je ne fais rien.
2. Je ne vois personne.
3. Tu ne comprends pas encore les lois de Newton!
4. Il ne prend ni salade ni dessert.
5. Ils ne reviennent plus chez nous.

---

[5]**Ne cesser de** + *infinitif* indique qu'une action est faite avec constance. EXEMPLE : Il ne cesse de répéter les mêmes histoires ( = *Il les répète constamment*). **Ne pas cesser de** a le sens de « continuer à ». EXEMPLE : Il n'a pas cessé de voir son amie après qu'ils se sont disputés, mais il ne cesse de la contrarier ( = *Il a continué à la voir, mais il la contrarie continuellement*).

[6]**Le Monde :** journal français.

**B**

6. Je ne le montre à personne.
7. Je n'invite aucun de ses amis chez moi.
8. On ne nous donne jamais de pâtisserie.
9. Je ne lis rien d'intéressant.
10. Nous n'allons nulle part pour les vacances.

III. *Répondez aux questions avec la négation qui convient.* **A** *et* **B** *poseront les questions et contrôleront les réponses à tour de rôle. Faites l'exercice avec et sans pronoms objets dans les réponses.*

**A**

1. Est-ce que quelqu'un t'a invité(e) au cinéma récemment?
2. Est-ce que quelque chose de drôle est arrivé au professeur?
3. Bois-tu quelquefois du saké le matin?
4. As-tu déjà lu un roman en norvégien?

**B**

5. Est-ce que ton ami t'a encore parlé de ses problèmes financiers?
6. Est-ce que tu as déjà vu un film de la Nouvelle Vague?
7. Est-ce que tu as raconté cette histoire invraisemblable à quelqu'un?
8. Est-ce que quelques-uns de tes amis connaissent cette blague?

IV. **A,** *pour qui tout va bien, posera les questions à* **B,** *pour qui tout va mal.* **B** *répondra toujours à la forme négative.* **A** *contrôlera les réponses. Puis on changera de rôle.*

**A**

1. Quand je vais au cours, j'apprends quelque chose. Et toi?
2. Tous les garçons (Toutes les filles) veulent sortir avec moi. Et toi?
3. Les amis de mes parents m'invitent à toutes leurs soirées. Et toi?
4. Je sais déjà ce que je veux faire dans la vie. Et toi?

**B**

5. Après avoir fini mes études, j'irai partout dans le monde. Et toi?
6. Je deviendrai sénateur ou gouverneur. Et toi?
7. Je ferai quelque chose d'important. Et toi?
8. Tout le monde parlera de moi. Et toi?

## Réponses

I.  1. Non, je ne m'endors pas (Je ne m'endors jamais).
2. Non, il ne neige jamais à Tahiti.
3. Non, je ne l'ai vu nulle part.
4. Non, je ne prends ni sucre ni lait dans mon thé.
5. Non, on ne le danse plus aux États-Unis.
6. Non, personne n'est venu me voir.
7. Non, je n'ai rien écrit pour *le Monde*.
8. Non, je ne crois plus au Père Noël.
9. Non, ils n'y ont pas encore atterri.
10. Non, il n'y a rien à y ajouter.

11.  Non, je n'ai lu ni Pascal ni Descartes en français.
12.  Non, je n'en ai parlé à personne.

**II.**
1.  Je n'ai rien fait.
2.  Je n'ai vu personne.
3.  Tu n'as pas encore compris les lois de Newton!
4.  Il n'a pris ni salade ni dessert.
5.  Ils ne sont plus revenus chez nous.
6.  Je ne l'ai montré à personne.
7.  Je n'ai invité aucun de ses amis chez moi.
8.  On ne nous a jamais donné de pâtisserie.
9.  Je n'ai rien lu d'intéressant.
10.  Nous ne sommes allés nulle part pour les vacances.

**III.**
1.  Non, personne ne m'a invité(e) au cinéma récemment. (Personne ne m'y a invité(e) récemment.)
2.  Non, rien de drôle n'est arrivé au professeur. (Rien de drôle ne lui est arrivé.)
3.  Non, je ne bois jamais de saké le matin. (Je n'en bois jamais le matin.)
4.  Non, je n'ai jamais lu de roman en norvégien. (Je n'en ai jamais lu en norvégien.)
5.  Non, il ne m'a plus parlé de ses problèmes financiers. (Il ne m'en a plus parlé.)
6.  Non, je n'ai pas encore vu de film de la Nouvelle Vague. (Je n'en ai pas encore vu.)
7.  Non, je n'ai raconté cette histoire invraisemblable à personne. (Je ne l'ai racontée à personne.)
8.  Non, aucun de mes amis ne connaît cette blague. (Aucun ne la connaît.)

**IV.**
1.  Moi, je n'apprends rien.
2.  Aucun des garçons (Aucune des filles) ne veut sortir avec moi.
3.  Les amis de mes parents ne m'invitent à aucune soirée (à aucune de leurs soirées).
4.  Je ne sais pas encore ce que je veux faire dans la vie.
5.  Moi, je n'irai nulle part après avoir fait mes études.
6.  Moi, je ne deviendrai ni sénateur ni gouverneur.
7.  Moi, je ne ferai rien d'important.
8.  Personne ne parlera de moi.

# Vérification

**I.**  *Répondez aux questions en utilisant la négation correcte.*

### Au bureau
1.  La secrétaire arrive-t-elle toujours à l'heure?
2.  Le comptable a-t-il souvent des ennuis avec le fisc?
3.  Le patron a-t-il encore parlé du budget?
4.  Vous avez déjà vu ces rapports?
5.  Nos concurrents ont-ils souvent obtenu de meilleurs résultats que nous?
6.  Quelqu'un vous a-t-il aidé à préparer les statistiques?
7.  Le directeur financier vous a-t-il promis une augmentation?
8.  Irez-vous quelque part cet été?
9.  Le veilleur de nuit a-t-il trouvé quelqu'un dans le bureau du P.-D.G.[7]
10.  Y a-t-il quelque chose qui vous déplaise dans votre travail?

---

[7]**P.-D.G.**: Président-Directeur Général.

**II.** *Antoine a beaucoup de difficultés à voyager en avion. Il ne supporte pas la foule, le sentiment d'être enfermé; il a peur des hauteurs. L'hôtesse qui le sert est une de ses amies. Elle a beaucoup de mal à s'occuper de lui et raconte l'affaire à sa collègue pendant leur pause-café. Reconstituez ce qu'elle a dit en mettant les phrases suivantes à la forme négative.*

1. Antoine a beaucoup de plaisir à voyager en avion.
2. Tous ses amis l'ont accompagné à l'aéroport.
3. Il a toutes les raisons de se plaindre.
4. Il a essayé Air France et KLM.
5. Il a parlé à quelqu'un de ses ennuis.
6. Gérard et Christine l'attendent à Bruxelles.
7. Antoine voulait lire un journal et penser à autre chose.
8. Il savait à qui s'adresser et ce qu'il fallait faire pour se plaindre.
9. Il a commandé du café et de l'eau minérale.
10. Il a bu quelque chose avec son dîner.

**III.** *Le journal **Presse-Vérité** vous envoie recueillir les confessions d'un ancien premier ministre. En vieux rusé, il ne répond à vos questions qu'avec des « ne... que » et des « ne... guère ». Reconstituez ses réponses d'après les questions suivantes.*

1. Il paraît que vous êtes entouré d'ennemis?
   RÉPONSE: On / pouvoir avoir / des amis (ne... que).
2. On dit que vous travailliez à peine une heure par jour autrefois, avant de faire votre partie de golf.
   RÉPONSE: Je / songer (ne... guère) / se reposer / quand la nation a besoin de moi.
3. D'après les sondages, cinquante pour cent des électeurs pensent que vous étiez un premier ministre nul et incapable.
   RÉPONSE: Ce chiffre / être / convaincant (ne... guère).
4. Vous avez gouverné avec une moitié du pays contre l'autre.
   RÉPONSE: Je / faire / mon devoir (ne... que). En démocratie les grosses majorités / m'impressionner (ne... guère).
5. C'est bien pourquoi vous avez été renversé par le mouvement des chômeurs en colère (cinquante et un pour cent de la population après deux ans de votre administration).
   RÉPONSE: L'opinion de ceux qui ne payent pas d'impôts / compter (ne... guère). Ma chute / être / le résultat d'un complot organisé à l'étranger par mon successeur (ne... que).
6. On raconte que le Généralissime Léon-Cassius Barnard prépare dans les coulisses votre retour triomphal aux affaires[8].
   RÉPONSE: On raconte beaucoup de choses. Je / avoir / ambition (ne... guère). Je / être / un vieil homme (ne... que). Je / vouloir / cultiver mon jardin (ne... que).

*Trois jours après le coup d'état du Généralissime, on ramène au pouvoir le vieux politicien. Imaginez une interview qu'il accorde à la presse au bout de*

[8]**Retour aux affaires :** retour au pouvoir.

*six mois, interview pendant laquelle l'efficacité de son administration est mise en cause.*

**IV.** *Le maître d'hôtel du restaurant « À la belle truite » s'aperçoit qu'une petite fille d'à peu près cinq ans est arrivée seule à une table. Il la questionne. Donnez les réponses négatives elliptiques de la petite fille.*

— Tu es bien venue avec quelqu'un?
— Non, avec ——————.
— Sais-tu où ton Papa et ta Maman habitent?
Elle secoue la tête.
— Tu es bien venue de quelque part?
— Non, ——————.
— Connais-tu un numéro de téléphone?
— Non, ——————.
— Ta Maman vient-elle quelquefois ici?
— Non, ——————.
— As-tu déjà dîné?
— Non, ——————.
— Veux-tu manger quelque chose?
— Non, ——————.

À ce moment, le nouveau chef Étienne Faisan bondit hors de la cuisine où un incendie vient de se déclarer suite à la préparation de bananes flambées. La petite, le montrant du doigt, crie : « C'est mon Papa! »

**V.** *(Constructions) Combinez les deux phrases négatives pour en former une seule avec une négation multiple. Suivez le modèle.*

**MODÈLE:**  Le maire d'un village a disparu mystérieusement. On ne l'a jamais revu. Personne ne l'a revu.
*Personne ne l'a jamais revu. (Jamais personne ne l'a revu.)*

1. Voilà un spécimen de fleur tout nouveau. On n'a pas encore vu ce spécimen. On ne l'a vu nulle part.
   Voilà un spécimen qu'on ——————.
2. Voilà un jeune homme qui est toujours de mauvaise humeur. Autrefois il avait des amis, mais maintenant on ne lui parle plus. Personne ne lui parle.
   Personne ——————.
3. Hier il y avait encore du jambon dans le réfrigérateur. Maintenant il n'y a plus de jambon. Il n'y a rien à manger.
   Il n'y a ——————.
4. Élise s'est brouillée avec son copain. Il s'est engagé dans la légion étrangère. Elle ne l'a plus revu. Elle ne l'a jamais revu.
   Elle ne l'a ——————.
5. Alain voudrait faire un voyage en Grèce. Il n'a pas encore fait de projet. Il n'a fait aucun projet.
   Il ——————.
6. Renée promet de ne plus dire de choses méchantes. Renée promet de ne rien dire.
   Elle promet de ——————.

7. Edgar ne voyage jamais. Nadine ne voyage jamais.
   Ni _____.

8. Bernard a été attaqué par un requin. Depuis ce jour il ne va plus dans la mer. Il ne va jamais dans la mer.
   Il ne va _____.

VI. *(Constructions) Ajoutez la négation entre parenthèses aux phrases négatives données.*

1. Je ne suis plus retourné chez ce coiffeur qui m'a massacré. (ne... jamais)
2. Rien ne vexe ce garçon. Il a la peau dure. (ne... jamais)
3. Ce restaurant a beaucoup baissé. Aucun de mes amis n'y va. (ne... plus)
4. J'ai cherché partout cette marque de parfum. On ne la trouve plus. (ne... nulle part)

VII. *(Constructions) Remplacez les tirets par* **prétendre** *ou* **faire semblant de,** *selon le cas. Mettez le verbe au temps exigé par le contexte.*

1. Il _____ connaître un système infaillible pour gagner au jeu, mais je crois qu'il exagérait.
2. Si vous _____ dormir, le petit Sébastien ne vous demandera pas de jouer avec lui.
3. Christophe Colomb _____ que la terre était ronde.
4. Quand Roger avait cinq ans, il _____ être médecin. Ce jeu l'amusait beaucoup.
5. Quand les gens lui parlent, il _____ ne pas les entendre.

VIII. *(Constructions) Remplissez les tirets par* **à, de** *ou* **par.**

1. Quand vous aurez fini _____ lire ce livre, pourriez-vous me le passer?
2. Rentrons! Il commence _____ faire froid.
3. Le professeur a commencé _____ nous présenter ses collègues. Ensuite, il a parlé des résultats de ses expériences récentes dans le domaine de la bactériologie. Je dois avouer que ses remarques ont fini _____ m'ennuyer. Je commençais _____ dormir quand la cloche a sonné. Le professeur, très absorbé par son sujet, n'avait pas encore fini _____ parler.

# Réalisation

I. *(Devoir écrit)* Choisissez un personnage dont l'attitude envers la vie est négative (par exemple : Scrooge de Dickens ou le Misanthrope de Molière) et écrivez une page dans le journal intime de votre personnage.

II. *(Monologue)* Vous avez décidé de changer de vie. Vous rentrez chez vous un soir, insatisfait de tout ce qui vous arrive : tout le monde vous dit quoi faire, tous vos amis vous empruntent de l'argent et ne vous le rendent pas, vous payez des sommes folles pour vos livres, vous avez des devoirs difficiles, de mauvaises notes, des professeurs irritables, vous passez vos week-ends à lire, à écrire, à faire des expériences scientifiques au laboratoire, etc. Vous vous promettez que tout sera bientôt différent : « Personne ne me dira plus quoi faire. Aucun de mes amis ne m'empruntera de l'argent. Le week-end je ne ferai rien. Je ne ferai ni devoirs, ni expériences..., etc. » Élaborez à votre guise ce monologue intérieur, où vous développez les conditions de votre insatisfaction. Utilisez les négations suivantes :

| | |
|---|---|
| ne... plus | personne... ne |
| ne... pas encore | ne... rien |
| ne... ni... ni... | aucun (de)... ne |
| ni... ni... ne | ne... nulle part |
| ne... plus jamais | |

**III.** (*Sketch*) Lamentations d'un étudiant (d'une étudiante) pour qui tout va mal dans le pire des mondes possibles, sous forme de confidences faites à un ami (une amie) intime : « J'ai tant de travail que je ne peux plus dormir. Je ne peux plus faire de sport. Je passe mes soirées seul(e) dans ma chambre. Personne ne vient me voir... »

**IV.** (*Débat*) Un ou deux étudiants optimistes pourraient faire un débat avec des étudiants pessimistes sur un des sujets suivants :

1. La troisième Guerre Mondiale
2. L'avenir de la planète Terre
3. L'idée célébre de Rousseau : « L'homme est né libre, et partout il est dans les fers. » (*Du contrat social*)

# CHAPITRE **9**

# Le Genre et le nombre

## **PRÉSENTATION**

### PRINCIPES
Le féminin des adjectifs et des noms
Le pluriel
L'accord des adjectifs

### CONSTRUCTIONS
La place de l'adjectif qualificatif
ÉTUDE DE VERBES : Infinitifs compléments; **passer du temps à, mettre du temps à**

## PRINCIPES

### Remarque préliminaire

En français, les noms peuvent être masculins, féminins, singuliers ou pluriels. D'une manière générale, les adjectifs qualificatifs s'accordent avec le nom ainsi que les déterminants (articles, adjectifs possessifs, démonstratifs et interrogatifs).

Quels grands yeux vous avez! (masculin pluriel)
Ma cousine est très gentille. (féminin singulier)
Nous mangerons les belles mangues que vous avez achetées. Elles seront sûrement tout à fait mûres. (féminin pluriel)
Le roman que je viens de lire est trop long. (masculin singulier)

# I.   Le féminin des adjectifs et des noms

## A.   Féminins réguliers

Pour former le féminin d'un nom, d'un adjectif ou d'un participe passé, ajoutez **-e** à la forme masculine.

| *Masculin* | *Féminin* |
|---|---|
| ami | amie |
| élégant | élégante |
| vécu | vécue |
| enchanté | enchantée |
| écouté | écoutée |

L'amie de Frédéric est charmante.
La chanson que nous avons écoutée était chantée dans toutes les boîtes de nuit élégantes de l'époque.

ATTENTION!   Si l'adjectif se termine par un **e** muet, le féminin et le masculin sont identiques. Par exemple :

| *Masculin* | *Féminin* |
|---|---|
| facile | facile |
| sauvage | sauvage |
| calme[1] | calme |
| rapide | rapide |
| moderne | moderne |
| timide | timide |

Cette leçon est très facile.
Ce jeune homme timide n'aime pas les mondanités.

## B.   Féminins irréguliers

1.   Certains mots changent de terminaisons avant le **e** final du féminin. Pour les changements les plus fréquents, voir Tableau 36, page 160.

2.   Certains féminins sont complètement irréguliers. Voir Tableau 37, page 161, pour une liste partielle de ces mots.

## C.   Féminins identiques aux masculins

Pour certains mots, le masculin et le féminin sont identiques. On change le déterminatif selon le genre. Ce sont le plus souvent des mots qui se terminent par **e** muet.

| | |
|---|---|
| un (une) pianiste[2] | ce (cette) secrétaire |
| un (une) artiste | un (une) complice |
| le (la) touriste | un (une) enfant |
| mon (ma) camarade | etc. |

Avez-vous entendu cette jeune pianiste israélienne?
Cécile n'est qu'une enfant. Ne l'écoutez pas.

---

[1]Remarquez bien le **e** final au masculin de **calme, rapide, moderne, timide,** alors qu'il n'y en a pas en anglais.

[2]Autres mots comme **pianiste : flûtiste, violoniste, violoncelliste.**

**TABLEAU 36**

| Terminaisons au féminin | | |
|---|---|---|
| Changement de terminaisons | Adjectif ou nom modèle | Autres exemples |
| 1.   -eux ⟶ -euse | heureux → heureuse | nerveux, joyeux, douteux |
|       -oux ⟶ -ouse* | jaloux   → jalouse | époux |
| 2.   -eur ⟶ -euse† | danseur → danseuse | chanteur, menteur, flatteur, buveur, nageur, fumeur |
| 3.   -teur ⟶ -trice | acteur   → actrice | directeur, instructeur, auditeur, lecteur, ambassadeur, rédacteur, spectateur, instituteur |
| 4.   -er ⟶ -ère | léger   → légère | premier, dernier, entier, fier, conseiller, sorcier, fermier, infirmier |
| 5.   -f ⟶ -ve | actif   → active | vif, sportif, passif, veuf, neuf (*adj.*) |
| 6.   Certains mots se terminant par une voyelle + **n, l, s** ou **t** redoublent la consonne.‡ | bon   → bonne | ancien, canadien, norvégien |
| | gentil   → gentille | pareil, cruel, sensationnel |
| | bas   → basse | gros, épais |
| | net   → nette | muet, coquet, mignon |

*EXCEPTIONS : *doux → douce; roux → rousse*. Notez aussi : *faux → fausse*.

†Les adjectifs suivants en **-eur** sont réguliers : *meilleur(e), extérieur(e), intérieur(e), supérieur(e), inférieur(e), majeur(e), mineur(e), antérieur(e), postérieur(e).*

‡Certains mots ne redoublent pas la consonne : *secret (secrète), idiot(e), petit(e), gris(e), subtil(e), original(e), fin(e).*

**D.**  Mots toujours féminins

Les mots suivants sont toujours féminins même quand ils désignent un homme.

la sentinelle
la victime
la personne

Le sergent Mercier, qui était la sentinelle, n'a rien entendu ce soir-là.
Son mari a été une des victimes de l'avalanche.

**E.**  Mots toujours masculins

1.  Certains noms de professions exercées à l'origine par des hommes sont masculins : *professeur, docteur, auteur, juge, ingénieur, architecte.* En parlant d'une femme on peut dire *une femme juge, une femme docteur*, etc.

Madame Serpereau est un professeur extraordinaire.
Ma fiancée est docteur.
Il y a une femme juge dans ce département.

**TABLEAU 37**

## Féminins diversement irréguliers

### Féminins en -lle

| | |
|---|---|
| beau* | belle |
| nouveau | nouvelle |
| fou | folle |
| mou | molle |
| vieux | vieille |

### Féminins en -che

| | |
|---|---|
| blanc | blanche |
| frais | fraîche |
| sec | sèche |

### Féminin = un mot différent

| | |
|---|---|
| mâle | femelle |
| homme | femme |
| mari‡ | femme |
| père | mère |
| parrain | marraine |
| garçon | fille |
| fils | fille |
| jeune homme | jeune fille |
| frère | sœur |
| neveu | nièce |
| oncle | tante |
| gendre | bru (belle-fille) |

### Féminins en -esse

| | |
|---|---|
| maître | maîtresse |
| prince | princesse |
| comte | comtesse |
| hôte | hôtesse |
| tigre | tigresse |

### Féminins de quelques animaux†

| | |
|---|---|
| coq (poulet) | poule |
| canard | cane |
| cerf | biche |
| cheval (étalon) | jument |
| bœuf (taureau) | vache |
| bouc | chèvre |
| cochon (porc) | truie |
| bélier (mouton) | brebis |
| dindon | dinde |

### Autres féminins irréguliers

| | |
|---|---|
| favori | favorite |
| long | longue |
| public | publique |
| grec | grecque |
| héros | héroïne |
| bénin | bénigne |
| malin | maligne |
| compagnon | compagne |

*Beau, nouveau, fou, mou, vieux ont une forme masculine spéciale — bel, nouvel, fol, mol, vieil — employée devant un mot masculin qui commence par une voyelle ou un **h** non aspiré (muet). EXEMPLES : Un vieil homme, un bel appartement.

†Pour les noms d'animaux où il n'y a qu'un nom pour l'espèce, on indique le genre en ajoutant le mot « mâle » ou « femelle », selon le cas. EXEMPLES : Un opossum femelle, une souris mâle (Mickey la souris).

‡On dit aussi époux → épouse.

2. **Chic** et **amateur** n'ont pas de féminin.

Ingrid veut des robes chics et pas trop chères.
Nathalie est amateur de musique indienne.

**F. Mots toujours invariables**

1. Les noms de fruits et de fleurs utilisés comme un adjectif de couleur.

Voilà une jolie veste marron qui va très bien avec ta chemise lilas.
Avez-vous des chaussures de tennis orange?

2.  Les adjectifs de couleur composés.

Pour aller à cette soirée excentrique, Marie-Paule voulait une jupe bleu marine, une blouse gris fer, des bas vert pistache et une écharpe vert foncé ou vert clair.

**G.**  Cas particulier

**Demi** peut varier avant le nom mais doit varier après le nom.

Apportez-moi une demi-livre (une demie-livre) de sucre.
Il est deux heures et demie.

## II.   Le pluriel

**A.**  Le pluriel des adjectifs et des noms

Pour former le pluriel on ajoute normalement **-s** à tous les mots sauf ceux qui ont déjà **s, x** ou **z** final au singulier.

| *singulier* | *pluriel* |
|---|---|
| la porte | les portes |
| petit | petits |

MAIS:

| | |
|---|---|
| le vers | les vers |
| le nez | les nez |
| heureux | heureux |

**B.**  Pluriels irréguliers

1.  Avec certains groupes de mots, il faut changer la terminaison pour former le pluriel:

a)  Les mots suivants en **-al** ont leur pluriel en **-aux :**

| | |
|---|---|
| journal | journaux |
| cheval | chevaux |
| animal | animaux |
| brutal | brutaux |
| cordial | cordiaux |
| royal | royaux |
| radical | radicaux |
| impartial | impartiaux |
| spécial | spéciaux |

Le premier ministre lit plusieurs journaux tous les jours.
Alban adore les chevaux.
Pour devenir pilote, il faut avoir des talents spéciaux.

EXCEPTIONS:

| | | |
|---|---|---|
| bal(s) | fatal(s) | naval(s) |
| banal(s) | festival(s) | récital(s) |
| carnaval(s) | final(s)[3] | |

Raoul a raté tous ses examens finals. Quel cancre!
Les chantiers navals de Gdansk ont été à l'origine du syndicat polonais Solidarité.

[3]On dit aussi **finaux.**

b)   Certains mots en **-ail** ont leur pluriel
en **-aux :**

| | |
|---|---|
| travail | travaux |
| vitrail | vitraux |
| émail | émaux |

La circulation sur cette route est très lente à cause
des travaux.
Les vitraux de la Cathédrale de Chartres sont
impressionnants.

D'autres prennent **-s :**

| | |
|---|---|
| chandail | chandails |
| détail | détails |

2.   Les mots en **-au, -eau, -eu,** prennent **-x**
au lieu de **-s** au pluriel :

| | |
|---|---|
| noyau | noyaux |
| tuyau | tuyaux |
| couteau | couteaux |
| eau | eaux |
| niveau | niveaux |
| plateau | plateaux |
| rideau | rideaux |
| ruisseau | ruisseaux |
| tableau | tableaux |
| beau | beaux |
| nouveau | nouveaux |
| neveu | neveux |

Les lycéens ont vu les plus beaux tableaux du
Louvre.

EXCEPTIONS :
pneu(s)
bleu(s)

Je vais acheter les nouveaux pneus que mon
garagiste m'a recommandés.

3.   Les sept mots suivants en **-ou** prennent
un **-x** au pluriel :

| | |
|---|---|
| bijou | bijoux |
| caillou | cailloux |
| chou | choux |
| genou | genoux |
| hibou | hiboux |
| joujou | joujoux |
| pou | poux |

L'acheteur ne savait pas que les bijoux étaient
faux.

Les autres mots en **-ou** forment leur pluriel régulièrement avec **-s :**

| | |
|---|---|
| cou | cous |
| sou | sous |
| trou | trous |
| voyou | voyous |

4. Certains mots ont un pluriel très irrégulier :

| | |
|---|---|
| œil | yeux |
| ciel | cieux[4] |

Quand le blessé a rouvert les yeux, il ne savait
pas où il était.

« Notre Père, qui êtes aux Cieux... »

5. Remarquez aussi les pluriels suivants :

| | |
|---|---|
| madame | mesdames |
| mademoiselle | mesdemoiselles |
| monsieur | messieurs |

**C.** Le pluriel des mots composés

1. Les prépositions et les verbes dans les
mots composés restent toujours invariables. Un nom dans un mot composé
reste singulier quand le sens du nom ne
permet pas qu'on le mette au pluriel.

Ils passent leurs après-midi à bavarder.

Les gratte-ciel de San Francisco sont moins hauts
que ceux de New York.

Dans cette région, les arcs-en-ciel sont magni-
fiques.

2. Les mots formés de noms et d'adjectifs
sont variables.

Ce vieil avare avait trois coffres-forts chez lui
alors que sa famille vivait dans la misère.

3. Le pluriel de **jeune homme** est **jeunes
gens.**

Ces jeunes gens viennent du Brésil.

En cas de doute, quand vous employez un
mot composé au pluriel, consultez le dictionnaire.

**D.** Pluriel des mots anglais

Pour former le pluriel des mots anglais qui
sont entrés dans la langue française, on ajoute
**-s** ou **-es.**

Quand ils vont aux matchs (*matches*) de boxe,
ils emportent toujours des sandwichs (*sand-
wiches*) et de la bière.

REMARQUE: *un pique-nique / des pique-
niques*

**E.** Cas particuliers

1. Les mots **vacances** (dans le sens de
*congé*) et **mathématiques**[5] s'utilisent
généralement au pluriel.

J'ai passé de bonnes vacances à l'île Maurice.

Étudie-t-il les mathématiques?

---

[4]Quand on parle de l'état du ciel ou du ciel dans le tableau d'un peintre, le pluriel de **ciel** est **ciels**. Le pluriel **cieux**
a le sens de « le firmament, le paradis ». EXEMPLES : Il a fait des comparaisons entre les ciels de Van Gogh et ceux de
Cézanne. Les ciels de l'automne sont plus limpides que ceux de l'été. « Cieux, écoutez ma voix; terre, prête l'oreille. »
(Racine)

[5]On dit aussi **la mathématique.**

2. Le mot **fiançailles** est toujours pluriel.

Le prince de Monaco a annoncé ses fiançailles.

3. Le mot **gens,** qui s'emploie au pluriel, est masculin.

Les gens fatigués se reposent dans cette clinique.

Mais, si un adjectif est placé *directement* devant le mot **gens,** cet adjectif se met au féminin.

De bonnes gens ont caché ce parachutiste anglais dans leur grenier pendant toute la guerre.
Tous les gens du village étaient mécontents. (*Tous* ne précède pas directement *gens*. **COMPARER :** Toutes gens ne sont pas d'accord sur ce point.)

**Jeunes gens,** qui forme une sorte de mot composé, est toujours masculin.

Certains jeunes gens que je connais ne boivent pas d'alcool.

4. Les noms de famille sont toujours au singulier, excepté les noms de familles royales.

Je suis sûr que les Vincent sont plus riches que les Quirin.
Nous avons étudié l'histoire des Bourbons et des Habsbourgs.

## III.   L'accord des adjectifs

**A.** Il ne faut pas oublier qu'un adjectif s'accorde toujours avec le nom qu'il qualifie et qu'un pronom dépend en genre et en nombre du nom qu'il remplace.

Tous ces ouvriers sont protégés par leur syndicat.
Voilà Clothilde. Elle vous racontera des histoires amusantes.

**B.** Si un adjectif qualifie deux (ou plusieurs) noms de genres différents, il sera masculin pluriel.

Les diplomates ont acheté des chemises et des costumes très élégants mais chers.
Pouvez-vous lui trouver une lampe, une table et un tapis anciens[6]?

**C.** Dans le cas d'un nom collectif qualifié par **de** + *un autre nom*, on peut faire l'accord avec le nom ou avec le complément.

Un groupe d'étudiants a (ont) présenté des danses folkloriques.

ATTENTION! Avec des mots comme *la famille, la police, tout le monde*, le verbe est toujours au singulier.

Mes deux frères voulaient s'installer en Australie, mais ma famille a refusé de les laisser partir.
La police est arrivée trop tard. Le voleur avait disparu.
Tout le monde a pris du dessert.

[6]Dans une série de noms de genre mixte suivis d'un adjectif qui s'applique à toute la série, on place le nom masculin à la fin de la série surtout si l'adjectif se prononce différemment au féminin. « Une table et un tapis anciens » est préférable à « un tapis et une table anciens ».

# CONSTRUCTIONS

## La place de l'adjectif qualificatif

**A.** La majorité des adjectifs qualificatifs se placent le plus souvent après le nom.

C'est une histoire incroyable.
Votre costume noir est chic.
A-t-il publié les résultats de ses expériences scientifiques?
Je m'intéresse aux relations franco-américaines au 19ᵉ siècle.
Nous avons visité des églises romanes.
Ne vous asseyez pas devant la fenêtre ouverte[7].

**B.** Certains adjectifs précèdent en général le nom. Voir Tableau 38.

J'ai un grand service à vous demander.
Il a composé un très beau sonnet pour mon anniversaire.

**TABLEAU 38**

| Adjectifs qui précèdent souvent le nom | |
|---|---|
| **Adjectifs** | **Exemples** |
| **bon** ≠ **mauvais**   **beau** | Quelle bonne idée! |
| **meilleur** ≠ **pire**   **faux** | Ses meilleurs amis l'ont trahi. |
| **grand** ≠ **petit**   **gros** | Ils ont chanté une belle cantate de Bach. |
| **jeune** ≠ **vieux**   **nouveau** | Je crois que vous faites une grosse erreur. |
| **long** ≠ **bref**   **joli** | |

**C.** Certains adjectifs se placent avant ou après le nom suivant le sens que l'on veut donner à l'adjectif.

1. Les adjectifs **dernier** et **prochain** sont placés après le nom dans les expressions de temps comme **la semaine dernière, le mois prochain,** etc.

   Je suis allé à la montagne le week-end dernier.
   Nous partons pour la Chine le mois prochain.

   **Prochain, premier** et **dernier** sont placés devant le nom quand il s'agit d'une série.

   La prochaine fois, fais attention où tu marches.
   Je n'ai pas compris le premier acte de cette pièce.
   Il fait froid en général pendant la dernière semaine de décembre.

2. Les adjectifs ci-dessous ont leur sens littéral quand ils sont placés *après* le nom.

   certain = sûr
   différent = pas similaire
   divers = variés

   Voici une preuve certaine de votre théorie.
   Le conférencier peut traiter beaucoup de sujets différents.
   Les gens ont exprimé des opinions diverses sur l'avortement.

[7]Notez que les participes passés suivent toujours le nom. EXEMPLES : Un récit animé, un chien perdu.

Placés *devant* le nom, ces trois adjectifs signifient un nombre vague.

3. Les adjectifs **cher, ancien, pauvre, propre** changent également de sens selon leur place. Comparez les exemples dans le Tableau 39.

Certaines erreurs de calcul semblent inévitables. Il existe diverses solutions à ce problème.

**TABLEAU 39**

| Quelques adjectifs qui changent de sens selon leur place | |
|---|---|
| Avant le nom | Après le nom |
| 1. **cher** = *dear (kind)* | **cher** = *expensive* |
| 2. **ancien** = *old (former)* | **ancien** = *old (antique)* |
| 3. **pauvre** = *poor (to be pitied)* | **pauvre** = *poor (not wealthy)* |
| 4. **propre** = *own* | **propre** = *clean* |
| 5. **même** = *same* | **même(s)** = *itself (herself, himself, themselves)* |
| 6. **seul** = *only* | **seul** = *alone* |

Exemples

| | |
|---|---|
| 1. Chers parents, je ne vous ai pas écrit depuis... | « À la belle truite » est un restaurant cher. |
| 2. Blanche est une ancienne amie de lycée. | Voilà une maison ancienne. |
| 3. Le pauvre garçon, il est très malade. | Grégoire vient d'une famille pauvre. |
| 4. Chacun aime davantage son propre pays. | Victor a mis une chemise propre. |
| 5. Vous avez la même robe que moi. | Ce garçon, c'est la paresse même. |
| 6. Floran est le seul musicien de sa famille. (Floran est le seul... = Il n'y en a pas d'autre.) | Henri seul ne pourra pas réaliser ce projet énorme. (Henri seul... = Henri, sans qu'on l'aide,...) |

**D.** Certains adjectifs qui sont employés comme « déterminants » se placent *devant* le nom : adjectifs démonstratifs (**ce, cette, ces**), possessifs (**mon, ton son,** etc.), ordinaux (**premier, deuxième,** etc.), interrogatifs (**quel, quelle,** etc.) et quelques adjectifs indéfinis comme **chaque, tout, plusieurs.**

Ce bel animal est mort faute de soins.
Mes chats sont dehors dans le jardin.
Le vingtième siècle touche à sa fin.
Quelle carrière a-t-il choisie?
Chaque jour apporte ses difficultés.
Tout homme doit être philosophe.
J'ai vécu plusieurs années à Venise.

**E.** Quand il y a deux ou plusieurs adjectifs avec un nom, mettez chaque adjectif à sa place habituelle.

Dans une phrase telle que « Elle enseigne une gymnastique californienne bizarre », vous remarquerez que le premier adjectif (« californien ») qualifie le nom (« gymnastique »), formant ainsi un groupe *nom + adjectif qualifié*

Elle collectionne les vieux masques africains.
Bertrand est un grand poète méconnu.
Corinne est une petite jeune fille très douée.

*à son tour par le deuxième adjectif* («bizarre »).

[*nom + adjectif*] *adjectif*

OU, si les adjectifs précèdent le nom,

*adjectif* [*adjectif + nom*]

Le Château d'Yquem est un vin français cher. ([vin français] cher)
La grand-mère d'Édith a un livre sur les cuisines régionales oubliées. ([cuisines régionales] oubliées)
La question a déjà provoqué des crises internationales préoccupantes. ([crises internationales] préoccupantes)
Il a fini par se marier avec une charmante jeune femme. (charmante [jeune femme])

Si les deux adjectifs se rapportent au nom d'une façon égale, on place **et** entre les deux :

*nom* + [*adjectif* **et** *adjectif*]

OU

[*adjectif* **et** *adjectif*] *nom*

La question a déjà provoqué des crises préoccupantes et dangereuses pour la paix. (crises [préoccupantes et dangereuses])
Le Château d'Yquem est un vin rare et apprécié par les connaisseurs. (vin [rare et apprécié])
Connaissez-vous d'autres grands crus français rares et appréciés? (crus [rares et appréciés])
*Tristan et Yseut* est une vieille et belle histoire d'amour. ([vieille et belle] histoire)

**F.** Pour un effet stylistique (pour souligner une réaction affective), on peut mettre l'adjectif devant le nom.

Ils ont servi de délicieux hors-d'œuvre.
Le capitaine de l'équipe de rugby a mis au point un remarquable plan d'entraînement.
« Mais le vert paradis des amours enfantines. » (Baudelaire)

## ÉTUDE DE VERBES

**A.** Infinitifs compléments

Les verbes suivants gouvernent l'infinitif avec **à:**

| | |
|---|---|
| aider à | s'ennuyer à |
| s'amuser à | inviter à |
| apprendre à | se mettre à |
| arriver à | obliger à |
| condamner à | parvenir à |
| consentir à | réussir à |

David m'a appris à faire le crawl.
Elle s'est mise à rire en me voyant.
Julien n'a pas réussi à convaincre son père de ses bonnes intentions.

Remarquez que les verbes **condamner, inviter** et **obliger** gouvernent l'objet direct de la personne.

Il a invité ses copains à faire du ski à Chamonix.

**B.** Les expressions **passer du temps à** (*to spend one's time*) et **mettre du temps à** (*to take time*) gouvernent aussi un infinitif en français.

Ils passent leur temps libre à jouer de la musique de chambre.

J'ai mis sept jours à traverser les États-Unis en voiture.

Notez aussi l'expression **rester (debout, assis, allongé) à** *faire quelque chose.*

Il reste assis à ne rien faire pendant des heures.

# ASSIMILATION

## Mise en pratique

**I.** *Donnez le féminin des mots suivants.* **A** *et* **B** *contrôleront les réponses à tour de rôle.*

**A**

1. un hôte sympathique
2. les fils de M. Simon
3. son mari
4. le neveu de Colette
5. menteur
6. le meilleur acteur

**B**

7. un beau garçon
8. un auditeur
9. un vieux chanteur
10. un secrétaire parfait
11. un chien jaloux
12. un grand artiste

**II.** *Vous assistez à une grande réunion de famille, et pendant le repas il y a un tel bruit qu'il est impossible de suivre une conversation.* **B** *reprend la phrase dite par* **A** *en substituant le mot donné entre parenthèses et en faisant les changements nécessaires dans la phrase.* **A** *et* **B** *contrôleront les réponses à tour de rôle.*

| A | B |
|---|---|
| 1. J'aime les longs week-ends. | (les vacances) |
| 2. Le vin n'est pas assez frais. | (l'eau minérale) |
| 3. Ce jambon est délicieux. | (cette soupe) |
| 4. Mon mari est sportif. | (ma nièce) |
| 5. Le poisson est trop cuit. | (la viande) |
| 6. Son beau-père est nerveux. | (sa femme) |
| 7. Mon frère est agaçant. | (ma sœur) |

| B | A |
|---|---|
| 8. Gérard porte souvent un pantalon blanc. | (une chemise) |
| 9. J'ai acheté un nouveau manteau. | (une veste) |
| 10. Ce chat est trop gros. | (cette chatte) |
| 11. Mon oncle est canadien. | (ma tante) |
| 12. Voilà mon disque préféré. | (ma chanson) |
| 13. Le ciel est gris. | (sa nouvelle voiture) |
| 14. Ce gâteau est trop doux. | (cette liqueur) |

**III.** *Voici quelques titres ou soustitres qui pourraient figurer dans un journal régional. Récrivez-les en mettant les mots soulignés au pluriel. Faites attention aux articles. **A** et **B** contrôleront les réponses à tour de rôle.*

**A**

1. L'examen final du lycée Rabelais annulé pour cause de mauvais temps
2. La chambre de commerce précise un détail important de sa nouvelle législation
3. Un autre journal français volé à la bibliothèque municipale
4. Un trou[8] découvert dans les comptes de la ville. Le percepteur des impôts a pris la fuite.
5. ÉDITORIAL : Le cheval est-il un animal?
6. NOTRE ENQUÊTE : Le vaisseau spatial, la conquête de l'espace (3e épisode)

**B**

7. Encore un traitement spécial pour la fille du sénateur L...
8. ÉCHOS DE LA MAIRIE : Un travail important pour le prochain maire
9. Un hors-d'œuvre chaud gratuit au restaurant « À la bonne Auberge »
10. Un chandail rouge trouvé dans la rue principale. À qui est-il?
11. Le récital final de l'accordéoniste André Bonnot. Un prodige de virtuosité! Entrée libre!
12. Un nouveau pneu pour votre tracteur
13. Le bijou volé retrouvé par le chien Adémard
14. COIN CUISINE : Comment préparer le chou

## Réponses

**I.**
1. une hôtesse sympathique
2. la fille de M. (ou Mme) Simon
3. sa femme
4. la nièce de Colette
5. menteuse
6. la meilleure actrice
7. une belle fille
8. une auditrice
9. une vieille chanteuse
10. une secrétaire parfaite
11. une chienne jalouse
12. une grande artiste

**II.**
1. J'aime les longues vacances.
2. L'eau minérale n'est pas assez fraîche.
3. Cette soupe est délicieuse.
4. Ma nièce est sportive.
5. La viande est trop cuite.
6. Sa femme est nerveuse.
7. Ma sœur est agaçante.
8. Gérard porte souvent une chemise blanche.
9. J'ai acheté une nouvelle veste.
10. Cette chatte est trop grosse.
11. Ma tante est canadienne.
12. Voilà ma chanson préférée.
13. Sa nouvelle voiture est grise.
14. Cette liqueur est trop douce.

**III.**
1. Les examens finals du lycée Rabelais annulés pour cause de mauvais temps
2. La chambre de commerce précise des détails importants de sa nouvelle législation
3. D'autres journaux français volés à la bibliothèque municipale
4. Des trous découverts dans les comptes de la ville. Le percepteur des impôts a pris la fuite.

[8]**Trou :** somme d'argent qui disparaît sans traces.

5. ÉDITORIAL : Les chevaux sont-ils des animaux?
6. NOTRE ENQUÊTE : Les vaisseaux spatiaux, la conquête de l'espace (3ᵉ épisode)
7. Encore des traitements spéciaux pour la fille du sénateur L...
8. ÉCHOS DE LA MAIRIE : Des travaux importants pour le prochain maire
9. Des hors-d'œuvre chauds gratuits au restaurant « À la bonne Auberge »
10. Des chandails rouges trouvés dans la rue principale. À qui sont-ils?
11. Les récitals finals (finaux) de l'accordéoniste André Bonnot. Un prodige de virtuosité! Entrée libre!
12. De nouveaux pneus pour votre tracteur
13. Les bijoux volés retrouvés par le chien Adémard
14. COIN CUISINE : Comment préparer les choux

## Vérification

**I.** *Imaginez que vous êtes rédacteur (rédactrice) d'un journal et corrigez les fautes dans les lettres suivantes envoyées par les lecteurs. Pour cela il faut accorder les adjectifs entre parenthèses.*

LETTRE 1:

Madame,
J'ai lu votre article sur l'accordéoniste et je crois que vos impressions sont (faux). La musique d'André Bonnot est aussi (bon) que la (dernier) symphonie de Beethoven.

LETTRE 2:

Madame,
J'écris pour vous dire que j'ai téléphoné à votre journal pour placer une (petit) annonce. Votre téléphoniste (hargneux) m'a insultée quand je lui ai expliqué que je voulais vendre ma (vieux) bicyclette, ma (gentil) vache, ma chèvre (nerveux), mon argenterie (ancien). Elle m'a dit d'une voix (sec) que j'étais (fou), et que je ferais mieux de m'occuper de la vente de mes poulets. Est-ce permis de traiter les gens de la sorte!

LETTRE 3:

Madame,
Votre journal ment!!! Ce n'est pas le chien Adémard qui a trouvé les pierres (précieux). C'est mon neveu qui jouait dans l'étable. Les bijoux étaient dans un sac qu'on avait caché derrière une (gros) botte de foin.

LETTRE 4:

Madame,
Je vous écris pour vous apprendre que le sénateur a fait construire une maison (somptueux) à Antibes pour son beau-frère le percepteur des finances. Les trous sont plus faciles à creuser qu'à combler.

**II.** *Voilà le portrait d'un jeune homme. Faites les changements nécessaires dans le texte pour le rendre applicable à une jeune fille.*

« Victor Vidal est un grand jeune homme très courageux, le meilleur travailleur du village et très bon danseur. Il est dévoué, plein de bonnes intentions, et il adore les enfants. Il n'est jamais oisif. Comme vous le savez, il est actif dans plusieurs comités d'étudiants. De plus, c'est un musicien accompli et un étudiant sérieux. Victor n'est jamais nerveux sur la scène et deviendra certainement un grand artiste. Malgré son prodigieux talent, c'est un jeune homme modeste et courtois avec sa famille et avec tous ses amis. »

« Gisèle Delacour est une grande jeune fille... »

**III.**  *Mettez les mots entre parenthèses au pluriel.*

1.   Cet artiste peint admirablement les (cheval).
2.   Il y a des trafiquants dans le quartier de la gare, et les policiers chargés de les arrêter sont parfois (brutal). Je vous conseille de ne pas vous y promener tard le soir.
3.   Sur les routes de France, on voit souvent des (panneau) indicateurs qui disent : « Attention! (travail)! »
4.   Connaissez-vous ces (journal)? Sont-ils aussi (impartial) qu'on le dit?
5.   « Ces contes sont (banal), mais nos lecteurs et lectrices les lisent avidement », a avoué le rédacteur en chef.
6.   Quand il pleut, grand-père a mal (au genou).
7.   Ce garçon paresseux passe des journées entières à jeter (un caillou) dans la rivière.
8.   Ses (neveu) ont agi comme (un fou) à la réception.
9.   Ma petite nièce a refusé d'aller à tous les (récital) de Jean-Pierre Rampal. Elle n'aime que les synthétiseurs.
10.  (Ce vitrail est le plus ancien) de la Cathédrale de Chartres.

**IV.**  *Dans le passage suivant, accordez les adjectifs et mettez-les à leur place correcte.*

**Un dîner désastreux**

Le (mois / dernier) Boris et Estelle ont décidé de faire un (voyage / petit) en Bourgogne. Estelle voulait visiter les (monastères / médiéval); Boris, qui vivait pour manger, rêvait déjà aux plaisirs de la (table / bonne). Après avoir garé leur (voiture / nouvelle / blanche) devant le (restaurant / célèbre) « À la belle truite », Boris a passé un (moment / long) à examiner le menu. Remarquant enfin l'(air / impatienté) d'Estelle, Boris a fait signe à un (maître d'hôtel / élégant) qui d'une (voix / onctueux) leur a recommandé la (mousse de saumon / remarquable) aux deux sauces, (suivi) d'une escalope de veau au madère. Boris ne l'écoutait déjà plus, (fasciné) par (la carte / impressionnant) des vins, ne contenant que des bouteilles à des (prix / astronomique). Avec son (aplomb / habituel) Boris a demandé :

« Dites-moi, votre Romanée Conti 1931, il est bon?

— Je vois que Monsieur a le sens de l'humour. C'était la (année / meilleur) pour ce vin. Pour 800 F on ne va pas vous servir de la piquette[9].

Une fois la commande passée, Estelle, (furieux), a demandé à Boris pourquoi il avait pris une bouteille si (cher).

---

[9]**Piquette :** vin acide, médiocre.

« C'est (Adélaïde de Favistsky / ce / cher) qui m'en a parlé. Elle en a commandé une caisse après avoir vendu plusieurs (tableaux / nouveau / néo-obscurantiste) qu'elle venait de terminer pour un (amateur d'art / grand) à New York. Et dire qu'elle a fait ses débuts ici à Saint-Aymar-sur-Augue! »

Boris, ayant déjà consommé plusieurs apéritifs, s'est lancé dans une (digression / long) sur ses (expériences / ancien) à Saint-Aymar, ses (discussions / passionné) avec Adélaïde de Favitsky quand celle-ci venait d'exposer ses (tableaux / premier). Il n'a pas remarqué qu'on leur avait servi une (mousse / surgelé), une (escalope / froid) et du (pain / rassis). Ne voulant pas troubler la (humeur / bon) de son mari, Estelle est restée (silencieux) jusqu'au dessert quand les sorbets au kiwi complètement (fondu) sont arrivés sur la table. D'un (ton / outré), elle a réclamé l'addition. Boris, qui entamait le sujet de ses (exploits / militaire) en Égypte, semblait tout à fait (indifférent) au sort du sorbet. Les (yeux / vitreux), il a dit au maître d'hôtel :

« Garçon, un cognac, s'il vous plaît! »

**V.** *(Constructions) Faites des phrases ou écrivez un paragraphe avec les verbes suivants. (Imaginez, par exemple, que vous devez expliquer à vos parents pourquoi vous n'allez pas passer les vacances d'été à la maison.)*

1. aider à
2. inviter à
3. passer du temps à
4. mettre du temps à
5. réussir à

# Réalisation

**I.** *(Devoir écrit)* Décrivez un village idéal (avec ou sans ironie), ses habitants, leurs activités ou les vôtres si vous y habitiez.

**II.** *(Exposé oral)* Faites le portrait physique et moral de votre acteur de cinéma préféré et de votre actrice préférée.

**III.** *(Discussion)* En groupes de trois ou quatre, élaborez votre définition de la camaraderie, de l'amitié et de l'amour. Faites des portraits physiques et moraux de personnes qui incarneraient pour vous ces différents sentiments.

**IV.** *(Débat)* L'homme saura-t-il s'adapter à une vie d'où le travail aura disparu?

# CHAPITRE 10

# Le Subjonctif

## PRÉSENTATION

### PRINCIPES
Les formes du subjonctif présent
Les formes du subjonctif passé
La concordance des temps au subjonctif
L'emploi du subjonctif

### CONSTRUCTIONS
**Quoi que** / **quoique**
Les expressions avec **n'importe**
**Quiconque** / **quelconque**
ÉTUDE DE VERBES : **S'attendre à, tenir à**

## PRINCIPES

### Remarque préliminaire

Le subjonctif est un mode : c'est-à-dire, une manière spéciale de présenter une action. On l'emploie surtout dans les propositions subordonnées introduites par **que.** Il y a quatre temps au subjonctif : le présent, le passé, l'imparfait et le plus-que-parfait. Les deux derniers sont rarement utilisés, mais on les trouve dans la langue écrite de style recherché. (Voir Chapitre 14, pages 244–247.)

# I.   Les formes du subjonctif présent

**A.**  Formation régulière

On ajoute au radical du subjonctif les terminaisons du subjonctif, qui sont régulières pour
tous les verbes excepté **avoir** et **être.** On obtient le radical du subjonctif en enlevant la
terminaison **-ent** de la 3ᵉ personne du pluriel
de l'indicatif présent. (Voir Tableau 40.)

**TABLEAU 40**

| | Subjonctif présent : formation régulière | | |
|---|---|---|---|
| Terminaisons du subjonctif | Verbe modèle : parler Indic. présent : ils / elles parlent Radical : parl- | Autres verbes : dormir, lire, finir, rendre, écrire, répondre | |
| | *Subjonctif présent* | *Indicatif présent* | *Subjonctif présent* |
| **-e** | que je parle | ils / elles dorment | que je dorme |
| **-es** | que tu parles | ils / elles lisent | que je lise |
| **-e** | qu'il / elle parle | ils / elles finissent | que je finisse |
| **-ions** | que nous parlions | ils / elles rendent | que je rende |
| **-iez** | que vous parliez | ils / elles écrivent | que j'écrive |
| **-ent** | qu'ils / elles parlent | ils / elles répondent | que je réponde |

**B.**  Verbes irréguliers

1.   Les verbes **faire, savoir** et **pouvoir** ont
     un radical irrégulier pour toute la con-
     jugaison au subjonctif. Les verbes **falloir**
     et **pleuvoir** (verbes impersonnels) se
     conjuguent à la troisième personne
     seulement. (Voir Tableau 41.)

**TABLEAU 41**

| | | | | Verbes impersonnels | |
|---|---|---|---|---|---|
| | **Faire** | **Savoir** | **Pouvoir** | **Falloir** | **Pleuvoir** |
| que je... | fasse | sache | puisse | | |
| que tu... | fasses | saches | puisses | | |
| qu'il / elle... | fasse | sache | puisse | qu'il faille | qu'il pleuve |
| que nous... | fassions | sachions | puissions | | |
| que vous... | fassiez | sachiez | puissiez | | |
| qu'ils / elles... | fassent | sachent | puissent | | |

2. Les verbes **devoir, recevoir, tenir, venir, prendre, croire, voir, mourir** ont deux radicaux au subjonctif présent comme à l'indicatif présent. (Voir Tableau 42.)

**TABLEAU 42**

| | Verbes à deux radicaux | | | |
|---|---|---|---|---|
| | **Devoir** | **Recevoir** | **Croire** | **Voir** |
| que je... | doive | reçoive | croie | voie |
| que tu... | doives | reçoives | croies | voies |
| qu'il / elle... | doive | reçoive | croie | voie |
| qu'ils / elles... | doivent | reçoivent | croient | voient |
| MAIS: que nous... | devions | recevions | croyions | voyions |
| que vous... | deviez | receviez | croyiez | voyiez |
| | **Tenir** | **Venir** | **Prendre** | **Mourir** |
| que je... | tienne | vienne | prenne | meure |
| que tu... | tiennes | viennes | prennes | meures |
| qu'il / elle... | tienne | vienne | prenne | meure |
| qu'ils / elles... | tiennent | viennent | prennent | meurent |
| MAIS: que nous... | tenions | venions | prenions | mourions |
| que vous... | teniez | veniez | preniez | mouriez |

3. Pour les autres verbes irréguliers, consultez le Tableau 43.

**TABLEAU 43**

| | Autres verbes irréguliers | | | |
|---|---|---|---|---|
| | **Aller** | **Avoir** | **Être** | **Vouloir** |
| que je (j')... | aille* | aie* | sois | veuille |
| que tu... | ailles | aies | sois | veuilles |
| qu'il / elle... | aille | ait | soit | veuille |
| qu'ils / elles... | aillent | aient | soient | veuillent |
| MAIS: que nous... | allions* | ayons*† | soyons† | voulions |
| que vous... | alliez | ayez† | soyez† | vouliez |

*Notez bien la différence de prononciation entre **que j'aille** [ʒaj] et **que j'aie** [ʒɛ], entre **que nous allions** [aljɔ̃] et **que nous ayons** [ɛjɔ̃].

†Notez qu'il n'y a pas de **i** dans la terminaison à la forme **nous** et **vous** des verbes **avoir** et **être**.

4. Verbes à changements orthographiques

À l'exception des verbes en **-cer** et en **-ger,** les verbes qui ont des changements orthographiques à l'indicatif présent ont les mêmes changements au subjonctif présent. (Voir Tableau 44.)

**TABLEAU 44**

| | Acheter | Répéter | Employer | Jeter | Appeler |
|---|---|---|---|---|---|
| que je (j')... | achète | répète | emploie | jette | appelle |
| que tu... | achètes | répètes | emploies | jettes | appelles |
| qu'il / elle... | achète | répète | emploie | jette | appelle |
| qu'ils / elles... | achètent | répètent | emploient | jettent | appellent |
| MAIS: que nous... | achetions | répétions | employions* | jetions | appelions |
| que vous... | achetiez | répétiez | employiez* | jetiez | appeliez |

*Ne confondez pas les verbes en **-yer** avec **être** et **avoir** qui n'ont pas de **i** à la forme **nous** et **vous** du subjonctif. COMPARER : *que nous employions, que vous employiez; que nous soyons, que vous soyez; que nous ayons, que vous ayez.*

## II.   Les formes du subjonctif passé

On forme le subjonctif passé avec le présent du subjonctif de l'auxiliaire (**avoir** ou **être**) et le participe passé du verbe utilisé.

**Finir**

que j'aie fini
que tu aies fini
qu'il / elle ait fini
que nous ayons fini
que vous ayez fini
qu'ils / elles aient fini

**Rentrer**

que je sois rentré / rentrée
que tu sois rentré / rentrée
qu'il / elle soit rentré / rentrée
que nous soyons rentrés / rentrées
que vous soyez { rentré / rentrée
                 rentrés / rentrées
qu'ils / elles soient rentrés / rentrées

## III.   La concordance des temps au subjonctif

Le choix du temps au subjonctif dépend non pas du temps du verbe de la proposition principale mais du rapport chronologique qui existe entre la proposition principale et la proposition subordonnée.

Si l'action de la proposition subordonnée précède chronologiquement l'action de la principale, employez le subjonctif passé dans la subordonnée.

Dans toutes les autres situations, employez le subjonctif présent (même pour exprimer une idée future).

Je suis content que vous vous soyez amusé à la fête hier soir.

J'étais heureux qu'elle m'ait écrit une lettre déclarant son amour.

Je suis ravie que Josiane puisse y aller avec moi.

Il préférait que nous le laissions tranquille le soir.

Je ne pense pas que Denis rende l'argent qu'il a emprunté à son oncle.

## IV.   L'emploi du subjonctif

Le subjonctif est utilisé surtout dans les propositions subordonnées, c'est-à-dire des propositions qui dépendent d'un autre verbe et en complètent le sens. L'action (ou l'état) dans la proposition subjonctive est en quelque sorte nuancée par le verbe de la proposition principale et reflète une certaine perspective annoncée par la principale.

Je regrette que vous n'ayez pas de temps libre.

Que voulez-vous que je vous dise?

Le subjonctif s'emploie également après certaines conjonctions comme, par exemple, **quoique, de peur que, pour que,** etc. (Voir A 2, page 179.)

Je vais lui téléphoner pour qu'il vienne m'aider à déménager.

Le subjonctif se distingue donc très nettement de l'indicatif qui présente les actions dans leur réalité (présente, passée ou future), sans autre nuance affective de la part de la personne qui parle, sans mise en question de la réalité de l'action.

Dans une phrase qui contient une proposition au subjonctif, le sujet de la proposition subordonnée doit normalement être différent de celui de la principale. Sinon, on emploie un infinitif complément[1].

### Phrases à deux sujets

Je suis contente que tu ailles en France.

Je voudrais qu'ils voient ce film.

Je préfère que vous me laissiez seul.

---

[1]Après les conjonctions **bien que, quoique** et **jusqu'à ce que,** on emploie le subjonctif même dans une phrase à un seul sujet. Voir page 181.

Phrases à un sujet

Je suis contente d'aller en France.
Je voudrais voir ce film.
Je préfère être seul.

Le subjonctif est déclenché (*triggered*) automatiquement dans certaines situations. Voir Tableau 45, page 181. Dans d'autres, il faut choisir entre le subjonctif et l'indicatif. Voir B, page 182.

**A.**   Le subjonctif obligatoire

1.   On met le verbe de la proposition subordonnée au subjonctif quand elle est gouvernée par une proposition principale exprimant :

    a)   Le sentiment et le doute

        J'ai peur qu'il fasse des fautes. C'est pourquoi je préfère que vous ne le dérangiez pas.
        Je doute qu'il puisse venir à la réception.

    b)   La volonté (permission, ordre, défense, souhaits)

        Elle veut que je vienne la voir tout de suite.
        Nous souhaitons qu'il guérisse vite.

    c)   La nécessité, la possibilité ou l'improbabilité

        Il faut que nous soyons prêts à l'heure.
        Il est possible qu'elle ne sache pas notre adresse.

    d)   Le jugement

        Il est injuste que vous ayez tant de travail.
        C'est une bonne nouvelle pour la paix que les négociations de Genève aient repris.
        C'est une mauvaise surprise pour tout le monde que tu aies raté ton examen.

Voir Tableau 45, page 180.

2.   On met aussi le subjonctif après les conjonctions suivantes :

bien que, quoique (*although*)
pour que (*in order that*)
pourvu que (*provided that*)
sans que[2] (*without*)
à moins que[2] (*unless*)
avant que[2] (*before*)
de peur que, de crainte que[2] (*for fear that, lest*)
à condition que (*provided that*)
en attendant que (*while*)
jusqu'à ce que (*until*)

J'achèterai ce tableau à condition que vous baissiez votre prix.
Christian restera à la maison à moins qu'il y ait du travail supplémentaire à faire dehors.
Nous sommes restés sur la plage jusqu'à ce qu'il fasse nuit.

---

[2]Pour l'emploi de **ne** explétif avec les conjonctions **sans que, à moins que, avant que, de peur que, de crainte que,** voir l'Appendice X. Il est possible de l'omettre dans tous les cas. Sa présence dans une phrase ne rend pas la phrase négative.

**TABLEAU 45**

## Expressions gouvernant le subjonctif (liste partielle)

| Sentiment, doute | Jugement |
|---|---|
| Je suis content (heureux, désolé, furieux, etc.) que... | Il est bon (juste, utile, triste, merveilleux, important, douteux, inconcevable, inadmissible, irritant, regrettable, etc.) que... |
| Je suis étonnée (jalouse, ravie, surprise, etc.) que.. | Il vaut mieux que... |
| J'ai peur, je crains que... | Il convient que... |
| J'aime, j'aime mieux, je préfère que... | Il est temps que... |
| Je m'étonne que... | Quel (Il est) dommage que... |
| Je regrette que... | Ce n'est pas la peine que... |
| Je doute que... | C'est une bonne idée que... |

| Volonté (permission, ordre, défense, souhaits) | Nécessité, possibilité, improbabilité |
|---|---|
| Je permets que... | Il faut (Il est nécessaire) que... |
| Je veux, j'exige, j'insiste que... | Il importe (Peu importe) que... |
| Je propose* que... | Il est possible (impossible) que... |
| Je défends, j'empêche* que... | Est-il possible que..?‡ |
| Je souhaite que...† | Il est peu probable (Il est improbable) que... |
|  | Il n'est pas probable que... |
|  | Est-il probable que...?§ |

*Ces verbes se construisent souvent avec un complément infinitif. COMPARER : Je propose qu'on fasse un pique-nique. Je vous propose de faire un pique-nique. On a empêché que les journalistes soient présents à la conférence. On a empêché les journalistes de prendre des photos.

†ATTENTION! Contrairement à **souhaiter**, le verbe **espérer** à l'affirmatif est toujours suivi de l'indicatif.

‡Notez que les expressions de possibilité et de nécessité à l'affirmatif, à l'interrogatif et au négatif gouvernent le subjonctif.

§ATTENTION! **Il est probable** (affirmatif) est suivi de l'indicatif. EXEMPLE : Il est probable qu'il viendra ce soir, mais il est improbable qu'il fasse un discours.

---

Pour la plupart de ces conjonctions, il existe des prépositions correspondantes. Si le sujet de la phrase ne change pas, on emploie la construction :

*préposition + infinitif*

Jean-Pierre a mis son chandail rouge avant de sortir. (un sujet : *Jean-Pierre*)

Si on change de sujet, on emploie la construction :

*conjonction +* *proposition subordonnée au subjonctif*

Nous sommes rentrés à Paris avant qu'il fasse nuit. (deux sujets : *nous* et *il*)

Voir Tableau 46.

**TABLEAU 46**

## Les conjonctions auxquelles correspondent des prépositions

| Conjonctions | | Prépositions | |
|---|---|---|---|
| pour que<br>sans que<br>avant que<br>afin que<br>à moins que<br>à condition que<br>de crainte que<br>de peur que | + *proposition subordonnée au subjonctif* | pour<br>sans<br>avant de<br>afin de<br>à moins de<br>à condition de<br>de crainte de<br>de peur de | + *infinitif présent ou passé* |

### Exemples

| Deux sujets | Un sujet |
|---|---|
| 1. Pierre est allé en ville sans que ses parents le sachent. | 1. Pierre est allé en ville sans prévenir ses parents. |
| 2. Voulez-vous prendre l'apéritif avant qu'on se mette à table? | 2. Voulez-vous prendre l'apéritif avant de dîner? |
| 3. Il nous a expliqué l'existentialisme pour que nous comprenions Sartre. | 3. Il nous a expliqué l'existentialisme pour présenter Sartre. |

REMARQUES :

• Pour les conjonctions suivantes, il n'y a pas de préposition correspondante qui puisse gouverner un infinitif.

bien que, quoique
jusqu'à ce que
pourvu que

Alors, même dans une phrase à un sujet, il faut employer la construction :

*conjonction* + *proposition subordonnée au subjonctif*

Je travaillerai jusqu'à ce que je sois fatigué.
Quoiqu'il ait vu le feu rouge, il n'a pas pu s'arrêter à temps.
Nous passerons la nuit dans ce village pourvu que nous trouvions une petite auberge.

• Il y a des conjonctions qui gouvernent l'indicatif. (Voir pages 82 et 88.)

tandis que
pendant que
quand, lorsque
aussitôt que, dès que
si (*dans les phrases hypothétiques*)

- La conjonction **après que** jusqu'à récemment n'admettait que l'indicatif. Cependant, sans doute par assimilation à **avant que,** on voit de plus en plus le subjonctif après cette conjonction. Le problème peut souvent être contourné en utilisant **quand** ou **lorsque,** ou en tournant la phrase d'une autre manière.

  À la conjonction **après que** correspond la préposition **après,** qui est suivie de l'infinitif passé. (Voir Chapitre 3, page 54.)

Après qu'on a (ait) publié les cours de la bourse, des rumeurs ont couru. (Quand on a publié les cours [Après la publication des cours]...)
Après qu'il sera (soit) arrivé à la convention, le délégué se mettra en rapport avec les membres de notre comité. (Quand il sera arrivé [Après son arrivée]...)

Après avoir dîné, Bond est allé au Casino. **COMPARER** : Après que nous avions (ayons) dîné, Bond a proposé un toast.

**B.** Cas spéciaux : subjonctif / indicatif

1. Pour l'usage courant, les verbes d'opinion et de communication (**penser, croire, dire, il [me] semble,** etc.) sont suivis de l'indicatif quand ils sont à la forme affirmative. Mais à la forme négative, ils sont suivis du subjonctif. (Voir Tableau 47.)

**TABLEAU 47**

---

### Verbes d'opinion et de communication

croire, penser, être sûr, affirmer, déclarer, dire, se souvenir, être d'avis, être d'accord, supposer, se douter (*to suspect*), il paraît, il (me) semble, il est probable, etc.

| Affirmatif ⟶ Indicatif | Négatif ⟶ Subjonctif |
|---|---|
| 1.  Je crois que nous irons à la montagne demain. | 1.  Je ne crois pas que nous allions à la montagne demain. |
| 2.  Elle trouve que mes amis sont égoïstes. | 2.  Elle ne trouve pas que mes amis soient égoïstes. |
| 3.  Il est probable que le prisonnier sera gracié. | 3.  Il n'est pas probable que la prisonnière soit graciée. |
| 4.  Je dis que ce film est mauvais et suis sûr qu'il ne vous plaira pas. | 4.  Je ne dis pas ( = je ne pense pas) que ce film soit mauvais, mais il m'a un peu ennuyé.* |
| 5.  Il me semble que ce n'est pas prudent de nager ici.† | 5.  Il ne me semble pas que ce soit prudent de nager ici. |

*Lorsque **dire** au négatif introduit le discours indirect, il n'est pas suivi du subjonctif. EXEMPLE : Mon amie ne m'a pas dit qu'elle voulait aller à la pêche.

†**Il semble que...** (à l'affirmatif) peut aussi être suivi du subjonctif pour introduire un élément de doute. EXEMPLE : Il semble que Christophe n'ait rien à faire le week-end.

ATTENTION! Quand les verbes d'opinion (**croire, penser, supposer,** etc.) sont interrogatifs, ils sont suivis du subjonctif.

Penses-tu que Georges puisse voyager seul? Il n'a que six ans.

Mais, quand ces verbes à la forme interrogative sont suivis d'une action future ou éventuelle, on peut employer le futur ou le conditionnel au lieu du subjonctif présent[3].

Croyez-vous qu'il pleuvra (qu'il pleuve) cet après-midi?

Josiane pensait-elle que nous irions chez elle après le concert?

Êtes-vous sûr qu'il accepterait une telle offre?

2. Le verbe **espérer** à l'affirmatif est suivi de l'indicatif, mais **souhaiter** est toujours suivi du subjonctif.

J'espère que tu réussiras.

Je souhaite que tu réussisses.

**C.** Le subjonctif ou l'indicatif dans les propositions relatives

1. Dans une phrase où la proposition relative met en doute la réalité de l'antécédent, on emploie le subjonctif pour souligner cette incertitude. Cela arrive avec des expressions comme :

   y a-t-il quelqu'un (quelque chose) qui (que)...?

   il n'y a personne qui (que)...

   il n'y a rien (qui) (que)...

   il n'y a aucun... (qui) (que)...

   existe-t-il un(e)... qui (que)...?

   je cherche un(e) (des)... qui (que)...

   connaissez-vous un(e) (des)... qui (que)...?

   j'ai besoin de... qui (que)...

Je cherche un exemple que vous compreniez.

Il n'y a rien qui puisse la consoler d'avoir perdu son mari.

Existe-t-il une machine qui fasse ce travail plus vite?

Mais, on peut aussi mettre le conditionnel ou bien l'indicatif pour souligner la réalité objective.

Je cherche un exemple que vous comprendrez.

Il n'y a rien qui pourrait la consoler d'avoir perdu son mari.

J'ai donné au juge une explication qui pourra le convaincre.

2. Quand l'antécédent d'une proposition relative est un superlatif ou une expression comme **le premier** / **le dernier** / **le seul** / **l'unique** + *nom* ou **peu de** / **pas beaucoup de** + *nom*, on emploie le subjonctif dans la proposition subordonnée parce qu'elle exprime les sentiments de celui qui parle.

Paris est la plus belle ville que je connaisse.

---

[3]Si le verbe d'opinion est *négatif* et *interrogatif*, il est suivi des temps de l'indicatif ou du conditionnel. EXEMPLE : Ne croyez-vous pas que c'est une bonne idée? Ne penses-tu pas qu'Étienne serait un excellent président?

Mais, on peut aussi utiliser l'indicatif pour insister sur la réalité du fait présenté. C'est souvent le cas quand le verbe de la proposition subordonnée est au passé.

Paris est la plus belle ville que j'ai visitée l'été dernier.

On peut également employer le conditionnel quand il s'agit d'un fait éventuel (ou hypothétique).

Je connais peu de gens qui feraient ce que vous avez fait pour moi. **COMPARER** : Il y a peu de gens qui aient autant de chance que mon camarade. (opinion)

3.  Pour apprécier les nuances communiquées par le subjonctif, l'indicatif ou le conditionnel après le superlatif, comparez les phrases dans le tableau 48.

**TABLEAU 48**

| Choix de mode après le superlatif | |
| --- | --- |
| Opinion | Fait réel |
| C'est la plus grande gaffe qu'il ait pu commettre. (Celui qui parle souligne qu'il s'agit de son jugement. Ici, le subjonctif atténue le côté arbitraire du superlatif.) | C'est le livre le plus complet que j'ai pu trouver sur cette question. (Celui qui parle insiste sur le fait que le livre a été trouvé.) |
| Vous êtes le seul homme qui puisse sauver le pays. (En utilisant le subjonctif, celui qui parle reconnaît le côté arbitraire [personnel] de son jugement.) | Vous êtes le seul homme qui pourra sauver le pays. (Du point de vue de celui qui parle, le fait est évident.) |
| Monsieur Rey me traite toujours avec mépris. C'est la dernière personne que je veuille voir en ce moment! (Celui qui parle ne tient pas à voir Monsieur Rey.) | Monsieur Rey est le dernier du groupe que je veux voir aujourd'hui. Je verrai les autres demain. (Celui qui parle a l'intention de voir Monsieur Rey aujourd'hui.) |

# CONSTRUCTIONS

## I.  Quoi que / quoique

Il ne faut pas confondre **quoi que** (*whatever, no matter what*) avec **quoique** (*although*). Les deux expressions gouvernent toujours le subjonctif.

Quoi qu'il fasse, il arrive toujours en retard. **COMPARER** : Quoiqu'il fasse beau, nous ne sortirons pas.

## II.   Les expressions avec **n'importe**

L'expression **n'importe** (*no matter*) employée devant les mots **qui, quoi, quel, où, comment, quand,** forme des expressions indéfinies. Le verbe est toujours à l'indicatif. Voir Tableau 49.

**TABLEAU 49**

| Expressions indéfinies avec *n'importe* | |
|---|---|
| **Expressions indéfinies** | **Exemples** |
| **n'importe qui** = *just anyone, anyone at all* | N'importe qui peut jouer au Go. <br> Fais attention. N'ouvre pas la porte à n'importe qui. |
| **n'importe quoi** = *just anything, anything at all* | Le candidat répondait n'importe quoi, sans réfléchir. |
| **n'importe quel (lequel)** = *any (anyone), no matter which (one)* | Peux-tu me prêter une paire de chaussures? N'importe laquelle fera l'affaire. <br> Prenez n'importe quel texte de Roland Barthes* pour commencer votre étude. |
| **n'importe où** = *anywhere (at all), just anywhere* | J'irai n'importe où pour écouter ce musicien. |
| **n'importe comment** = *any which way* | Son travail est toujours fait n'importe comment. |
| **n'importe quand** = *any time (at all)* | Vous pouvez venir me voir n'importe quand. |

*Célèbre critique littéraire français (1915–1980).

REMARQUES:
- Les expressions **n'importe qui, n'importe quoi, n'importe où, n'importe comment,** sont souvent employées dans un sens péjoratif.

  Ce jeune homme n'apprécie pas la bonne cuisine. Il mange n'importe quoi.
  Nous ne voulons pas dîner n'importe où; nous cherchons un restaurant à trois étoiles.
  Ils ne sont pas très ordonnés; ils rangent leurs vêtements n'importe comment.

- Ne confondez pas **n'importe où** (*anywhere*) avec **où que** (*wherever*), qui est suivi d'un verbe au subjonctif. **N'importe où** ne peut pas introduire de verbes.

  Où que vous alliez avec ces gens vous vous amuserez. COMPARER : J'irai n'importe où avec ces gens.

- Ne confondez pas **n'importe quoi** avec la conjonction **quoi que**.

  Quoi qu'il dise, on ne l'écoutera pas. COMPARER : On ne l'écoute pas parce qu'elle dit n'importe quoi.

## III.  Quiconque / quelconque

**A.  Quiconque** (*whoever, anyone*) est un pronom indéfini.

Quiconque écoute cet homme le comprendra. (*Quiconque* est le sujet de *écoute* et de *comprendra*.)

Il faudrait expliquer à quiconque utilise ce laboratoire de remettre tout à sa place. (*Quiconque* est l'objet indirect de *expliquer* et le sujet de *utilise*.)

N'ouvrez pas la porte à quiconque frappera.

**B.  Quelconque** (*any, any whatever*) est un adjectif qui indique qu'une personne ou un objet est pris au hasard. Le pluriel est **quelconques.**

Demandez à un gardien quelconque (*any guard*) où se trouve la chapelle.

Pour des raisons quelconques (*for some reason or other, for whatever reasons*), le concert a été annulé. On n'a jamais su pourquoi.

**Quelconque** a aussi le sens de « médiocre, banal, ordinaire ».

Ce roman d'amour est vraiment quelconque. Ne perds pas ton temps à le lire.

## ÉTUDE DE VERBES

### A.  S'attendre à

**S'attendre à** (*to expect*) peut être suivi d'un nom ou d'un infinitif si le sujet de la phrase ne change pas.

Marine s'attendait à voir son père sur le quai de la gare.

Philippe s'attend à une récompense pour le travail qu'il a fait.

Suivi d'une proposition, **s'attendre à** devient **s'attendre à ce que** + *verbe au subjonctif.*

Je m'attendais à ce que tu me fasses signe à ton retour. Pourquoi ne l'as-tu pas fait?

### B.  Tenir à

1.  Suivi d'un nom, **tenir à** a le sens de *to be very fond of, to prize.*

Je tiens beaucoup à cette broche que ma grand-mère m'a donnée.

Il l'a traitée cruellement, mais elle tient encore à lui.

2.  Suivi d'un infinitif, le verbe a le sens de *to be keen on, to insist.*

Vous êtes sûr que vous voulez aller en ville avec moi? — Oui, je tiens vraiment à passer la journée avec vous. (Oui, j'y tiens.)

3.  Suivi d'une proposition, **tenir à** devient **tenir à ce que** + *verbe au subjonctif.*

Mon patron tenait à ce que j'apprenne à conduire un camion.

## Coin du spécialiste

**A.**   Les verbes d'opinion à la forme négative qui sont souvent suivis du subjonctif peuvent être suivis de l'indicatif quand on veut souligner que le fait exprimé dans la proposition subordonnée est « réel » et n'est pas mis en doute.

Ce vieil hermite ne croit pas que les cosmonautes ont marché sur la lune. (C'est un fait qu'ils y ont marché.)

Denis, qui a trop bu hier, ne se souvient pas que je l'ai ramené à la maison. (L'action de ramener a eu lieu.) **COMPARER :** Si Denis continue à boire et à fumer à ce point-là, je ne crois pas qu'il vive longtemps.

**B.  Ne pas douter que** peut être suivi de l'indicatif ou du subjonctif selon les cas.

Je ne doute pas que ce sera (soit) un anniversaire très réussi.

# ASSIMILATION

## Mise en pratique

I.  *Imaginez que vous allez chez le psychiatre (le célèbre Dr. Synapse par exemple) parce que vous vous sentez déprimé(e) depuis quelque temps. Le docteur est bienveillant et réagit à chacune de vos plaintes. A se plaindra et contrôlera les réponses. B jouera le rôle du psychiatre. Puis on changera de rôle. Suivez le modèle.*

**MODÈLE :**

| A | B |
|---|---|
| J'ai peur des avions. | (Il est dommage que...) |

*Il est dommage que vous ayez peur des avions.*

| **A** | **B** |
|---|---|
| 1.  Ma vie est un désastre. | (Il n'est pas évident que...) |
| 2.  Je n'ai envie de rien. | (Il est impossible que...) |
| 3.  Je suis tout le temps fatigué(e). | (Il est anormal que...) |
| 4.  Je dors seize heures par jour. | (Il est étonnant que...) |
| 5.  Rien ne me plaît. | (Je ne crois pas que...) |
| 6.  Je n'arrive pas à travailler. | (Est-ce possible que...?) |
| 7.  J'ai des maux de tête violents. | (Je suis navré que...) |
| 8.  Mes professeurs ne me comprennent pas. | (Il est douteux que...) |

| **B** | **A** |
|---|---|
| 9.  J'ai l'impression que les gens me regardent. | (Il est improbable que...) |
| 10.  Je ne supporte pas la foule. | (Il n'est pas normal que...) |
| 11.  Je ne reçois jamais de lettres. | (Il est bizarre que...) |
| 12.  Mes amis ne veulent plus me voir. | (Je suis désolé que...) |
| 13.  Je ne vois plus Isabelle (Nicolas). | (Il est dommage que...) |
| 14.  J'ai perdu l'appétit. | (Il est inquiétant que...) |
| 15.  Je travaille jour et nuit. | (Il n'est pas bon que...) |
| 16.  Je n'ai pas les moyens de vous payer. | (Je regrette beaucoup que...) |

II.  *À déjeuner, le docteur Synapse, qui n'arrive pas à comprendre votre cas, confie
ses impressions à une de ses collègues, le docteur Neuron. Tantôt la collègue
approuve, et tantôt elle contredit le docteur Synapse.* **A** *jouera le docteur Synapse et contrôlera les réponses du docteur Neuron, sa collègue. Puis* **A** *et* **B**
*changeront de rôle.*

|  | **A (Synapse)** | **B (Neuron)** |
|---|---|---|
| 1. | Je crois que ce jeune homme (cette jeune femme) est paranoïaque. | Je ne crois pas que... |
| 2. | Je sais qu'il (elle) s'est plaint(e) de moi. | Je ne pense pas que... |
| 3. | Il me semble qu'il (elle) ne viendra pas à son prochain rendez-vous. | Je souhaite que... |

|  | **B (Synapse)** | **A (Neuron)** |
|---|---|---|
| 4. | Je suis sûr qu'il (elle) m'a menti. | Il est douteux que... |
| 5. | Il est probable qu'il faudra l'enfermer. | Il est peu probable que... |
| 6. | J'espère qu'il (elle) se remettra complètement. | Cela m'étonnerait que... |

III.  *Vous vous décidez à revoir Isabelle (Nicolas) pour vous plaindre du psychiatre
que vous venez de consulter. (Voir Exercice I.) Isabelle (Nicolas) reprend chacune de vos constatations en commençant par l'expression donnée entre parenthèses.* **A** *se plaindra de sa visite chez le psychiatre et contrôlera les réponses de* **B** *qui jouera le rôle d'Isabelle (Nicolas). Suivez le modèle :*

**MODÈLE :**

|  | **A** | **B** |
|---|---|---|
|  | Ce docteur est un charlatan. | (Je regrette que...) |
|  | *Je regrette que ce docteur soit un charlatan.* | |

|  | | |
|---|---|---|
| 1. | Son diagnostic ne m'a rien appris. | (Je regrette que...) |
| 2. | Il se fait payer $100 de l'heure. | (Je me suis bien doutée [douté] que...) |
| 3. | Il te connaît par sa femme. | (Je sais que...) |
| 4. | Je ne me suis pas senti(e) mieux après la visite. | (Il est dommage que...) |
| 5. | Son bureau est meublé avec mauvais goût. | (Cela m'étonne que...) |
| 6. | Il a un sourire bizarre. | (Je ne trouve pas...) |
| 7. | Il boit du café pendant les consultations. | (Il est curieux que...) |
| 8. | Je crois bien qu'il est fou. | (Je doute que...) |
| 9. | Je n'irai peut-être pas au prochain rendez-vous. | (Ce serait une mauvaise idée que...) |
| 10. | Je te tiendrai au courant de mes progrès. | (J'espère que...) |

Réponses

I.
1. Il n'est pas évident que votre vie soit un désastre.
2. Il est impossible que vous n'ayez envie de rien.
3. Il est anormal que vous soyez tout le temps fatigué(e).
4. Il est étonnant que vous dormiez seize heures par jour.
5. Je ne crois pas que rien ne vous plaise.
6. Est-ce possible que vous n'arriviez pas à travailler?
7. Je suis navré que vous ayez des maux de tête violents.
8. Il est douteux que vos professeurs ne vous comprennent pas.
9. Il est improbable que les gens vous regardent.
10. Il n'est pas normal que vous ne supportiez pas la foule.
11. Il est bizarre que vous ne receviez jamais de lettres.
12. Je suis désolé que vos amis ne veuillent plus vous voir.
13. Il est dommage que vous ne voyiez plus Isabelle (Nicolas).
14. Il est inquiétant que vous ayez perdu l'appétit.
15. Il n'est pas bon que vous travailliez jour et nuit.
16. Je regrette beaucoup que vous n'ayez pas les moyens de me payer.

II.
1. Je ne crois pas qu'il (elle) soit paranoïaque.
2. Je ne pense pas qu'il (elle) se soit plaint(e) de vous.
3. Je souhaite qu'il (elle) vienne à son prochain rendez-vous.
4. Il est douteux qu'il (elle) vous ait menti.
5. Il est peu probable qu'il faille l'enfermer.
6. Cela m'étonnerait qu'il (elle) se remette complètement.

III.
1. Je regrette que son diagnostic ne t'ait rien appris.
2. Je me suis bien doutée [douté] qu'il se fait payer $100 de l'heure.
3. Je sais qu'il me connaît par sa femme.
4. Il est dommage que tu ne te sois pas senti(e) mieux après la visite.
5. Cela m'étonne que son bureau soit meublé avec mauvais goût.
6. Je ne trouve pas qu'il ait un sourire bizarre.
7. Il est curieux qu'il boive du café pendant les consultations.
8. Je doute qu'il soit fou.
9. Ce serait une mauvaise idée que tu n'ailles pas au prochain rendez-vous.
10. J'espère que tu me tiendras au courant de tes progrès.

# Vérification

I. *Mettez les verbes entre parenthèses au temps correct de l'indicatif ou du subjonctif selon le cas.*

1. Je ne pense pas qu'elle (répondre) à votre lettre.
2. Bien qu'il (faire) mauvais, nous allons à la plage.
3. Il était étonné qu'elle (ne pas lui faire signe) la semaine précédente.
4. J'espère que Jean (arriver) à l'heure, mais il est probable qu'il (être) en retard.

5. Je ne suis pas sûr que Michel (aller) en Espagne l'été prochain.
6. Il est douteux qu'on vous (permettre) d'entrer dans ce club privé.
7. Clarence a dit qu'il (emmener) les enfants au guignol. Ils adorent regarder les marionnettes.
8. Il me semble que vous (réussir) dans la vie.
9. Le candidat affirme qu'il (baisser) les impôts s'il est réélu. Il est peu probable que ce (être) vrai.
10. Quel dommage que Juliette et ses amis (ne pas vouloir) participer à la discussion!

**II.** *Refaites les phrases avec les éléments donnés. Faites attention à la concordance des temps au subjonctif.*

1. Je savais que nous nous étions trompés.
   Mon frère lui n'était pas sûr que _____.
2. Les villageois disent que les oiseaux reviennent le même jour chaque année.
   Il est fascinant que _____.
3. Je pense qu'ils ont pris un charter pour aller à Port-au-Prince.
   Je doute qu'ils _____.
4. Je sais que nous nous amuserons au casino de Monte Carlo.
   Ma mère ne pense pas que _____.
5. Le guide a promis que nous monterions en haut de la Tour Eiffel.
   Le guide ne voulait pas que _____.
6. Je sais qu'on découvrira un remède pour le cancer.
   Je souhaite que _____.

**III.** *Dans les phrases suivantes, mettez le premier verbe à la forme négative, et faites les changements nécessaires dans les verbes de la proposition subordonnée quand il y a lieu.*

1. Je crois que vous avez raison.
2. Les infirmières se souviennent que le malade a appelé au secours.
3. Carol est sûre que son ami sait parler russe.
4. Il est probable que sa tante lui donnera un piano.
5. Je trouve que ce costume vous va très bien.

**IV.** *Commencez chaque phrase par* **Croyez-vous...,** *et faites les changements nécessaires.*

1. La tempête a démoli tout le village.
2. Ce chimiste recevra le prix Nobel.
3. Clarisse peut nous aider.
4. Les revues sont arrivées hier.
5. Ils ont fait du camping à Yosemite.

**V.** *Faites une phrase avec les deux phrases proposées en choisissant, selon le cas, la conjonction ou la préposition donnée entre parenthèses et en faisant les changements nécessaires. Notez que les mots soulignés disparaîtront quand vous combinerez les phrases.*

**MODÈLE :** Il m'a prêté de l'argent. Je <u>devais</u> le lui rendre dans un mois. (à condition de, à condition que)

*Il m'a prêté de l'argent à condition que je le lui rende dans un mois.*

1. Il nous a offert plusieurs variétés de thé. Nous pouvons <u>ainsi</u> les comparer. (pour, pour que)
2. Je lui ai prêté ma voiture. Il <u>devait</u> me la rendre avant six heures du soir. (à condition de, à condition que)
3. J'ai accepté sa proposition. Je <u>n'ai pas</u> hésité. (sans, sans que)
4. Dites aux invités de faire moins de bruit. Les gens d'à côté se plaindront. (avant de, avant que)
5. La fourmi a travaillé tout l'été. <u>Elle avait peur</u> de ne pas avoir assez à manger. (de peur de, de peur que)
6. Nous dînerons. <u>Puis</u> il me raccompagnera en ville. (après que, après)
7. Il faut que je répare ma voiture. <u>Puis</u> je participerai à la course. (avant de, avant que)
8. Le conférencier parlait très lentement. <u>Il craignait</u> qu'on ne le comprenne pas. (de peur de, de peur que)

**VI.** *Faites des phrases en utilisant les éléments donnés.*

1. j'espère / mon frère / accompagner...
2. je voudrais / tu / savoir...
3. il paraît / ce chanteur punk / être...
4. c'est une bonne idée / vous / faire...
5. nous cherchons une maison / qui / avoir...
6. pensez-vous / vos amis / apporter...
7. est-il possible / les éléphants / s'échapper...
8. Claude ne croyait pas / son frère / faire...
9. il est douteux / les passagers / se plaindre...
10. Marcel craignait / ses professeurs / découvrir...

**VII.** *Traduisez les phrases suivantes en français.*

1. I want you to help Peter.
2. I'd like to see you.
3. George wants to go to the movies and wants me to go with him.
4. I am not sure Elizabeth made the reservations.
5. You can come with us provided you pay for half the gas.
6. Don't forget to check the oil and the tires before leaving for the mountains.
7. They won't understand the poem unless you translate it.

8. It is unlikely that they will accept our invitation.
9. Mrs. Franklin was disappointed that we arrived late at the reception for new students.
10. I hope your parents are feeling better.
11. I am so sorry you missed your plane.
12. Whatever he says, don't believe a word of it.
13. I am looking for someone who can help me fix the roof of my house.
14. That instructor showed movies in class three times a week so that students wouldn't get bored.

**VIII.** *Mettez les verbes du passage suivant au temps correct du subjonctif ou de l'indicatif selon le cas.*

Le peintre Adélaïde de Favitsky, célèbre pour ses tableaux néo-obscurantistes, éprouve le besoin de retourner à la nature pour renouveler son inspiration. Elle téléphone à une amie docteur pour lui demander conseil.

— Je cherche un endroit calme où je (pouvoir) _____ reprendre contact avec la nature et où il (être) _____ possible de réfléchir en paix. Mes dernières créations « parano-cubistes » m'ont épuisée. Je ne dors plus, je ne peux pas sortir sans que les critiques ou les journalistes m'(aborder) _____...

— Je comprends très bien! Il faut que vous (aller) _____ à la campagne loin des critiques, loin de la presse, peut-être même à l'étranger, si le cœur vous en dit.

— Connaissez-vous un endroit où je (pouvoir) _____ m'installer pendant quelques mois?

— Justement, aux États-Unis ou au Canada; cela vous fera un dépaysement complet. Et vous trouverez sans difficulté des endroits qui vous (convenir) _____, où il n'y aurait personne qui vous (reconnaître) _____, et rien qui vous (distraire) _____ de la contemplation de la nature : les montagnes, les rivières, les vastes plaines... choisissez.

— Mais docteur, c'est loin!

— Il faut que vous (prendre) _____ la peine d'y aller.

— Pensez-vous qu'un tel séjour me (faire) _____ du bien? Ça fait quinze ans que je n'ai pas quitté le Marais[4].

— J'en suis convaincue. Tenez, si vous allez au Canada, vous pourriez descendre chez ma sœur qui habite à Kamouraska[5]. Elle a épousé un Canadien qu'elle a rencontré au Québec quand elle faisait un stage à l'Université de Laval. Lui est diplômé de l'École Hôtelière de Montréal. Ma sœur et lui tiennent maintenant une auberge. Ce sont les gens les plus accueillants que je (connaître) _____. Je suis sûr qu'il vous (faire) _____ la meilleure cuisine que vous (manger) _____ de votre vie. Et ils seraient très heureux, j'en suis sûre, de vous montrer le pays.

— Cela me paraît idéal.

— Alors, c'est entendu, je leur écrirai ce week-end pour leur dire que vous vous mettrez en rapport directement avec eux. Vous ne le regretterez pas.

[4]**Le Marais :** le plus vieux quartier de Paris où vivent de nombreux artistes.

[5]**Kamouraska :** ville du Québec qui a donné son nom à un roman célèbre d'Anne Hébert.

**IX.** *(Constructions) Remplacez chaque tiret par le mot de la liste qui convient.*

| | | |
|---|---|---|
| quoique | n'importe qui | n'importe comment |
| quoi que | n'importe quoi | n'importe où |
| où que | | |

1. _____ vous lui disiez, vous ne le ferez pas changer d'avis.
2. Ne prêtez pas vos disques à _____.
3. _____ vous vous promeniez dans ce parc, vous voyez des fleurs.
4. Ce sénateur ferait _____ pour être élu président.
5. Vous pouvez lui raconter _____ histoire.
6. Elle a décoré son appartement _____ car elle a très peu de goût.
7. Des chocolats de cette qualité ne se trouvent pas _____.
8. _____ il soit bon acteur, il ne réussira pas à Hollywood.

**X.** *(Constructions) Traduisez les phrases suivantes en français.*

1. Whatever he does, his mother will always love him.
2. Although it rains every day, it's never cold.
3. You can visit me anytime. I'm always happy to see you.
4. You may select any article whatever from the newspaper for your report.
5. Which road should we take? Any one; they all lead to Paris.
6. Helen is very fond of those bracelets.
7. Whoever deals with the new director quickly reaches the same opinion regarding his competence.
8. Since she was expecting him to refuse her invitation, she was very surprised when he said yes.
9. The restaurant you recommended served us a very ordinary (mediocre) meal.

# Réalisation

**I.** *(Devoir écrit)* Imaginez qu'un ami (une amie) vous consulte sur une difficulté quelconque. Précisez la nature du dilemme et vos recommandations.

**Expressions à utiliser**

il est dommage que (de)...
ce n'est pas la peine que (de)...
avant que
pourvu que
après que
jusqu'à ce que
croyez-vous que...
il est impossible que...
il est probable que...
espérer que
douter que
souhaiter que
il faudrait que...
être désolé(e), content(e), navré(e), furieux (furieuse), ravi(e) que...

**II.** (*Jeu en groupes de deux*) Un étudiant (Une étudiante) préparera une liste de phrases auxquelles son (sa) partenaire devra réagir avec une expression suivie du subjonctif.

> **MODÈLE :** — J'ai vu *la Belle et la Bête* de Cocteau.
> — *Je suis ravi que tu aies vu ce film.*
>
> — Je n'irai pas à l'île Maurice cet hiver.
> — *Je suis désolé que tu n'ailles pas à l'île Maurice cet hiver.*
>
> — Je n'ai pas écrit à mes parents.
> — *Il faut que tu écrives à tes parents.*

**III.** (*Devoir écrit*) « Échanges de rêves et interprétations. » Les étudiants écriront un rêve qu'ils ont fait et échangeront leur rêve avec celui d'un (une) camarade. Ensuite, chacun s'ingéniera à interpréter le rêve fait par son (sa) camarade (selon une théorie analytique de son choix) pour voir ce que le rêve révèle. Utilisez beaucoup d'expressions qui gouvernent le subjonctif.

**IV.** (*Devoir écrit*) Imaginez que vous avez un (une) camarade de chambre nonchalant(e), mal organisé(e), de caractère maussade, et vous demandez au directeur (à la directrice) de la résidence de changer de chambre. Il (Elle) est d'accord, mais il faut que vous précisiez les raisons de votre demande. Utilisez quelques-unes des expressions suivantes pour décrire votre camarade « difficile à vivre ».

| | |
|---|---|
| quoique | n'importe quel |
| n'importe qui | s'attendre à |
| n'importe quoi | tenir à |
| n'importe où | tenir à ce que |
| n'importe comment | |

**V.** (*Débat*) Choisissez un des sujets suivants. Dans la mesure du possible, utilisez les expressions dans les tableaux 45, 46 et 47, pages 180–182.

A. Le nationalisme est-il une vertu ou un danger?

B. Une ironie de l'économie : la surproduction et la famine. Existe-t-il des solutions?

C. L'ordinateur — ami ou ennemi de l'homme?

CHAPITRE **11**

# La Comparaison

## PRÉSENTATION

## PRINCIPES

### I.  Le comparatif

**A.**  Il y a deux sortes de comparaisons : la comparaison d'égalité exprimée par les mots **aussi, autant,** et la comparaison d'inégalité exprimée par les mots **plus, moins.** Voir Tableau 50, page 196.

**B.**  Vous pouvez renforcer la comparaison avec un adverbe d'intensité comme **beaucoup, de loin, bien, infiniment, tellement**.

Régis est bien plus fort que Thierry.
Il est tellement plus agréable de voyager en train qu'en avion.

**C.**  Détails de construction

1.  **Que** est placé devant le second terme de comparaison.

Le ski est plus dangereux que la natation.
Tu as plus de patience que Bruno.

**TABLEAU 50**

| Les comparatifs | |
|---|---|
| **plus** <br> **aussi**  } + ADJECTIF/ADVERBE + **que** <br> **moins** | Mon beau frère est plus intelligent que moi. <br> Guy parle plus rapidement que vous. <br><br> Anne-Marie est aussi grande que son frère. <br> Elle courait aussi vite que la championne est-allemande. <br><br> Sophie écrit moins lisiblement que moi. |
| **plus de** <br> **autant de**  } + NOM + **que** <br> **moins de** | Nicolas avait plus d'argent qu'Étienne. <br><br> J'ai autant d'amis que vous. <br><br> Nous avons moins de devoirs que les autres étudiants. |

ATTENTION!  **Plus de, moins de** (expressions de quantité) s'emploient aussi devant un *nombre.* Ne confondez pas ce type de phrase avec les comparaisons **plus de...que / plus...que.**

J'ai plus de 2 500 F suisses en banque.

2.  On emploie le pronom disjoint après **que** dans les phrases comparatives.

Henri est moins doué en électronique que moi. Marc ne sort pas souvent avec ses amis. Il travaille beaucoup plus qu'eux.

3.  Il faut répéter le comparatif devant chaque adjectif.

Béatrice est plus sportive et plus vivante que ses deux frères.

## II.   Le superlatif

Le superlatif relatif exprime le degré supérieur ou inférieur par rapport à un ensemble. Il existe aussi un superlatif absolu formé avec **très.** Voir Tableau 51.

**A.**  Le superlatif relatif

Le superlatif relatif est formé avec l'article défini **le, la, les** et le comparatif **plus** ou **moins.**

1.  Place de l'adjectif

Quand l'adjectif précède le nom, le superlatif le précède aussi.

Je voudrais le plus beau chat siamois de ce magasin.

Quand l'adjectif suit le nom, le superlatif de cet adjectif le suit aussi.

Dans le restaurant « À la belle truite », on ne sert que les légumes et les fruits les plus frais. (des légumes frais)

**TABLEAU 51**

| Le superlatif | |
|---|---|
| **Superlatif relatif** | **Exemples** |
| **le (la, les) plus** <br> **le (la, les) moins** } + ADJECTIF / ADVERBE + **de** | Yann est le journaliste le plus (le moins) travailleur de l'équipe. C'est lui qui écrit le plus (le moins) rapidement de tous les reporters. <br> Voilà la plus belle plage du pays. |
| **Superlatif absolu** | **Exemples** |
| **très** + ADJECTIF / ADVERBE | Cette pièce de théâtre est très drôle. <br> Monique nous a très gentiment offert le café. |

REMARQUE: Dans la phrase « De mes deux frères, Philippe est le plus doué », notez que le français emploie le superlatif alors que l'anglais emploie le comparatif (*Of my two brothers, Philip is the more gifted*).

2. Détails de construction

    a) **De** précède toujours le nom auquel le superlatif se réfère. Faites attention à ne pas employer « dans » comme en anglais.

Daniel est le nageur le plus rapide de notre équipe.
Ellen est l'infirmière la plus dévouée de l'hôpital.
Christophe nous a lu le poème le plus obscur de cette anthologie.

    b) Un adjectif possessif peut remplacer l'article défini devant un nom suivi d'un superlatif.

Cette artiste a utilisé ses pinceaux les plus fins et ses teintes les plus sombres pour achever son autoportrait.
Félicien ne comprenait pas nos idées les plus simples et a refusé de participer à nos meilleurs projets.

    c) Avec le verbe **être** à la 3e personne, on emploie **ce** à la place de **il(s)** ou **elle(s)**, même s'il s'agit de personnes.

Connaissez-vous Pascal? C'est le chercheur le plus intelligent de sa génération. C'est aussi le plus timide de tous mes amis.

3. Emploi du subjonctif après un superlatif

Le verbe d'une proposition relative attachée à un superlatif se met souvent au subjonctif pour atténuer la force du superlatif. Voir page 183.

Le *Père Goriot* de Balzac est le roman le plus émouvant que je connaisse.

**B.**   Le superlatif absolu

Le superlatif absolu est exprimé avec des adverbes comme **très, bien, vraiment, tout à fait, extrêmement, absolument, complètement**.

Louise est rentrée de voyage complètement remise de sa dépression nerveuse.

Ce menuisier est très (extrêmement) consciencieux.

Ce que vous dites est tout à fait faux, et je suis vraiment surpris que vous puissiez le croire.

ATTENTION!   Certains adjectifs comme *formidable, excellent, merveilleux, sensationnel, exquis, terrible, extraordinaire, unique* ne sont jamais précédés de **très** au superlatif absolu puisqu'ils expriment déjà en eux-mêmes une idée superlative. Pour intensifier ces adjectifs, vous pouvez utiliser d'autres expressions comme **vraiment, tout à fait, parfaitement, absolument, bien,** etc.

Cette nouvelle encyclopédie est vraiment excellente.

Cette comédie musicale est tout à fait sensationnelle.

Il paraît que le film *Psycho* d'Alfred Hitchcock est absolument terrifiant par endroits.

Martial fait parfois des remarques bien extraordinaires pour son âge.

# III.   Les comparatifs et superlatifs irréguliers

**A.**   Les adjectifs **bon, mauvais** ont une forme comparative et superlative spéciale. Voir Tableau 52.

**TABLEAU 52**

| Comparatif et superlatif de *bon* / *mauvais* | | | |
|---|---|---|---|
| | Comparatif | Superlatif | Exemples |
| **bon** | **meilleur** | **le meilleur** | Est-ce que mon ordinateur est meilleur que le tien? |
| **mauvais** | **pire** <br> **plus mauvais** | **le pire** <br> **le plus mauvais** | Ils travaillent dans les pires conditions. |

1.   **Pire** et **plus mauvais** sont presque toujours interchangeables.

Certains jeunes gens croient que l'alcool est pire (plus mauvais) que la marijuana.

Voilà le pire (le plus mauvais) tableau qu'elle ait peint.

Mais, si **mauvais** est employé dans le sens de *defective, spoiled,* on utilise dans ce cas **plus mauvais** et non pas **pire**.

De tous ses légumes, le marchand m'a vendu les plus mauvais.

Sa vue est plus mauvaise que jamais, mais il refuse de porter des lunettes.

2. Le comparatif d'infériorité de **bon** est **moins bon** et le superlatif est **le moins bon** (**la moins bonne,** etc.).

Mes éditoriaux sont moins bons cette année que l'année dernière.

N'OUBLIEZ PAS...    **Meilleur** varie en genre et en nombre :

| | |
|---|---|
| meilleur | meilleure |
| meilleurs | meilleures |

Ce sont les Dolphins de Miami qui ont fait les meilleures performances de l'année.

**B.** Les adverbes **bien, mal,** se comparent irrégulièrement aussi. Voir Tableau 53.

**TABLEAU 53**

| | Comparatif | Superlatif | Exemples |
|---|---|---|---|
| **bien** | **mieux** | **le mieux** | Bénédicte joue mieux (plus mal) au tennis qu'Agnès. |
| **mal** | { **plus mal** <br> { **(pis)*** | { **le plus mal** <br> { **(le pis)*** | Qui a répondu le mieux à cette question? |

*****Pis** ne s'emploie guère dans la langue parlée, sauf dans certaines expressions comme « de mal en pis, tant pis ». EXEMPLE : Les choses vont de mal en pis dans ce pays.

## CONSTRUCTIONS

### I.    Expressions idiomatiques de comparaison

**A.  De plus en plus** (*more and more*)
**De moins en moins** (*less and less*)

Une guerre mondiale semble de plus en plus probable.
Il fait de moins en moins chaud chaque jour.

**B.  Plus... plus** (*the more . . . the more*)
**Moins... moins** (*the less . . . the less*)
**Plus... moins** (*the more . . . the less*)

Plus il mange, plus il a faim.
Plus on est riche, moins on est généreux.

**C.  Avoir** + *expression de mesure* + **de plus que (de moins que).**

On emploie cette tournure pour faire des comparaisons de grandeur de poids ou d'âge.

Suzanne a trois ans de plus que son cousin.
Ce jambon pèse un kilo de plus que l'autre.

**D.** Quelques expressions avec **mieux** et **pis**

1.  **Tant mieux** (*so much the better*)
**Tant pis** (*too bad*)

Nous serons beaucoup plus nombreux que prévu pour le banquet. — Tant mieux, cela animera la fête.
Je n'ai pas le temps de lire votre livre ce soir. — Tant pis, ce sera pour une autre fois.

2.  **Faire de son mieux** (*to do one's best*)
    Synonyme : **faire tout son possible**

    Les pompiers ont fait de leur mieux pour arrêter le feu. (Ils ont fait tout leur possible...)

3.  **Être mieux** (*to be more comfortable*) est le comparatif de **être bien**.

    Ton vieil oncle sera mieux dans ce fauteuil que sur cette chaise.

    Ne confondez pas **être mieux** avec **être meilleur** (le comparatif de **être bon**) qui s'applique aux qualités physiques ou morales.

    Noëlle est bonne nageuse, mais Fabienne est meilleure.
    Yves Montand est bon acteur mais meilleur chanteur.

E.  **Davantage** est un synonyme de **plus**.

    Vous lisez davantage que (plus que) moi.
    Colette travaille beaucoup, mais Annick travaille davantage.

## II.    Comme / comme si

Nous avons déjà vu **comme** synonyme de **puisque**. (Voir page 54.)

Comme elle s'ennuyait, elle a décidé de faire une promenade.

**Comme** + *nom* et **comme si** + *proposition* servent à présenter des comparaisons ou à faire des analogies. Après **comme si**, le verbe est à l'imparfait ou au plus-que-parfait, même si la proposition principale est au présent.

Cette petite fille est fraîche comme une rose.
Le chien se frotte les yeux comme s'ils étaient irrités.
Il courait comme si un monstre le poursuivait.
La vieille dame criait au secours comme si quelqu'un l'avait attaquée.

### ÉTUDE DE VERBES

Infinitifs compléments

A.   Les verbes suivants gouvernent l'infinitif directement, sans préposition.

| | |
|---|---|
| aimer | vouloir |
| aimer mieux | souhaiter |
| préférer | espérer |
| détester | compter |
| désirer | |

Ce jeune homme préfère boire de l'eau minérale.
Nous espérons recevoir le paquet dans quinze jours.
Il comptait me rendre l'argent mais il a oublié de le faire.

REMARQUES:
• Ces mêmes verbes gouvernent un nom objet direct.

J'aime le poisson.
Je voudrais un verre de lait.

• **Compter sur** s'emploie avec un nom ou un pronom.

Est-ce que je peux compter sur toi pour m'aider à déménager?
Je compte sur votre collaboration.

**B.** Les verbes suivants gouvernent **de** + *infinitif.*

| | | |
|---|---|---|
| accepter de | menacer de | |
| accuser de | permettre de | |
| défendre de | persuader de | |
| empêcher de | promettre de | |

M. Delmas a accepté de parler à la réunion des Jeunes Socialistes.
Promettez-moi de vous reposer.

Remarquez les différences de construction avec ces verbes :

Empêcher quelqu'un de
Persuader quelqu'un de

On l'a empêché de continuer ses recherches.
Je l'ai persuadé de démissionner.

Promettre à quelqu'un de
Permettre à quelqu'un de
Défendre à quelqu'un de

Il a promis à sa femme de lui apporter des fleurs.
Je ne lui permets pas de traverser la rue seul.
La préfecture de police leur a défendu de manifester devant l'usine.

Accuser quelqu'un de quelque chose
Accuser quelqu'un de faire (d'avoir fait) quelque chose

On l'a accusé de meurtre (de paresse, de mauvaise volonté, etc.).
On m'accuse d'être parfois très sarcastique.
Le procureur l'a accusé d'avoir tué de sang-froid.

## Coin du spécialiste

**A.** Avec les adjectifs **inférieur, supérieur,** on emploie **à** devant le second terme de la comparaison.

Ce journal est supérieur à celui que nous avons lu hier.

**B.** Dans une phrase négative **aussi** peut devenir **si,** et **autant** peut devenir **tant.**

Il n'est pas si (aussi) intelligent que toi.
Viviane n'a pas pris tant de poids que moi.

**C.** Si le deuxième terme d'une comparaison est un verbe d'opinion, on peut employer un **ne** explétif devant ce verbe (mais il est possible de l'omettre).

Elle est meilleure architecte qu'Emmanuel (ne) croyait.

Parfois, on emploie le pronom neutre **le** avec ou sans **ne** explétif.

Elle est meilleure architecte qu'Emmanuel (ne) le croyait.

Avec **aussi** et **autant,** il n'y a jamais de **ne** explétif.

La Provence est aussi belle qu'on le dit.

**D.** L'adjectif **petit** a une forme comparative irrégulière : **moindre.** Le superlatif est **le moindre (la moindre,** etc.). **Moindre** n'est pas toujours interchangeable avec **plus petit.** Le comparatif **plus petit** est utilisé quand il est question des dimensions physiques (mesurables) d'un objet. Dans ce cas, le comparatif irrégulier **moindre** n'est pas utilisé.

> Estelle hésitait entre deux voitures. Elle a enfin décidé d'acheter la plus petite et la plus économique.
> Votre chambre est plus petite que la mienne.

**Le (la) moindre** est employé quand la dimension est présentée sur le plan de l'importance ou de la valeur.

> Combien de temps faut-il pour aller de Dijon à Lyon? — Je n'en ai pas la moindre idée.
> Le moindre effort semble le fatiguer, ce qui se comprend après une maladie si grave.
> Ce jeune homme doit de l'argent à tous ses amis, mais c'est le moindre de ses soucis. Il vient de perdre son poste, et sa femme l'a quitté.

# ASSIMILATION

## Mise en pratique

**I.** **A** *et* **B** *compareront leur vie pendant le trimestre (semestre) actuel à leur vie le trimestre (semestre) précédent.* **A** *et* **B** *poseront les questions et contrôleront les réponses à tour de rôle. Utilisez des adjectifs à la forme comparative ou superlative dans vos réponses.*

**A**

1. Est-ce que tu as plus de (moins de, autant de) livres à acheter?
2. Est-ce que tu es plus actif (moins actif, aussi actif)?
3. Dépenses-tu plus d'argent (moins d'argent, autant d'argent)?
4. As-tu plus de (moins de, autant de) temps libre?
5. Quelles activités te prennent le plus de (le moins de) temps?

**B**

6. As-tu plus de (moins de, autant de) cours?
7. Parles-tu (Écris-tu) le français mieux qu'avant?
8. Quel est ton cours le plus difficile (le plus ennuyeux, le plus intéressant)?
9. Quel est ton professeur le plus sympathique (le mieux organisé, le plus ennuyeux, etc.)?
10. Quels sont tes meilleurs (tes moins bons) souvenirs du trimestre (semestre) dernier?

*Improvisez d'autres questions qui utilisent des comparatifs et des superlatifs.*

**II.** **A** *lira la phrase.* **B** *reprendra la phrase en remplissant le blanc par la forme comparative qui convient.* **A** *contrôlera les réponses. Puis on changera de rôle.*

<table>
<tr><td align="center">**A**</td><td align="center">**B**</td></tr>
<tr><td>1.   Ce livre est bon.</td><td>Celui-là est _____.</td></tr>
<tr><td>2.   Cette situation est mauvaise.</td><td>Celle-là est _____.</td></tr>
<tr><td>3.   Un lapin court vite.</td><td>Un léopard court _____.</td></tr>
<tr><td>4.   Un bracelet en or coûte cher.</td><td>Un bracelet en argent coûte _____.</td></tr>
<tr><td>5.   Moi, je travaille bien le matin de 5 heures à 7 heures.</td><td>Moi, je travaille _____.</td></tr>
</table>

<table>
<tr><td align="center">**A**</td><td align="center">**B**</td></tr>
<tr><td>6.   Barbra Streisand chante bien.</td><td>Dolly Parton chante _____.</td></tr>
<tr><td>7.   La pâtisserie française est riche.</td><td>La pâtisserie américaine est _____.</td></tr>
<tr><td>8.   Le bridge est un jeu de cartes difficile.</td><td>Le rami (*gin rummy*) est _____.</td></tr>
<tr><td>9.   La Cadillac est une auto peu économique.</td><td>La Renault Alliance est _____.</td></tr>
<tr><td>10.   Les jours sont longs en été.</td><td>En hiver, les jours sont _____.</td></tr>
</table>

**III.** **A** *posera la question, et après avoir entendu la réponse de* **B**, *fera une comparaison.* **B** *contrôlera les réponses. Puis on changera de rôle.*

**MODÈLE:**   **A** : Combien de camarades de chambre as-tu?
   **B** : Deux.
   **A** : *J'ai plus de (moins de, autant de) camarades de chambre que toi.*

**A**

1.   Combien de frères (sœurs, cousins, cousines, etc.) as-tu?
2.   Combien d'heures par jour étudies-tu?
3.   Combien de lettres reçois-tu chaque semaine?

**B**

4.   Combien d'heures dors-tu chaque nuit?
5.   Combien de cours est-ce que tu suis ce trimestre (semestre)?
6.   Combien de disques as-tu?

**IV.** *Formez des phrases avec un superlatif (* **le plus** *ou* **le moins**, *selon votre choix).* **A** *et* **B** *contrôleront les réponses à tour de rôle.*

**A**

1.   Evelyne est très intelligente. (la classe)
2.   Didier est un coureur rapide. (l'équipe)
3.   Mon frère est paresseux. (la famille)

**B**

4.   Serge est un jeune homme conformiste. (la fraternité)
5.   Ces fromages sont bons. (France)
6.   Ce sont de beaux tableaux. (le musée)

## Réponses

I.   1.   Oui, j'ai plus de (moins de, autant de) livres à acheter.
     2.   Oui, je suis plus (moins, aussi) actif.
     3.   Oui, je dépense plus d'argent (moins d'argent, autant d'argent).
     4.   Oui, j'ai plus de (moins de, autant de) temps libre.
     5.   Les activités qui me prennent le plus de (le moins de) temps sont...
     6.   Oui, j'ai plus de (moins de, autant de) cours.
     7.   Oui, je parle (j'écris) le français mieux qu'avant.
     8.   Mon cours le plus difficile (le plus ennuyeux, le plus intéressant) est...
     9.   Mon professeur le plus sympathique (le mieux organisé, le plus ennuyeux, etc.) est...
    10.   Mes meilleurs (Mes moins bons) souvenirs sont...

II.  1.   Celui-là est meilleur (moins bon, aussi bon).
     2.   Celle-là est pire (plus mauvaise, moins mauvaise).
     3.   Un léopard court plus vite.
     4.   Un bracelet en argent coûte moins cher.
     5.   Moi, je travaille mieux de _____ à _____.
     6.   Dolly Parton chante aussi bien (mieux, moins bien) que Barbra Streisand.
     7.   La pâtisserie américaine est plus riche (aussi riche, moins riche) que la pâtisserie française.
     8.   Le rami est un jeu de cartes moins difficile (plus facile) que le bridge.
     9.   La Renault Alliance est une auto plus économique que la Cadillac.
    10.   En hiver, les jours sont moins longs (plus courts).

III. 1.   J'ai plus de (moins de, autant de) frères (sœurs, cousins, cousines, etc.) que toi.
          Tu as plus de (moins de, autant de) frères (sœurs, cousins, cousines, etc.) que moi.
     2.   J'étudie plus (moins, autant) que toi.
          Tu étudies plus (moins, autant) que moi.
     3.   Je reçois plus de (moins de, autant de) lettres que toi.
          Tu reçois plus de (moins de, autant de) lettres que moi.
     4.   Je dors plus (moins, autant) que toi.
          Tu dors plus (moins, autant) que moi.
     5.   Je suis plus de (moins de, autant de) cours que toi.
          Tu suis plus de (moins de, autant de) cours que moi.
     6.   J'ai plus de (moins de, autant de) disques que toi.
          Tu as plus de (moins de, autant de) disques que moi.

IV.  1.   Evelyne est la plus (la moins) intelligente de la classe.
     2.   Didier est le coureur le plus (le moins) rapide de l'équipe.
     3.   Mon frère est le plus (le moins) paresseux de la famille.
     4.   Serge est le jeune homme le plus (le moins) conformiste de la fraternité.
     5.   Ces fromages sont les meilleurs (les moins bons) de France.
     6.   Ce sont les plus beaux (les moins beaux) tableaux du musée.

# Vérification

**I.** *Mettez le mot entre parenthèses à la forme comparative ou superlative selon le cas. Il y a parfois plusieurs solutions possibles.*

1. C'est (belle) fille que je connaisse.
2. Ce climat est (dur) qu'on me l'avait dit.
3. Ils ont acheté (bons) chocolats du magasin.
4. De tous les étudiants, c'est lui qui a répondu (mal).
5. Sa réaction à ma critique est (mauvaise) que je ne croyais.
6. Cet arrangement me convient (bien) que l'autre.
7. Ce facteur paresseux ne fait pas son travail. Il a (mauvais) réputation.

**II.** *Faites une phrase indépendante avec chacun des adjectifs entre parenthèses. Faites attention à la place de l'adjectif et à l'accord.*

**A.** *Utilisez la forme superlative avec* **le plus, la plus, les plus.**

1. Lara a pris le gâteau (petit) / (sucré).
2. Pensez-vous que le français soit la langue (joli) / (musical)?
3. Il a avoué que c'était le (grand) / (ambitieux) projet de sa carrière.

**B.** *Maintenant, utilisez la forme superlative avec* **le moins, la moins, les moins.**

4. Ephraïm avait le cheval (rapide) / (beau).
5. Elle a acheté le collier (cher) / (joli).
6. Quel est, à votre avis, le métier (utile) / (intéressant)?

**III.** *Formez des phrases comparatives ou superlatives avec les éléments donnés.*

1. voilà / étudiants / sportifs / université
2. cet étudiant / répondre / bien / les autres
3. mon ami / parler / distinctement / moi
4. le soleil / se coucher / tôt / en hiver
5. les légumes / frais / être / bons / légumes surgelés
6. ces bâtiments / être / moderne / ville

**IV.** *Remplacez les tirets par* **que, de** *ou* **à** *selon le cas. (Faites attention aux contractions.)*

1. Cette maison n'est-elle pas la plus jolie _____ le village?
2. Ne trouvez-vous pas le vin californien inférieur _____ le vin français?
3. Nous avons vu les endroits les plus pittoresques _____ le pays.
4. Il y a plus _____ 3 000 000 de volumes dans cette bibliothèque.
5. Le TGV[1] est plus rapide _____ tous les autres trains.
6. Je vois bien que tu as plus _____ patience _____ moi.
7. Jean-Paul danse mieux _____ son rival.
8. Nous venons de traverser la période la plus critique _____ l'année.
9. Ce modèle de séchoir est supérieur _____ les autres.

[1]Train à grande vitesse, qui va, par exemple, de Paris à Lyon en deux heures.

**V.** *(Constructions) Remplacez les tirets par* **à** *ou* **de** *là où c'est nécessaire.*

1. Nous aimons _____ faire des pique-niques.
2. On lui a défendu _____ entrer dans cette pièce.
3. Gérard m'a promis _____ faire plus attention à ses dépenses.
4. Elle avait envie d'aller au Moyen-Orient, mais ses parents ne voulaient pas _____ lui permettre _____ voyager seule.
5. Je préférais _____ dîner après le théâtre.
6. Pourquoi est-ce que tu m'accuses _____ mentir?
7. Je déteste _____ faire des problèmes de mathématiques.
8. Il espère _____ participer aux jeux olympiques.

**VI.** *(Constructions) Réunissez les phrases avec* **plus... plus** *ou* **plus... moins.**

**MODÈLE:**   Je cours beaucoup. J'ai mal à la cheville.
*Plus je cours plus j'ai mal à la cheville.*

1. Vous roulez vite en voiture. Vous risquez d'avoir un accident.
2. Je la connais. Je l'admire.
3. Je pense à ce voyage. J'ai envie de le faire.
4. On revoit ce film. On l'aime.
5. On vieillit. Les muscles perdent de leur souplesse.

**VII.** *(Constructions) Remplacez les tirets par* **mieux, meilleur, mal** *ou* **pis,** *selon les cas.*

1. La guerre va de _____ en _____.
2. Si vous mettez ce pull-over, vous serez _____, car il fait froid dans cette pièce.
3. Il a oublié de m'envoyer le chèque. Tant _____, je payerai moi-même.
4. Nous avons fait de notre _____ pour obtenir une bourse.

**VIII.** *(Constructions) Faites des phrases comparatives de mesure, de poids ou d'âge avec les données suivantes.*

1. J'ai 30 ans. Vous avez 45 ans.
2. Ce banc vert mesure 2 mètres. Ce banc orange mesure 3 mètres.
3. J'ai mis 60 grammes de sucre dans le gâteau. Anne en a mis 100.
4. Je pèse 50 kilos. Ma sœur en pèse 60.

# Réalisation

**I.** *(Sketch)* Présentez une interview ou un débat où deux candidats (candidates) aux élections présentent leurs idées et expliquent ce qu'ils (elles) comptent faire quand ils (elles) seront élus (élues). Utilisez un grand nombre de comparatifs et de superlatifs.

**II.** *(Devoir écrit)* Nous aimons tous rêver pendant la journée. Comparez la vie de vos fantaisies à celle de la réalité.

**III.** (*Exposés oraux*) Chaque étudiant comparera l'état (le pays, la province) dont il vient à celui dont vient son voisin. Employez au degré comparatif et superlatif quelques adjectifs de la liste suivante. Utilisez aussi quelques adverbes de votre choix.

**Adjectifs à utiliser**

| | |
|---|---|
| grand (petit) | fascinant |
| meilleur | avant-gardiste |
| boisé | traditionnel |
| varié | reposant |
| industriel | touristique |
| pollué | attrayant |
| arriéré | abordable |
| gastronomique | populaire |

**IV.** (*Devoir écrit*) Traitez un des sujets suivants :

1. Une promesse qu'on n'a pas tenue.

2. Une grande déception (*disappointment*).

Dans la mesure du possible, utilisez dans votre anecdote quelques-unes des expressions verbales suivantes.

| | |
|---|---|
| aimer mieux + *infinitif* | compter sur quelqu'un |
| empêcher quelqu'un de + *infinitif* | accuser quelqu'un de + *infinitif* |
| promettre à quelqu'un de + *infinitif* | persuader quelqu'un de + *infinitif* |
| compter + *infinitif* | espérer + *infinitif* |

# CHAPITRE 12

# Les Propositions relatives

## PRÉSENTATION

### PRINCIPES

Fonctionnement des propositions relatives
Précisions sur les pronoms relatifs
Propositions relatives: **ce qui, ce que, ce dont, ce** + *préposition* + **quoi**
Propositions relatives après les pronoms démonstratifs

### CONSTRUCTIONS

**Tout**
ÉTUDE DE VERBES : Infinitifs compléments; **amener** et **emmener**

## PRINCIPES

### I.   Fonctionnement des propositions relatives

**A.**   Les propositions subordonnées qui sont attachées à un nom (ou à un pronom) et l'expliquent ou le qualifient s'appellent des propositions relatives. Le nom (ou le pronom) ainsi qualifié est appelé *l'antécédent* et peut être une personne ou une chose. Le pronom neutre **ce** et les pronoms démonstratifs **celui, celle, ceux, celles** peuvent également servir d'antécédent à la proposition relative. (Voir III et IV, pages 212 et 213.)

Les jeunes gens *qui travaillent* dans ce garage sont mal payés. (antécédent : *Les jeunes gens*)
Avez-vous aimé le film *que nous avons vu hier soir*? (antécédent : *le film*)
Toi, *qui ne fais jamais rien*, comment espères-tu réussir dans la vie? (antécédent : *Toi*)

**B.** La proposition relative commence, en général, par un pronom « relatif » qui se réfère justement à cet antécédent. Le pronom relatif a aussi une fonction dans la proposition subordonnée qu'il introduit. Pour la déterminer, il faut regarder le verbe de la relative et se poser d'avance les questions suivantes :

1. Le verbe a-t-il besoin d'un sujet? ... alors, employez **qui.**

   Je vais raconter une histoire qui amusera les enfants. (qui = sujet d'*amusera*)

2. Le verbe de la relative gouverne-t-il un objet direct? ... alors, employez **que.**

   Le jardin que nous avons visité ensemble n'était pas encore en fleur. (que = objet direct d'*avons visité*)

3. Le verbe gouverne-t-il un complément avec une préposition? ... alors, employez **lequel** (ou **qui** pour les personnes) après toutes les prépositions excepté **de.**

   Le beurre avec lequel j'ai fait le gâteau était rance. (On fait du gâteau avec quelque chose.)

   La dame à laquelle (à *qui*) j'ai parlé était parfaitement bi-lingue.

   Si le verbe gouverne un complément avec **de,** employez **dont,** qui remplace systématiquement **de qui** ou **duquel (de laquelle, desquels, desquelles).**

   Quels sont les sujets dont on parle le plus dans les journaux? (parler *de* quelque chose)

   Jean-Pierre, dont (*de qui*) je n'ai aucune nouvelle, doit être arrivé à Paris. (avoir des nouvelles *de* quelqu'un)

   REMARQUE: **Où** remplace souvent **à, dans, sur, pendant,** etc. + **lequel** pour exprimer le lieu ou le temps.

   Le pays où je suis né est devenu communiste en 1948. (où = dans lequel)

   Nous nous sommes expatriés l'année où la guerre a commencé. (où = pendant laquelle)

Le Tableau 54 (page 210) résume le fonctionnement de la proposition relative.

## II.  Précision sur les pronoms relatifs

### A.  Qui, que

1. L'antécédent de **qui** ou de **que** peut être une personne ou une chose. **Qui** et **que** adoptent le genre et le nombre de leur antécédent. Il faut donc faire attention à la conjugaison du verbe, à l'accord des adjectifs et à l'accord du participe passé si le verbe est à un temps composé. (Voir pages 45–46.)

   Je n'aime pas les jeunes gens qui font beaucoup de bruit.

   C'est moi qui suis descendue la première.

   La tarte qu'ils ont faite était immangeable.

2. **Que** devient **qu'** devant une voyelle, mais **qui** ne change pas.

   Il a donné aux pauvres tout l'argent qu'il avait gagné.

   C'est un sujet qui intéresse tout le monde.

**TABLEAU 54**

| Propositions relatives | | |
|---|---|---|
| **Pronoms relatifs** | Fonction dans la proposition relative | Exemples |
| **qui** | *sujet* | La vieille dame aime regarder les gens qui passent dans la rue. |
| | | Le garçon qui nous sert n'est pas très aimable. |
| | | Comment s'appelle le film qui a gagné la palme d'or au festival de Cannes? |
| **que** | *objet direct* | Le vase que vous avez cassé est irremplaçable. |
| | | L'acteur que nous avons interviewé vient de tourner un film au Canada. |
| **lequel** **lesquels** **laquelle** **lesquelles** | *après une préposition* | Julien ne voit plus la jeune fille avec laquelle il sortait l'année dernière. |
| | | Nadine a été surprise en ouvrant le panier dans lequel un petit chat dormait. |
| **dont** | *remplace* **duquel (de laquelle, desquels, desquelles)** | Il a acheté la calculatrice dont il avait besoin. |
| **où** | *représente un nom indiquant le lieu ou le temps* | Connaissez-vous Allarmont? C'est le petit village où nous avons passé de merveilleuses vacances. |
| | | Te souviens-tu du jour où nous avons fait un pique-nique au bord du lac de Genève? |

**B.  Lequel** (pronom relatif variable)

1.  Le pronom **lequel** varie en genre et en nombre avec le nom qu'il remplace :

| | singulier | pluriel |
|---|---|---|
| *masculin* | **lequel** | **lesquels** |
| *féminin* | **laquelle** | **lesquelles** |

*formes contractées*

| | | |
|---|---|---|
| *masculin* | **duquel** | **desquels** |
| | **auquel** | **auxquels** |
| *féminin* | —— | **desquelles** |
| | —— | **auxquelles** |

2. On emploie **lequel** après toute préposition autre que **de** quand l'antécédent est un nom spécifique (désignant les personnes ou les choses). Si l'antécédent est une personne, on peut utiliser **qui** à la place de **lequel.**

Son fils, pour lequel (pour qui) il avait tout fait, lui a causé beaucoup de chagrin.

Les jeunes filles auxquelles (à qui) Alain parlait venaient du Viêt-nam.

Richard a perdu le cahier sur lequel il avait pris des notes.

Je vous dirai, un jour, les raisons pour lesquelles j'ai quitté mon pays.

Je vous présente Miriam, la jeune fille avec laquelle (avec qui) j'ai organisé notre débat.

ATTENTION! Après les prépositions **parmi** et **entre,** on ne peut pas employer **qui.** Il faut utiliser **lequel** dans tous les cas (personnes et choses).

Il a interviewé plusieurs actrices, parmi lesquelles (*forme unique*) se trouvait Jeanne Moreau.

Il y avait plusieurs candidats entre lesquels il était difficile de distinguer.

Voilà les hôtels à prix modérés parmi lesquels nous devons choisir.

## C. Dont

**Dont** remplace régulièrement **de qui** ou **duquel (de laquelle, desquels, desquelles).** Il faut donc prendre l'habitude de l'employer. Il y a deux types de phrases avec **dont** :

1. **Dont** est l'objet d'un verbe (ou d'une expression verbale) suivi de **de.** C'est le cas avec des expressions comme :

avoir besoin de
avoir peur de
avoir envie de
être content(e), fier (fière), satisfait(e) de
parler de
profiter de
se souvenir de
se servir de
se moquer de
etc.

Les Mirages sont des avions dont l'industrie française est fière.

Le roman dont je vous parlais l'autre jour est un best-seller.

Il m'a remercié de mes conseils dont il a beaucoup profité.

Nadine lui a montré une lettre d'amour dont il ne se souvenait pas.

L'homme dont elle est tombée amoureuse est un membre de la maffia.

ATTENTION! On ne peut pas utiliser **dont** avec des prépositions composées comme *autour de, à côté de, au centre de, à la fin de,* etc. Il faut employer : *préposition* + **duquel (de laquelle,** etc.)

La dame à côté de laquelle l'hôtesse m'a placé, fumait sans cesse.

C'est une pièce macabre à la fin de laquelle tout le monde se tue.

Voilà le quartier au centre duquel se trouve le palais.

Connaissez-vous le parc près duquel ils habitent?

2. **Dont** remplace un complément de nom[1] et a le sens de *whose, of which* en anglais.

Elle a épousé un jeune homme dont les parents travaillent à l'O.N.U.[2] (les parents du jeune homme)

Ce chercheur étudie les substances dont on ne connaît pas toutes les propriétés. (les propriétés des substances)

J'apprécie les vins dont le bouquet est délicat. (le bouquet des vins)

ATTENTION!    **Dont** n'est jamais interrogatif. Pour former une question il faut employer l'adverbe interrogatif **de qui** ou **de quoi.**

De qui parlez vous?
De quoi se sont-ils encore plaints?

**D. Où**

1. **Où** remplace **auquel (à laquelle, aux-quels, auxquelles), sur lequel, dans lequel, devant lequel,** etc., lorsque ceux-ci désignent un lieu (un endroit).

Comment s'appelle la ville où (dans laquelle) Pierre Trudeau est né?
L'hôtel où ils sont descendus était très bruyant.

NOTE :    On peut employer les prépositions **par** ou **de** devant **où.**

Le village d'où je viens est très petit.
La fenêtre par où le voleur a pénétré dans l'immeuble n'avait pas été fermée à verrou.

2. **Où** peut également remplacer **pendant lequel** ou **dans lequel** quand il s'agit d'expressions de temps comme :

le jour où (le soir où)        le moment où
la semaine où (l'année où)     l'époque où

Nous vivons à une époque où beaucoup de gens sont ruinés par l'inflation.
C'est l'heure où je fais ma sieste. (où = à laquelle)
Je n'oublierai jamais le jour où tu m'as sauvé la vie.

# III.    Propositions relatives : **ce qui, ce que, ce dont; ce** + *préposition* + **quoi**

Jusqu'à présent nous avons examiné les propositions relatives dont l'antécédent est un nom précis (une personne ou une chose). Une proposition relative peut aussi s'attacher à une phrase complète ou à l'idée que cette phrase exprime. Dans ce cas, le pronom neutre **ce** résume la phrase et devient l'antécédent du

---

[1]Quand un nom est suivi de **de** + *un autre nom,* on appelle ce dernier un complément de nom : *une tasse de café, la moto de Jean, l'odeur de la soupe,* etc.

[2]**O.N.U. :** Organisation des Nations Unies.

pronom relatif qu'il précède. Ceci donne les formes :

**ce qui** (*sujet*)
**ce que** (*objet*)
**ce dont** (*complément avec* **de**)
**ce** + *préposition* + **quoi** (*après toute autre préposition que* **de**)

Le magasin était fermé, ce qui m'a beaucoup ennuyé.

Il n'y a pas de train le dimanche, ce que vous avez oublié de me dire.

Michel a amené plusieurs amis à la fête, ce dont j'étais assez mécontent.

Écrire c'est un travail d'organisation autant que d'inspiration, ce à quoi vous n'avez pas assez réfléchi.

ATTENTION!   Dans les expressions suivantes, **ce** est toujours utilisé :

tout ce qui (tout ce que, tout ce dont)
voilà ce qui (voilà ce que, voilà ce dont)

Fais comme chez toi; prends tout ce qui te tente dans le réfrigérateur.

Nous avons étudié, puis dîné rapidement d'une pizza. Voilà tout ce que nous avons fait hier.

Tout ce qu'ils veulent c'est voir leurs enfants heureux.

Tout ce dont le sénateur se souvenait, c'est qu'on l'avait frappé à la tête juste au moment où il était rentré chez lui.

Être ou ne pas être, voilà ce qui pour Hamlet est la question.

# IV.   Propositions relatives après les pronoms démonstratifs

Les pronoms démonstratifs peuvent servir d'antécédent aux propositions relatives, ce qui donne les formes :

$$\left.\begin{array}{l} \textbf{celui} \\ \textbf{celle} \\ \textbf{ceux} \\ \textbf{celles} \end{array}\right\} \;+\; \left\{\begin{array}{l} \textbf{qui} \\ \textbf{que} \\ \textbf{dont} \\ \textbf{de} \\ \textit{préposition} + \textbf{qui (lequel,} \text{ etc.)} \end{array}\right.$$

Remarquez que quand vous employez un pronom démonstratif le point de référence est un nom spécifique dont on sait le genre et le nombre. Ce n'est pas le cas avec le pronom neutre **ce.**

Nous avons parlé de ses rêves, du moins de ceux dont il se souvenait le mieux. (ceux = les rêves) COMPARER : Nous avons parlé de ses rêves, ce dont il était fort gêné. (ce = le fait d'avoir parlé)

Celui qui (*L'homme qui*) vous a dit cela est un snob. Ce qu'il a dit révèle bien son caractère hautain.

— Quand tu mettras les assiettes sur la table, ne prends pas celles qui sont neuves, a dit Chantal à son mari.

# CONSTRUCTIONS

## Tout

**Tout** peut être adjectif, pronom ou adverbe.

**A.** L'adjectif **tout** a le sens de *all, every, whole* et varie en genre et en nombre.

|            | singulier | pluriel |
|------------|-----------|---------|
| *masculin* | **tout**  | **tous** |
| *féminin*  | **toute** | **toutes** |

REMARQUE :   Dans une série de noms, l'adjectif **tout** est répété[3].

On a volé tous mes livres et tous les timbres que j'avais collectionnés.

**B.** Le pronom **tout** au singulier a le sens de *everything*. Employé comme objet direct, il est placé après le verbe à un temps simple et après l'auxiliaire à un temps composé.

Tout ennuie Antoine; rien ne l'intéresse.
Je lui dis tout. Je lui ai tout dit.

Au pluriel, **tous / toutes** a le sens de *all*. Quand **tous** est un pronom, le **s** final est prononcé.

Tous ont fait la même erreur.
Tous m'ont applaudi quand j'ai fini mon discours.

Notez que deux constructions sont possibles avec **tous / toutes.**

Tous m'ont dit de ne pas manquer cette pièce.
**OU** Ils m'ont tous dit de ne pas manquer cette pièce.

N'oubliez pas le **ce** dans les expressions **tout ce qui, tout ce que.** (Voir page 213.)

Vous m'expliquerez tout ce qui est arrivé.
Voilà tout ce que je sais de la vie de Socrate.

Après l'expression **tout le monde,** le verbe est au singulier. Ne confondez pas **tout le monde** (*everyone*) et « le monde entier » (*the whole world*).

Tout le monde voudra participer au jeu.
C'est le meilleur karatéka du monde entier.

**C.** L'adverbe **tout** a le sens de « entièrement, complètement ». **Tout** est invariable excepté devant un adjectif féminin qui commence par une consonne ou un **h** aspiré.

Ils sont tout étonnés de vous voir.
Elle est tout heureuse.
MAIS :
Elle est toute contente.
Elle est toute honteuse.

Remarquez les expressions suivantes :

**tout à l'heure** = *later, in a (little) while* pour un futur assez proche
= *a while ago* pour un passé assez récent

Je vous verrai tout à l'heure.
Votre ami est venu tout à l'heure me dire que vous étiez malade.

---

[3]Notez qu'en anglais ce n'est pas nécessairement le cas. EXEMPLE : *All my books and stamps...*

| | | |
|---|---|---|
| **tout de suite** = immédiatement | | Nous allons partir tout de suite. |
| **tout à fait** = complètement | | François a l'air tout à fait bête dans ce costume. |
| **tout à coup** = soudain | | Tout à coup nous avons entendu un bruit dans la cuisine où se trouvait le chat. |

## ÉTUDE DE VERBES

Infinitifs compléments

**A.** Les verbes suivants gouvernent l'infinitif directement.

| | | |
|---|---|---|
| aller | monter | Je suis allée lui dire de ne pas s'inquiéter. |
| courir | rentrer | Nous sommes montés nous coucher. |
| descendre | retourner | Elle est descendue regarder les enfants jouer à |
| envoyer | venir (revenir) | la balle. |

**B.** **Amener** et **emmener** gouvernent aussi l'infinitif directement.

1. **Amener** a le sens de conduire une personne dans un endroit.

Voulez-vous me présenter aux amis que vous avez amenés à la fête?

2. **Emmener** a le sens de partir d'un endroit avec quelqu'un pour aller dans un autre endroit.

M. et Mme Duroc ont emmené leurs enfants en Europe.
Je l'ai emmené voir un film de Buñuel.

3. Comparez **amener** et **emmener** avec **apporter** et **emporter** qui s'emploient de la même manière pour les choses.

Michèle a amené ses amies. Elles nous ont apporté un bouquet de roses.
Quand M. Prêtres va à Londres, il emporte son parapluie et son attaché-case.
Après le théâtre, Romain emmène son amie au café.

## Coin du spécialiste

**A.** Cas spécial avec **dont**.
Si un nom est suivi d'une *préposition + un autre nom,* on ne peut pas ajouter de proposition relative introduite par **dont** à ce dernier nom. Il faut dans ce cas employer **duquel** ou **de qui.**

Voilà le jeune homme dans la voiture de qui nous avons voyagé.
C'est un projet à la réalisation duquel des milliers d'hommes ont participé.

**B.** Le pronom **ce** désigne parfois quelque chose qui n'a pas été spécifié (ou exprimé) mais qui est présent dans le contexte ou dans la pensée de la personne qui parle. Dans ce cas, **ce** = la chose ou les choses en question.

COLETTE (*qui parle à son camarade*) : — Ce que tu fais en ce moment est une perte de temps. Il est impossible de trouver ce dont vous avez besoin. (ce = l'ensemble des choses nécessaires)

**C.**   Quand il s'agit du pronom relatif **quoi**, le pronom **ce** n'est pas toujours exprimé devant une préposition. C'est surtout le cas quand la proposition relative correspond en fait à l'interrogation indirecte. (Voir Chapitre 13, page 225.)

> Philippe ne savait pas avec quoi (ce avec quoi) on fait la bière. (Avec quoi fait-on la bière? Il ne savait pas cela.)
> Nathalie ne m'a pas dit à quoi elle travaillait. (discours indirect)

**D.**   Notez l'expression de mise en relief **ce qui (ce que, ce dont,** etc.**)... c'est...**

> Ce qui est important, c'est de prendre son temps.
> Ce dont il parle, c'est de la magie noire.
> Ce qu'il me faut, c'est une nouvelle voiture.
> Ce que je pense de Frédéric, c'est qu'il a beaucoup de talent mais peu d'ambition.

# ASSIMILATION

## Mise en pratique

**I.**   *Réunissez les phrases avec* **qui, que** *ou* **dont. A** *et* **B** *liront les phrases et contrôleront les réponses à tour de rôle.*

**A**

1. Il a acheté une voiture. Le moteur de la voiture était défectueux.
2. Elle prépare un dessert. Tout le monde aime beaucoup ce dessert.
3. Le couteau est vieux. Tu te sers de ce couteau.
4. Ils sont descendus dans un village. Ce village se trouvait près d'une rivière.
5. Montre-moi le pull-over. Tu as reçu ce pull-over.
6. Les émissions à la télévision sont instructives. Nous regardons ces émissions.

**B**

7. Je vais acheter le médicament. Il a besoin de ce médicament.
8. Voilà une phrase. Cette phrase illustre bien le style de Voltaire.
9. Mes parents habitent une petite maison. Ils sont contents de cette maison.
10. L'omelette était délicieuse. Tu as fait cette omelette.
11. Je parlerai des poèmes de Baudelaire. Je me souviens le mieux de ces poèmes.
12. Cette pièce de théâtre met en scène des personnages. Le caractère de ces personnages est instable.

**II.** *Réunissez les phrases avec* **où, d'où, par où,** *selon le cas. A et B contrôleront les réponses à tour de rôle.*

**A**

1. Le restaurant coûte cher. Nous allons à ce restaurant.
2. Il faisait froid le lundi. Je suis arrivé(e) ce jour-là.
3. Le village se trouve dans les Alpes. Je viens de ce village.

**B**

4. Les routes sont dangereuses. Il passe par ces routes pour aller à son travail.
5. Les années 60 étaient une période mouvementée. On contestait beaucoup l'autorité.
6. Il y a un trou dans le mur. Les souris peuvent passer par ce trou.

**III.** *Réunissez les phrases avec* **lequel, laquelle, duquel, à laquelle,** *etc. A et B contrôleront les réponses à tour de rôle.*

**A**

1. C'est une dame. J'ai beaucoup de sympathie pour elle.
2. Voilà le boulevard. Le musée se trouve au bout de ce boulevard.
3. Cette maison est la mienne. Il y a un grand arbre devant cette maison.

**B**

4. Il nous a proposé plusieurs solutions. Il fallait choisir entre elles.
5. Nous avons trouvé du pâté et du saucisson. Nous serions morts de faim sans ces aliments.
6. Connaissez-vous ces étudiants? Nathalie parle à ces étudiants.

## Réponses

**I.**
1. Il a acheté une voiture dont le moteur était défectueux.
2. Elle prépare un dessert que tout le monde aime beaucoup.
3. Le couteau dont tu te sers est vieux.
4. Ils sont descendus dans un village qui se trouvait près d'une rivière.
5. Montre-moi le pull-over que tu as reçu.
6. Les émissions que nous regardons à la télévision sont instructives. (Nous regardons à la télévision des émissions qui sont instructives.)
7. Je vais acheter le médicament dont il a besoin.
8. Voilà une phrase qui illustre bien le style de Voltaire.
9. Mes parents habitent une petite maison dont ils sont contents.
10. L'omelette que tu as faite était délicieuse.
11. Je parlerai des poèmes de Baudelaire dont je me souviens le mieux.
12. Cette pièce de théâtre met en scène des personnages dont le caractère est instable.

**II.**
1. Le restaurant où nous allons coûte cher.
2. Il faisait froid le lundi où je suis arrivé(e).
3. Le village d'où je viens se trouve dans les Alpes.

4.  Les routes par où il passe pour aller à son travail sont dangereuses.
5.  Les années 60 étaient une période mouvementée où on contestait beaucoup l'autorité.
6.  Il y a un trou dans le mur par où les souris peuvent passer.

**III.**
1.  C'est une dame pour laquelle j'ai beaucoup de sympathie.
2.  Voilà le boulevard au bout duquel se trouve le musée.
3.  Cette maison devant laquelle il y a un grand arbre est la mienne.
4.  Il nous a proposé plusieurs solutions entre lesquelles il fallait choisir.
5.  Nous avons trouvé du pâté et du saucisson sans lesquels nous serions morts de faim.
6.  Connaissez-vous ces étudiants auxquels Nathalie parle?

# Vérification

**I.**  *Remplacez les tirets par les pronoms relatifs ou locutions relatives qui conviennent :* **qui, que, dont, où, celui qui,** *etc.*

1.  Le parfum _____ elle emploie coûte très cher.
2.  L'homme _____ on m'a parlé est le président de l'université.
3.  La ville _____ je suis née est très pittoresque.
4.  Le monsieur _____ prend son déjeuner tout seul a l'air malheureux.
5.  Emmanuel a eu une maladie _____ il ne s'est jamais remis.
6.  Vous auriez dû suivre le plan _____ je vous ai donné.
7.  Balzac est un auteur _____ les romans ont été traduits en plusieurs langues.
8.  Quel modèle de Porsche préférez-vous? — Je préfère le Modéle C, celui _____ est sorti en 1964.
9.  M. Farge, _____ avait une très belle collection de tableaux anciens, nous a montré _____ il préférait.
10. De tous les poèmes de Prévert _____ je préfère est « Déjeuner du matin ».

**II.**  *Combinez les phrases en substituant une proposition relative à la deuxième phrase.*

**MODÈLE:**   Il a perdu tout son argent à la bourse. Cela l'a rendu furieux.
*Il a perdu tout son argent à la bourse, ce qui l'a rendu furieux.*

1.  Je faisais de la bicyclette l'autre jour et un de mes pneus a crevé. Cela m'a obligée à rentrer chez moi à pied.
2.  Il ne sort jamais le week-end. Il se plaint tout le temps de cela.
3.  Le prix de la vie augmente très rapidement. Tout le monde est conscient de cela.
4.  Ces symptômes sont dûs aussi à la fatigue. Vous n'avez pas pensé à cela.
5.  L'hôtel nous a donné une grande chambre tout confort avec vue sur le parc. Nous étions heureux de cela.
6.  Henri voulait devenir pilote. Ses parents lui avaient toujours déconseillé cela.
7.  On ne débarrasse pas assez vite les plats sur la terrasse. Cela attire les mouches et les oiseaux.

8. Constance, depuis son arrivée à Paris, avait rencontré beaucoup de gens et sortait tous les soirs. Cela l'empêchait de se concentrer sur ses études.

III. *Réunissez les phrases avec* **ce qui, ce que, ce dont, ce** + *préposition* + **quoi,** *selon le cas.*

1. Pour aller de Venise à Florence, il faut traverser des montagnes. Cela prend plusieurs heures.
2. Les manifestants de la ville ont voulu prendre la mairie de force. La police ne pouvait pas tolérer cela.
3. Les grands arbres protègent la maison de la chaleur. C'est agréable.
4. Après 10 heures, tous les restaurants sont fermés. Nous n'avons pas pensé à cela.
5. Mon cousin vient d'apprendre qu'il est reçu à ses examens de doctorat. Il est ravi de cela.
6. Elle est partie un jour sans rien dire, sans rien emporter. Personne ne comprend cela.

IV. *Remplacez les tirets par* **celui qui, ceux que, celles dont, celle avec laquelle,** *etc., selon le cas.*

1. Il y a plusieurs histoires comiques dans ce recueil. Vous pouvez parler de _____ vous amuse le plus.
2. Voilà tous mes livres. Lisez _____ vous voulez.
3. Il y a deux explications pour cette crise économique. Je vous parlerai d'abord de _____ est la moins complexe.
4. Ne prenez pas les beaux verres en cristal. Prenez plutôt _____ on se sert tous les jours.
5. Quelles poupées Janine veut-elle? — Elle veut _____ elle jouait l'autre jour.
6. Aimez-vous les jeans de YSL (Yves Saint-Laurent)? _____ j'ai vus l'autre jour étaient formidables.

V. *Marcel Avidos, sénateur dont la probité est douteuse, cherche de nouveau à se faire réélire par les électeurs de Saint-Aymar-sur-Augue, petit village fictif de la Bourgogne. Il organise une réunion où de nombreux contribuables mécontents se rendent pour l'attaquer et l'empêcher de finir ses phrases. Le sénateur, intimidé par les slogans que le public lui lance, s'embrouille et intègre dans son discours les critiques qui lui parviennent de la salle.*

*Dans la colonne de gauche vous trouverez le début de ses phrases, dans celle de droite les slogans, et ce sera à vous de reconstituer ce discours désastreux avec des propositions relatives introduite par* **qui, que, dont, où,** *préposition* + **lequel,** *etc.*

| Le Sénateur | Le public |
|---|---|
| 1. Je suis ici avec mon ami le Général Léon-Cassius Barnard... | Il n'a jamais vu le feu. |
| 2. Mon administration a rénové la région de Saint-Aymar... | Elle est plus sous-developpée que jamais. |
| 3. Je fonderai un musée de l'agriculture... | Tout le monde en rira. |

4. J'organiserai des bals masqués tous les samedis...        Personne n'ira.

5. J'érigerai une statue à la gloire de nos fermiers...        Ils paient trop d'impôts.

6. On fera venir le TGV[3] à Saint-Aymar pour attirer les touristes...        Ils nous envahiront.

7. Nous exporterons en Californie nos grenouilles et nos escargots...        Personne n'en voudra.

8. Je ferai ouvrir un Opéra...        L'accordéoniste, André Bonnot, en sera le directeur artistique.

9. Je ferai distribuer des bouteilles d'apéritif gratuits...        Nous les boirons.

10. Yves Montand viendra donner un récital...        Les billets pour le récital seront trop chers.

11. J'ouvrirai une école militaire...        Les contribuables en paieront les dépenses.

12. Je ferai creuser un lac artificiel...        Il attirera les moustiques.

VI. *À la stupéfaction des journalistes, le sénateur sera réélu triomphalement. C'est avec une satisfaction évidente qu'il prononce le discours suivant.*

*C'est à vous de remplacer les tirets par le pronom relatif qui convient.*

« Je remercie les électeurs de Saint-Aymar-sur-Augue _____ une fois de plus m'ont fait confiance, _____ _____ je leur suis très reconnaissant. Nous passerons tout de suite à l'exécution de mon programme _____ comprend des réalisations ambitieuses _____ tous contribueront. Parmi les plus importantes : le TGV, qui amènera les touristes parisiens _____ l'argent relancera l'économie de Saint-Aymar. Je n'oublie pas l'hippodrome et le lac artificiel _____ les enfants de l'école feront des pique-niques et _____ vous pourrez faire du bateau. Enfin, cette statue à la gloire de nos fermiers, nous la commanderons au célèbre Barnabé Laroche _____ est une de mes connaissances personnelles et à _____ ce projet inspirera une œuvre révolutionnaire. Après cette journée _____ m'a épuisé, je vais aller me reposer un peu. Encore une fois : merci à Saint-Aymar! »

À peine est-il parti que le public se précipite sur les deux bouteilles d'apéritif _____ le sénateur a laissées.

VII. *(Constructions) Dans les phrases suivantes, insérez la forme correcte de* **tout** *à l'endroit indiqué par les tirets.*

1. Jeannette semblait _____ contente d'être à Paris. Elle voulait visiter _____ les parcs et _____ les monuments.

2. Elle a juré qu'elle allait _____ avouer.

3. Nous irons _____ au bal du 14 juillet.

4. Avez-vous essayé _____ les spécialités du restaurant d'Étienne?

5. Le conseil municipal a voté en faveur de _____ les réformes réclamées par les habitants.

[3]**Train à grande vitesse.** Voir page 205.

**VIII.** *Remplacez les mots soulignés par une expression analogue contenant* **tout** *à la forme correcte.*

  1.  Il viendra nous chercher <u>un peu plus tard</u>.
  2.  Laure s'est souvenue <u>soudain</u> qu'elle avait rendez-vous chez le docteur.
  3.  Sa réaction est <u>complètement</u> incompréhensible.
  4.  Revenez <u>plus tard</u>; je pourrai vous parler plus longuement.
  5.  Il n'a pas répondu à ma lettre <u>immédiatement</u>.

**IX.** *(Constructions) Faites des phrases avec les expressions et verbes suivants ou incorporez-les dans un paragraphe.*

| | |
|---|---|
| apporter | retourner |
| emmener | tout |
| amener | tout à l'heure |
| emporter | tous (pronom) |

## Réalisation

**I.** *(Devoir écrit)* Ajoutez à chacune des phrases suivantes une proposition relative de votre invention avec un des pronoms relatifs donnés entre parenthèses. Vous pouvez, si vous le voulez, les combiner en un court récit de votre imagination.

  1.  Guy est retourné à la ville... (où)
  2.  Il a essayé de voir son oncle... (que / qui)
  3.  Il a mentionné les choses... (dont / que)
  4.  Il n'a pas compris la raison... (pour laquelle)
  5.  Il a couru à la banque pour toucher le chèque... (que / dont)
  6.  Trois hommes masqués... (qui)
  7.  Le plus grand, celui... (qui / que)
  8.  Il a sorti un grand sac... (dans lequel)
  9.  Monique a sorti un révolver en plastique de sa poche... (qui / que)
  10.  Les bandits étaient armés aussi... (ce à quoi / ce qui)
  11.  Les clients ont commencé à crier... (ce qui)
  12.  La police est enfin arrivée et a arrêté les bandits... (ce dont)

**II.** *(Débat)* Que pensez-vous des gens qui arrivent systématiquement en retard à leurs rendez-vous?

  — Avec la vie que nous menons tous c'est un peu normal d'être en retard.

  — Pas du tout, ce sont des gens qui ne savent pas s'organiser et qui disposent du temps des autres.

  — Je n'aime pas faire attendre les gens, et je ne veux pas que l'on me fasse attendre, ce qui me paraît tout à fait juste.

  — Après vingt minutes, si la personne avec laquelle j'ai pris rendez-vous n'est pas arrivée, je m'en vais.

  — Je pense qu'il y a des gens pour lesquels on peut perdre un peu de son temps.

  (Continuez cette discussion sur les gens qui arrivent toujours en retard en utilisant un maximum de pronoms relatifs.)

**III.**   (*Devoir écrit*) Employez beaucoup de propositions relatives mais sans exagérer.

**A.**   Un(e) ami(e) qui n'a jamais voyagé à l'étranger vient vous demander des conseils. Vous lui indiquez les pays qu'il faut voir, les hôtels où il faut descendre, ce qui est intéressant, les difficultés qu'on rencontre, etc.

**B.**   Asseyez-vous dans un lieu public (café, restaurant, foyer des étudiants [*student union*] etc., et décrivez tout ce qui arrive autour de vous pendant vingt minutes. EXEMPLE : « Voilà un grand chien qui mange le hamburger d'un étudiant. Une jeune fille qui porte beaucoup de livres s'assied à une table près de moi. Le jeune homme en face de qui elle s'est installée la regarde mais ne lui parle pas, ce qui m'étonne... », etc. Quand vous avez assez de matériel, essayez de transformer vos phrases en une petite description cohérente qui évoque bien l'atmosphère de l'endroit.

# CHAPITRE 13

# Le Discours indirect

## PRÉSENTATION

### PRINCIPES
Changements de temps au discours indirect
L'interrogation au discours indirect
Phrases impératives au discours indirect
Autres changements au discours indirect
Les verbes introductifs

### CONSTRUCTIONS
Formation et place de l'adverbe
ÉTUDE DE VERBES : **Faire** + *infinitif*; **rendre** + *adjectif*; **laisser** + *infinitif* et les verbes de perception + *infinitif*

## PRINCIPES

### Remarque préliminaire

Quand vous citez textuellement les paroles d'une personne, vous employez des guillemets (« ... ») et aucun mot du discours n'est changé. Vous employez le **discours direct.**

Si vous rapportez les paroles d'une personne dans une proposition subordonnée à un verbe de communication (par exemple, *il a dit que, elle a déclaré que,* etc.), le discours direct devient dans ce cas le **discours indirect.**

Certains changements ont lieu au discours indirect dans le temps des verbes (voir Tableau
55) et dans les pronoms personnels et les adjectifs possessifs, selon le sens de la phrase
(voir page 226, IV, B.).

# I.   Changements de temps au discours indirect

**A.**  Quand le verbe introductif est au présent
ou au futur, il n'y a pas de changements dans
le temps des verbes de la proposition
subordonnée.

Marc dit : « Je suis allé au cinéma. »
Marc dit qu'il est allé au cinéma.

**B.**  Quand le verbe introductif est au passé,
certains changements ont lieu dans le temps
des verbes de la proposition subordonnée.
Voir Tableau 55.

S'il y a plusieurs verbes dans la phrase, il faut
les changer tous suivant les mêmes règles.

Édouard a dit : « Je n'ai pas faim parce que j'ai
trop mangé à midi, mais je prendrai bien
un petit café. »
Édouard a dit qu'il n'avait pas faim parce qu'il
avait trop mangé à midi, mais qu'il prendrait bien un petit café.

**TABLEAU 55**

| Le discours indirect au passé | | |
|---|---|---|
| Quand le verbe introductif est au passé... | | Exemples |
| 1. Présent | Imparfait | Gérard a dit : « Il fait beau. »<br>Gérard a dit qu'il faisait beau. |
| 2. Futur | Conditionnel présent* | Il m'a dit : « La conférence durera deux heures. »<br>Il m'a dit que la conférence durerait deux heures. |
| 3. Futur antérieur | Conditionnel passé† | L'avocate m'a dit : « Le jury aura bientôt fini de délibérer. »<br>L'avocate m'a dit que le jury aurait bientôt fini de délibérer. |
| 4. Passé | Plus-que-parfait | Arlette a dit : « J'ai reçu une lettre menaçante. »<br>Arlette a dit qu'elle avait reçu une lettre menaçante. |

*Ici le conditionnel présent exprime le futur dans le passé.

†Ici le conditionnel passé exprime le futur antérieur dans le passé.

- Certains temps ne changent pas dans le discours indirect au passé :

  l'imparfait
  le plus-que-parfait
  le conditionnel présent
  le conditionnel passé

NOTE:   Dans le cas où le présent indique un état qui dure, une vérité générale, une action qui se répète, il ne change pas obligatoirement au discours indirect.

David m'a dit : « Si j'allais en France, je passerais un mois en Alsace. »
David m'a dit que s'il allait en France, il passerait un mois en Alsace.

Mes parents m'ont dit : « Si tu nous avais écoutés, tu n'aurais pas eu tant de difficultés. »
Mes parents m'ont dit que si je les avais écoutés, je n'aurais pas eu tant de difficultés.

Yves a affirmé : « Je ne vais jamais au restaurant sans ma carte de crédit. »
Yves a affirmé qu'il ne va jamais au restaurant sans sa carte de crédit.

Le pasteur assurait ses fidèles que Dieu est juste.

## II.   L'interrogation au discours indirect

Quand on met une question au discours indirect, certains changements ont lieu dans les expressions interrogatives. Voir Tableau 56. Quand le verbe introductif est au passé, le temps des verbes de la question change comme dans les phrases déclaratives. Remarquez qu'il n'y a pas d'inversion dans une question au discours indirect.

**TABLEAU 56**

| Phrases interrogatives au discours indirect | |
|---|---|
| **Changements** | **Exemples** |
| 1. **Est-ce que** ⟶ SI* | Il m'a demandé : « Est-ce que Robert travaille ce soir? » (Robert travaille-t-il ce soir?)<br>Il m'a demandé si Robert travaillait ce soir-là. |
| 2. **Qu'est-ce que** <br> **Que** } ⟶ CE QUE | Il m'a demandé : « Qu'est-ce que Robert fait? » (Que fait Robert?)<br>Il m'a demandé ce que Robert faisait. |
| 3. **Qu'est-ce qui** ⟶ CE QUI | Elle m'a demandé : « Qu'est-ce qui fait ce bruit? »<br>Elle m'a demandé ce qui faisait ce bruit. |

*Dans le discours indirect **si** a le sens de *whether*.

ATTENTION!  Les autres interrogatifs — **quel, lequel, pourquoi, combien, où, quoi,** etc. — ne changent pas au discours indirect.

Il m'a demandé : « Quelle est la profession de ton père? »

Il m'a demandé quelle était la profession de mon père.

Il m'a demandé : « Où passes-tu tes week-ends? »

Il m'a demandé où je passais mes weekends.

Elle m'a demandé: « À quoi s'intéressent tes amis? »

Elle m'a demandé à quoi s'intéressaient mes amis.

## III.   Phrases impératives au discours indirect

Dans une phrase impérative au discours indirect, l'impératif devient **de** + *infinitif* quel que soit le temps du verbe introductif.

Il nous crie (a crié) : « Apportez-moi à manger et laissez-moi tranquille. »

Il nous crie (a crié) de lui apporter à manger et de le laisser tranquille.

## IV.   Autres changements au discours indirect

**A.**  Expressions de temps

Pour les expressions de temps qui changent au discours indirect au passé, voir Tableau 57.

**B.**  Pronoms personnels et adjectifs possessifs

Les pronoms personnels et les adjectifs possessifs changent d'après le sens de la phrase.

J'ai dit à Jean-Louis : « Ton père t'a téléphoné. »

J'ai dit à Jean-Louis que son père lui avait téléphoné.

Ils m'ont demandé : « Est-ce que votre femme et vous vous nous accompagnerez à Versailles? »

Ils m'ont demandé si ma femme et moi, nous les accompagnerions à Versailles.

**C.**  Si vous enchaînez plusieurs phrases au discours indirect, il faut répéter le « que » du discours indirect ainsi que les autres mots tels que « si, ce que, ce qui, quel, etc. »

Denise m'a avoué qu'elle aimait beaucoup Julien, qu'elle serait heureuse de l'épouser, mais qu'elle ne comprenait pas pourquoi il hésitait à se déclarer et qu'elle se demandait même si celui-ci ne sortait pas avec une de ses amies, ce qui la rendrait furieuse.

**TABLEAU 57**

## Les expressions de temps qui changent au discours indirect au passé

| Discours direct | Discours indirect au passé |
|---|---|
| 1. aujourd'hui | ce jour-là* |
| 2. demain | le lendemain |
| 3. après-demain | le surlendemain |
| 4. hier | la veille |
| 5. avant-hier | l'avant-veille |
| 6. ce soir | ce soir-là |
| 7. ce matin | ce matin-là |
| 8. ce jour | ce jour-là |
| 9. cette semaine | cette semaine-là |
| 10. cette année | cette année-là |
| 11. la semaine (l'année) prochaine | la semaine (l'année) suivante |
| 12. la semaine (l'année) dernière | la semaine (l'année) précédente |
| 13. en ce moment (maintenant) | à ce moment-là (alors) |
| 14. ici | là |

### Exemples

1. Il lui a demandé : « Parlerez-vous de Michel Foucault† *aujourd'hui?* »
   Il lui a demandé s'il parlerait de Michel Foucault *ce jour-là.*
2. Elle lui a demandé : « Allez-vous en ville *demain?* »
   Elle lui a demandé s'il allait en ville *le lendemain.*
3. Nous lui avons dit : « Elle est arrivée *hier* par le train de deux heures. »
   Nous lui avons dit qu'elle était arrivée *la veille* par le train de deux heures.
4. L'agent de voyage a demandé : « Irez-vous à la Martinique, *l'année prochaine,* Madame? »
   L'agent de voyage a demandé si elle irait à la Martinique *l'année suivante.*

*Ce changement n'a pas lieu si on est encore le jour où la phrase rapportée a été dite. EXEMPLE : Jean-Pierre m'a dit ce matin : « J'irai au cinéma *aujourd'hui.* » Jean-Pierre m'a dit ce matin qu'il irait au cinéma *aujourd'hui.*

†**Michel Foucault:** philosophe, sociologue, anthropologue français (1926–84).

# V.  Les verbes introductifs

**A.** Voici une liste de verbes que vous pouvez employer à la place du verbe **dire** pour préciser la manière dont les personnes citées ont parlé.

| | | | |
|---|---|---|---|
| déclarer | garantir | avouer | hurler |
| ajouter | jurer | suggérer | souffler |
| indiquer | affirmer | avertir | murmurer |
| constater | nier | prévenir | riposter |
| expliquer | insister | crier | lancer |
| reconnaître | assurer | s'écrier | chuchoter |
| conseiller (de) | | | |
| demander (si..., pourquoi..., quel..., où..., etc.) | | | |

L'ambassadeur a déclaré qu'une rupture diplomatique était imminente. Il a suggéré qu'une intervention immédiate de l'O.N.U. (Organisation des Nations Unies) améliorerait la situation.

Avec *interrompre, flatter, finir, commencer, continuer, etc.,* il faut introduire le discours indirect avec « en disant que... »

Il l'a interrompu en disant que ce n'était pas vrai.

Nathalie a commencé en disant qu'elle était très heureuse de pouvoir nous adresser quelques mots.

**B.** Vous pouvez ajouter des expressions adverbiales pour indiquer de quelle manière une chose est dite. Voir Tableau 58.

**TABLEAU 58**

| Expressions adverbiales pour le discours indirect |
| :--- |

Dire (répondre, ajouter, demander, etc.)...

| | | |
| :--- | :--- | :--- |
| clairement | en hésitant | avec colère |
| distinctement | en criant | avec surprise |
| rapidement | en pleurant | avec étonnement |
| vite | en bégayant | avec tristesse |
| calmement | en riant | avec douleur |
| fermement | en souriant | avec douceur |
| succinctement | en plaisantant | avec véhémence |
| lentement | en ricanant | avec envie |

**Exemples**

Il a répondu très fermement qu'il ne voulait pas parler.
Marianne a expliqué en pleurant qu'elle ne l'avait pas fait exprès.
Elle a avoué avec tristesse que son mari jouait.

Vous pouvez aussi qualifier d'un adjectif, la personne dont vous rapportez les paroles.

Le père, furieux, a répondu qu'il ne donnerait jamais son accord.

La fleuriste, tout étonnée, a dit qu'elle n'avait jamais vu de si belles roses.

« Le corbeau, honteux et confus, jura, mais un peu tard, qu'on ne l'y prendrait plus. » (La Fontaine)

# CONSTRUCTIONS

## Formation et place de l'adverbe

**A.** Pour former un adverbe de manière à partir d'un adjectif qui se termine par une consonne, ajoutez **-ment** au *féminin* de l'adjectif. Si l'adjectif se termine par une voyelle, ajoutez **-ment** au *masculin* de l'adjectif.

|              | adjectifs |         | adverbes    |
|--------------|-----------|---------|-------------|
| *masculin*   |           | *féminin* |           |
| frais        | ———————   | fraîche | fraîchement |
| froid        | ———————   | froide  | froidement  |
| réel         | ———————   | réelle  | réellement  |
| absolu       |           |         | absolument  |
| facile       |           |         | facilement  |
| obstiné      |           |         | obstinément |

REMARQUES :

- Il y a deux adverbes pour l'adjectif **gai** : **gaîment** ou **gaiement**.

- On ne peut pas former d'adverbe à partir de l'adjectif **possible**. Il faut utiliser **peut-être**.

**B.** Certains adverbes sont de formation irrégulière. Voir Tableau 59.

**TABLEAU 59**

### Formation des adverbes — cas spéciaux

|                                                                                      | Adjectifs | Adverbes |
|--------------------------------------------------------------------------------------|-----------|----------|
| Pour les adjectifs en **-ant,** la terminaison adverbiale est **-amment**.           | galant    | galamment |
|                                                                                      | courant   | couramment |
|                                                                                      | méchant   | méchamment |
| Pour les adjectifs en **-ent** (excepté *lent*), la terminaison adverbiale est **-emment.**\* | évident | évidemment |
|                                                                                      | diligent  | diligemment |
|                                                                                      | **MAIS :** |         |
|                                                                                      | lent      | lentement |
| Certains adverbes ont la terminaison **-ément.**                                     | précis    | précisément |
|                                                                                      | aveugle   | aveuglément |
|                                                                                      | impuni    | impunément |
| Certains adverbes sont complètement irréguliers.                                     | gentil    | gentiment |
|                                                                                      | bref      | brièvement |
|                                                                                      | bon       | bien |
|                                                                                      | meilleur  | mieux |
|                                                                                      | mauvais   | mal† |
|                                                                                      | pire      | pis† |

\*Prononcez : [amã].

†Voir page 199.

**C.** Quand un adverbe modifie un verbe, on le place après le verbe à un temps simple ou avant le participe passé à un temps composé[1].

Quand l'adverbe modifie un adjectif ou un autre adverbe, placez-le devant le mot qu'il modifie.

Ces ouvriers travaillent constamment.
Le docteur m'a gentiment expliqué la situation.
Claude est presque tombé en sortant du magasin.

Eric était complètement étourdi par le vin.
Chéryl raisonne bien mieux que vous.

ATTENTION!   Les adverbes de temps comme

hier                    tôt
avant-hier              tard
demain                  autrefois (*formerly*)
après-demain            auparavant (*beforehand*)

et les adverbes de lieu comme

ici                     au-dessus
là (là-bas)             au-dessous

se placent *après* (pas avant) le participe passé dans un temps composé. Vous pouvez aussi les mettre au commencement ou à la fin de la phrase.

Je l'ai vu hier au Quartier Latin.
Là-bas, nous vivrons en paix.
Marc n'a pas laissé sa pipe ici.
« Là, tout n'est qu'ordre et beauté / Luxe, calme, et volupté. » (Baudelaire)

Malheureusement (Hélas), je n'ai pas réussi à le convaincre de rester.
Personne n'a été blessé dans l'incendie, heureusement.

Quand l'adverbe se rapporte à la phrase complète plutôt que spécifiquement au verbe, on le met souvent au début ou à la fin de la phrase. C'est le cas avec des adverbes comme **malheureusement, heureusement, apparemment, hélas.**

**D.** Pour éviter l'emploi d'un adverbe (en **-ment**) qui alourdit parfois la phrase, on peut utiliser une des expressions suivantes :

**d'une manière** ⎱
**d'un air**       ⎰ + *adjectif*
**avec** + *nom*

Le chien regarde le facteur d'un air féroce. (férocement)
Il lui a tenu la porte avec galanterie. (galamment)

**E.** Quand l'adverbe **peut-être** commence une phrase, il faut faire l'inversion du verbe.

Peut-être neigera-t-il demain.

Dans la langue parlée, **peut-être que** est employé sans inversion.

Peut-être qu'il neigera demain.

Quand le verbe est à un temps composé négatif, il est placé après l'auxiliaire.

Il n'aura peut-être pas le temps de venir nous voir.

---

[1]Remarquez qu'aux temps composés on peut aussi mettre l'adverbe après le participe passé. EXEMPLE : Il m'a expliqué calmement la situation. C'est souvent le cas avec les adverbes en **-ment**. Ce n'est pas possible avec **bien** ou **mal** qui se place toujours devant le participe passé. EXEMPLE : Il a bien (mal) répondu.

# ÉTUDE DE VERBES

## A. Faire + *infinitif* (faire « causatif »)

Dans la construction **faire** + *infinitif,* le sujet de **faire,** au lieu d'accomplir lui-même l'action exprimée par l'infinitif, provoque cette action.

L'imitateur a fait rire tout le monde. (Tout le monde a ri. L'imitateur a causé cette action.)

### 1. Détails de construction

Le complément infinitif de **faire** peut avoir un *sujet,* un *objet direct* ou *un sujet et* un *objet direct.* Voir Tableau 60.

**TABLEAU 60**

---

### Faire « causatif » (ordre et fonction des mots dans la phrase)

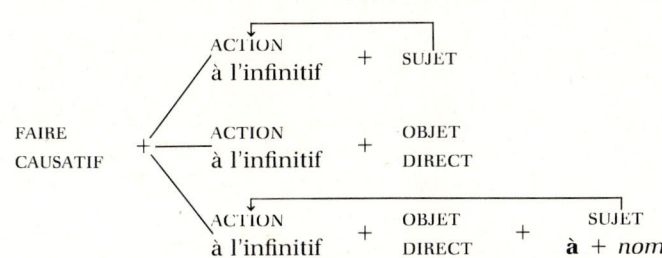

| | | |
|---|---|---|
| ACTION à l'infinitif + SUJET | | Il a fait danser les singes. (Les singes ont dansé.) |
| FAIRE CAUSATIF + ACTION à l'infinitif + OBJET DIRECT | | J'ai fait réparer ma vieille voiture. (On a réparé ma voiture.)* |
| ACTION à l'infinitif + OBJET DIRECT + SUJET à + *nom* | | J'ai fait goûter la confiture au bébé. (Le bébé a goûté la confiture.) |

\*Quand l'infinitif n'a pas de sujet, la phrase est souvent traduite par un passif en anglais : *I had my car fixed.*

---

ATTENTION!

Quand l'infinitif a un sujet et un objet direct, le sujet est exprimé par **à** + *nom* ou par les pronoms indirects **lui / leur.**

J'ai fait goûter la confiture au bébé. Je lui ai fait goûter la confiture. Je la lui ai fait goûter.

L'officier a fait faire des exercices à ses soldats. (Il leur en a fait faire.)

Parfois, il peut y avoir ambiguïté. Par exemple, dans la phrase «J'ai fait lire les poèmes aux enfants», on ne sait pas si ce sont les enfants qui lisent ou si les poèmes sont lus aux enfants par quelqu'un d'autre, non-exprimé dans la phrase[2]. Si on veut indiquer clairement que ce sont les enfants qui lisent, il faut employer **par** + *nom* à la place de **à** + *nom.*

J'ai fait lire les poèmes par les enfants. (*I had the poems read by the children.*)

---

[2]Notez qu'en anglais ce problème ne se pose pas puisque dans le cas où les poèmes sont lus aux enfants, l'anglais utilise le passif ("I had the poems read to the children"). Dans le cas où les enfants lisent, l'anglais utilise la voix active ("I had the children read the poems").

Notez que les pronoms **lui** / **leur** peuvent remplacer **par** + *nom* dans cette construction ou bien on peut employer **par** + *pronom disjoint* (pour éviter l'équivoque).

Voilà des poèmes extraordinaires de Verlaine. Je les ferai lire par les (aux) étudiants. Je les leur ferai lire (*phrase correcte mais ambiguë*). OU Je les ferai lire par eux (*non ambiguë*).

2.   Place des pronoms

Dans une phrase déclarative, les pronoms objets précèdent toujours **faire** (ou l'auxiliaire à un temps composé). Notez que le participe passé de **faire** ne s'accorde pas dans la construction **faire** + *infinitif.*

L'institutrice m'a fait apprendre les règles. Elle me les a fait apprendre. (*She had me learn them.*)
Nous n'avons pas fait repeindre la salle de bain. Nous ne l'avons pas fait repeindre. (*We did not have it repainted.*)

Quand **faire** est à l'impératif *affirmatif,* les pronoms se placent après **faire.**

Faites entrer votre ami. Faites-le entrer.
Fais-moi entendre ton nouveau disque. Fais-le-moi entendre.

3.   Expressions idiomatiques

**se faire** + *infinitif*

Il y avait tant de bruit que le candidat ne pouvait pas se faire entendre. (*could not make himself heard*)
Les parents ont souvent du mal à se faire obéir. (*in making themselves obeyed*)

**faire voir** : *to show*

Cela lui a fait voir l'importance d'agir avec diplomatie.
Madame Sabatier te fera voir sa collection de tableaux de maître.

**faire venir** : *to send for*

Comme son fils avait une forte fièvre, Chantal a fait venir le médecin.

**faire savoir** : *to let someone know; to inform*

Fais-moi savoir quand tu seras de retour.
Mon patron, très satisfait de mon travail, m'a fait savoir que je serai augmenté.

**se faire couper les cheveux** : *to get a haircut*

François se faisait couper les cheveux deux fois par an.

**se faire arrêter** : *to get arrested*

Quand l'ennemi public numéro I s'est enfin fait arrêter, la presse populaire s'est vivement réjouie.

**se faire faire quelque chose** (des sandales, une piqûre [*injection*] : *to have something made, to get*

Comme elle voulait impressionner les journalistes à la réception, elle s'était fait faire une robe du soir chez Dior.
Vous êtes-vous fait faire une piqûre contre le tétanos après vous être blessé avec ce couteau rouillé?

**B.  Rendre** + *adjectif*

**Rendre** a parfois le sens de *to make*. Il ne faut jamais employer **faire** à la place de **rendre** dans cette construction.

Son divorce l'a rendu dépressif. (*His divorce made him very depressed.*)
Le climat de ce pays vous rendra paresseux. (*The climate of that country will make you lazy.*)

N'oubliez pas de faire l'accord du participe passé si c'est nécessaire.

Léa a dit : « Ce dessert m'a rendue malade. »

**C.  Laisser** + *infinitif* et les verbes de perception (**regarder, voir, écouter**[3]**, entendre, sentir**) + *infinitif*

1.  Quand l'infinitif a un sujet, il est placé devant ou après l'infinitif. L'objet direct de l'infinitif est toujours placé après.

Elle regarde nager ses enfants. OU Elle regarde ses enfants nager.
Nous avons laissé pousser l'herbe. OU Nous avons laissé l'herbe pousser.
MAIS : J'ai déjà entendu chanter cette chanson. (*chanson* : objet direct de *chanter*)

2.  Si l'infinitif a un sujet et un complément, le sujet précède l'infinitif.

Nous avons laissé Marie préparer le dîner toute seule.
J'ai vu le gamin casser la vitre.
Elle laisse ses enfants nager dans le lac.

3.  Dans le cas où chaque verbe gouverne un complément d'objet, on place chaque pronom objet devant le verbe qui le gouverne.

Vous ne le verrez jamais se promener dans ce quartier.
Tes parents ne me laisseront pas te voir.
Vous jouez du violon?... Comment se fait-il que je ne vous ai jamais entendu en jouer?

REMARQUES:

• Si l'objet de l'infinitif complément est un des pronoms **le, la, les, en,** on peut alors placer ce pronom devant le verbe conjugué.

Est-ce que tu me laisseras voir tes photos? — Je te les laisserai voir. (Je te laisserai les voir.)
Est-ce qu'ils t'ont laissé prendre du vin? — Ils ne m'en ont pas laissé prendre. (Ils ne m'ont pas laissé en prendre.)

• Si les deux pronoms sont de la 3ᵉ personne, le pronom sujet de l'infinitif devient **lui, leur** quand vous placez les pronoms devant le verbe conjugué.

J'ai laissé Denise finir mon dessert. Je le lui ai laissé finir. **OU** Je l'ai laissé le finir.
J'ai entendu mon cousin dire cela. Je le lui ai entendu dire. **OU** Je l'ai entendu le dire.

• Le participe passé peut s'accorder avec le sujet de l'infinitif, mais il est correct de le laisser invariable.

Claude et Danielle? On ne les a jamais vu(s) se battre. (*les* = sujet de *se battre*)
Florence a dit : « On m'a laissé(e) voir les mosaïques de Pompéi. »

[3]N'oubliez pas que les verbes **regarder** et **écouter** gouvernent un objet direct en français : « Je regarde les nuages. J'écoute la radio. » Remarquez que c'est différent de l'anglais : "I look at the clouds. I listen to the radio."

**D.**  Les verbes suivants gouvernent l'infinitif avec **de** et la personne avec **à** :

dire
écrire
crier
suggérer    **à** quelqu'un **de** faire quelque chose
demander
conseiller

Il a demandé à ses voisins de venir le chercher à la gare.
Elle a écrit à sa mère de ne pas se faire de souci.
L'avocat a conseillé à son client de ne rien dire.

Remarquez aussi la construction avec un nom objet direct : **dire, écrire, crier, suggérer, demander, conseiller** quelque chose **à** quelqu'un.

Est-ce que je peux lui demander un service?

**E.  Entendre dire** a le sens de *to hear* (*it said*), *to hear it rumored.*

J'ai entendu dire que les licornes (*unicorns*) existent.

# ASSIMILATION

## Mise en pratique

**I.** *Mettez les phrases au discours indirect au passé.*

SITUATION 1 : **A** imaginera qu'il (elle) a parlé à son (sa) camarade de chambre, et il (elle) rapportera à **B** les phrases suivantes. **B** contrôlera les réponses.

**A**

*J'ai dit à mon (ma) camarade de chambre :*

1.  « Notre chambre est tout en désordre. »
2.  « J'ai passé trois heures à ranger mes affaires. »
3.  « Je ne peux pas trouver mes livres ni mes papiers. »
4.  « Je ne sais pas où est ton livre de chimie. »
5.  « Ta sœur Annette t'a téléphoné hier pendant que tu étais au cinéma. »
6.  « Prête-moi $10. Je te les rendrai demain. »
7.  « Tu devrais finir d'écrire ton devoir de français. »
8.  « S'il fait beau dimanche, j'irai à la montagne. »

SITUATION 2 : Imaginez qu'on vient d'interviewer un acteur français. On lui a posé les questions suivantes que vous rapporterez au discours indirect. **A** et **B** contrôleront les réponses à tour de rôle.

**A**

*On a demandé à M... :*

1.  « Quand êtes-vous arrivé à Hollywood? »
2.  « Quel nouveau film tournez-vous en ce moment? »
3.  « Aurez-vous le rôle principal? »
4.  « Qui jouera le rôle de la femme? »
5.  « Combien de temps resterez-vous en Amérique? »

**B**

*On a demandé à M... :*

6. « Est-ce que votre famille est venue avec vous? »
7. « Êtes-vous allé à New York? »
8. « Que pensez-vous du cinéma américain? »
9. « Qu'est-ce qui vous intéresse le plus en dehors de votre métier?
10. « Lesquels de vos films ont eu le plus de succès en France? »

**II.** **B** *rapportera à* **A** *les questions que ses parents lui ont posées lors de leur dernière visite.* **A** *contrôlera les réponses.*

**B**

*Mes parents m'ont demandé :*

1. « Est-ce que tu as rencontré un jeune homme (une jeune fille)? »
2. « Le (La) vois-tu souvent? »
3. « Connais-tu ses parents? »
4. « Que font-ils? »
5. « Qu'est-ce qui intéresse ton ami(e)? »
6. « Où est-il (elle) né(e)? »
7. « Est-ce que c'est sérieux? »
8. « Comptes-tu nous le (la) présenter? »

**III.** *Maintenant* **B** *rapportera à* **A** *les questions que les parents du jeune homme (de la jeune fille) en question lui ont posées lors d'une visite que* **B** *leur a fait un week-end.* **A** *contrôlera les réponses.*

**B**

*Les parents du jeune homme (de la jeune fille) m'ont demandé :*

1. « Quelle profession vous intéresse? »
2. « Qu'est-ce que vous avez étudié? »
3. « Continuerez-vous vos études? »
4. « Votre famille est-elle grande? »
5. « Aimez-vous notre fils (fille)? »
6. « Vos parents ont-il rencontré notre fils (fille)? »
7. « Où vos parents ont-il fait leurs études? »
8. « Viendrez-vous déjeuner avec nous dimanche prochain? »

## Réponses

**I.** SITUATION 1 : J'ai dit à mon (ma) camarade de chambre...

1. que notre chambre était tout en désordre.
2. que j'avais passé trois heures à ranger mes affaires.
3. que je ne pouvais pas trouver mes livres ni mes papiers.
4. que je ne savais pas où était son livre de chimie.
5. que sa sœur Annette lui avait téléphoné la veille pendant qu'il (elle) était au cinéma.
6. de me prêter $10, que je les lui rendrais le lendemain.
7. qu'il (elle) devrait finir d'écrire son devoir de français.
8. que s'il faisait beau dimanche, j'irais à la montagne.

SITUATION 2 : On a demandé à M...
1.  quand il était arrivé à Hollywood.
2.  quel nouveau film il tournait en ce moment (à ce moment-là).
3.  s'il aurait le rôle principal.
4.  qui jouerait le rôle de la femme.
5.  combien de temps il resterait en Amérique.
6.  si sa famille était venue avec lui.
7.  s'il était allé à New York.
8.  ce qu'il pensait du cinéma américain.
9.  ce qui l'intéressait le plus en dehors de son métier.
10. lesquels de ses films avaient eu le plus de succès en France.

II.  Mes parents m'ont demandé...
1.  si j'avais rencontré un jeune homme (une jeune fille).
2.  si je le (la) voyais souvent.
3.  si je connaissais ses parents.
4.  ce qu'ils faisaient.
5.  ce qui intéressait mon ami(e).
6.  où il (elle) était né(e).
7.  si c'était sérieux.
8.  si je comptais le (la) leur présenter.

III. Les parents du jeune homme (de la jeune fille) m'ont demandé...
1.  quelle profession m'intéressait.
2.  ce que j'avais étudié.
3.  si je continuerais mes études.
4.  si ma famille était grande.
5.  si j'aimais leur fils (fille).
6.  si mes parents avaient rencontré leur fils (fille).
7.  où mes parents avaient fait leurs études.
8.  si je viendrais déjeuner avec eux le dimanche suivant.

## Vérification

I.  *Marcie et Geoffroy, qui étaient autrefois au lycée ensemble, se rencontrent à Paris au café des Deux Magots, à St.-Germain-des-Prés. Mettez leur conversation au discours indirect au passé (Marcie a demandé si..., Geoffroy a répondu que...).*

MARCIE :  Geoffroy, depuis quand es-tu à Paris?

GEOFFROY :  Je suis arrivé début juillet.

MARCIE :  À quel hôtel es-tu descendu?

GEOFFROY :  J'ai pris une chambre à l'Hôtel de l'Académie, mais au bout d'une semaine, j'ai trouvé une pension de famille qui me revient beaucoup moins cher.

MARCIE :  Tu as de la chance. Je suis au Pont-Royal, près de la rue du Bac. C'est bien situé mais un peu cher, et je préférerais ne pas dîner dans les restaurants tous les jours. Combien coûte ta pension?

GEOFFROY :  Je paye 200 F par jour.

MARCIE :   S'il y avait une chambre de libre, je pourrais déménager dès demain.

GEOFFROY :   C'est entendu.

MARCIE :   As-tu vu de bonnes pièces récemment?

GEOFFROY :   Oui, j'en ai vu d'excellentes. Au fait, on donne *le Misanthrope* à la Comédie Française. As-tu envie d'aller au théâtre?

MARCIE :   Oui, et après le spectacle, nous pourrions dîner dans une brasserie que je connais. On y mange très bien.

GEOFFROY :   D'accord. Au fait, qu'est-ce que tu fais demain?

MARCIE :   Je vais à Versailles. J'ai une amie qui m'a invitée à passer le dimanche avec elle. Nous visiterons le château et nous verrons les Grandes Eaux.

GEOFFROY :   Tu en as de la chance; chaque fois que je suis allé à Versailles j'ai manqué les Grandes Eaux. Il paraît que c'est fabuleux quand toutes les fontaines se mettent en marche en même temps. J'aimerais vous accompagner, mais je passerai mon dimanche à préparer un examen de philosophie.

MARCIE :   Peut-être que le week-end prochain tu pourras te joindre à nous. Nous pensons faire une excursion dans la forêt de Fontainebleau.

II. *Mettez la conversation suivante au discours indirect au passé. Employez une variété de verbes introductifs.*

NORBERT :   Boris? Je te téléphone parce qu'il me faut absolument un peu d'argent.

BORIS :   De l'argent? Mais je t'ai déjà prêté 3 000 F il y a dix jours! Qu'est-ce que tu en as fait?

NORBERT :   Je les ai perdus le même jour au champ de course. On m'avait donné d'excellents tuyaux sur le cheval Sabots d'acier. Je n'ai rien gagné parce que Sabots d'acier s'est écroulé après 50 mètres. Je me suis fait avoir[4].

BORIS :   Alors, tu veux retourner parier sur un autre cheval qui n'achèvera même pas la course?

NORBERT :   Pas du tout! J'ai rendez-vous avec Delphine Clastres, et je lui ai promis que nous dînerions dans son restaurant favori.

BORIS :   Et si je connais Delphine, elle n'a pas choisi un restaurant à prix fixe.

NORBERT :   Voilà, tu as très bien compris. J'ai déjà reservé une table. Je ne peux pas me permettre de perdre la face! Qu'est-ce que je vais faire?

BORIS :   Tu n'as qu'à la laisser payer.

NORBERT :   Impossible! Elle a déjà payé les trois dernières fois que nous sommes sortis. Je te rendrai l'argent la semaine prochaine; c'est promis.

BORIS :   Écoute, mon vieux, je peux te prêter encore 500 F mais pas plus.

NORBERT :   C'est tout! Mais c'est le prix du costume que je veux louer!

BORIS :   Je peux te passer un de mes costumes...

NORBERT :   *(ricanant)* Un de tes costumes? Mais on pourrait en mettre trois comme moi dans chacun de tes costumes! Tu as tellement grossi depuis ton dernier voyage en Russie. Qu'est-ce que tu as donc mangé?

---

[4]**Se faire avoir :** *to get taken in, to be taken for a ride, to be had*

BORIS :    (*s'énervant*) Du caviar, mon cher... Alors, tu trouves que j'ai grossi!
Va donc demander de l'argent à ton oncle le millionaire! (*Il raccroche.*)

*Maintenant, jouez le rôle de Boris racontant à sa femme sa conversation avec
Norbert. (« Il m'a dit que..., il a raconté que, j'ai dû lui dire que, etc.)*

**III.**  *Terminez les phrases avec imagination. Employez une variété de verbes à
des temps différents (présent, passé, futur). Ensuite, mettez vos phrases au
discours indirect au passé.*

1.  Mon père m'a dit : « Si tu continues à nous téléphoner en P.C.V.,[5] je...
parce que... »
2.  Mon ami m'a répondu : « La prochaine fois que tu empruntes ma voiture... »
3.  Comme mon devoir n'était pas fini, j'ai dit à mon professeur : « Quand
je suis arrivé à la maison,... »
4.  L'autre jour mon grand-père m'a demandé : « ...? »
5.  Le touriste voulait boire du Coca-Cola avec les huîtres qu'il avait com-
mandées. Le maître d'hôtel lui a dit : « ...! »

**IV.**  *(Constructions) Formez l'adverbe à partir de l'adjectif entre parenthèses et
placez-le correctement dans la phrase. Quelquefois, il y a plusieurs solutions
possibles.*

1.  Il a refusé de nous accompagner. (poli)
2.  Les enfants regardaient ce qui se passait sur la scène. (attentif)
3.  Mes deux camarades de chambre parlent français. (courant)
4.  J'ai entendu le son de sa voix. (distinct)
5.  Nous nous sommes arrêtés à temps. (heureux)

**V.**  *(Constructions) Remplacez l'adverbe dans les phrases suivantes par une tournure comme* **d'une façon, d'un air, d'une manière, avec** + *nom.*

1.  Il a répondu ironiquement qu'il était parfaitement heureux sans argent.
2.  Le chien écoutait attentivement les paroles de son maître.
3.  Elles avaient soigneusement rangé leurs affaires.
4.  Marion regardait les collines mélancoliquement.
5.  — Votre ami ne m'a pas accueillie très gentiment, a avoué Viviane.

**VI.**  *(Constructions) Remplacez les mots soulignés par des pronoms.*

1.  Nous ferons repeindre notre chambre.
2.  Faites savoir à votre patron que vous ne viendrez pas à la réunion.
3.  L'agent regardait les gens circuler dans la rue.
4.  Le critique d'art a fait voir les statues aux journalistes.
5.  J'ai entendu mon ami jouer du saxophone.
6.  Elle s'est fait construire un chalet dans les montagnes.
7.  Elle a laissé ses enfants regarder cette émission un peu trop violente.

---

[5]Les lettres **P.C.V.** viennent de l'expression « frais à **percevoir** (*charges to be collected*) ».

**VII.**   *(Constructions) Refaites les phrases suivantes en employant le verbe* **rendre.**

1. Nous sommes devenus tristes à cause de cette mauvaise nouvelle.
2. Il deviendrait malade à cause du climat.
3. Cette femme est devenue célèbre à cause de ses découvertes en psychologie.
4. La traversée de la rivière est difficile à cause des courants.

**VIII.**   *(Constructions) Traduisez les phrases suivantes.*

1. I think the snails made me sick.
2. Philip had his watch repaired yesterday.
3. She made me do it.
4. What makes you think of that?
5. She doesn't want to have her hair cut.
6. Let me know when you want to leave.
7. His remarks made me nervous.
8. Her parents do not let me see her.
9. I saw them swimming in the lake.
10. He had himself awakened at seven-thirty.

# Réalisation

**I.**   *(Devoir écrit)* Vous êtes témoin d'une conversation entre deux personnes qui ne se sont pas vues depuis très longtemps. Écrivez d'abord leur dialogue au discours direct, puis au discours indirect. Variez le temps des verbes.

**II.**   *(Devoir écrit)* Imaginez un débat entre vous et votre conscience à un moment critique de votre vie.

**III.**   *(Recherche)* Prenez le discours célèbre d'un homme d'état ou d'une femme d'état et racontez-en une partie au discours indirect.

**IV.**   *(Exposé oral)* Racontez au discours indirect les bons conseils d'un ami à qui vous vous êtes fié en un moment de détresse.

**V.**   *(Exposé oral)* Vous avez le pouvoir d'entendre à travers les murs. Racontez au discours indirect une des conversations que vous avez entendues.

**VI.**   *(Devoir écrit)* Composez une histoire d'épouvante à la manière d'Edgar Allan Poe. Dans votre récit essayez d'utiliser les adverbes formés à partir des adjectifs suivants :

| | |
|---|---|
| lourd | mauvais |
| violent | absolu |
| gentil | cruel |
| généreux | bref |
| premier | précis |
| long | brutal |

**14**

# Les Temps littéraires

## PRÉSENTATION

### PRINCIPES
Le passé simple
Le passé antérieur
Le subjonctif imparfait et le subjonctif plus-que-parfait

### CONSTRUCTIONS
Le participe présent
**Étant donné / de façon à**
ÉTUDE DE VERBES : Infinitifs compléments; **pouvoir / savoir;**
    **faillir** + *infinitif*

## PRINCIPES

### I.  Le passé simple

**A.**  Formation

Voir Tableau 61 pour la conjugaison des verbes
réguliers au passé simple. Notez qu'il y a deux
séries de terminaisons : une pour les verbes
en **-er** et l'autre pour les verbes en **-ir** et **-re.**
Ces terminaisons s'ajoutent au radical de l'infinitif du verbe utilisé.

**TABLEAU 61**

## Verbes réguliers au passé simple

| | Verbes en -er | | | Verbes en -ir, -re | |
|---|---|---|---|---|---|
| Terminaisons | **Parler** | Terminaisons | **Finir** | | **Rendre** |
| -ai | je parlai | -is | je finis | | je rendis |
| -as | tu parlas | -is | tu finis | | tu rendis |
| -a | il / elle parla | -it | il / elle finit | | il / elle rendit |
| -âmes | nous parlâmes | -îmes | nous finîmes | | nous rendîmes |
| -âtes | vous parlâtes | -îtes | vous finîtes | | vous rendîtes |
| -èrent | ils / elles parlèrent | -irent | ils / elles finirent | | ils / elles rendirent |

**NOTE** : Les verbes en **-cer** et **-ger** ont des changements d'orthographe au passé simple excepté à la 3ᵉ personne du pluriel. EXEMPLES : je plaçai, tu plaças, nous mangeâmes, vous mangeâtes; MAIS : ils placèrent, ils mangèrent.

Les verbes irréguliers se partagent deux séries de terminaisons et ont en plus un radical irrégulier. Voir Tableau 62 (page 242) pour les verbes les plus courants dans cette catégorie. Les verbes y sont donnés à la troisième personne puisque c'est principalement à la 3ᵉ du singulier et du pluriel que l'on voit le passé simple des verbes dans l'usage actuel. Pour la conjugaison complète de ces verbes, voir Appendices I–III.

ATTENTION! La conjugaison de **tenir** et **venir** est très irrégulière. Les composés de ces deux verbes — **contenir, retenir, devenir, revenir,** etc. — sont irréguliers de la même façon.

| Tenir | Venir |
|---|---|
| je tins | je vins |
| tu tins | tu vins |
| il / elle tint | il / elle vint |
| nous tînmes | nous vînmes |
| vous tîntes | vous vîntes |
| ils / elles tinrent | ils / elles vinrent |

**B.** Emploi du passé simple

Le passé simple appartient essentiellement à la langue écrite de style soutenu (littérature). Il sert à narrer (*narrate*) des événements complètement terminés dans un passé éloigné du présent. C'est le temps du récit au passé, et il s'utilise dans les romans, dans les histoires pour enfants, dans un récit biographique, etc.

Comme il importe surtout de le reconnaître dans la lecture, nous reléguons à des études plus avancées l'emploi actif de ce temps, et

**TABLEAU 62**

## Les verbes irréguliers au passé simple

Verbes dont les terminaisons sont -us, -us, -ut, -ûmes, -ûtes, -urent

| *Verbe modèle* | *Autres verbes (3ᵉ personne seulement)* | | |
|---|---|---|---|
| **Boire** | croire | il / elle **crut** | ils / elles **crurent** |
| je **bus** | devoir | il / elle **dut** | ils / elles **durent** |
| tu **bus** | lire | il / elle **lut** | ils / elles **lurent** |
| il / elle **but** | plaire | il / elle **plut** | ils / elles **plurent** |
| nous **bûmes** | pouvoir | il / elle **put** | ils / elles **purent** |
| vous **bûtes** | savoir | il / elle **sut** | ils / elles **surent** |
| ils / elles **burent** | être | il / elle **fut** | ils / elles **furent** |
| | savoir | il / elle **eut** | ils / elles **eurent** |
| | connaître* | il / elle **connut** | ils / elles **connurent** |
| | vivre | il / elle **vécut** | ils / elles **vécurent** |
| | vouloir | il / elle **voulut** | ils / elles **voulurent** |
| | résoudre | il / elle **résolut** | ils / elles **résolurent** |
| | valoir | il / elle **valut** | ils / elles **valurent** |
| | mourir | il / elle **mourut** | ils / elles **moururent** |
| | conclure | il / elle **conclut** | ils / elles **conclurent** |

*Verbes impersonnels*

| | |
|---|---|
| falloir | il **fallut** |
| pleuvoir | il **plut** |

*Comme **connaître** : **apparaître, disparaître, paraître, reconnaître**

Verbes dont les terminaisons sont *-is, -is, -it, -îmes, -îtes, -irent*

| *Verbe modèle* | *Autres verbes (3ᵉ personne seulement)* | | |
|---|---|---|---|
| **Faire** | mettre | il / elle **mit** | ils / elles **mirent** |
| je **fis** | prendre | il / elle **prit** | ils / elles **prirent** |
| tu **fis** | rire | il / elle **rit** | ils / elles **rirent** |
| il / elle **fit** | voir | il / elle **vit** | ils / elles **virent** |
| nous **fîmes** | écrire | il / elle **écrivit** | ils / elles **écrivirent** |
| vous **fîtes** | conduire | il / elle **conduisit** | ils / elles **conduisirent** |
| ils / elles **firent** | craindre | il / elle **craignit** | ils / elles **craignirent** |
| | peindre | il / elle **peignit** | ils / elles **peignirent** |
| | acquérir | il / elle **acquit** | ils / elles **acquirent** |
| | vaincre | il / elle **vainquit** | ils / elles **vainquirent** |
| | s'asseoir | il / elle **s'assit** | ils / elles **s'assirent** |

nous nous limitons à citer deux passages à titre d'exemple. Voir Tableau 63. Notez l'emploi de l'imparfait quand il s'agit de description, d'une action en cours ou d'une habitude. Le plus-que-parfait et le passé antérieur

**TABLEAU 63**

## La narration littéraire

Moïna vit transporter sa mère, pâle, inanimée, respirant avec difficulté, mais agitant les bras comme si elle voulait ou lutter ou parler. Atterrée par ce spectacle, Moïna suivit sa mère, aida silencieusement à la coucher sur son lit et à la déshabiller. Sa faute l'accabla. En ce moment suprême, elle connut sa mère, et ne pouvait plus rien réparer. Elle voulait être seule avec elle; et quand il n'y eut plus personne dans la chambre, qu'elle sentit le froid de cette main pour elle toujours si caressante, elle fondit en larmes. Réveillée par ces pleurs, la marquise put encore regarder sa chère Moïna; puis, au bruit de ses sanglots, qui semblaient vouloir briser ce sein délicat et en désordre, elle contempla sa fille en souriant.

— BALZAC, *La Femme de trente ans*, éd. de la Pléiade, tome II de *la Comédie humaine*, p. 46.

*(Dans le passage suivant de Rousseau, notez l'utilisation du passé simple à la première personne.)*

Là mes vives agitations commencèrent à prendre un autre cours; un sentiment plus doux s'insinua peu à peu dans mon âme, l'attendrissement surmonta le désespoir, je me mis à verser des torrents de larmes; et cet état, comparé à celui dont je sortais, n'était pas sans quelque plaisir. Je pleurai fortement, longtemps, et fus soulagé. Quand je me trouvai bien remis, je revins auprès de Julie; je repris sa main. Elle tenait son mouchoir; je le sentis fort mouillé. Ah! lui dis-je tout bas, je vois que nos cœurs n'ont jamais cessé de s'entendre! Il est vrai, dit-elle d'une voix altérée; mais que ce soit la dernière fois qu'ils auront parlé sur ce ton. Nous recommençâmes alors à causer tranquillement, et au bout d'une heure de navigation nous arrivâmes sans autre accident. Quand nous fûmes rentrés, j'aperçus à la lumière qu'elle avait les yeux rouges et fort gonflés; elle ne dut pas trouver les miens en meilleur état. Après les fatigues de cette journée, elle avait grand besoin de repos; elle se retira, et je fus me coucher.

— J.-J. ROUSSEAU, *La Nouvelle Héloïse*, quatrième partie, lettre XVII (extrait).

(voir II ci-dessous) sont employés aussi pour une action antérieure à celle du passé simple ou de l'imparfait.

## II.   Le passé antérieur

**A.**  Formation

Le passé antérieur est formé du passé simple de l'auxiliaire (**avoir** ou **être**) suivi du participe passé du verbe utilisé. Voir Tableau 64, page 244.

**B.**  Emploi

Quand on emploie le passé simple, le **passé antérieur** exprime une action précise qui précède immédiatement l'action exprimée au passé simple. C'est le cas surtout après les conjonctions de temps **quand, lorsque, après**

Lorsque nous eûmes trouvé un endroit confortable, nous nous y installâmes.

« Quand nous fûmes rentrés, j'aperçus à la lumière qu'elle avait les yeux rouges et fort gonflés. » (Rousseau)

**TABLEAU 64**

| Le passé antérieur | |
|---|---|
| **Parler** | **Aller** |
| j'eus parlé | je fus   allé / allée |
| tu eus parlé | tu fus   allé / allée |
| il / elle eut parlé | il / elle fut   allé / allée |
| nous eûmes parlé | nous fûmes   allés / allées |
| vous eûtes parlé | vous fûtes { allé / allée<br>{ allés / allées |
| ils / elles eurent parlé | ils / elles furent   allés / allées |

**que, dès que, aussitôt que,** et dans les propositions introduites par **à peine.**

NOTE:  Dans un texte où on emploie le passé composé, le passé antérieur est remplacé par le **passé surcomposé.** (Voir Appendice VI.)

À peine fut-elle levée que le téléphone sonna[1]. Dès qu'il eut lu le journal, il se remit à travailler.

Lorsque nous avons eu trouvé un endroit confortable, nous nous y sommes installés.

# III.   Le subjonctif imparfait et le subjonctif plus-que-parfait

**A.**  Formation du subjonctif imparfait

Il y a trois séries de terminaisons au subjonctif imparfait — **-asse, -isse, -usse** — qui correspondent aux terminaisons **-ai, -is, -us** du passé simple. Le radical du subjonctif imparfait est le même que celui du passé simple. Voir Tableau 65.

**B.**  Formation du subjonctif plus-que-parfait

Le subjonctif plus-que-parfait est formé de l'imparfait du subjonctif de l'auxiliaire (**avoir** ou **être**) suivi du participe passé du verbe utilisé. Voir Tableau 66.

**C.**  Emploi du subjonctif imparfait et plus-que-parfait

Ces temps étant réservés à la langue écrite de style soutenu, il importe surtout de les reconnaître pour la lecture.

---

[1]**À peine** en tête de phrase est toujours suivi de l'inversion.

**TABLEAU 65**

## Le subjonctif imparfait

| | Verbes en *-ai* au passé simple | | Verbes en *-is* au passé simple |
|---|---|---|---|
| Terminaisons | **Parler : je parlai** | Terminaisons | **Sortir : je sortis** |
| **-asse** | que je parlasse | **-isse** | que je sortisse |
| **-asses** | que tu parlasses | **-isses** | que tu sortisses |
| **-ât** | qu'il / elle parlât | **-ît** | qu'il / elle sortît |
| **-assions** | que nous parlassions | **-issions** | que nous sortissions |
| **-assiez** | que vous parlassiez | **-issiez** | que vous sortissiez |
| **-assent** | qu'ils / elles parlassent | **-issent** | qu'ils / elles sortissent |

| Verbes en *-us* au passé simple | |
|---|---|
| Terminaisons | **Boire : je bus** |
| **-usse** | que je busse |
| **-usses** | que tu busses |
| **-ût** | qu'il / elle bût |
| **-ussions** | que nous bussions |
| **-ussiez** | que vous bussiez |
| **-ussent** | qu'ils / elles bussent |

NOTE : Les verbes en **-cer** et **-ger** présentent des variations orthographiques dans toute la conjugaison au subjonctif imparfait. EXEMPLES : *que je plaçasse, qu'il / elle plaçât; que nous mangeassions, qu'ils / elles mangeassent*, etc.

**TABLEAU 66**

## Le subjonctif plus-que-parfait

| Parler | Venir | |
|---|---|---|
| que j'eusse parlé | que je fusse | venu / venue |
| que tu eusses parlé | que tu fusses | venu / venue |
| qu'il / elle eût parlé | qu'il / elle fût | venu / venue |
| que nous eussions parlé | que nous fussions | venus / venues |
| que vous eussiez parlé | que vous fussiez | { venu / venue, venus / venues } |
| qu'ils / elles eussent parlé | qu'ils / elles fussent | venus / venues |

1.  Dans la langue parlée le subjonctif présent remplace en général le subjonctif imparfait[2] et le subjonctif passé remplace le subjonctif plus-que-parfait.

[2]Après **bien que (quoique)**, le subjonctif présent ne peut pas remplacer le subjonctif imparfait. EXEMPLES : *Bien que le courant de cette rivière fût dangereux, les jeunes s'y baignaient régulièrement. Quoiqu'il fît très beau, ils ne partirent pas pour la montagne.* Dans la langue parlée on utiliserait le subjonctif passé ou on tournerait la phrase d'une autre manière. EXEMPLES : *Les jeunes gens se baignaient dans la rivière malgré le danger du courant. Quoiqu'il ait fait très beau, ils ne partirent pas pour la montagne. Il faisait très beau, mais ils ne partirent pas.*

Le subjonctif imparfait exprime une action *simultanée* ou *postérieure* à l'action de la proposition principale quand celle-ci est à un temps de l'indicatif passé, et le subjonctif plus-que-parfait exprime une action qui est *antérieure*. Voir Tableau 67[3].

Du point de vue chronologique, le subjonctif imparfait correspond donc à l'imparfait de l'indicatif ou au conditionnel présent; le subjonctif plus-que-parfait correspond au plus-que-parfait ou parfois au futur antérieur. (Voir C, 2 a, ci-dessous.)

**TABLEAU 67**

### Concordance des temps au subjonctif

| Proposition principale à l'indicatif* | | Proposition subordonnée au subjonctif |
|---|---|---|
| Verbe au passé | pour exprimer une action *simultanée* ou *postérieure* | **que** + subjonctif imparfait |
| | pour exprimer une action *antérieure* | **que** + subjonctif plus-que-parfait |

### Exemples

| Style soutenu | Langue courante |
|---|---|
| *Action simultanée* | |
| J'étais content qu'elle se sentît mieux.† | J'étais content qu'elle se sente mieux.† |
| *Action postérieure* | |
| Je doutais qu'elle tînt sa promesse.‡ | Je doutais qu'elle tienne sa promesse.‡ |
| *Action antérieure* | |
| Éliane craignait que ses amis ne l'eussent trahie.§ | Éliane craignait que ses amis ne l'aient trahie.§ |

*Quand le verbe de la proposition principale est au conditionnel, les règles de concordance sont les mêmes.
  EXEMPLES : Je voudrais que vous fissiez (fassiez) un effort. J'aurais préféré que Caroline n'eût rien dit (n'ait rien dit).

†Notez que les deux phrases « J'étais content que... » signifient *I was happy that she* was feeling *better.*

‡Notez que les deux phrases « Je doutais que... » signifient *I doubted that she* would keep *her promise.*

§Notez que les deux phrases « Éliane craignait que... » signifient *Eliane was afraid that her friends* had betrayed *her.*

[3]Pour la concordance des temps au subjonctif dans la langue courante, voir Chapitre 10, page 178.

2. Le subjonctif plus-que-parfait correspond parfois au conditionnel passé :

   a)  Dans le sens du futur antérieur dans
       le passé.

Elle doutait que son mari eût fini ses recherches avant deux ou trois ans. (*She doubted that her husband would have finished his research before two to three years.*)

   b)  Dans les phrases hypothétiques (si...).

       Dans ce cas le plus-que-parfait du
       subjonctif peut remplacer le condi-
       tionnel passé ou le plus-que-parfait
       de l'indicatif, ou les deux.

Si elle lui avait parlé, elle aurait compris son point de vue.
OU : Si elle lui eût parlé, elle aurait compris son point de vue.
OU : Si elle lui avait parlé, elle eût compris son point de vue.
OU : Si elle lui eût parlé, elle eût compris son point de vue[4].

       Les quatre phrases ci-dessus se
       traduisent toutes : « *If she had talked
       to him (to her), she would have
       understood his (her) point of view.* »

3. Notez la tournure suivante où le subjonctif plus-que-parfait communique
l'idée de « même si... »

Elle lui eût parlé trois heures qu'elle n'eût rien appris de lui. ( = Même si elle lui avait parlé trois heures, elle n'aurait rien appris de lui.)

# CONSTRUCTIONS

## I.  Le participe présent

**A.** Formes

Pour former le participe présent, remplacez
la terminaison -**ons** de la forme **nous** de
l'indicatif présent par la terminaison -**ant.** Les
verbes **être, avoir** et **savoir** sont irréguliers.
Voir Tableau 68.

**TABLEAU 68**

| Formation du participe présent | | | |
|---|---|---|---|
| **Indicatif présent** | **Participe présent** | **Verbes irréguliers** | |
| nous parlons | **parlant** | être | **étant** |
| nous choisissons | **choisissant** | avoir | **ayant** |
| nous descendons | **descendant** | savoir | **sachant** |
| nous buvons | **buvant** | | |
| nous recevons | **recevant** | | |

[4]L'emploi du subjonctif plus-que-parfait dans cette phrase appartient surtout au style soutenu (*littéraire*).

**B.** Accord du participe présent

1. Le participe présent est invariable quand il est employé comme verbe, c'est-à-dire, quand il est suivi d'un complément (par exemple, un objet direct ou indirect, un complément prépositionnel).

Les chasseurs, suivant les traces du tigre, sont arrivés au milieu de la jungle.

Les soleils mouillés / De ces ciels brouillés / Pour mon esprit ont les charmes / Si mystérieux / De tes traîtres yeux / brillant à travers leurs larmes. (Baudelaire)

2. Employé comme un adjectif, le participe présent varie en genre et en nombre avec le nom qu'il qualifie.

J'ai aperçu au fond de la caverne deux yeux brillants qui me fixaient.

Apprenez les vers suivants par cœur.

J'ai beaucoup apprécié sa réaction encourageante.

**C.** Emploi du participe présent

Le participe présent s'emploie moins en français qu'en anglais. Dans la plupart des cas, il se trouve dans le style recherché (*littéraire*). Voir Coin du spécialiste, page 250. Dans la langue courante on emploie deux verbes conjugués.

Un grand nombre de participes présents en anglais se traduisent en français par un infinitif ou par un nom.

Je suis fatigué de répéter la même chose. (*I'm tired of repeating the same thing.*)

Voir c'est croire. (*Seeing is believing.*)

J'aime la natation. (*I like swimming.*)

Le participe présent s'emploie surtout après la préposition **en**[5], quand deux actions sont simultanées. La construction **en** + *participe présent*, qui s'appelle le gérondif, remplace dans ce cas :

1. Une proposition de temps. Le gérondif répond à la question **quand?** (**en** = *while*)

En prenant le petit déjeuner, je lis le journal financier.

Plusieurs personnes pleuraient en sortant du cinéma.

2. Une proposition de manière. Le gérondif répond à la question **de quelle manière? comment?** (**en** = *by, in*)

Je me suis brûlé en allumant le gaz.

Irène a fini d'écrire son rapport en travaillant toute la nuit.

C'est en forgeant qu'on devient forgeron. (proverbe)

REMARQUES:
- Pour insister sur la simultanéité de deux actions ou pour renforcer l'opposition entre deux actions, on peut employer **tout en.**

Tout en parlant, je traçais des lettres sur un morceau de papier.

[5]En fait, aucune autre préposition ne peut s'employer devant le participe présent.

- **Tout en** + *participe présent* traduit aussi l'idée de concession *although*.

Tout en étant aveugle, Helen Keller est allée à l'université.

<small>N'OUBLIEZ PAS…</small>
Le sujet (non exprimé) du participe présent doit être le même que celui du verbe principal.

En mettant des bougies sur la table, Léa a créé une lumière plus douce. (Léa a mis des bougies sur la table… Léa a créé une lumière plus douce.)

# II.   Étant donné / de façon à

**A.  Étant donné** a le sens de « à cause de, vu ». L'expression introduit un nom et peut s'accorder avec celui-ci.

Étant donné(e) la gravité de la crise monétaire, il a placé tout son argent en Suisse.

**Étant donné que** introduit une proposition à l'indicatif.

Étant donné que notre temps est limité, nous ne verrons qu'une partie de l'exposition.

**B.  De façon à**

**De façon à** + *infinitif* explique le but d'une action qui précède.

Il a construit la maison de façon à profiter de la vue.

**De façon à ce que** introduit une proposition au subjonctif.

La directrice a placé les bibelots de façon à ce qu'on les voie tout de suite en entrant dans le salon.

# ÉTUDE DE VERBES

**A.**  Les verbes suivants gouvernent l'infinitif complément avec **de.**

| | |
|---|---|
| essayer de | oublier de |
| éviter de | risquer de |
| mériter de | tenter de |

Il oubliait souvent de fermer la porte de la mairie.
Vous devriez éviter de rester trop longtemps au soleil.

**B.**  Les verbes suivants gouvernent l'infinitif directement.

| | |
|---|---|
| croire | valoir mieux |
| penser[6] | paraître |
| oser | sembler |

Certains journalistes croient toujours avoir raison.
Il vaudrait mieux payer tout de suite.
Il semble ne connaître personne ici à part Madame Tavernier.

---

[6]Pour **penser à,** voir page 109.

### C.  Savoir / pouvoir

Ne confondez pas **savoir** + *infinitif* et **pouvoir** + *infinitif.*

1.  **Savoir** + *infinitif* a le sens de « avoir les connaissances nécessaires pour » (*to know how*).

> Si tu sais conduire, je te prêterai ma voiture.
> Il savait jouer du piano.
> Je savais lire le latin autrefois.

2.  **Pouvoir** + *infinitif* indique les capacités physiques et mentales (*to be able to, can*).

> Il faisait si noir que je ne pouvais pas lire.
> Victor savait jouer de l'accordéon, mais il ne pouvait pas en jouer parce qu'il s'était cassé le doigt.
> Le médecin a pu convaincre le sénateur de renoncer à boire.

3.  **Pouvoir** s'emploie aussi pour donner ou demander la permission.

> Puis-je vous demander un service?
> Vous ne pouvez pas fumer dans cette salle.
> Pourrais-je sortir cinq minutes avant la fin du cours?

### D.  Faillir + *infinitif*

Employez ce verbe seulement au passé composé dans le sens de « presque ».

> J'ai failli glisser sur cette peau de banane. (J'ai presque glissé...)

## Coin du spécialiste

**A.**   Le subjonctif s'emploie quelquefois dans des propositions principales pour exprimer un souhait, une exhortation.

> Vive la liberté!
> Plût au ciel qu'elle se souvienne de moi! (*Would to heaven that she remember me!*)
> Vienne la nuit sonne l'heure / Les jours s'en vont je demeure (Apollinaire, « Le Pont Mirabeau »).

**B.**   Le subjonctif est employé pour donner un ordre. Dans ce cas, l'ordre n'est pas donné directement à la personne mais par l'intermédiaire de quelqu'un.

> Que Bill lui prête un peu d'argent. (*Let Bill lend him some money.*)
> « Qu'ils mangent du gâteau! » (*''Let them eat cake!''*)

**C.**   Le participe présent s'emploie surtout dans le style soutenu (*recherché*) dans les cas suivants :

**1.**   Pour la première de deux actions successives, si la deuxième action exprime le but ou le résultat de la première.

> Souffrant d'une mauvaise grippe, Marie n'a pu aller au concert.
> Fouillant (*Searching*) dans sa poche, la vieille en a sorti une pièce de dix francs qu'elle a déposée sur le comptoir.

Le premier verbe est souvent un verbe comme **désirer, savoir, penser, croire, voir, vouloir, pouvoir.** Dans ce cas, la proposition participiale est l'équivalent d'une proposition introduite par **parce que, comme.**

> Ne sachant pas si son amie était à la maison, il lui a téléphoné. (Comme il ne savait pas...)
> Voulant lui faire plaisir, Diane a offert un fox-terrier à Mme Charpentier.

2. Pour une de deux actions simultanées.

> Retenant son souffle, le pêcheur sous-marin a plongé au fond de l'eau.
> Il est sorti de la maison portant un énorme sac sur le dos.

3. Pour remplacer une proposition relative.

> Mireille, voyant (qui voyait) que personne ne l'écoutait, s'est tue.

**D.** Il existe une forme composée du participe présent pour exprimer une action participiale qui est complétée avant l'action de la proposition principale. (Cette tournure appartient plutôt au style soutenu.)

> N'ayant pas fait d'exercice pendant des mois, il se sentait très faible.
> M. Régnier, ayant fini son troisième cognac, a déclaré qu'il était l'heure de rentrer.
> Mes amis, s'étant trompés de route, sont arrivés à la plage avec une heure de retard.

# ASSIMILATION

## Mise en pratique

**I.** *Dans les phrases suivantes, donnez l'infinitif des verbes au passé simple.* **A** *et* **B** *contrôleront les réponses à tour de rôle.*

**A**

1. Nous sûmes trop tard qu'il ne viendrait pas.
2. Elle prit le paquet et le mit dans son sac.
3. Elle craignit que son ami l'abandonnât.
4. Ils attendirent plus d'une heure avant de reprendre leur route.
5. Il voulut s'asseoir à l'ombre.
6. Ils ne purent pas nous accompagner.
7. Il plut pendant trois jours.
8. J'écrivis la fin de l'histoire.

**B**

9. Quand elle reçut la lettre anonyme, elle téléphona à la police.
10. Il fallut beaucoup de patience pour mener ce projet à bout.
11. Ils n'eurent pas le temps de se mettre à l'abri.
12. Elle naquit en 1645.
13. Quand elle vit le fantôme, elle poussa un cri.
14. Fîtes-vous vos adieux?
15. On eut à peine le temps de rentrer avant la tempête.
16. Vous fûtes le premier à venir à mon secours.

II.  *Donnez l'infinitif pour les subjonctifs imparfaits suivants.* **A** *et* **B** *contrôleront les réponses à tour de rôle.*

**A**

1.  Je ne voulais pas qu'ils me vissent.
2.  Quoique le comportement de son fils lui parût étrange, elle ne voulait rien dire en sa présence.
3.  Elle voulut qu'on l'accompagnât en ville.
4.  Henri ne comprenait pas qu'on bâtît de nouveaux immeubles si près de la route.
5.  Il était regrettable que je dusse leur parler si sévèrement.
6.  Il m'a demandé de garder le silence jusqu'à ce qu'il vît le doyen.
7.  J'aurais préféré qu'il ne sût pas que ce que j'avais fait.
8.  Il était surprenant qu'ils ne voulussent point nous voir.

**B**

9.  Il faudrait que vous fussiez plus prudents.
10.  Nous préférerions qu'elles répondissent par écrit.
11.  Son médecin ne voulait pas qu'il bût trop.
12.  Il aurait fallu que tu prisses mieux soin de tes affaires.
13.  Elle tenait à ce que je remisse notre rendez-vous.
14.  Bien qu'il crût avoir raison, il n'insista pas.
15.  Était-il possible qu'il devînt gouverneur?
16.  Croyait-il qu'elle vécût longtemps dans cette maison?

## Réponses

| I. | | | | | | | | |
|---|---|---|---|---|---|---|---|---|
| 1. | savoir | 5. | vouloir | 9. | recevoir, téléphoner | 13. | voir, pousser |
| 2. | prendre, mettre | 6. | pouvoir | 10. | falloir | 14. | faire |
| 3. | craindre | 7. | pleuvoir | 11. | avoir | 15. | avoir |
| 4. | attendre | 8. | écrire | 12. | naître | 16. | être |

| II. | | | | | | | | |
|---|---|---|---|---|---|---|---|---|
| 1. | voir | 5. | devoir | 9. | être | 13. | remettre |
| 2. | paraître | 6. | voir | 10. | répondre | 14. | croire |
| 3. | accompagner | 7. | savoir | 11. | boire | 15. | devenir |
| 4. | bâtir | 8. | vouloir | 12. | prendre | 16. | vivre |

# Vérification

I.  *Identifiez les verbes soulignés et mettez-les à leur forme non littéraire si possible :*

1.  Bien qu'ils <u>fissent</u> de grands efforts, ils ne <u>réussirent</u> pas à le convaincre.
2.  Dans cet instant, s'il <u>se fût présenté</u> quelque moyen honnête de renouer, elle <u>l'eût saisi</u> avec plaisir. (Stendhal, *Le Rouge et le Noir*, éd. Livre de Poche, p. 355.)
3.  Ses actions étaient tellement peu sous la direction de son esprit, que si quelque philosophe chagrin lui <u>eût dit</u> « Songez à profiter rapidement des dispositions qui vont vous être favorables;... » il ne <u>l'eût</u> pas <u>compris</u>. (Stendhal, *Le Rouge et le Noir*, éd. Livre de Poche, p. 364.)

4. Il <u>eut</u> peur, une peur brusque et horrible que cette honte <u>fût dévoilée</u>, et se retournant, comme la porte s'ouvrait, il <u>prit</u> la petite peinture et la <u>glissa</u> sous la pendule sans que son père et son frère l'<u>eussent vue</u>. (Maupassant, *Pierre et Jean*, éd. Garnier, p. 130.)

5. Il la <u>crut</u> d'abord étouffée. Puis l'ayant saisie par les épaules, il la <u>retourna</u> sans qu'elle <u>lâchât</u> l'oreiller qui lui cachait le visage et qu'elle mordait pour ne pas crier. (Maupassant, *Pierre et Jean*, éd. Garnier, p. 165.)

6. Là, je rassemblerais une société, plus choisie que nombreuse, d'amis aimant le plaisir et s'y connaissant, de femmes qui <u>pussent</u> sortir de leur fauteuil et se prêter aux jeux champêtres, prendre quelquefois, au lieu de la navette et des cartes, la ligne, les gluaux, le râteau des faneuses, et le panier des vendangeuses. (J.-J. Rousseau, *Émile*, Livre IV.)

7. <u>Plût</u> à Dieu que la paix <u>fût</u> assez généralement établie dans tous les cœurs pour faire revenir tous ceux que je désire! (Madame de Sévigné, *Lettres*, éd. de la Pléiade, p. 614.)

8. Ils [Geneviève et Hubert] n'étaient pas arrivés encore. Je m'assis sur le banc, près de la route, attentif au bruit des moteurs. Plus ils tardaient et plus je désirais leur venue. J'avais des retours de ma vieille colère : ça leur était bien égal de me faire attendre! il leur importait peu que je <u>souffrisse</u> à cause d'eux; ils faisaient exprès... Je me repris : ce retard pouvait avoir une cause que j'ignorais, et il n'y avait aucune chance que ce <u>fût</u> précisément celle dont, par habitude, je nourrissais ma rancœur. La cloche annonçait le dîner. J'allais jusqu'à la cuisine pour avertir Amélie qu'il fallait attendre encore un peu. Il était bien rare que l'on me <u>vît</u> sous ses solives noires où des jambons pendaient. (Mauriac, *Nœud de vipères*, éd. Livre de Poche, p. 214.)

**II.** *Lisez le texte suivant; puis mettez les verbes aux temps littéraires à leur forme non littéraire.*

## Une interview

Les derniers investissements financiers de Boris Chatel se sont révélés désastreux, et sa femme Estelle se décide à chercher du travail. Ayant appris que la richissime banquière Madame Coste-Grüner veut fonder à Versailles une institution pour étudiants étrangers, et cherche une directrice, Estelle a pris rendez-vous avec elle. Précisons que Madame Coste-Grüner, ayant consacré sa vie à l'étude des grands auteurs classiques, se plaît à utiliser les temps du style soutenu (passé simple, subjonctif imparfait et plus-que-parfait) même si les gens avec qui elle parle n'en font pas autant. Estelle, malgré son désir de faire bonne impression, ne réussit pas à se plier au jeu.

MADAME COSTE-GRÜNER :   Vous êtes donc Madame Chatel... J'eus le plaisir de rencontrer votre mari à une réception en l'honneur de Molière dont nous jouâmes des scènes choisies. Des acteurs de la Comédie Française vinrent à ma demande nous régaler de leur talent. Ce fut une soirée des plus réussies. Quel dommage que vous ne pussiez être des nôtres!

ESTELLE :   Je le regrette vivement. Boris et moi, nous ne nous sommes mariés... euh... pardon... nous ne nous épousâmes qu'après, mais il m'en a parlé souvent par la suite. Il aurait bien voulu que j'y sois!

MADAME COSTE-GRÜNER :   Où prîtes-vous connaissance de l'emploi dont il s'agit?

ESTELLE :   C'est la Marquise des Fleurs qui m'en a informée et m'a engagée à vous contacter.

MADAME COSTE-GRÜNER :   Parfait. Quelles sont vos qualifications pour être directrice de notre institution et où fîtes-vous vos études? Car, vous en fîtes, n'est-ce pas?

ESTELLE :   Oui, j'en ai fait de très sérieuses. Après le bac[7] que j'ai obtenu à 16 ans, je suis entrée à l'ENS[8] pour jeunes filles où j'ai passé une Licence[9] et une Maîtrise[10] en philosophie. J'ai été admise à l'agrégation[11] en 1962. Admise ensuite à l'ENA[12], j'en suis sortie en 1964 et suis devenue Attachée culturelle[13] à Washington. C'est là que le hasard a voulu que je rencontre Boris. Il s'est épris de moi...

MADAME COSTE-GRÜNER :   (*d'un air extasié*) Vous apprîtes donc la langue de Shakespeare? (*Elle s'est mise alors à réciter un sonnet en anglais avec un accent d'époque invraisemblable.*)

ESTELLE :   Que de fois Boris ne m'a-t-il pas récité ce sonnet! Mais j'ai été ensuite nommée ambassadrice à Moscou où il m'a fallu apprendre le russe afin de négocier avec les autorités locales.

MADAME COSTE-GRÜNER :   (*ravie*) J'eusse aimé vous rencontrer plus tôt. Le russe!... dont je ne goûte les profondeurs qu'en traduction. Si je l'eusse appris, j'eusse pu converser avec Nicolas Romanov, le Tsar! Quels propos n'eussions-nous pas échangés! Quelles révélations ne m'eût-il pas faites! (*Se reprenant*) Estelle, voulez-vous être directrice?

ESTELLE :   Que faudrait-il que je fasse exactement?

MADAME COSTE-GRÜNER :   Engager des professeurs après contrôle de leurs connaissances de la langue classique, établir le programme et représenter l'institution. Il serait bon aussi que vous fussiez responsable de la gestion et que vous veillassiez aux bonnes mœurs des étudiants.

ESTELLE :   Si vous me permettiez une question pratique. Pourrais-je vous demander des précisions sur le traitement?

MADAME COSTE-GRÜNER :   Il nous plairait de vous offrir un hôtel particulier[14]

---

[7]**Le bac** ( = le bachot ou baccalauréat) : diplôme de fin d'études secondaires, que l'on obtient en passant un examen sur toutes les matières étudiées au lycée.

[8]**L'ÉNS** (École Normale Supérieure) : « grande école » très sélective, où l'on entre après un concours, et qui prépare à certains concours d'État recrutant des fonctionnaires.

[9]**License :** l'équivalent d'un B.A. américain.

[10]**Maîtrise :** correspond au M.A. américain.

[11]**Agrégation :** concours d'État recrutant des fonctionnaires de rang élevé. Titre ouvrant traditionnellement la voie à l'enseignement dans le secondaire.

[12]**l'ÉNA** (École Nationale d'Administration) : « grande école », encore plus sélective que l'ÉNS, où l'on entre après un concours, et qui produit des hauts fonctionnaires; futurs ambassadeurs, futurs ministres, grands administrateurs, etc.

[13]**Attaché(e) culturel(le) :** diplomate chargé de représenter la culture de son pays à l'étranger.

[14]**Hôtel particulier :** une demeure en ville appartenant à une personne riche.

dans le Marais, une CX[15] avec chauffeur et une rente de 30.000 livres par an sur ma cassette personnelle.

ESTELLE : J'aurais aimé être payée en francs français, mais qu'à cela ne tienne! J'accepte avec plaisir cette généreuse proposition qui accroîtra votre gloire.

L'institution a ouvert ses portes et est rapidement devenue un des meilleurs centres d'études littéraires et culturelles de l'Europe.

Madame Coste-Grüner occupait un hôtel particulier somptueux qu'elle a fait construire près de l'institut. Elle y tenait chaque dimanche un « salon » où venaient les étudiants qui s'étaient distingués dans leurs cours.

Malheureusement, à force de vouloir recréer le grand siècle, Madame Coste-Grüner a fini par se prendre pour Madame de Maintenon[16]. Le Docteur Neuron a exigé l'arrêt immédiat de toutes ses activités, car elle parlait sans cesse d'occuper une aile du Palais de Versailles.

**III.** *(Constructions) Refaites les phrases suivantes avec* **en** + participe présent.

1. Quand Martial a entendu la musique, il s'est mis à danser.
2. Quand il prépare le dîner, il regarde la télévision.
3. Pendant qu'il lisait, il buvait de la bière.
4. Pendant qu'il nageait, il a eu une crampe.
5. Il a voyagé. Il a beaucoup appris.
6. Quand je suis allé en ville, j'ai perdu mon portefeuille.
7. Quand Marc est passé devant le magasin, il a vu une chemise qui lui plaisait.
8. Étienne a préparé des crêpes flambées. Il s'est brûlé.
9. Quand je suis monté dans le train, j'ai eu l'impression que quelqu'un me suivait.
10. Nous sommes tombés de la planche à voile. Nous nous sommes fait mal.

**IV.** *(Constructions) Refaites les phrases avec* **tout en** + participe présent.

1. Il lisait le journal et caressait son chien.
2. Il souriait. Il faisait des remarques désobligeantes.
3. L'écrivain que j'ai interviewé a dit : (a) « J'essayais de me reposer. Je pensais sans cesse à mon roman inachevé. » (b) « Je voulais rester fidèle à mon style. J'essayais de faire du nouveau. »
4. Elsa écoutait le conférencier. Elle lisait sa correspondance.

**V.** *(Constructions) Mettez les verbes entre parenthèses au participe présent, précédé de* **en** *si c'est nécessaire, ou à la forme composée du participe présent.*

### Une soirée désastreuse

Vous expliquez au professeur pourquoi vous n'êtes pas venu à l'examen, en lui disant ceci :

« (rentrer) chez moi après un week-end à la montagne, le dimanche soir, j'ai trouvé la propriétaire et le plombier (travailler) dans ma cuisine et (marcher)

---

[15]**CX :** modèle Citroën haut de gamme (*top of the line*).

[16]**Madame de Maintenon** (1635–1715) : marquise, chargée de l'éducation des enfants de Louis XIV; elle épousa le roi en 1684.

dans trois centimètres d'eau. (manier) ses outils, le plombier a sali tout
l'appartement. Le voisin du dessus (s'endormir) (prendre) son bain, avait
oublié de fermer le robinet. Pendant ce temps, l'eau avait coulé chez le voisin
de dessous qui attendait des invités. Il m'a téléphoné. (Lui parler) j'ai entendu le plombier hurler parce que mon chien, (ne pas aimer) les uniformes,
l'avait pris pour un ennemi. La propriétaire, (glisser) dans l'eau, est tombée,
(se fracturer) le bras. (Croire) que je me moquais de lui, le voisin est monté
avec le dessert que l'eau avait réduit à une pâte informe, et il me l'a lancé
au visage quand j'ai refusé de lui donner l'argent nécessaire pour en acheter
un autre. Tout à coup, derrière le voisin un policier immense est apparu
(tenir) à la main un mandat de perquisition et me (demander) où se trouvait
la cocaïne. (Entrer) dans la cuisine, il a découvert la propriétaire étendue de
tout son long, dans une grande flaque d'eau et le plombier (compter) ses
blessures. Le policier, (s'imaginer) qu'il y avait eu chez moi des règlements
de comptes entre trafiquants, a arrêté tout le monde et, (penser) déja à sa
promotion, nous a embarqués tous dans le panier à salade[17]. La propriétaire,
le plombier et moi nous avons passé la nuit au violon[18]. »

VI.  (*Constructions*) *Traduisez les phrases suivantes* (niveau avancé).

   1.  While going to class, I saw a car accident.
   2.  One learns by making errors.
   3.  I like playing bridge.
   4.  Solving other people's problems is easy.
   5.  Wishing to surprise her parents, she arrived home a day early.
   6.  Throwing a coin into the fountain, we each made a wish.
   7.  He left the room, slamming the door behind him.
   8.  He lost ten pounds by eating only yogurt and fruit for a month.
   9.  She amazed the audience by answering questions in five different lan-
        guages.
  10.  In answering the prosecutor's questions, the witness contradicted him-
        self several times.

VII.  (*Constructions*) *Donnez le participe présent des verbes suivants, puis utilisez-
       les dans une phrase de votre invention.*

   1.  réfléchir        6.  être
   2.  parler           7.  vouloir
   3.  savoir           8.  apprendre
   4.  voir             9.  sortir
   5.  avoir           10.  croire

VIII.  (*Constructions*) *Refaites les phrases suivantes avec* **faillir** + infinitif.

   1.  Le journaliste a presque commis une grande indiscrétion.
   2.  Louise est presque tombée dans la rivière en la traversant sur un tronc
        d'arbre.
   3.  Nous nous sommes presque disputés.
   4.  Ils ont presque perdu le match de football.

[17]**Panier à salade** (*fam.*) : voiture de police pour le transport des prisonniers.
[18]**Au violon** (*fam.*) : en prison.

**IX.** *(Constructions) Faites des phrases avec :*

1.  essayer de
2.  oublier de
3.  savoir + *infinitif*
4.  pouvoir + *infinitif*
5.  faillir + *infinitif*
6.  valoir mieux + *infinitif*

## Réalisation

**I.** *(Devoir écrit à lire en classe)* En se modelant sur le texte dans « Vérification », V, ci-dessus, les étudiants à tour de rôle, s'ingénieront à trouver des excuses vraies ou invraisemblables pour avoir manqué à une obligation quelconque : examen à passer, rédaction à remettre, etc. Un jury de trois étudiants pourra juger lequel des mensonges est le meilleur.

**II.** *(Pastiche)* Après avoir apprécié l'humour et l'ironie du texte qui suit, essayez d'en faire une adaptation. Choisissez une situation où vous avez fait sensation, où tous les regards étaient sur vous, et racontez-la avec esprit.

Les habitants de Paris sont d'une curiosité qui va jusqu'à l'extravagance. Lorsque j'arrivai, je fus regardé comme si j'avais été envoyé du ciel : vieillards, hommes, femmes, enfants, tous voulaient me voir. Si je sortais, tout le monde se mettait aux fenêtres; si j'étais aux Tuileries, je voyais aussitôt un cercle se former autour de moi : Les femmes mêmes faisaient un arc-en-ciel, nuancé de mille couleurs, qui m'entourait; si j'étais aux spectacles, je trouvais d'abord cent lorgnettes dressés contre ma figure : enfin, jamais homme n'a été tant vu que moi. Je souriais quelquefois d'entendre des gens qui n'étaient presque jamais sortis de leur chambre, qui disaient entre eux : « Il faut avouer qu'il a l'air bien persan. » Chose admirable! Je trouvais mes portraits partout; je me voyais multiplié dans toutes les boutiques, sur toutes les cheminées : tant on craignait de ne m'avoir pas assez vu.

Tant d'honneurs ne laissent pas d'être à charge : je ne me croyais pas un homme si curieux et si rare; et, quoique j'aie très bonne opinion de moi, je ne me serais jamais imaginé que je dusse troubler le repos d'une grande ville où je n'étais point connu. Cela me fit résoudre à quitter l'habit persan et à endosser un à l'européenne, pour voir s'il resterait encore dans ma physionomie quelque chose d'admirable. Cet essai me fit connaître ce que je valais réellement : libre de tous les ornements étrangers, je me vis apprécié au plus juste. J'eus sujet de me plaindre de mon tailleur, qui m'avait fait perdre en un instant l'attention et l'estime publique; car j'entrai tout à coup dans un néant affreux. Je demeurais quelquefois une heure dans une compagnie sans qu'on m'eût regardé, et qu'on m'eût mis en occasion d'ouvrir la bouche. Mais si quelqu'un, par hasard, apprenait à la compagnie que j'étais Persan, j'entendais aussitôt autour de moi un bourdonnement : « Ah! ah! Monsieur est Persan! c'est une chose bien extraordinaire! Comment peut-on être Persan? (Montesquieu, *Lettres persanes*, XXX.)

**III.**   (*Devoirs écrits — facultatifs*)

    A.   Récrivez au passé simple le discours d'Estelle, Vérification II, pages 253–255.

    B.   Récrivez du point de vue de Moïna, le passage de Balzac cité à la page 243.

**IV.**   (*Analyse et improvisation*) Lisez l'extrait suivant, identifiez les temps, et donnez leur équivalent dans un texte non-littéraire. Ensuite, écrivez (au passé simple si vous le voulez) une suite possible à cette aventure de Candide.

Pangloss[19] enseignait la métaphisico-théologo-cosmologo-nigologie. Il prouvait admirablement qu'il n'y a point d'effet sans cause, et que, dans ce meilleur des mondes possibles, le château de monseigneur le baron était le plus beau des châteaux, et madame la meilleure des baronnes possibles...

    Candide écoutait attentivement, et croyait innocemment; car il trouvait mademoiselle Cunégonde[20] extrêmement belle, quoiqu'il ne prît jamais la hardiesse de le lui dire. Il concluait qu'après le bonheur d'être né baron de Thunder-ten-Tronckh[21], le second degré de bonheur était d'être mademoiselle Cunégonde; le troisième de la voir tous les jours; et le quatrième, d'entendre maître Pangloss, le plus grand philosophe de la province, et par conséquent, de toute la terre.

    Un jour Cunégonde rencontra Candide en revenant au château, et rougit: Candide rougit aussi. Candide lui parla sans savoir ce qu'il disait. Le lendemain, après le dîner, comme on sortait de table, Cunégonde et Candide se trouvèrent derrière un paravent; Cunégonde laissa tomber son mouchoir, Candide le ramassa; elle lui prit innocemment la main, le jeune homme baisa innocemment la main de la jeune demoiselle avec une vivacité, une sensibilité, une grâce toute particulière; leurs bouches se rencontrèrent, leurs yeux s'enflammèrent, leurs genoux tremblèrent. M. le Baron de Thunder-ten-Tronckh, passa auprès du paravent, et, voyant cette cause et cet effet, chassa Candide du château à grands coups de pied; Cunégonde s'évanouit; elle fut soufflétée par madame la baronne dès qu'elle fut revenue à elle même; et tout fut consterné dans le plus beau et le plus agréable des châteaux possibles.

—Voltaire, *Candide*, Chapitre 1 (extrait)

---

[19]**Pangloss :** le précepteur de Candide.
[20]**Cunégonde :** la fille du baron et de la baronne de Thunder-ten-Tronckh.
[21]C'est le nom du baron allemand chez qui Candide vit.

# Appendices

## I. Conjugaison des verbes **être** et **avoir**

### INDICATIF

| Présent | | Futur | | Imparfait | |
|---|---|---|---|---|---|
| **Être** | **Avoir** | **Être** | **Avoir** | **Être** | **Avoir** |
| je suis | j' ai | je serai | j' aurai | j' étais | j' avais |
| tu es | tu as | tu seras | tu auras | tu étais | tu avais |
| il / elle est | il / elle a | il / elle sera | il / elle aura | il / elle était | il / elle avait |
| nous sommes | nous avons | nous serons | nous aurons | nous étions | nous avions |
| vous êtes | vous avez | vous serez | vous aurez | vous étiez | vous aviez |
| ils / elles sont | ils / elles ont | ils / elles seront | ils / elles auront | ils / elles étaient | ils / elles avaient |

| *Passé composé* | *Futur antérieur* | *Plus-que-parfait* |
|---|---|---|
| **Être / Avoir** | **Être / Avoir** | **Être / Avoir** |
| j' ai été / eu | j' aurai été / eu | j' avais été / eu |
| tu as été / eu | tu auras été / eu | tu avais été / eu |
| il / elle a été / eu | il / elle aura été / eu | il / elle avait été / eu |
| nous avons été / eu | nous aurons été / eu | nous avions été / eu |
| vous avez été / eu | vous aurez été / eu | vous aviez été / eu |
| ils / elles ont été / eu | ils / elles auront été / eu | ils / elles avaient été / eu |

| PARTICIPES | | | | IMPÉRATIF | |
|---|---|---|---|---|---|
| *Présent* | | *Passé* | | **Être** | **Avoir** |
| **Être** | **Avoir** | **Être** | **Avoir** | sois | aie |
| étant | ayant | été | eu | soyons | ayons |
| | | | | soyez | ayez |

## CONDITIONNEL

| *Présent* | | *Passé* |
|---|---|---|
| **Être** | **Avoir** | **Être / Avoir** |
| je serais | j' aurais | j' aurais été / eu |
| tu serais | tu aurais | tu aurais été / eu |
| il / elle serait | il / elle aurait | il / elle aurait été / eu |
| nous serions | nous aurions | nous aurions été / eu |
| vous seriez | vous auriez | vous auriez été / eu |
| ils / elles seraient | ils / elles auraient | ils / elles auraient été / eu |

## SUBJONCTIF

| *Présent* | | *Passé* |
|---|---|---|
| **Être** | **Avoir** | **Être / Avoir** |
| que je sois | que j' aie | que j' aie été / eu |
| que tu sois | que tu aies | que tu aies été / eu |
| qu'il / elle soit | qu'il / elle ait | qu'il / elle ait été / eu |
| que nous soyons | que nous ayons | que nous ayons été / eu |
| que vous soyez | que vous ayez | que vous ayez été / eu |
| qu'ils / elles soient | qu'ils / elles aient | qu'ils / elles aient été / eu |

## Temps littéraires

| INDICATIF | | SUBJONCTIF | |
|---|---|---|---|
| *Passé simple* | | *Imparfait* | |
| **Être** | **Avoir** | **Être** | **Avoir** |
| je fus | j' eus | que je fusse | que j' eusse |
| tu fus | tu eus | que tu fusses | que tu eusses |
| il / elle fut | il / elle eut | qu'il / elle fût | qu'il / elle eût |
| nous fûmes | nous eûmes | que nous fussions | que nous eussions |
| vous fûtes | vous eûtes | que vous fussiez | que vous eussiez |
| ils / elles furent | ils / elles eurent | qu'ils / elles fussent | qu'ils / elles eussent |

| *Passé antérieur* | *Plus-que-parfait* |
|---|---|
| **Être / Avoir** | **Être / Avoir** |
| j'eus été / eu | que j' eusse été / eu |
| tu eus été / eu | que tu eusses été / eu |
| il / elle eut été / eu | qu'il / elle eût été / eu |
| nous eûmes été / eu | que nous eussions été / eu |
| vous eûtes été / eu | que vous eussiez été / eu |
| ils / elles eurent été / eu | qu'ils / elles eussent été / eu |

# II.   Conjugaison: Verbes modèles en **-er, -ir** et **-re**

| Verbes en *-er* | Verbes en *-ir* | | Verbes en *-re* |
|---|---|---|---|

### INFINITIF

| **parler** | **fīnir** | **partir** | **rendre** |
|---|---|---|---|

### PARTICIPES

*Présent**

| parlant | finissant | partant | rendant |
|---|---|---|---|

*Passé*

| parlé | fini | parti | rendu |
|---|---|---|---|

*Il existe aussi une forme passée du participe présent: **ayant parlé, ayant fīni, étant parti, ayant rendu.**

### INDICATIF

*Présent*

| je parle | je finis | je pars | je rends |
|---|---|---|---|
| tu parles | tu finis | tu pars | tu rends |
| il / elle parle | il / elle finit | il / elle part | il / elle rend |
| nous parlons | nous finissons | nous partons | nous rendons |
| vous parlez | vous finissez | vous partez | vous rendez |
| ils / elles parlent | ils / elles finissent | ils / elles partent | ils / elles rendent |

*Futur*

| je parlerai | je finirai | je partirai | je rendrai |
|---|---|---|---|
| tu parleras | tu finiras | tu partiras | tu rendras |
| il / elle parlera | il / elle finira | il / elle partira | il / elle rendra |
| nous parlerons | nous finirons | nous partirons | nous rendrons |
| vous parlerez | vous finirez | vous partirez | vous rendrez |
| ils / elles parleront | ils / elles finiront | ils / elles partiront | ils / elles rendront |

*Imparfait*

| je parlais | je finissais | je partais | je rendais |
|---|---|---|---|
| tu parlais | tu finissais | tu partais | tu rendais |
| il / elle parlait | il / elle finissait | il / elle partait | il / elle rendait |
| nous parlions | nous finissions | nous partions | nous rendions |
| vous parliez | vous finissiez | vous partiez | vous rendiez |
| ils / elles parlaient | ils / elles finissaient | ils / elles partaient | ils / elles rendaient |

*Passé composé*

| j' ai parlé | j'ai fini | je suis parti(e) | j'ai rendu |
|---|---|---|---|
| tu as parlé | tu as fini | tu es parti(e) | tu as rendu |
| il / elle a parlé | il / elle a fini | il / elle est parti(e) | il / elle a rendu |
| nous avons parlé | nous avons fini | nous sommes partis(es) | nous avons rendu |
| vous avez parlé | vous avez fini | vous êtes parti(e)(s)(es) | vous avez rendu |
| ils / elles ont parlé | ils / elles ont fini | ils / elles sont partis(es) | ils / elles ont rendu |

*Plus-que-parfait*

| | | | |
|---|---|---|---|
| j'avais parlé | j'avais fini | j'étais parti(e) | j'avais rendu |
| tu avais parlé | tu avais fini | tu étais parti(e) | tu avais rendu |
| il / elle avait parlé | il / elle avait fini | il / elle était parti(e) | il / elle avait rendu |
| nous avions parlé | nous avions fini | nous étions partis(es) | nous avions rendu |
| vous aviez parlé | vous aviez fini | vous étiez parti(e)(s)(es) | vous aviez rendu |
| ils / elles avaient parlé | ils / elles avaient fini | ils / elles étaient partis(es) | ils / elles avaient rendu |

*Futur antérieur*

| | | | |
|---|---|---|---|
| j'aurai parlé | j'aurai fini | je serai parti(e) | j'aurai rendu |
| tu auras parlé | tu auras fini | tu seras parti(e) | tu auras rendu |
| il / elle aura parlé | il / elle aura fini | il / elle sera parti(e) | il / elle aura rendu |
| nous aurons parlé | nous aurons fini | nous serons partis(es) | nous aurons rendu |
| vous aurez parlé | vous aurez fini | vous serez parti(e)(s)(es) | vous aurez rendu |
| ils / elles auront parlé | ils / elles auront fini | ils / elles seront partis(es) | ils / elles auront rendu |

---

## CONDITIONNEL

---

*Présent*

| | | | |
|---|---|---|---|
| je parlerais | je finirais | je partirais | je rendrais |
| tu parlerais | tu finirais | tu partirais | tu rendrais |
| il / elle parlerait | il / elle finirait | il / elle partirait | il / elle rendrait |
| nous parlerions | nous finirions | nous partirions | nous rendrions |
| vous parleriez | vous finiriez | vous partiriez | vous rendriez |
| ils / elles parleraient | ils / elles finiraient | ils / elles partiraient | ils / elles rendraient |

*Passé*

| | | | |
|---|---|---|---|
| j'aurais parlé | j'aurais fini | je serais parti(e) | j'aurais rendu |
| tu aurais parlé | tu aurais fini | tu serais parti(e) | tu aurais rendu |
| il / elle aurait parlé | il / elle aurait fini | il / elle serait parti(e) | il / elle aurait rendu |
| nous aurions parlé | nous aurions fini | nous serions partis(es) | nous aurions rendu |
| vous auriez parlé | vous auriez fini | vous seriez parti(e)(s)(es) | vous auriez rendu |
| ils / elles auraient parlé | ils / elles auraient fini | ils / elles seraient partis(es) | ils / elles auraient rendu |

---

## IMPÉRATIF

---

| | | | |
|---|---|---|---|
| parle | finis | pars | rends |
| parlons | finissons | partons | rendons |
| parlez | finissez | partez | rendez |

---

## SUBJONCTIF

---

*Présent*

| | | | |
|---|---|---|---|
| que je parle | que je finisse | que je parte | que je rende |
| que tu parles | que tu finisses | que tu partes | que tu rendes |
| qu'il / elle parle | qu'il / elle finisse | qu'il / elle parte | qu'il / elle rende |
| que nous parlions | que nous finissions | que nous partions | que nous rendions |
| que vous parliez | que vous finissiez | que vous partiez | que vous rendiez |
| qu'ils / elles parlent | qu'ils / elles finissent | qu'ils / elles partent | qu'ils / elles rendent |

*Passé*

| | | | |
|---|---|---|---|
| que j'aie parlé | que j'aie fini | que je sois parti(e) | que j'aie rendu |
| que tu aies parlé | que tu aies fini | que tu sois parti(e) | que tu aies rendu |
| qu'il / elle ait parlé | qu'il / elle ait fini | qu'il / elle soit parti(e) | qu'il / elle ait rendu |
| que nous ayons parlé | que nous ayons fini | que nous soyons partis(es) | que nous ayons rendu |
| que vous ayez parlé | que vous ayez fini | que vous soyez parti(e)(s)(es) | que vous ayez rendu |
| qu'ils / elles aient parlé | qu'ils / elles aient fini | qu'ils / elles soient partis(es) | qu'ils / elles aient rendu |

## Temps littéraires

### INDICATIF

*Passé simple*

| | | | |
|---|---|---|---|
| je parlai | je finis | je partis | je rendis |
| tu parlas | tu finis | tu partis | tu rendis |
| il / elle parla | il / elle finit | il / elle partit | il / elle rendit |
| nous parlâmes | nous finîmes | nous partîmes | nous rendîmes |
| vous parlâtes | vous finîtes | vous partîtes | vous rendîtes |
| ils / elles parlèrent | ils / elles finirent | ils / elles partirent | ils / elles rendirent |

*Passé antérieur*

| | | | |
|---|---|---|---|
| j'eus parlé | j'eus fini | je fus parti(e) | j'eus rendu |
| tu eus parlé | tu eus fini | tu fus parti(e) | tu eus rendu |
| il / elle eut parlé | il / elle eut fini | il / elle fut parti(e) | il / elle eut rendu |
| nous eûmes parlé | nous eûmes fini | nous fûmes partis(es) | nous eûmes rendu |
| vous eûtes parlé | vous eûtes fini | vous fûtes parti(e)(s)(es) | vous eûtes rendu |
| ils / elles eurent parlé | ils / elles eurent fini | ils / elles furent partis(es) | ils / elles eurent rendu |

### SUBJONCTIF

*Imparfait*

| | | | |
|---|---|---|---|
| que je parlasse | que je finisse | que je partisse | que je rendisse |
| que tu parlasses | que tu finisses | que tu partisses | que tu rendisses |
| qu'il / elle parlât | qu'il / elle finît | qu'il / elle partît | qu'il / elle rendît |
| que nous parlassions | que nous finissions | que nous partissions | que nous rendissions |
| que vous parlassiez | que vous finissiez | que vous partissiez | que vous rendissiez |
| qu'ils / elles parlassent | qu'ils / elles finissent | qu'ils / elles partissent | qu'ils / elles rendissent |

*Plus-que-parfait*

| | | | |
|---|---|---|---|
| que j'eusse parlé | que j'eusse fini | que je fusse parti(e) | que j'eusse rendu |
| que tu eusses parlé | que tu eusses fini | que tu fusses parti(e) | que tu eusses rendu |
| qu'il / elle eût parlé | qu'il / elle eût fini | qu'il / elle fût parti(e) | qu'il / elle eût rendu |
| que nous eussions parlé | que nous eussions fini | que nous fussions partis(es) | que nous eussions rendu |
| que vous eussiez parlé | que vous eussiez fini | que vous fussiez parti(e)(s)(es) | que vous eussiez rendu |
| qu'ils / elles eussent parlé | qu'ils / elles eussent fini | qu'ils / elles fussent partis(es) | qu'ils / elles eussent rendu |

# III. Conjugaison des verbes irréguliers

| INFINITIF PARTICIPES | | INDICATIF | | | SUBJONCTIF |
|---|---|---|---|---|---|
| | | *Présent* | *Futur* | *Imparfait* | *Présent* |
| **1. acquérir** | j' acquiers | | acquerrai | acquérais | acquière |
| acquérant | tu acquiers | | acquerras | acquérais | acquières |
| acquis | il / elle acquiert | | acquerra | acquérait | acquière |
| *auxiliaire:* avoir | nous acquérons | | acquerrons | acquérions | acquérions |
| | vous acquérez | | acquerrez | acquériez | acquériez |
| | ils / elles acquièrent | | acquerront | acquéraient | acquièrent |
| **2. aller** | je vais | | irai | allais | aille |
| allant | tu vas | | iras | allais | ailles |
| allé | il / elle va | | ira | allait | aille |
| *auxiliaire:* être | nous allons | | irons | allions | allions |
| | vous allez | | irez | alliez | alliez |
| | ils / elles vont | | iront | allaient | aillent |
| **3. asseoir (s')*** | je m' assieds | | assiérai | asseyais | asseye |
| asseyant | tu t' assieds | | assiéras | asseyais | asseyes |
| assis | il / elle s' assied | | assiéra | asseyait | asseye |
| *auxiliaire:* être | nous nous asseyons | | assiérons | asseyions | asseyions |
| | vous vous asseyez | | assiérez | asseyiez | asseyiez |
| | ils / elles s' asseyent | | assiéront | asseyaient | asseyent |
| assoyant | je m' assois | | assoirai | assoyais | assoie |
| | tu t' assois | | assoiras | assoyais | assoies |
| | il / elle s' assoit | | assoira | assoyait | assoie |
| | nous nous assoyons | | assoirons | assoyions | assoyions |
| | vous vous assoyez | | assoirez | assoyiez | assoyiez |
| | ils / elles s' assoient | | assoiront | assoyaient | assoient |
| **4. battre** | je bats | | battrai | battais | batte |
| battant | tu bats | | battras | battais | battes |
| battu | il / elle bat | | battra | battait | batte |
| *auxiliaire:* avoir | nous battons | | battrons | battions | battions |
| | vous battez | | battrez | battiez | battiez |
| | ils / elles battent | | battront | battaient | battent |
| **5. boire** | je bois | | boirai | buvais | boive |
| buvant | tu bois | | boiras | buvais | boives |
| bu | il / elle boit | | boira | buvait | boive |
| *auxiliaire:* avoir | nous buvons | | boirons | buvions | buvions |
| | vous buvez | | boirez | buviez | buviez |
| | ils / elles boivent | | boiront | buvaient | boivent |

*Le verbe **asseoir** a deux conjugaisons, sauf au passé simple, au passé composé et à l'imparfait du subjonctif.

| CONDITIONNEL | IMPÉRATIF | TEMPS LITTÉRAIRES | |
| --- | --- | --- | --- |
| | | INDICATIF | SUBJONCTIF |
| *Présent* | | *Passé simple* | *Imparfait* |
| acquerrais | | acquis | acquisse |
| acquerrais | acquiers | acquis | acquisses |
| acquerrait | | acquit | acquît |
| acquerrions | acquérons | acquîmes | acquissions |
| acquerriez | acquérez | acquîtes | acquissiez |
| acquerraient | | acquirent | acquissent |
| | | | |
| irais | | allai | allasse |
| irais | va | allas | allasses |
| irait | | alla | allât |
| irions | allons | allâmes | allassions |
| iriez | allez | allâtes | allassiez |
| iraient | | allèrent | allassent |
| | | | |
| assiérais | | assis | assisse |
| assiérais | assieds-toi | assis | assisses |
| assiérait | | assit | assît |
| assiérions | asseyons-nous | assîmes | assissions |
| assiériez | asseyez-vous | assîtes | assissiez |
| assiéraient | | assirent | assissent |
| | | | |
| assoirais | | assis | assisse |
| assoirais | assois-toi | assis | assisses |
| assoirait | | assit | assît |
| assoirions | assoyons-nous | assîmes | assissions |
| assoiriez | assoyez-vous | assîtes | assissiez |
| assoiraient | | assirent | assissent |
| | | | |
| battrais | | battis | battisse |
| battrais | bats | battis | battisses |
| battrait | | battit | battît |
| battrions | battons | battîmes | battissions |
| battriez | battez | battîtes | battissiez |
| battraient | | battirent | battissent |
| | | | |
| boirais | | bus | busse |
| boirais | bois | bus | busses |
| boirait | | but | bût |
| boirions | buvons | bûmes | bussions |
| boiriez | buvez | bûtes | bussiez |
| boiraient | | burent | bussent |

| INFINITIF PARTICIPES | INDICATIF | | | SUBJONCTIF |
|---|---|---|---|---|
| | *Présent* | *Futur* | *Imparfait* | *Présent* |
| **6. conclure** | je conclus | conclurai | concluais | conclue |
| concluant | tu conclus | concluras | concluais | conclues |
| conclu | il / elle conclut | conclura | concluait | conclue |
| *auxiliaire:* avoir | nous concluons | conclurons | concluions | concluions |
| | vous concluez | conclurez | concluiez | concluiez |
| | ils / elles concluent | concluront | concluaient | concluent |
| **7. conduire** | je conduis | conduirai | conduisais | conduise |
| conduisant | tu conduis | conduiras | conduisais | conduises |
| conduit | il / elle conduit | conduira | conduisait | conduise |
| *auxiliaire:* avoir | nous conduisons | conduirons | conduisions | conduisions |
| | vous conduisez | conduirez | conduisiez | conduisiez |
| | ils / elles conduisent | conduiront | conduisaient | conduisent |
| **8. connaître** | je connais | connaîtrai | connaissais | connaisse |
| connaissant | tu connais | connaîtras | connaissais | connaisses |
| connu | il / elle connaît | connaîtra | connaissait | connaisse |
| *auxiliaire:* avoir | nous connaissons | connaîtrons | connaissions | connaissions |
| | vous connaissez | connaîtrez | connaissiez | connaissiez |
| | ils / elles connaissent | connaîtront | connaissaient | connaissent |
| **9. courir** | je cours | courrai | courais | coure |
| courant | tu cours | courras | courais | coures |
| couru | il / elle court | courra | courait | coure |
| *auxiliaire:* avoir | nous courons | courrons | courions | courions |
| | vous courez | courrez | couriez | couriez |
| | ils / elles courent | courront | couraient | courent |
| **10. craindre** | je crains | craindrai | craignais | craigne |
| craignant | tu crains | craindras | craignais | craignes |
| craint | il / elle craint | craindra | craignait | craigne |
| *auxiliaire:* avoir | nous craignons | craindrons | craignions | craignions |
| | vous craignez | craindrez | craigniez | craigniez |
| | ils / elles craignent | craindront | craignaient | craignent |
| **11. croire** | je crois | croirai | croyais | croie |
| croyant | tu crois | croiras | croyais | croies |
| cru | il / elle croit | croira | croyait | croie |
| *auxiliaire:* avoir | nous croyons | croirons | croyions | croyions |
| | vous croyez | croirez | croyiez | croyiez |
| | ils / elles croient | croiront | croyaient | croient |

| CONDITIONNEL | IMPÉRATIF | TEMPS LITTÉRAIRES | |
|---|---|---|---|
| | | INDICATIF | SUBJONCTIF |
| *Présent* | | *Passé simple* | *Imparfait* |
| conclurais | | conclus | conclusse |
| conclurais | conclus | conclus | conclusses |
| conclurait | | conclut | conclût |
| conclurions | concluons | conclûmes | conclussions |
| concluriez | concluez | conclûtes | conclussiez |
| concluraient | | conclurent | conclussent |
| | | | |
| conduirais | | conduisis | conduisisse |
| conduirais | conduis | conduisis | conduisisses |
| conduirait | | conduisit | conduisît |
| conduirions | conduisons | conduisîmes | conduisissions |
| conduiriez | conduisez | conduisîtes | conduisissiez |
| conduiraient | | conduisirent | conduisissent |
| | | | |
| connaîtrais | | connus | connusse |
| connaîtrais | connais | connus | connusses |
| connaîtrait | | connut | connût |
| connaîtrions | connaissons | connûmes | connussions |
| connaîtriez | connaissez | connûtes | connussiez |
| connaîtraient | | connurent | connussent |
| | | | |
| courrais | | courus | courusse |
| courrais | cours | courus | courusses |
| courrait | | courut | courût |
| courrions | courons | courûmes | courussions |
| courriez | courez | courûtes | courussiez |
| courraient | | coururent | courussent |
| | | | |
| craindrais | | craignis | craignisse |
| craindrais | crains | craignis | craignisses |
| craindrait | | craignit | craignît |
| craindrions | craignons | craignîmes | craignissions |
| craindriez | craignez | craignîtes | craignissiez |
| craindraient | | craignirent | craignissent |
| | | | |
| croirais | | crus | crusse |
| croirais | crois | crus | crusses |
| croirait | | crut | crût |
| croirions | croyons | crûmes | crussions |
| croiriez | croyez | crûtes | crussiez |
| croiraient | | crurent | crussent |

| INFINITIF PARTICIPES | INDICATIF | | | SUBJONCTIF |
|---|---|---|---|---|
| | *Présent* | *Futur* | *Imparfait* | *Présent* |
| **12. cueillir** | je cueille | cueillerai | cueillais | cueille |
| cueillant | tu cueilles | cueilleras | cueillais | cueilles |
| cueilli | il / elle cueille | cueillera | cueillait | cueille |
| *auxiliaire:* avoir | nous cueillons | cueillerons | cueillions | cueillions |
| | vous cueillez | cueillerez | cueilliez | cueilliez |
| | ils / elles cueillent | cueilleront | cueillaient | cueillent |
| **13. devoir** | je dois | devrai | devais | doive |
| devant | tu dois | devras | devais | doives |
| dû, due | il / elle doit | devra | devait | doive |
| *auxiliaire:* avoir | nous devons | devrons | devions | devions |
| | vous devez | devrez | deviez | deviez |
| | ils / elles doivent | devront | devaient | doivent |
| **14. dire** | je dis | dirai | disais | dise |
| disant | tu dis | diras | disais | dises |
| dit | il / elle dit | dira | disait | dise |
| *auxiliaire:* avoir | nous disons | dirons | disions | disions |
| | vous dites | direz | disiez | disiez |
| | ils / elles disent | diront | disaient | disent |
| **15. écrire** | j' écris | écrirai | écrivais | écrive |
| écrivant | tu écris | écriras | écrivais | écrives |
| écrit | il / elle écrit | écrira | écrivait | écrive |
| *auxiliaire:* avoir | nous écrivons | écrirons | écrivions | écrivions |
| | vous écrivez | écrirez | écriviez | écriviez |
| | ils / elles écrivent | écriront | écrivaient | écrivent |
| **16. envoyer** | j' envoie | enverrai | envoyais | envoie |
| envoyant | tu envoies | enverras | envoyais | envoies |
| envoyé | il / elle envoie | enverra | envoyait | envoie |
| *auxiliaire:* avoir | nous envoyons | enverrons | envoyions | envoyions |
| | vous envoyez | enverrez | envoyiez | envoyiez |
| | ils / elles envoient | enverront | envoyaient | envoient |
| **17. faire** | je fais | ferai | faisais | fasse |
| faisant | tu fais | feras | faisais | fasses |
| fait | il / elle fait | fera | faisait | fasse |
| *auxiliaire:* avoir | nous faisons | ferons | faisions | fassions |
| | vous faites | ferez | faisiez | fassiez |
| | ils / elles font | feront | faisaient | fassent |
| **18. falloir\*** | il faut | faudra | fallait | faille |
| fallu | | | | |
| *auxiliaire:* avoir | | | | |

\*Conjugué seulement à la 3e personne du singulier.

| | | TEMPS LITTÉRAIRES | |
| CONDITIONNEL | IMPÉRATIF | INDICATIF | SUBJONCTIF |
|---|---|---|---|
| *Présent* | | *Passé simple* | *Imparfait* |
| cueillerais | | cueillis | cueillisse |
| cueillerais | cueille | cueillis | cueillisses |
| cueillerait | | cueillit | cueillît |
| cueillerions | cueillons | cueillîmes | cueillissions |
| cueilleriez | cueillez | cueillîtes | cueillissiez |
| cueilleraient | | cueillirent | cueillissent |
| | | | |
| devrais | | dus | dusse |
| devrais | dois | dus | dusses |
| devrait | | dut | dût |
| devrions | devons | dûmes | dussions |
| devriez | devez | dûtes | dussiez |
| devraient | | durent | dussent |
| | | | |
| dirais | | dis | disse |
| dirais | dis | dis | disses |
| dirait | | dit | dît |
| dirions | disons | dîmes | dissions |
| diriez | dites | dîtes | dissiez |
| diraient | | dirent | dissent |
| | | | |
| écrirais | | écrivis | écrivisse |
| écrirais | écris | écrivis | écrivisses |
| écrirait | | écrivit | écrivît |
| écririons | écrivons | écrivîmes | écrivissions |
| écririez | écrivez | écrivîtes | écrivissiez |
| écriraient | | écrivirent | écrivissent |
| | | | |
| enverrais | | envoyai | envoyasse |
| enverrais | envoie | envoyas | envoyasses |
| enverrait | | envoya | envoyât |
| enverrions | envoyons | envoyâmes | envoyassions |
| enverriez | envoyez | envoyâtes | envoyassiez |
| enverraient | | envoyèrent | envoyassent |
| | | | |
| ferais | | fis | fisse |
| ferais | fais | fis | fisses |
| ferait | | fit | fît |
| ferions | faisons | fîmes | fissions |
| feriez | faites | fîtes | fissiez |
| feraient | | firent | fissent |
| | | | |
| faudrait | (*inusité*) | fallut | fallût |

| INFINITIF PARTICIPES | | INDICATIF | | | SUBJONCTIF |
|---|---|---|---|---|---|
| | | *Présent* | *Futur* | *Imparfait* | *Présent* |
| **19. fuir** | je | fuis | fuirai | fuyais | fuie |
| fuyant | tu | fuis | fuiras | fuyais | fuies |
| fui | il / elle | fuit | fuira | fuyait | fuie |
| *auxiliaire:* avoir | nous | fuyons | fuirons | fuyions | fuyions |
| | vous | fuyez | fuirez | fuyiez | fuyiez |
| | ils / elles | fuient | fuiront | fuyaient | fuient |
| **20. haïr** | je | hais | haïrai | haïssais | haïsse |
| haïssant | tu | hais | haïras | haïssais | haïsses |
| haï | il / elle | hait | haïra | haïssait | haïsse |
| *auxiliaire:* avoir | nous | haïssons | haïrons | haïssions | haïssions |
| | vous | haïssez | haïrez | haïssiez | haïssiez |
| | ils / elles | haïssent | haïront | haïssaient | haïssent |
| **21. lire** | je | lis | lirai | lisais | lise |
| lisant | tu | lis | liras | lisais | lises |
| lu | il / elle | lit | lira | lisait | lise |
| *auxiliaire:* avoir | nous | lisons | lirons | lisions | lisions |
| | vous | lisez | lirez | lisiez | lisiez |
| | ils / elles | lisent | liront | lisaient | lisent |
| **22. mettre** | je | mets | mettrai | mettais | mette |
| mettant | tu | mets | mettras | mettais | mettes |
| mis | il / elle | met | mettra | mettait | mette |
| *auxiliaire:* avoir | nous | mettons | mettrons | mettions | mettions |
| | vous | mettez | mettrez | mettiez | mettiez |
| | ils / elles | mettent | mettront | mettaient | mettent |
| **23. mourir** | je | meurs | mourrai | mourais | meure |
| mourant | tu | meurs | mourras | mourais | meures |
| mort | il / elle | meurt | mourra | mourait | meure |
| *auxiliaire:* être | nous | mourons | mourrons | mourions | mourions |
| | vous | mourez | mourrez | mouriez | mouriez |
| | ils / elles | meurent | mourront | mouraient | meurent |
| **24. naître** | je | nais | naîtrai | naissais | naisse |
| naissant | tu | nais | naîtras | naissais | naisses |
| né | il / elle | naît | naîtra | naissait | naisse |
| *auxiliaire:* être | nous | naissons | naîtrons | naissions | naissions |
| | vous | naissez | naîtrez | naissiez | naissiez |
| | ils / elles | naissent | naîtront | naissaient | naissent |

| | | TEMPS LITTÉRAIRES | |
| | | INDICATIF | SUBJONCTIF |
| CONDITIONNEL | IMPÉRATIF | | |
|---|---|---|---|
| *Présent* | | *Passé simple* | *Imparfait* |
| fuirais | | fuis | fuisse |
| fuirais | fuis | fuis | fuisses |
| fuirait | | fuit | fuît |
| fuirions | fuyons | fuîmes | fuissions |
| fuiriez | fuyez | fuîtes | fuissiez |
| fuiraient | | fuirent | fuissent |
| | | | |
| haïrais | | haïs | haïsse |
| haïrais | hais | haïs | haïsses |
| haïrait | | haït | haït |
| haïrions | haïssons | haïmes | haïssions |
| haïriez | haïssez | haïtes | haïssiez |
| haïraient | | haïrent | haïssent |
| | | | |
| lirais | | lus | lusse |
| lirais | lis | lus | lusses |
| lirait | | lut | lût |
| lirions | lisons | lûmes | lussions |
| liriez | lisez | lûtes | lussiez |
| liraient | | lurent | lussent |
| | | | |
| mettrais | | mis | misse |
| mettrais | mets | mis | misses |
| mettrait | | mit | mît |
| mettrions | mettons | mîmes | missions |
| mettriez | mettez | mîtes | missiez |
| mettraient | | mirent | missent |
| | | | |
| mourrais | | mourus | mourusse |
| mourrais | meurs | mourus | mourusses |
| mourrait | | mourut | mourût |
| mourrions | mourons | mourûmes | mourussions |
| mourriez | mourez | mourûtes | mourussiez |
| mourraient | | moururent | mourussent |
| | | | |
| naîtrais | | naquis | naquisse |
| naîtrais | nais | naquis | naquisses |
| naîtrait | | naquit | naquît |
| naîtrions | naissons | naquîmes | naquissions |
| naîtriez | naissez | naquîtes | naquissiez |
| naîtraient | | naquirent | naquissent |

| INFINITIF PARTICIPES | | INDICATIF | | | SUBJONCTIF |
|---|---|---|---|---|---|
| | | *Présent* | *Futur* | *Imparfait* | *Présent* |
| **25. ouvrir** | j' ouvre | ouvrirai | ouvrais | ouvre |
| ouvrant | tu ouvres | ouvriras | ouvrais | ouvres |
| ouvert | il / elle ouvre | ouvrira | ouvrait | ouvre |
| *auxiliaire:* avoir | nous ouvrons | ouvrirons | ouvrions | ouvrions |
| | vous ouvrez | ouvrirez | ouvriez | ouvriez |
| | ils / elles ouvrent | ouvriront | ouvraient | ouvrent |
| **26. peindre** | je peins | peindrai | peignais | peigne |
| peignant | tu peins | peindras | peignais | peignes |
| peint | il / elle peint | peindra | peignait | peigne |
| *auxiliaire:* avoir | nous peignons | peindrons | peignions | peignions |
| | vous peignez | peindrez | peigniez | peigniez |
| | ils / elles peignent | peindront | peignaient | peignent |
| **27. plaire** | je plais | plairai | plaisais | plaise |
| plaisant | tu plais | plairas | plaisais | plaises |
| plus | il / elle plaît | plaira | plaisait | plaise |
| *auxiliaire:* avoir | nous plaisons | plairons | plaisions | plaisions |
| | vous plaisez | plairez | plaisiez | plaisiez |
| | ils / elles plaisent | plairont | plaisaient | plaisent |
| **28. pleuvoir*** | il pleut | pleuvra | pleuvait | pleuve |
| pleuvant, plu | | | | |
| *auxiliaire:* avoir | | | | |
| **29. pouvoir** | je peux, puis | pourrai | pouvais | puisse |
| pouvant | tu peux | pourras | pouvais | puisses |
| pu | il / elle peut | pourra | pouvait | puisse |
| *auxiliaire:* avoir | nous pouvons | pourrons | pouvions | puissions |
| | vous pouvez | pourrez | pouviez | puissiez |
| | ils / elles peuvent | pourront | pouvaient | puissent |
| **30. prendre** | je prends | prendrai | prenais | prenne |
| prenant | tu prends | prendras | prenais | prennes |
| pris | il / elle prend | prendra | prenait | prenne |
| *auxiliaire:* avoir | nous prenons | prendrons | prenions | prenions |
| | vous prenez | prendrez | preniez | preniez |
| | ils / elles prennent | prendront | prenaient | prennent |
| **31. recevoir** | je reçois | recevrai | recevais | reçoive |
| recevant | tu reçois | recevras | recevais | reçoives |
| reçu | il / elle reçoit | recevra | recevait | reçoive |
| *auxiliaire:* avoir | nous recevons | recevrons | recevions | recevions |
| | vous recevez | recevrez | receviez | receviez |
| | ils / elles reçoivent | recevront | recevaient | reçoivent |

*Conjugué seulement à la 3e personne du singulier.

| | | TEMPS LITTÉRAIRES | |
|---|---|---|---|
| CONDITIONNEL | IMPÉRATIF | INDICATIF | SUBJONCTIF |
| *Présent* | | *Passé simple* | *Imparfait* |
| ouvrirais | | ouvris | ouvrisse |
| ouvrirais | ouvre | ouvris | ouvrisses |
| ouvrirait | | ouvrit | ouvrît |
| ouvririons | ouvrons | ouvrîmes | ouvrissions |
| ouvririez | ouvrez | ouvrîtes | ouvrissiez |
| ouvriraient | | ouvrirent | ouvrissent |
| | | | |
| peindrais | | peignis | peignisse |
| peindrais | peins | peignis | peignisses |
| peindrait | | peignit | peignît |
| peindrions | peignons | peignîmes | peignissions |
| peindriez | peignez | peignîtes | peignissiez |
| peindraient | | peignirent | peignissent |
| | | | |
| plairais | | plus | plusse |
| plairais | plais | plus | plusses |
| plairait | | plut | plût |
| plairions | plaisons | plûmes | plussions |
| plairiez | plaisez | plûtes | plussiez |
| plairaient | | plurent | plussent |
| | | | |
| pleuvrait | (*inusité*) | plut | plût |
| | | | |
| pourrais | | pus | pusse |
| pourrais | | pus | pusses |
| pourrait | | put | pût |
| pourrions | (*inusité*) | pûmes | pussions |
| pourriez | | pûtes | pussiez |
| pourraient | | purent | pussent |
| | | | |
| prendrais | | pris | prisse |
| prendrais | prends | pris | prisses |
| prendrait | | prit | prît |
| prendrions | prenons | prîmes | prissions |
| prendriez | prenez | prîtes | prissiez |
| prendraient | | prirent | prissent |
| | | | |
| recevrais | | reçus | reçusse |
| recevrais | reçois | reçus | reçusses |
| recevrait | | reçut | reçût |
| recevrions | recevons | reçûmes | reçussions |
| recevriez | recevez | reçûtes | reçussiez |
| recevraient | | reçurent | reçussent |

| INFINITIF PARTICIPES | INDICATIF | | | SUBJONCTIF |
|---|---|---|---|---|
| | *Présent* | *Futur* | *Imparfait* | *Présent* |
| **32. résoudre** | je résous | résoudrai | résolvais | résolve |
| résolvant | tu résous | résoudras | résolvais | résolves |
| résolu | il / elle résout | résoudra | résolvait | résolve |
| *auxiliaire:* avoir | nous résolvons | résoudrons | résolvions | résolvions |
| | vous résolvez | résoudrez | résolviez | résolviez |
| | ils / elles résolvent | résoudront | résolvaient | résolvent |
| **33. rire** | je ris | rirai | riais | rie |
| riant | tu ris | riras | riais | ries |
| ri | il / elle rit | rira | riait | rie |
| *auxiliaire:* avoir | nous rions | rirons | riions | riions |
| | vous riez | rirez | riiez | riiez |
| | ils / elles rient | riront | riaient | rient |
| **34. savoir** | je sais | saurai | savais | sache |
| sachant | tu sais | sauras | savais | saches |
| su | il / elle sait | saura | savait | sache |
| *auxiliaire:* avoir | nous savons | saurons | savions | sachions |
| | vous savez | saurez | saviez | sachiez |
| | ils / elles savent | sauront | savaient | sachent |
| **35. suffire** | je suffis | suffirai | suffisais | suffise |
| suffisant | tu suffis | suffiras | suffisais | suffises |
| suffi | il / elle suffit | suffira | suffisait | suffise |
| *auxiliaire:* avoir | nous suffisons | suffirons | suffisions | suffisions |
| | vous suffisez | suffirez | suffisiez | suffisiez |
| | ils / elles suffisent | suffiront | suffisaient | suffisent |
| **36. suivre** | je suis | suivrai | suivais | suive |
| suivant | tu suis | suivras | suivais | suives |
| suivi | il / elle suit | suivra | suivait | suive |
| *auxiliaire:* avoir | nous suivons | suivrons | suivions | suivions |
| | vous suivez | suivrez | suiviez | suiviez |
| | ils / elles suivent | suivront | suivaient | suivent |
| **37. tenir**[*] | je tiens | tiendrai | tenais | tienne |
| tenant | tu tiens | tiendras | tenais | tiennes |
| tenu | il / elle tient | tiendra | tenait | tienne |
| *auxiliaire:* avoir | nous tenons | tiendrons | tenions | tenions |
| | vous tenez | tiendrez | teniez | teniez |
| | ils / elles tiennent | tiendront | tenaient | tiennent |

[*]Comme **tenir: maintenir, contenir, soutenir, appartenir.**

| CONDITIONNEL | IMPÉRATIF | TEMPS LITTÉRAIRES | |
| | | INDICATIF | SUBJONCTIF |
| --- | --- | --- | --- |
| *Présent* | | *Passé simple* | *Imparfait* |
| résoudrais | | résolus | résolusse |
| résoudrais | résous | résolus | résolusses |
| résoudrait | | résolut | résolût |
| résoudrions | résolvons | résolûmes | résolussions |
| résoudriez | résolvez | résolûtes | résolussiez |
| résoudraient | | résolurent | résolussent |
| | | | |
| rirais | | ris | risse |
| rirais | ris | ris | risses |
| rirait | | rit | rît |
| ririons | rions | rîmes | rissions |
| ririez | riez | rîtes | rissiez |
| riraient | | rirent | rissent |
| | | | |
| saurais | | sus | susse |
| saurais | sache | sus | susses |
| saurait | | sut | sût |
| saurions | sachons | sûmes | sussions |
| sauriez | sachez | sûtes | sussiez |
| sauraient | | surent | sussent |
| | | | |
| suffirais | | suffis | suffisse |
| suffirais | suffis | suffis | suffisses |
| suffirait | | suffit | suffît |
| suffirions | suffisons | suffîmes | suffissions |
| suffiriez | suffisez | suffîtes | suffissiez |
| suffiraient | | suffirent | suffissent |
| | | | |
| suivrais | | suivis | suivisse |
| suivrais | suis | suivis | suivisses |
| suivrait | | suivit | suivît |
| suivrions | suivons | suivîmes | suivissions |
| suivriez | suivez | suivîtes | suivissiez |
| suivraient | | suivirent | suivissent |
| | | | |
| tiendrais | | tins | tinsse |
| tiendrais | tiens | tins | tinsses |
| tiendrait | | tint | tînt |
| tiendrions | tenons | tînmes | tinssions |
| tiendriez | tenez | tîntes | tinssiez |
| tiendraient | | tinrent | tinssent |

| INFINITIF PARTICIPES | | INDICATIF | | | SUBJONCTIF |
|---|---|---|---|---|---|
| | | *Présent* | *Futur* | *Imparfait* | *Présent* |
| **38. vaincre** | je | vaincs | vaincrai | vainquais | vainque |
| vainquant | tu | vaincs | vaincras | vainquais | vainques |
| vaincu | il / elle | vainc | vaincra | vainquait | vainque |
| *auxiliaire:* avoir | nous | vainquons | vaincrons | vainquions | vainquions |
| | vous | vainquez | vaincrez | vainquiez | vainquiez |
| | ils / elles | vainquent | vaincront | vainquaient | vainquent |
| **39. valoir** | je | vaux | vaudrai | valais | vaille |
| valant | tu | vaux | vaudras | valais | vailles |
| valu | il / elle | vaut | vaudra | valait | vaille |
| *auxiliaire:* avoir | nous | valons | vaudrons | valions | valions |
| | vous | valez | vaudrez | valiez | valiez |
| | ils / elles | valent | vaudront | valaient | vaillent |
| **40. venir\*** | je | viens | viendrai | venais | vienne |
| venant | tu | viens | viendras | venais | viennes |
| venu | il / elle | vient | viendra | venait | vienne |
| *auxiliaire:* être | nous | venons | viendrons | venions | venions |
| | vous | venez | viendrez | veniez | veniez |
| | ils / elles | viennent | viendront | venaient | viennent |
| **41. vivre** | je | vis | vivrai | vivais | vive |
| vivant | tu | vis | vivras | vivais | vives |
| vécu | il / elle | vit | vivra | vivait | vive |
| *auxiliaire:* avoir | nous | vivons | vivrons | vivions | vivions |
| | vous | vivez | vivrez | viviez | viviez |
| | ils / elles | vivent | vivront | vivaient | vivent |
| **42. voir** | je | vois | verrai | voyais | voie |
| voyant | tu | vois | verras | voyais | voies |
| vu | il / elle | voit | verra | voyait | voie |
| *auxiliaire:* avoir | nous | voyons | verrons | voyions | voyions |
| | vous | voyez | verrez | voyiez | voyiez |
| | ils / elles | voient | verront | voyaient | voient |
| **43. vouloir** | je | veux | voudrai | voulais | veuille |
| voulant | tu | veux | voudras | voulais | veuilles |
| voulu | il / elle | veut | voudra | voulait | veuille |
| *auxiliaire:* avoir | nous | voulons | voudrons | voulions | voulions |
| | vous | voulez | voudrez | vouliez | vouliez |
| | ils / elles | veulent | voudront | voulaient | veuillent |

\*Comme **venir : se souvenir, revenir, devenir, parvenir, convenir.**

| | | TEMPS LITTÉRAIRES | |
|---|---|---|---|
| **CONDITIONNEL** | **IMPÉRATIF** | **INDICATIF** | **SUBJONCTIF** |
| *Présent* | | *Passé simple* | *Imparfait* |
| vaincrais | | vainquis | vainquisse |
| vaincrais | vaincs | vainquis | vainquisses |
| vaincrait | | vainquit | vainquît |
| vaincrions | vainquons | vainquîmes | vainquissions |
| vaincriez | vainquez | vainquîtes | vainquissiez |
| vaincraient | | vainquirent | vainquissent |
| | | | |
| vaudrais | | valus | valusse |
| vaudrais | vaux | valus | valusses |
| vaudrait | } *(peu usité)* | valut | valût |
| vaudrions | valons | valûmes | valussions |
| vaudriez | valez | valûtes | valussiez |
| vaudraient | | valurent | valussent |
| | | | |
| viendrais | | vins | vinsse |
| viendrais | viens | vins | vinsses |
| viendrait | | vint | vînt |
| viendrions | venons | vînmes | vinssions |
| viendriez | venez | vîntes | vinssiez |
| viendraient | | vinrent | vinssent |
| | | | |
| vivrais | | vécus | vécusse |
| vivrais | vis | vécus | vécusses |
| vivrait | | vécut | vécût |
| vivrions | vivons | vécûmes | vécussions |
| vivriez | vivez | vécûtes | vécussiez |
| vivraient | | vécurent | vécussent |
| | | | |
| verrais | | vis | visse |
| verrais | vois | vis | visses |
| verrait | | vit | vît |
| verrions | voyons | vîmes | vissions |
| verriez | voyez | vîtes | vissiez |
| verraient | | virent | vissent |
| | | | |
| voudrais | | voulus | voulusse |
| voudrais | veuille *(peu usité)* | voulus | voulusses |
| voudrait | | voulut | voulût |
| voudrions | *(inusité)* | voulûmes | voulussions |
| voudriez | veuillez | voulûtes | voulussiez |
| voudraient | | voulurent | voulussent |

# IV.  Compléments de verbes

Dans la liste suivante, **qqn** = **quelqu'un** et **qqch** = **quelque chose.**

**accepter**  accepter de faire qqch; accepter qqn ou qqch

**accuser**  accuser qqn de faire qqch; accuser qqn; accuser qqn de qqch

**achever**  achever de faire qqch; achever qqn ou qqch

**aider**  aider qqn à faire qqch

**s'amuser**  s'amuser à faire qqch

**apprendre**  apprendre à qqn à faire qqch; apprendre qqch

**s'approcher**  s'approcher de qqn ou de qqch

**arrêter**  arrêter qqn de faire qqch; arrêter qqn ou qqch

**s'arrêter**  s'arrêter de faire qqch

**s'attendre**  s'attendre à faire qqch

**avertir**  avertir qqn de faire qqch

**s'aviser**  s'aviser de faire qqch

**avoir**  avoir à faire qqch; avoir qqch à faire; avoir qqn à + infinitif; avoir qqn ou qqch

**se cacher**  se cacher de qqn

**cesser**  cesser de faire qqch; cesser qqch

**se charger**  se charger de faire qqch; se charger de qqn ou de qqch

**chercher**  chercher à faire qqch; chercher qqn ou qqch

**choisir**  choisir de faire qqch; choisir qqn ou qqch

**commencer**  commencer à (de) faire qqch; commencer qqch

**condamner**  condamner qqn à faire qqch; condamner qqn à qqch; condamner qqn ou qqch

**conseiller**  conseiller à qqn de faire qqch; conseiller qqn; conseiller qqch à qqn

**consentir**  consentir à faire qqch; consentir à qqch

**continuer**  continuer à (de) faire qqch; continuer qqch

**convaincre**  convaincre qqn de faire qqch; convaincre qqn

**se couvrir**  se couvrir de qqch

**craindre**  craindre de faire qqch; craindre qqn ou qqch

**crier**  crier à qqn de faire qqch; crier qqch

**décider**  décider de faire qqch; décider qqn à faire qqch; décider qqch

**se décider**  se décider à faire qqch

**défendre**  défendre à qqn de faire qqch; défendre qqn; défendre qqch

**défier**  défier qqch à qqn; défier qqn de faire qqch; défier qqch

**demander**  demander à qqn de faire qqch; demander qqch

**se dépêcher**  se dépêcher de faire qqch

**dire**  dire à qqn de faire qqch; dire qqch

**écrire**  écrire à qqn de faire qqch; écrire à qqn; écrire qqch

**s'efforcer**  s'efforcer à (de) faire qqch; s'efforcer à qqch

**s'éloigner**  s'éloigner de qqn ou de qqch

**empêcher**  empêcher qqn de faire qqch; empêcher qqch

**employer**  employer qqn à faire qqch; employer qqn ou qqch

**encourager**  encourager qqn à faire qqch; encourager qqn ou qqch

**s'ennuyer**  s'ennuyer à faire qqch

**enseigner**  enseigner à qqn de faire qqch; enseigner qqch à qqn

**essayer**  essayer de faire qqch; essayer qqn ou qqch

**être**  être obligé de faire qqch

**s'évader**  s'évader de qqch

**éviter**  éviter de faire qqch; éviter à qqn de faire qqch; éviter qqn ou qqch

**excuser**  excuser qqn de faire qqch; excuser qqn ou qqch

**s'excuser**  s'excuser de faire qqch

**se faire**  se faire à qqch

**féliciter**  féliciter qqn de faire qqch (d'avoir fait qqch); féliciter qqn de qqch

**finir**  finir de faire qqch; finir qqch

**forcer**  forcer qqn à faire qqch; forcer qqch

**se garder**  se garder de faire qqch; se garder de qqch

**s'habiller** s'habiller de qqch

**s'habituer** s'habituer à faire qqch; s'habituer à qqn ou à qqch

**se hâter** se hâter de faire qqch

**hésiter** hésiter à faire qqch

**interdire** interdire à qqn de faire qqch; interdire qqch à qqn

**s'intéresser** s'intéresser à faire qqch; s'intéresser à qqn ou à qqch

**inviter** inviter qqn à faire qqch; inviter qqn

**jouer** jouer à faire qqch; jouer à qqch (un jeu, un sport); jouer de qqch (un instrument de musique); jouer qqch (un disque, un tour, etc.)

**jurer** jurer à qqn de faire qqch; jurer qqch

**manquer** manquer de faire qqch; manquer à qqn; manquer de qqch (temps, courage, etc.); manquer qqn; manquer qqch (l'autobus, le train)

**se méfier** se méfier de faire qqch; se méfier de qqn ou de qqch

**menacer** menacer qqn de faire qqch; menacer qqn

**mériter** mériter de faire qqch; mériter qqch

**se mettre** se mettre à faire qqch; se mettre à qqch

**se moquer** se moquer de qqn ou de qqch

**négliger** négliger de faire qqch; négliger qqn ou qqch

**obliger** obliger qqn à faire qqch

**oublier** oublier de faire qqch; oublier qqn ou qqch

**parvenir** parvenir à faire qqch; parvenir à qqch

**permettre** permettre à qqn de faire qqch; permettre qqch à qqn

**persuader** persuader qqn de faire qqch; persuader qqn de qqch

**se plaindre** se plaindre à qqn de qqch; se plaindre de faire qqch (d'avoir fait qqch); se plaindre de qqn ou de qqch

**se presser** se presser de faire qqch

**promettre** promettre à qqn de faire qqch; promettre qqch à qqn

**proposer** proposer à qqn de faire qqch; proposer qqch à qqn

**se rappeler** se rappeler de faire qqch; se rappeler qqn ou qqch; se rappeler avoir fait qqch

**refuser** refuser de faire qqch; refuser qqch à qqn

**regretter** regretter de faire qqch; regretter qqch

**se réjouir** se réjouir de faire qqch (d'avoir fait qqch)

**remercier** remercier qqn de faire qqch

**reprocher** reprocher à qqn de faire qqch

**se résoudre** se résoudre à faire qqch; se résoudre à qqch

**réussir** réussir à faire qqch; réussir qqch; réussir à qqch

**risquer** risquer de faire qqch; risquer qqch

**se servir** se servir de qqn ou de qqch

**se soucier** se soucier de faire qqch; se soucier de qqn ou de qqch

**se souvenir** se souvenir de faire qqch; se souvenir de qqn ou de qqch

**tenter** tenter de faire qqch; tenter qqn ou qqch

Verbes qui gouvernent un infinitif complément direct ou un substantif objet direct :

| | | | |
|---|---|---|---|
| aimer | devoir | laisser | revenir |
| aimer mieux | écouter | oser | savoir |
| aller | entendre | paraître | sembler |
| avoir beau | envoyer | penser | sentir |
| compter | espérer | pouvoir | souhaiter |
| courir | faillir | préférer | valoir mieux |
| croire | faire | prétendre | venir |
| descendre | falloir | regarder | voir |
| désirer | se figurer | rentrer | vouloir |
| détester | s'imaginer | retourner | |

# V. Participes passés irréguliers

| | | | |
|---|---|---|---|
| acquérir | *acquis* | joindre | *joint* |
| apercevoir | *aperçu* | lire | *lu* |
| asseoir | *assis* | luire | *lui* |
| atteindre | *atteint* | mettre* | *mis* |
| avoir | *eu* | naître | *né* |
| battre* | *battu* | nuire | *nui* |
| boire | *bu* | offrir | *offert* |
| concevoir | *conçu* | ouvrir | *ouvert* |
| conclure | *conclu* | peindre | *peint* |
| conduire | *conduit* | plaire | *plu* |
| connaître | *connu* | pouvoir | *pu* |
| construire | *construit* | prendre* | *pris* |
| coudre | *cousu* | prescrire | *prescrit* |
| couvrir | *couvert* | produire | *produit* |
| craindre | *craint* | recevoir | *reçu* |
| croire | *cru* | rire | *ri* |
| croître | *crû* | rompre* | *rompu* |
| cuire | *cuit* | savoir | *su* |
| décevoir | *déçu* | souffrir | *souffert* |
| découvrir | *découvert* | sourire | *souri* |
| décrire | *décrit* | suffire | *suffi* |
| déduire | *déduit* | suivre | *suivi* |
| devoir | *dû* | tenir* | *tenu* |
| dire* | *dit* | traduire | *traduit* |
| distraire | *distrait* | vaincre | *vaincu* |
| écrire | *écrit* | valoir | *valu* |
| émouvoir | *ému* | venir* | *venu* |
| faire | *fait* | vêtir | *vêtu* |
| falloir | *fallu* | vivre* | *vécu* |
| inscrire | *inscrit* | voir | *vu* |
| interdire | *interdit* | vouloir | *voulu* |

*Ce symbole indique les verbes dont les composés ont les mêmes participes passés. EXEMPLES : tenir—**tenu,** contenir—**contenu;** prendre—**pris,** comprendre—**compris;** etc.

# VI. La syntaxe des temps à l'indicatif

Dans le tableau suivant, les trois moments (passé, présent et futur) auxquels le récit peut se situer, sont indiqués sur la flèche horizontale représentant l'écoulement du temps (*time*). À chaque « moment » correspondent des temps (*tenses*) **principaux** (indiqués en caractères gras dans le tableau). Les autres temps sont relatifs, c'est-à-dire, ils fixent le temps d'une action par rapport à un des temps principaux (soit *avant,* soit *après*).

Remarquez qu'en français la syntaxe des temps, surtout pour les temps relatifs, se respecte souvent plus rigoureusement qu'en anglais.

## LES TEMPS DE L'INDICATIF

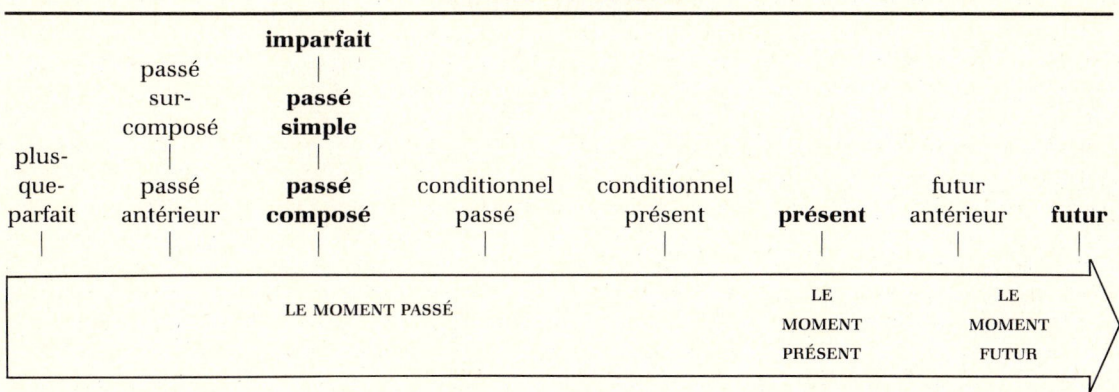

NOTE: N'oubliez pas que le conditionnel présent et le conditionnel passé s'emploient pour exprimer un futur vu du passé. Il ne faut pas les confondre avec le conditionnel dans les phrases hypothétiques.

## LA NARRATION AU PRÉSENT

Temps principal : le **présent**

| | |
|---|---|
| Une action future est exprimée par le **futur** excepté quand le verbe gouverne le subjonctif. | La météorologie affirme qu'il pleuvra demain. Jean-Christophe souhaite qu'il fasse beau demain. |
| NOTE: Le futur proche, **aller** (au présent) + *infinitif,* remplace souvent le futur. | Je pense qu'il va pleuvoir demain. |
| Le passé est exprimé le plus souvent par le **passé composé** ou l'**imparfait.** | Henri est très triste parce que son son chien a disparu. Tu sais bien qu'elle venait me voir chaque jour. |

## LA NARRATION AU PASSÉ

| | |
|---|---|
| Temps principaux: le **passé composé**, le **passé simple** et l'**imparfait** (voir Chapitres 3 et 14). | Le pilote a embrassé sa femme, puis il est monté dans l'avion où son co-pilote l'attendait. |
| Les temps relatifs se situent par rapport aux temps principaux de la façon suivante : le **plus-que-parfait** exprime une action antérieure; le **conditionnel présent** et **passé** expriment une action postérieure. | La femme était nerveuse parce qu'on lui avait parlé du danger de cette mission. Elle se demandait si elle reverrait son mari. Celui-ci, avant de partir, avait promis que quand il serait rentré, il n'accepterait plus de faire du contre-espionnage. |

Le **passé antérieur** (style soutenu) s'emploie surtout après les conjonctions **quand, lorsque, dès que, aussitôt que** et **à peine** (suivi de l'inversion quand **à peine** est en tête de phrase).

Dès qu'il eut fini de lire le journal, il alluma sa pipe.

À peine fut-elle entrée dans le salon, que les invités se mirent à lui faire des éloges.

Le **passé surcomposé**\* est l'équivalent du passé antérieur dans un texte où l'on emploie le passé composé.

Lorsque nous avons eu trouvé un endroit confortable, nous nous y sommes installés.

Dès qu'il a eu fini de lire son courrier, il est allé prendre un café.

\*Formation : Le **passé surcomposé** = le *passé composé* d'**avoir** ou **être** suivi du participe passé du verbe utilisé. EXEMPLES : j'ai eu parlé, tu as eu fini, elle a été sortie, nous avons eu mangé, vous avez eu trouvé, ils ont été rentrés.

### LA NARRATION AU FUTUR

Par rapport au **futur** qui sert de temps principal, le **futur antérieur** s'emploie pour une action future qui aura lieu (ou sera complétée) avant ce temps principal. On le trouve surtout après les conjonctions **quand, lorsque, dès que, aussitôt que, après que** et dans les propositions introduites par **à peine** (*hardly, scarcely*). Notez que l'inversion est nécessaire après **à peine** employé en tête de phrase.

Quand Philippe aura terminé ses études de droit, il fera son apprentissage chez un avocat.

À peine aura-t-il fini de rédiger cet article qu'il lui faudra en commencer un autre. COMPARER : Il aura à peine fini de rédiger...

# VII.  Prépositions avec les noms géographiques

### PRÉPOSITIONS ET ARTICLES AVEC LES NOMS GÉOGRAPHIQUES

| Règles | Exemples |
|---|---|
| **A.  *en* +** | **Aller...** |
| 1. pays ou île dont le nom est féminin\* | en France, en Islande, en Allemagne, en Suisse, en Belgique, en Italie, en Corse, etc. |
| 2. pays masculin dont le nom commence par une voyelle | en Iran, en Iraq, en Afghanistan |
| 3. les états d'Amérique (U.S.A.) dont le nom est féminin† | en Floride, en Louisiane, en Géorgie, en Californie, en Virginie |
| 4. les provinces de la France | en Bretagne, en Provence, en Normandie |

\*Sont féminins les pays qui se terminent en **e** muet : *la France, l'Italie,* etc. EXCEPTIONS : *le Mexique, le Cambodge, le Zaïre.*

†Les états suivants sont féminins : *la Californie, la Floride, la Géorgie, la Louisiane, la Pennsylvanie, la Virginie, la Virginie de l'Ouest, la Caroline du Nord, la Caroline du Sud.*

**B.** *au* +
1. pays dont le nom est masculin

**Aller...**
au Canada, au Maroc, au Japon, au Pérou, au Portugal, au Brésil, au Cambodge, au Viet-Nam, au Sénégal, au Mexique (le pays), au Honduras, au Congo, au Danemark

2. provinces canadiennes masculines

au Québec (à Québec = la ville), au Saskatchewan

EXCEPTION : Voir A 2 ci-dessus.

en Iran, en Iraq, etc.

Notez la contraction de l'article avec *les États-Unis.*

aux États-Unis

**C.** *dans* +
1. les départements de la France‡

**Aller...**
dans la Sarthe, dans le Loiret

2. les états d'Amérique dont le nom est masculin§

dans le Michigan, dans le Nebraska, dans l'Ohio, etc.

EXCEPTION : au Texas

**D.** *à* +
1. une ville (sans article)

**Aller...**
à Paris, à Marseille, à Québec, à Winnipeg, à Chicago

ATTENTION : Certaines villes ont un article défini.

à la Rochelle, à la Nouvelle-Orléans, au Havre, au Caire

2. les grandes îles dont le nom est masculin

à Cuba, à Madagascar

**E.** *de* + tous les pays féminins, les îles et les villes

**Venir...**
de France, d'Italie, d'Iran; de Sardaigne, de Cuba; de Rome, de Tokyo, etc.

EXCEPTIONS :
1. **du** + pays masculin

du Canada, du Japon, du Mexique, du Cambodge, du Luxembourg, etc.

2. **du** (**de la**) + ville qui a un article défini

du Havre, de la Nouvelle-Orléans

3. **du** + les états d'Amérique (U.S.A.) dont le nom est masculin

du Michigan, du Maine, du Texas

---

‡Avec les départements dont le nom est composé on utilise **en**. EXEMPLES : *en Seine-et-Oise, en Saône-et-Loire.*

§Certains Français utilisent **en** avec les états masculins à voyelle initiale : *en Indiana, en Arkansas*, etc. Il est également correct de dire dans tous les cas « dans l'état de... » : *dans l'état de Washington, dans l'état de Maine, de Louisiane.* Avec *New York*, « l'état de » est obligatoire. On ne dit pas « dans le New York »; *à (de) New York* signifie la ville de New York.

# VIII.   L'emploi de certaines prépositions

## PRÉPOSITIONS PRINCIPALES

| Prépositions | Exemples |
|---|---|
| **à**<br>*to, at, in*<br>Avec les noms de ville, voir page 283. | Il passera ses vacances à Montréal, puis rentrera à New York pour reprendre ses études.<br>Je crois qu'il y a quelqu'un à la porte. |
| **à côté de**<br>*next to, beside* | Elle est assise à côté de lui. |
| **à droite de / à gauche de**<br>*to the right of / to the left of* | La deuxième porte à droite de cet escalier mène au toit. |
| **afin de**<br>*in order to* | Je lui ai posé plusieurs questions afin de mieux comprendre ses théories. |
| **à l'arrière de /  à l'avant de**<br>*at the back of / at the front of* | Il restait encore quelques places libres à l'arrière de l'autobus. |
| **à l'extérieur de / à l'intérieur de**<br>*outside of / inside of* | À Beaubourg l'escalier roulant est à l'extérieur du bâtiment. |
| **à propos de**<br>*with regard to, concerning* | À propos de tes amis, je ne sais pas ce qu'il faut faire. |
| **au bord de**<br>*at the edge (side) of* | Ils vivent au bord du lac Saint-Jean.<br>Adélaïde semble être au bord d'une dépression nerveuse. |
| **au-dela de**<br>*beyond* | N'allez pas au-dela de cette limite ou les agents vous arrêteront. |
| **au-dessus de / au-dessous de**<br>*above, over / below, beneath* | As-tu regardé au-dessous de ta voiture? Il me semble qu'il y a une fuite d'huile.<br>Il y a une antenne au-dessus de la maison. |
| **au-devant de (à l'encontre de)**<br>*ahead of* | J'irai au-devant de mes amis. |
| **au loin de** (Voir : **auprès de / au loin de**) | |
| **au milieu de**<br>*in the middle of* | La petite hutte se trouve au milieu de la forêt. |
| **auprès de / au loin de**<br>*close to, beside / far from* | Elle est restée auprès de ses enfants pendant la tempête. |
| **au sommet de / au pied de**<br>*at the summit (top) of / at the foot of* | Les alpinistes ont planté un drapeau au sommet de la montagne.<br>Le chat s'était endormi au pied du mur à l'ombre d'un vieux tilleul. |

**au sujet de**
*about, concerning*

Au sujet de ce problème, elle ne m'a rien dit.

**autour de**
*around*

Elle ne supporte pas la solitude et veut
toujours avoir des gens autour d'elle.

**avant / après**
*before / after*

Pierre est arrivé quelques minutes avant moi et
m'a attendu devant la porte de l'immeuble.
Chaque jour, les amants se donnaient rendez-
vous après trois heures derrière l'église.

**chez**
*at, to*

Yves ira chez le coiffeur cet après-midi.
J'ai l'intention de passer la soirée chez Marion.

**contre**
*against*

Il est fatigué de se battre contre la bureaucratie.
Maryse s'est fâchée contre moi.
Ce skieur s'est fait mal en se heurtant contre
un arbre.

**dans**
*in; into*

Papa ne s'assied jamais dans ce fauteuil.
Je suis entré dans son bureau.

**Dans** (comme **en**) introduit des compléments
de temps ou de lieu, mais le nom introduit par
**dans** est toujours précédé d'un article, d'un
possessif ou d'un démonstratif.

Notez l'expression **dans une heure** (*an hour
from now*). Ne confondez pas avec **en une
heure** (*in one hour*).

Je serai libre de vous aider dans quelques
minutes. (*in a few minutes from now*)
J'ai écrit ce roman en deux ans. (*in two years—
total time*)

**de**
*from; of, out of*

Ces chaussures viennent d'Italie.
Voilà le pull de Jérôme.
Il m'a promis de le faire.
Ce flacon de parfum coûte 1 000 F.
Ce jeune homme ferait mieux de se concentrer
sur ses expériences de chimie.
Voulez-vous une salade de tomates ou un jus
de fruit?—Non merci, une tasse de café me
suffit.

**De** indique l'origine ou le point de départ;
indique l'appartenance; introduit un infinitif;
introduit un complément déterminatif.

NOTE : Parfois l'utilisation d'un objet s'exprime
par **à** + *nom.* EXEMPLES : une tasse à café, une
cuiller à soupe.

**depuis**
*since, for*

Depuis quand étudiez-vous le français?
—Depuis 1985.
Quand je suis arrivé, elle était malade depuis
trois jours.

**devant / derrière**
*in front of / behind*

Le cimetière est derrière l'église.
Si tu as froid, mets-toi devant le feu.

**en**

**En** s'utilise en général sans article devant le nom qui le suit. Il se traduit de façons très diverses en anglais. Notez bien les différents exemples.

Cécile passe ses vacances en Suisse.
Atlanta est en Géorgie.
En France on a cinq semaines de congé par an.
Elle est allée à New York en avion* (en autobus, en train, en bateau). MAIS : On va quelque part à pied, à bicyclette, à cheval, à moto, à (ou en) scooter.
Viviane a acheté une jupe en laine, une blouse en coton, un sac en cuir et une montre en or.
Il travaille en été, en automne et en hiver, mais au printemps, il prendra des vacances.
Nous allons en classe (au cours) cinq fois par semaine.
Je suis tombée en faisant du ski.

NOTE : **En** s'utilise aussi dans les locutions conjonctives **en fait** (*in fact*) et **en effet** (*indeed*), qu'il ne faut pas confondre.

J'ai dit que mon travail était terminé, mais en fait, il me restait une page à écrire.
Ma tante paraît avoir 50 ans, mais en fait elle est beaucoup plus âgée.
Avez-vous trouvé l'examen difficile? — En effet, il y avaient une ou deux questions que je n'ai pas du tout comprises.

**en bas de / en haut de**
*at the bottom of / at the top of*

Le paquet est en bas de l'escalier.

**en dehors de**
*outside*

En dehors du magasin où nous travaillons, nous nous voyons peu.

**en dessus de / en dessous de**
*on top of, over / beneath, below*

Les livres étaient empilés sur son bureau les uns en dessus des autres.
Quand il y a un orage le chien se cache en dessous du lit.

**en face de**
*across*

Ce café est en face de ma maison. C'est bien pratique pour moi.

**en faveur de**
*in favor of*

C'est une mesure prise en faveur des pauvres.

**en haut de / en bas de**
*at the top of / at the bottom of*

Ils ont passé l'heure en haut de la Tour Eiffel.
Ma maison se trouve en bas de la colline.

**en l'honneur de / en l'absence de**
*in honor of / in the absence of*

Ce bal est donné en l'honneur du Président de la République.
En l'absence du professeur, les étudiants ont fait leurs devoirs en classe.

Notez, qu'à part ces deux expressions, il n'y a généralement pas d'article entre **en** et le nom qui le suit.

**en travers de**
*across*

L'arbre était tombé en travers de la route et bloquait toute la circulation.

*MAIS : On envoie une lettre ou un paquet **par** avion.

**entre / parmi**
*between / among*

On emploi **parmi** devant un nom pluriel désignant plus de deux personnes ou objets. **Entre** s'emploie en général quand il n'y a que deux personnes ou objets.

NOTE :
Quelquefois **entre** est employé à la place de **parmi**.

Devant un pronom disjoint, il faut employer **d'entre**. C'est souvent le cas après une expression de quantité.

**envers**
*toward*

**étant donné**
*given, considering*

**grâce à**
*thanks to*

**jusque**
*until; all the way to*

**Jusque** est généralement suivi de **à : jusqu'à, jusqu'au, jusqu'aux.**

**le long de**
*along, the length of*

**loin de** (Voir : **près de / loin de**)

**par**
*by, through; a (per) + time*

NOTE : **Par** s'utilise aussi dans les locutions conjonctives **par conséquent** (*consequently*) et **par contre** (*on the other hand*).

**parmi** (Voir: **entre / parmi**)

**par-dessus / par-dessous**
*over, on top of / under, underneath*

**pendant**
*during*

NOTE : On peut souvent omettre **pendant.**

---

Il me compte parmi ses meilleurs amis.
Je passerai vous prendre entre six et sept heures.
Il y avait une table basse couverte de journaux entre les deux fauteuils.

Je vous cite un exemple entre mille.

Trois d'entre eux se sont perdus dans la forêt.

Ce jeune homme a agi très loyalement envers ses amis.

Étant donné la gravité de la crise monétaire, il a placé tout son argent en Suisse.

Grâce à votre voiture, ils sont arrivés à l'heure pour leur rendez-vous.

Napoléon est allé jusqu'à Moscou.
Nous avons travaillé jusqu'à minuit, quand le laboratoire ferme.

Voudriez-vous faire une promenade le long de la côte?

Le facteur a été mordu par un chien du quartier.
Pour aller à Rennes, il faut passer par Paris.
Nous travaillons quarante heures par semaine.
Il vaudrait mieux envoyer cette lettre par avion.

Jean-Marie sort tous les week-ends. Par conséquent, il est toujours à court d'argent.
Il pleuvait avant hier, mais par contre il a fait beau toute la journée d'hier.

Ils ont creusé un tunnel par-dessous le bâtiment.
J'ai mis une veste par-dessus mon pull.

Ils sont restés chez nous pendant trois semaines.
Elle parlera pendant quelques minutes.

Nous avons couru (pendant) une heure.

| | |
|---|---|
| **pour**<br>*for, in order to* | Je pars en France pour deux mois.<br>Il travaille le week-end pour payer ses études. |
| Ne confondez pas **pour, depuis** et **pendant**. | Le sénateur a parlé (pendant) deux heures.<br>ATTENTION! N'utilisez pas **pour** dans de cas. |
| **près de / loin de**<br>*near / far (from)* | Il y a un bon boulanger près de la charcuterie. |
| **proche de**<br>*near, close to, similar to* | Il y a une très belle forêt proche de cette ville.<br>Le style de ce conte est proche de celui de Voltaire. |
| **quant à**<br>*as for* | Quant à lui, au lieu de travailler, il est parti à la plage. |
| **sauf / excepté**<br>*except* | Tout le monde a ri sauf (excepté) lui.<br>La vie lui avait tout donné sauf le bonheur.<br>L'hôtesse avait pensé à tout sauf à ça. |
| **selon / d'après**<br>*according to* | Il fait son rapport selon (d'après) les indications du gouvernement provincial.<br>Selon (D'après) les journaux, une révolution se prépare en Amérique centrale. |
| **sous / sur**<br>*under, beneath / over, on top of* | Sophie cachait des bonbons sous son lit.<br>Elle a mis une nappe en dentelle sur la table. |
| **vers**<br>*toward, around* | Ils passeront nous voir vers midi.<br>Je me dirigeais vers le Panthéon quand j'ai vu un éclair dans le ciel. |
| **vis à vis de**<br>*with respect to* | Comment te sens-tu vis à vis de ton nouveau patron? |

## IX. Les expressions de temps : *temps, fois, moment, heure*

Les mots **temps, fois** et **heure** correspondent tous à l'anglais « time ». Faites attention à ne pas les confondre.

| TEMPS | |
|---|---|
| **temps** = durée<br><br>**perdre de (son temps)**<br>**gagner du temps**<br>**passer du temps** | Cet étudiant perd son temps dans les cafés au lieu de travailler.<br>Si nous prenons cette route, nous gagnerons du temps.<br>J'ai passé beaucoup de temps (quatre heures) à préparer ce plat. |
| **temps** = moment<br><br>**de temps en temps**<br>**de temps à autre**<br>**en même temps** | De temps en temps (De temps à autre) il allait promener son chien dans le parc.<br>Tous les invités sont arrivés en même temps. |

| | |
|---|---|
| **temps** = conditions atmosphériques | Quels temps fait-il? — Il fait beau. Il fait frais. Il fait bon (mauvais). Il fait chaud (froid). Il fait du vent (du soleil, du brouillard). Il pleut. |
| **temps** = époque | Auriez-vous aimé vivre au temps de Napoléon? Avez-vous vu le film de Charlot (*Charlie Chaplin*) intitulé *Les Temps modernes?* |

---

## FOIS (*time, occurrence*)

| | |
|---|---|
| **Fois** s'utilise surtout quand il s'agit de répétition : une fois, deux fois, etc. | J'ai vu cette pièce de Molière trois fois. |

Notez aussi les expressions indéfinies :

| | |
|---|---|
| **quelquefois / parfois** (*sometimes*) | Parfois (Quelquefois) Louise critique son frère injustement. |
| **chaque fois** (*each time*) | Chaque fois que j'allais chez elle, elle m'offrait du thé. |
| **à la fois** (*at once*) | |
| **autrefois** (*formerly; at one time*) | Je ne peux pas vous comprendre si vous parlez tous à la fois. |
| **il était une fois** (*once upon a time*) | |

---

## MOMENT

| | |
|---|---|
| **Moment** signifie un laps de temps limité, ou une occasion. | Il me faut un moment pour comprendre. Le moment est venu pour agir avec courage. |

Notez les expressions suivantes :

| | |
|---|---|
| **en ce moment** (*now*) | Il fait très humide à New York en ce moment. |
| **par moments** (*at times*) | Par moments elle se sent très faible. |

---

## HEURE

| | |
|---|---|
| **Heure** désigne le temps comme unité de mesure ou par rapport à une horloge (un horaire, etc.). | J'ai mis trois heures à écrire mon compte-rendu. Quelle heure est-il? — Il est une heure (3 h 30, 4 h 20, etc.). Nous prendrons le train de 22 h 15. |
| Pour une approximation de l'heure, employez la préposition **vers.** | Il a pris son médicament vers cinq heures. |

Notez les expressions suivantes:

| | |
|---|---|
| **à l'heure** (*on time*) COMPARER : **à temps** (*in time, i.e., not too late*) | Ils sont arrivés à l'heure au rendez-vous. Recevront-ils les renseignements à temps pour faire une demande d'admission? |
| **à l'heure actuelle** (*at present*) | |
| **à la bonne heure** (*fortunately*) | À l'heure actuelle, le prix du pétrole est en baisse. |

# X. Ne explétif

Le **ne** explétif est aujourd'hui facultatif dans tous les cas et tend à disparaître. Il s'agit surtout de le reconnaître dans les textes de style soutenu. Cette particule, qui n'a pas de valeur négative, peut s'ajouter devant le verbe d'une proposition subordonnée dans les cas suivants.

---

### L'EMPLOI DE *NE* EXPLÉTIF

---

*Dans les propositions subjonctives :*

1. Après les verbes et expressions de crainte **avoir peur de, craindre, trembler, de crainte que, de peur que,** quand ils sont employés *affirmativement*.

   Le **ne** explétif disparaît quand la proposition principale est *négative*.

Je crains que mes amis ne se soient pas amusés à la soirée.

Henri avait peur qu'on ne lui fasse des ennuis à la douane.

Il n'avait pas peur que ses ennemis l'attaquent.

2. Après les verbes de doute et de négation (**douter, nier, désespérer, contester,** etc.) quand ils sont employés *négativement* ou *interrogativement*.

M. Golaud ne doutait pas que le cercle français ne l'invitât à parler de son dernier voyage au Tchad.

Niez-vous que ceci ne soit la meilleure solution?

Nathalie ne désespérait pas qu'on ne lui offrît un poste.

   Le **ne** explétif disparaît quand la proposition est *affirmative*.

Je doute que M. Valbec accepte vos excuses.

3. Après les verbes **empêcher que, éviter que, défendre que.**

Il évite qu'on ne lui pose des questions sur son passé.

4. Après les conjonctions **avant que, à moins que.**

Il faudrait prévenir vos amis avant qu'il ne soit trop tard.

Nous irons à pied à moins que vous ne vous sentiez trop fatigué.

*Dans les propositions comparatives :*

Devant un verbe d'opinion.

Ce gâteau est plus riche que je ne croyais (que je ne pensais).

NOTE : Parfois on utilise aussi le pronom neutre **le** (avec ou sans **ne** explétif) devant un verbe d'opinion.

Pour obtenir un résultat, il faudrait rédiger cette lettre autrement que vois (ne) l'avez fait.

---

# XI.   Les nombres cardinaux et ordinaux

---

## LES NOMBRES CARDINAUX DE 1 À 100

| | | | |
|---|---|---|---|
| 1 | un / une | 30 | trente |
| 2 | deux | 31 | trente et un |
| 3 | trois | 32 | trente-deux, *etc.* |
| 4 | quatre | 40 | quarante |
| 5 | cinq | 41 | quarante et un |
| 6 | six | 42 | quarante-deux, *etc.* |
| 7 | sept | 50 | cinquante |
| 8 | huit | 51 | cinquante et un |
| 9 | neuf | 52 | cinquante-deux, *etc.* |
| 10 | dix | 60 | soixante |
| 11 | onze | 61 | soixante et un |
| 12 | douze | 62 | soixante-deux, *etc.* |
| 13 | treize | 70 | soixante-dix |
| 14 | quatorze | 71 | soixante et onze |
| 15 | quinze | 72 | soixante-douze, *etc.* |
| 16 | seize | 80 | quatre-vingts |
| 17 | dix-sept | 81 | quatre-vingt-un |
| 18 | dix-huit | 82 | quatre-vingt-deux, *etc.* |
| 19 | dix-neuf | 90 | quatre-vingt-dix |
| 20 | vingt | 91 | quatre-vingt-onze |
| 21 | vingt et un | 92 | quatre-vingt-douze, *etc.* |
| 22 | vingt-deux, *etc.* | 100 | cent |

---

## LES NOMBRES CARDINAUX DE 100 À 1 000 000 000*

| | | | |
|---|---|---|---|
| 100 | cent | 1 500 | quinze cents / mille cinq cents |
| 101 | cent un, *etc.* | 1 600 | seize cents / mille six cents |
| 200 | deux cents† | 1 700 | dix-sept cents / mille sept cents |
| 201 | deux cent un, *etc.* | 1 800 | dix-huit cents / mille huit cents |
| | | 1 900 | dix-neuf cents / mille neuf cents |
| 1 000 | mille | 2 000 | deux mille |
| 1 001 | mille un, *etc.* | 2 100 | deux mille cent, *etc.* |
| | | | |
| 1 100 | onze cents / mille cent | 10 000 | dix mille |
| 1 200 | douze cents / mille deux cents | 100 000 | cent mille |
| 1 300 | treize cents / mille trois cents | 1 000 000 | un million (de) |
| 1 400 | quatorze cents / mille quatre cents | 1 000 000 000 | un milliard (de) |

*Remarquez qu'en français on utilise un espace ou un point avec les nombres à partir de mille. EXEMPLE : 2 152 ou 2.152

†Le **s** de **cent** disparaît devant un nombre cardinal : mille deux cent vingt-sept; MAIS : mille deux cents habitants.

## LES NOMBRES ORDINAUX

| | | | |
|---|---|---|---|
| 1$^{er(re)}$ | premier (ère) | 12$^e$ | douzième |
| 2$^e$ | deuxième (second) | 13$^e$ | treizième |
| 3$^e$ | troisième | 14$^e$ | quatorzième |
| 4$^e$ | quatrième | 15$^e$ | quinzième |
| 5$^e$ | cinquième | 16$^e$ | seizième |
| 6$^e$ | sixième | 17$^e$ | dix-septième |
| 7$^e$ | septième | 18$^e$ | dix-huitième |
| 8$^e$ | huitième | 19$^e$ | dix-neuvième |
| 9$^e$ | neuvième | 20$^e$ | vingtième |
| 10$^e$ | dixième | 21$^e$ | vingt et unième |
| 11$^e$ | onzième | 22$^e$ | vingt-deuxième, *etc.* |

## LES NOMBRES COLLECTIFS
### (valeur approximative)

| | |
|---|---|
| une dizaine | une quarantaine |
| une douzaine* | une cinquantaine |
| une quinzaine | une soixantaine |
| une vingtaine | une centaine |
| une trentaine | un millier |

## LES FRACTIONS

| | | |
|---|---|---|
| ½ | un demi | |
| ⅓ | un tiers | 0,1 = un dixième† |
| ¼ | un quart | 0,2 = deux dixièmes |
| ⅕ | un cinquième | |
| ⅙ | un sixième, *etc.* | |
| ⅔ | deux tiers | |
| ¾ | trois quarts | |
| ⅘ | quatre cinquièmes, *etc.* | |

*Une douzaine peut aussi indiquer un nombre exact : « J'ai acheté une douzaine d'œufs ».

†Remarquez qu'en français on utilise une virgule avec les nombres décimaux.

# XII.   L'Alphabet phonétique

| Voyelles | | | | Semi-voyelles | | Consonnes | | | |
|---|---|---|---|---|---|---|---|---|---|
| [i] | midi | [œ̃] | un | [w] | oui, voici | [p] | petit | [l] | livre |
| [y] | du | [a] | gare | [j] | bien, famille, crayon | [b] | beau | [ʀ] | rêve |
| [e] | été | [ɑ] | bas | [ɥ] | huit, depuis | [t] | tête | [f] | face |
| [ø] | peu | [ɑ̃] | dans | | | [d] | danger | [v] | vivre |
| [ə] | le | [ɔ] | poste | | | [k] | comment | [s] | salle |
| [ɛ] | mère | [o] | dos | | | [g] | gare | [z] | zéro |
| [ɛ̃] | vin | [ɔ̃] | mon | | | [m] | maman | [ʃ] | gauche |
| [œ] | jeune | [u] | nous | | | [n] | nous | [ʒ] | je |
| | | | | | | [ɲ] | campagne | | |

# Glossaire

## A

**abattu** *(adj)* downtrodden, depressed
**aboyer** to bark
**accomplir** to accomplish
**accorder** to grant
**accourir** to run to someone's help
**accroître** to augment, increase
**accueillant** *(adj)* welcoming, gracious
**afficher** to post (a bill)
**affoler** to drive to distraction, madden;
    **s'affoler** to fall into a panic

**affreux, affreuse** *(adj)* terrible, atrocious, awful
**agaçant** *(adj)* irritating, annoying
**agrandir** to make bigger, enlarge
**agréer** to accept, recognize
**aile** *(f)* wing
**allonger (s')** to lie down
**allumette** *(f)* match
**alourdir** to make heavy
**alpin** *(adj)* pertaining to the Alps; **ski alpin** downhill skiing
**ambigu, ambiguë** *(adj)* ambiguous
**amende** *(f)* fine, penalty
**amener** to bring someone along
**amuse-gueule** *(m inv)* cocktail tidbits
**antécédent** *(m)* antecedent
**apéritif** *(m):* **prendre l'apéritif** to have a drink before a meal (vermouth, sherry, Dubonnet, etc.)
**apparemment** apparently
**appartenir** to belong to
**appuyer** to push on; to support; **s'appuyer contre** to lean against
**arc-en-ciel** *(m)* rainbow
**arriéré** *(adj)* backward
**ascendant** *(adj)* ascending, upward (motion)

**aspirateur** *(m)* vacuum cleaner
**asseoir** to seat; **s'asseoir** to sit down
**atténuer** to attenuate, soften
**attraper** to catch
**attrayant** *(adj)* attractive
**auberge** *(f)* inn
**aucun** *(pro indéf)* none
**audience** *(f)* hearing
**auparavant** formerly
**avant-gardiste** *(m/f)* member of the avant-garde
**avant-veille** *(f)* day before yesterday
**avertir** to warn
**aveuglément** blindly
**avis** *(m)* opinion
**avortement** *(m)* abortion
**avouer** to confess

## B

**baccalauréat** *(m)* examination and degree conferred at the end of high-school studies. Also called **bachot** or **bac.**
**balayer** to sweep
**banc** *(m)* bench
**banlieue** *(f)* suburbs, outskirts
**banquier** *(m)*, **banquière** *(f)* banker
**bâtir** to build
**bavarder** to chat

**bébé** *(m)* baby
**bélier** *(m)* ram
**belle-fille** *(f)* daughter-in-law
**bénéficier** to benefit
**bénin, bénigne** *(adj)* mild
**bêtement** stupidly
**bêtise** *(f)* silliness, stupidity
**biche** *(f)* doe
**bienveillant** *(adj)* kindly, benevolent
**bijou** *(m)* jewel, gem
**blanchir** to whiten, to become white; to wash, launder
**blessure** *(f)* wound
**bœuf** *(m)* bull, steer; beef
**boisé** *(adj)* wooded
**boîte** *(f)* box
**bondir** to bound, jump up
**bonhomme** *(m)* good-natured fellow
**bouc** *(m)* billy goat
**boue** *(f)* mud
**bouée** *(f)* buoy
**bourdonnement** *(m)* buzzing (of insects)
**bourse** *(f)* scholarship, purse; stock market
**bouton** *(m)* button
**boxe** *(f)* boxing
**brasserie** *(f)* restaurant-café
**brebis** *(f)* ewe, sheep
**bref, brève** *(adj)* brief; *(adv)* in short, in a word
**brie** *(m)* a semisoft cheese
**broderie** *(f)* embroidery
**brosser** to brush
**bru** *(f)* daughter-in-law
**buissonnière : faire l'école buissonnière** to play hooky (truant)
**buveur** *(m)* drinker

**C**

**cabrer** to rear (of a horse)
**cacahuète** *(f)* peanut
**cache-nez** *(m)* scarf

**caillou** *(m)* pebble, stone
**caisse** *(f)* cash box, till; box
**calcul** *(m)* calculation, computation
**camembert** *(m)* a semisoft cheese
**caméra** *(f)* movie camera
**camion** *(m)* truck
**campagne** *(f)* country, countryside
**canard** *(m)* duck
**cancre** *(m)* dunce
**cane** *(f)* female duck
**cantate** *(f)* cantata
**casque** *(m)* helmet
**cassette** *(f)* small cash box; private purse
**censé** *(adj)* supposed to
**cependant** however
**cerf** *(m)* buck
**cerveau** *(m)* brain
**ceux-ci... ceux-là** the former, the latter
**chagrin** *(m)* sorrow
**champêtre** *(adj)* countrylike, rustic, rural
**champignon** *(m)* mushroom
**chandail** *(m)* cardigan
**chantier** *(m)* work yard
**chat** *(m)*, **chatte** *(f)* cat
**chauffage** *(m)* heating
**chaussure** *(f)* shoe
**chauve** *(adj)* bald
**chenil** *(m)* kennel
**chercheur** *(m)* researcher
**cheville** *(f)* ankle
**chèvre** *(f)* goat
**chimiste** *(m/f)* chemist
**chou** *(m)* cabbage
**chuchoter** to whisper
**cieux** *(m)* heavens
**cinéaste** *(m)* film producer, director
**cité** *(f)* large town; **cité universitaire** student halls and residences
**clavier** *(m)* keyboard
**cligner** to blink, to twinkle, to flicker; **cligner de l'œil** to

wink; **cligner des yeux** to blink one's eyes
**clignotant** *(m)* blinking light (on vehicle)
**clignoteur** *(m)* blinking signal lights (on vehicle)
**cochon** *(m)* pig
**coffre-fort** *(m)* safe, strongbox
**colline** *(f)* hill
**combler** to fulfill, satisfy
**commode** *(f)* dresser, chest of drawers
**complet** *(m)* dress suit; *(adj)* full
**compris** *(pp. of* **comprendre***)* understood; included
**comptable** *(m)* accountant
**comte** *(m)* count
**concierge** *(m/f)* caretaker of an apartment building
**concombre** *(m)* cucumber
**concours** *(m)* examination, contest
**confier** to entrust
**confiture(s)** *(f)* jam, preserves
**confondre** to mix up, confuse; disconcert
**confus** *(adj)* embarrassed
**consacrer** to consecrate; **se consacrer à** to devote one's energies to
**conseil** *(m)* advice
**conseiller** *(m)*, **conseillère** *(f)* adviser
**contribuable** *(m)* taxpayer
**convaincant** *(adj)* convincing
**convaincre** to convince
**convenir** to suit
**copain** *(m)*, **copine** *(f)* friend, buddy
**coq** *(m)* rooster
**coquet, coquette** *(adj)* stylish, smart, coquettish
**coquillage** *(m)* seashells
**corbeau** *(m)* crow
**cou** *(m)* neck
**coulisses** *(f)* wings (of a stage); **fenêtre à coulisse** sliding windows

**coup** *(m)* blow, rap, tap, poke
**couper** to cut
**courtois** *(adj)* courteous
**coussin** *(m)* pillow, cushion
**coûter** to cost
**coûteux, coûteuse** *(adj)* costly, expensive
**couturier** *(m)*, **couturière** *(f)* dressmaker, clothing designer
**craindre** to fear
**cravate** *(f)* necktie
**creuser** to dig
**crier** to shout
**crin** *(m)* horsehair
**croisière** *(f)* cruise
**cru** *(m)* region where wine is grown, the wine itself (e.g., Château d'Yquem is a "premier grand cru")
**cueillir** to pick
**cuisinier** *(m)*, **cuisinère** *(f)* cook
**cuisse** *(f)* thigh
**cuit** *(adj)* cooked

**D**

**débarrasser** to clear (the table); **se débarrasser de** to get rid of
**décapotable** *(adj)* convertible (car)
**déchirer** to tear
**déclencher** to start, trigger, set in motion
**découler** to drip; to follow from
**défectueux** *(adj)* defective
**déguisement** *(m)* disguise
**démissionner** to resign (a post)
**démolir** to demolish
**dépanner** to come to someone's aid; to assist, help out
**dépaysement** *(m)* change of pace; bewilderment
**dépêcher; se dépêcher** to hasten, hurry

**dépit** *(m)* spite
**déplaire** to displease
**dépressif, dépressive** *(adj)* depressed
**déranger** to bother, disturb
**désaltérant** *(adj)* thirst-quenching
**désalterer** to quench thirst
**désarçonné** *(adj)* unsettled; *(fam)* dumbfounded
**désigner** to designate; to point out, show
**désireux, désireuse** *(adj)* desirous; **désireux de plaire** anxious to please
**détailler** to itemize; to relate in detail
**détendre** to slacken, relax; **se détendre** to relax, rest
**dévorer** to devour
**dévoué** *(adj)* devoted, loyal, true
**diapositive** *(f)* negative (film), slide
**dicton** *(m)* proverb, saying
**dinde** *(f)* hen turkey
**dindon** *(m)* tom turkey
**disparaître** to disappear
**divan** *(m)* sofa, couch
**doré** *(adj)* golden
**dos** *(m)* back
**doué** *(adj)* gifted, talented
**doux, douce** *(adj)* soft
**doyen** *(m)* dean
**dresser** to set up, raise

**E**

**échappement** *(m)* escape, leakage; **pot d'échappement** muffler
**écharpe** *(f)* scarf
**échauffement** *(m)* heating, overheating (of body); **exercices d'échauffement** warm-up exercises
**échec** *(m)* check, failure, setback; **jouer aux échecs** to play chess

**échevelé** *(adj)* disheveled
**écouteur** *(m)* headphone
**écrier (s')** to shout, exclaim
**écrouler (s')** to crumble, collapse
**efforcer (s')** to strive
**égaler** to equal
**égout** *(m)* drainage, sewer
**élancer (s')** to spring, bound
**élever** to raise
**éloge** *(m)* compliment; **faire l'éloge de quelqu'un** to compliment, praise
**élu** *(pp.* of **élire***)* elected, chosen
**émail** *(m)* enamel
**embrouiller** to mix up, confuse, tangle
**émettre** to emit
**émission** *(f)* program, broadcast
**emmener** to take (someone) along
**empêcher** to prevent
**emprunter** to borrow
**enchaîner** to put in chains; to connect (ideas)
**endosser** to put on (clothes)
**endroit** *(m)* place
**énervant** *(adj)* annoying
**énerver** to annoy, vex
**enfantin** *(adj)* childlike
**enfer** *(m)* hell
**enfermer** to lock up
**enfuir (s')** to flee
**engager** to engage, hire; **s'engager à** to commit oneself to, pledge
**enlever** to take off (clothes)
**ennui** *(m)* trouble, difficulty, worry
**ennuyer** to bore; to bother, annoy, worry
**énoncer** to state, set forth; **s'énoncer** to express oneself clearly
**enquête** *(f)* investigation
**enrouler** to roll up; to wrap up

**enseigner** to teach

**entamer** to begin (a conversation); to cut into (e.g., bread)

**entendre** to hear

**entier, entière** *(adj)* whole

**entraînement** *(m)* training (sports)

**envahir** to invade

**envoyer** to send

**épais, épaisse** *(adj)* thick

**époque** *(f)* epoch, era, period

**épouser** to marry

**épouvante** *(f)* terror, fright; **film d'épouvante** horror film

**époux** *(m)*, **épouse** *(f)* husband, wife

**éprouver** to experience, feel; **éprouver des difficultés** to have difficulties

**épuisant** *(adj)* tiring

**épuiser** to wear out, tire, fatigue; to exhaust

**équivaloir** to be the same as, equal

**éreinté** *(pp.* of **éreinter)** exhausted, (dead) beat

**ériger** to erect, build

**essayer** to try

**étage** *(m)* floor, landing

**étalon** *(m)* stallion, studhorse

**éteindre** to put out (lights); to extinguish

**étendu** *(adj)* vast, wide reaching, outspread

**étendue** *(f)* stretch, expanse, scale

**étouffer** to choke, suffocate

**étourdi** *(adj)* dizzy; scatterbrained

**étranger** *(m)*, **étrangère** *(f)* foreigner, stranger

**éventuel** *(adj)* eventual, possible, contingent

**évidemment** obviously, evidently

**éviter** to avoid

**F**

**fâcher** to anger

**facteur** *(m)* factor; mailman

**facture** *(f)* bill

**facultatif, facultative** *(adj)* optional

**faillir** to fail (to do something)

**falloir** to have to, must, to be necessary

**faneur** *(m)*, **faneuse** *(f)* haymaker

**faneuse** *(f)* haymaking machine

**fer** *(m)* iron; **les fers** shackles, irons

**fermer** to close

**fermeture** *(f)* closing (of a store), closing time; **fermeture éclair** zipper

**fiançailles** *(f pl)* engagement (ceremony)

**fictif, fictive** *(adj)* fictitious

**fidèle** *(adj)* faithful

**fier, fière** *(adj)* proud

**fier : se fier à quelqu'un** to trust, believe; to rely on

**fièvre** *(f)* fever, temperature

**fisc** *(m)* Internal Revenue Service

**flaner** to stroll

**flaque** *(f)* puddle

**fleuriste** *(m/f)* florist

**foncé** *(adj)* dark

**fondre** to melt

**fondu** *(adj)* melted

**forcément** inevitably

**fou, folle** *(adj)* crazy

**fouiller** to search

**fourneau** *(m)* stove

**foyer** *(m)* home, hearth

**fraîchement** freshly, recently

**frais, fraîche** *(adj)* fresh, cool

**fraise** *(f)* strawberry

**framboise** *(f)* raspberry

**frein** *(m)* brake

**frites** *(f pl)* French fries

**frotter** to rub

**fumeur** *(m)*, **fumeuse** *(f)* smoker

**G**

**gaffe** *(f)* blunder

**gaîment** gaily

**galamment** gallantly

**galanterie** *(f)* politeness

**gamin** *(m)*, **gamine** *(f)* youngster, kid, urchin

**ganté** *(pp.* of **ganter)** gloved

**gare** *(f)* train station

**gendre** *(m)* son-in-law

**gêné** *(adj)* embarrassed

**gêner** to disturb, bother

**genou** *(m)* knee

**gentil, gentille** *(adj)* nice, kind

**gestion** *(f)* management (business); administration

**glisser** to slide, slip, skid

**gluau** *(m)* snare

**gogo : à gogo** in abundance, galore

**gonflable** *(adj)* inflatable

**gorge** *(f)* throat

**goût** *(m)* taste

**goûter** to taste

**gracier** to pardon

**Grand Marnier** orange liqueur

**gratin : au gratin** dish cooked with topping of bread crumbs and grated cheese

**gratte-ciel** *(m inv)* skyscraper

**gratuit** *(adj)* free

**grenier** *(m)* attic

**grenouille** *(f)* frog

**grève** *(f)* strike (work)

**griffe** *(f)* claw

**grippe** *(f)* flu

**grognement** *(m)* grunting, grumbling

**grossir** to grow larger, gain weight, enlarge

**guère : ne guère...** scarcely

**guérir** to heal

**guignol** *(m)* Punch and Judy show

**guillemet** *(m)* quotation mark

**guise** *(f)* way, fashion

## H

**hachis** *(m)* hash (meat);
**hachis parmentier** meat
hash covered with mashed
potatoes and grated cheese

**haltère** *(f)* barbell; **faire des
haltères** to lift weights

**haricot** *(m)* bean, green bean

**hasard** *(m)* chance

**hausser** to lift; **hausser les
épaules** to shrug one's
shoulders

**haut** *(adv)* high; *(adj)* tall,
high; *(n m)* the top

**hautain** *(adj)* haughty, conde-
scending

**hauteur** *(f)* height

**haut-parleur** *(m)* loudspeaker

**hennissement** *(m)* neighing,
whinny

**hibou** *(m)* owl

**hocher : hocher de la tête** to
nod or shake one's head

**honteux, honteuse** *(adj)* embarrassed, ashamed

**horaire** *(m)* schedule

**hors** *(prep)* out of; except

**hôte** *(m)*, **hôtesse** *(f)* host,
hostess

**huître** *(f)* oyster

**hyperbole** *(f)* exaggeration

## I

**immatriculation : carte d'im-
matriculation** registration
papers

**importer** to import; to be of
importance (to)

**impôt** *(m)* tax, duty

**impressionnant** *(adj)* impres-
sive, spectacular

**impunément** with impunity

**impuni** *(adj)* unpunished

**incendie** *(f)* fire

**inconnu** *(adj)* unknown

**index** *(m)* index finger; index

**infirmière** *(f)* nurse

**informatique** *(f)* computer
science

**informe** *(adj)* shapeless

**ingénier (s') : s'ingénier à
faire quelque chose** to exercise one's wits to do
something

**inquiet, inquiète** *(adj)* worried

**inquiétant** *(adj)* worrisome,
disquieting

**insérer** to insert

**installer** to install; **s'installer**
to settle, make oneself at
home

## J

**jaloux, jalouse** *(adj)* jealous

**jambon** *(m)* ham

**joujou** *(m)* toy

**jument** *(m)* mare

**jupe** *(f)* skirt

**jurer** to swear, to give an oath

## K

**karatéka** *(m)* person who
practices karate

## L

**laitier** *(m)* milkman

**lancer** to throw

**lapin** *(m)* rabbit

**laps** *(m)* lapse

**las, lasse** *(adj)* tired

**Laurentides** Laurentian
Mountains, located north of
Montreal

**licorne** *(f)* unicorn

**lien** *(m)* tie, bond, relationship

**lieu** *(m)* place

**lilas** *(m)* lilac

**lorgnettes** *(f pl)* opera glasses

**lors : lors de** at the time of

**lourd** *(adj)* heavy

**lunettes** *(f pl)* (eye)glasses

**lycéen** *(m)*, **lycéenne** *(f)* high
school student

## M

**maillot** *(m)* bathing suit

**mairie** *(f)* city hall

**maîtrise** *(f)* mastery; masters
(degree)

**mal** *(pl.* **maux**) *(m)* evil, hurt,
harm

**malade** *(adj)* sick; *(n. m/f)* sick
person

**malin, maligne** *(adj)* clever;
shrewd, cunning; *(fam)* cute

**mangue** *(f)* mango

**maniaque** *(m/f)* fussy, finicky
person

**manquer** to miss

**maquiller (se)** to put on
makeup

**marée** *(f)* tide

**marron** *(adj inv)* brown

**marteau piqueur** *(m)* jack-
hammer

**martial** *(pl.* **martiaux**) *(adj)*
martial

**mas** *(m)* rustic home (in south
of France)

**matière** *(f)* material; subject
(academic); contents (book)

**maussade** *(adj)* sullen, glum,
dreary

**méchamment** nastily, spite-
fully

**méconnu** *(pp of* **mécon-
naître**) unrecognized, un-
appreciated; misunderstood

**méfier (se)** to beware of; to
distrust

**mener** to lead

**mensonge** *(m)* lie

**mentir** to lie

**menuisier** *(m)* woodworker;
cabinetmaker

**métier** *(m)* occupation, trade,
profession

**meuble** *(m)* piece of furniture

**meubles** *(m pl)* furniture

**meurtre** *(m)* murder, manslaughter

**mignon, mignonne** *(adj)* charming, sweet, delicate

**minutieusement** thoroughly, painstakingly

**mixte** *(adj)* mixed; coeducational

**mœurs** *(f)* mores, customs

**moindre** *(adj)* lesser

**mondial** *(adj)* world

**moniteur** *(m)* monitor

**monture** *(f)* mounting, setting (jewel); mount (horses)

**mordre** to bite

**morfondre (se)** to be bored silly, bored to death

**mots croisés** *(m)* crossword puzzle

**mou, molle** *(adj)* soft

**mousse** *(f)* foam; **mousse au chocolat** chocolate mousse (dessert)

**moustique** *(m)* mosquito

**mouton** *(m)* sheep

**mouvementé** *(adj)* animated, bustling, eventful (life)

**mûre** *(f)* mulberry

**musclé** *(adj)* muscular

**musculation** *(f)* body building

**N**

**nageur** *(m)*, **nageuse** *(f)* swimmer

**naître** to be born

**néant** *(m)* nothingness, void

**net, nette** *(adj)* sharp, clean, proper, distinct; *(adv)* plainly, flatly

**nettement** *(adv)* decidedly, clearly

**neveu** *(m)* nephew

**niveau** *(m)* level

**nombril** *(m)* belly button

**non compris** not included

**noyau** *(m)* pit, stone (of fruit)

**noyer** to drown

**nuage** *(m)* cloud

**nuancer** to vary in tone, to shade

**nullement** *(adv)* not at all

**O**

**œuvre** *(f)* work

**oisif, oisive** *(adj)* idle

**ombre** *(f)* shade, shadow

**ordinateur** *(m)* computer

**outré** *(adj)* outlandish

**ouvrier** *(m)* worker

**P**

**P-DG (Président-Directeur Général)** president (of a company)

**pair** *(m)* peer; *(adj)* equal

**paire** *(f)* pair

**panier** *(m)* basket

**panneau** *(m)* panel; **panneau indicateur** road sign

**paquet** *(m)* package

**paresse** *(f)* laziness

**paresseux, paresseuse** *(adj)* lazy

**parfum** *(m)* perfume

**parfumé** *(adj)* fragrant

**parier** to bet

**parmentier** made with potato; (**potage parmentier** leek and potato soup; **hachis parmentier** beef hash and potato)

**parmi** among

**parquet** *(m)* floor

**parrain** *(m)*, **marraine** *(f)* godfather, godmother

**partager** to share

**parvenir** to succeed

**pâte** *(f)* dough; **pâte dentifrice** toothpaste; **des pâtes** pasta

**pâtisserie** *(f)* pastry

**patron** *(m)*, **patronne** *(f)* owner, boss

**PCV : téléphoner en PCV (frais à percevoir)** to call collect

**pêche** *(f)* fishing

**péché** *(m)* sin

**peigne** *(m)* comb

**peindre** to paint

**pelouse** *(f)* lawn

**pendre** to hang

**pendule** *(f)* clock

**percevoir** to collect

**perquisition** *(f)* search; **mandat de perquisition** search warrant

**persan** *(adj)* Persian

**pesant** *(adj)* heavy

**petites annonces** *(f pl)* want ads, classified section (newspaper)

**pétrole** *(m)* oil

**phare** *(m)* headlight (car); lighthouse

**pieuvre** *(f)* octopus

**pilule** *(f)* pill

**pinot** *(m)* ordinary red wine (especially from Burgundy)

**piqûre** *(f)* injection

**pis** *(adv)* worse, worst

**placard** *(m)* closet

**plaindre** to complain

**plainte** *(f)* complaint

**plaire** to please

**plaisir** *(m)* pleasure

**planche** *(f)* plank

**planer** to glide; to be high on drugs

**plateau** *(m)* plateau; serving tray

**pleuvoir** to rain

**plier** to fold

**plombage** *(m)* filling (tooth)

**plombier** *(m)* plumber

**plonger** to dive, plummet, plunge

**plu** *(pp.* of **plaire)** pleased

**plupart (la)** most

**pneu** *(m)* tire
**poid** *(m)* weight
**poignet** *(m)* wrist
**poireau** *(m)* leek
**pois** *(m)* pea
**poisson** *(m)* fish
**poivre** *(m)* pepper
**politesse** *(f)* politeness
**pompier** *(m)* firefighter
**portefeuille** *(m)* wallet
**poser** to pose; to ask
**poste** *(f)* **: poste restante** general delivery
**postier** *(m)*, **postière** *(f)* postal clerk
**pot** *(m)* pot
**pou** *(m)* *(pl.* **poux***)* louse (lice)
**poule** *(f)* hen
**poulet** *(m)* chicken
**poupée** *(f)* doll
**poursuivre** to follow; **poursuivre en justice** to sue, prosecute
**pourvu que** *(conj)* provided that
**préciser** to make clear, to clarify
**préfecture** *(f)* police station
**préoccupant** *(adj)* worrying, disquieting
**préoccupé** *(adj)* worried
**presser** to squeeze something; to urge someone; **se presser** to hasten, hurry
**prétendre** to claim
**prêter** to lend
**preuve** *(f)* proof
**prevenir** to warn
**prévu** *(pp.* of **prévoir***)* foreseen
**priver** to deprive
**probité** *(f)* honesty
**procureur** *(m)* district attorney
**prodige** *(m)* prodigy, wonder
**proprement** properly; neatly, nicely
**publicitaire** *(adj)* concerning advertising

**publicité** *(f)* advertisement, advertising

## Q

**quai** *(m)* platform (station or pier)
**quartier** *(m)* neighborhood
**quelconque** *(adj)* any at all; ordinary
**queue** *(f)* tail
**quiconque** *(pro indéf)* whoever
**quoique** *(conj)* although

## R

**raccompagner** to accompany back; to see home
**radical** *(pl.* **radicaux***)* *(adj)* radical, complete; *(n m)* stem (of verb)
**radis** *(m)* radish
**ralentir** to slow down
**ramasser** to pick up
**rami** *(m)* gin rummy
**rance** *(adj)* rancid
**rancœur** *(f)* bitterness (of heart); resentment
**rang** *(m)* rank
**ranger** to put away; rank, classify
**ranimer** to revive; enliven
**rapport** *(m)* relationship; report
**rarement** *(adv)* rarely
**raser** to shave; to raze to the ground
**rassis** *(adj)* stale
**râteau** *(m)* rake
**rater** to miss; get wrong; to fail
**ravi** *(adj)* delighted, overjoyed
**rayé** *(adj)* striped
**réagir** to react
**réclamer** to lodge a complaint; to ask for something back

**reconstituer** to restore
**recouvrer** to recover (health)
**recouvrir** to cover over; to recover
**recueillir** to collect, gather; to shelter; **se recueiller** to collect one's thoughts
**rédacteur** *(m)*, **rédactrice** *(f)* editor
**redoubler** to double
**réfléchir** to think
**réglage** *(m)* adjustment; regulating
**règlement** *(m)* settlement
**régler** to adjust
**reine** *(f)* queen
**réjouir** to make happy; **se réjouir** to be happy, to rejoice
**relancer** to throw again
**rembourser** to reimburse
**remerciement** *(m)* thanks
**remercier** to thank
**renard** *(m)* fox
**renouer** to tie up again; to renew (friendship)
**requin** *(m)* shark
**requis** *(adj)* required
**ressortir** to go out again
**retirer** to withdraw; **se retirer** to leave (a room)
**rhum** *(m)* rum
**rhume** *(m)* cold
**ricaner** to sneer, laugh derisively
**ride** *(f)* wrinkle
**rideau** *(m)* curtain
**rigueur** *(f)* rigor, severity; **être de rigueur** to be indispensable, compulsory
**riposter** to retort
**robe** *(f)* dress
**robinet** *(m)* faucet
**roi** *(m)* king
**rompre** to break
**ronfler** to snore
**rouillé** *(pp.* of **rouiller***)* rusty
**rouvrir** *(pp.* **rouvert***)* to open again

**roux** *(adj)* redheaded

**ruer** to kick out; **se ruer sur** to throw oneself at someone or something

**rugir** to roar

**ruisseau** *(m)* rivulet, stream, brook

**rumeur** *(f)* murmur; rumor; uproar

**rusé** *(adj)* clever

## S

**saluer** to greet

**sang-froid** *(m)* composure, levelheadedness; **perdre son sang-froid** to lose one's temper

**saucisson** *(m)* sausage

**saumon** *(m)* salmon

**sauver** to save

**scie** *(f)* saw

**séduire** to enchant; to seduce

**séjour** *(m)* stay, sojourn

**sémiologie** *(f)* semiology (the study of signs)

**sentir** to feel; to smell; to sense

**serveur** *(m)* waiter

**singe** *(m)* monkey

**sinon** otherwise, if not

**sirène** *(f)* siren

**soin** *(m)* care

**solde** *(f)* balance, debit; *(pl)* sales

**sommelier** *(m)* wine server

**sondage** *(m)* survey

**sorbet** *(m)* sherbet

**sorcier** *(m)* wizard, sorcerer

**sortie** *(f)* exit

**souci** *(m)* worry

**soucier** to trouble, worry; **se soucier de** to worry about

**soucieux, soucieuse** *(adj)* concerned, full of anxiety, worried

**soudain** *(adj)* sudden; *(adv)* suddenly

**souder** to join; to solder

**souffler** to blow

**souffrir** to suffer

**souhaiter** to wish

**souplesse** *(f)* suppleness, elasticity, flexibility

**souriant** *(adj)* smiling

**sourire** to smile

**sous-titre** *(m)* subtitle

**soutenir** to maintain; to support

**souvenir (se)** to remember

**stage** *(m)* period of probation; **faire un stage** to go through a period of probation or training

**suffire** to suffice

**suivre** to follow

**suprasensible** *(adj)* extrasensory

**surlendemain** *(m)* day after tomorrow

## T

**tailleur** *(m)* tailor; woman's suit

**taire (se)** to be (become) silent

**tant** *(adv)* so much

**tante** *(f)* aunt

**tapis** *(m)* rug

**tard** *(adv)* late

**tarder** to tarry; **sans tarder** without delay

**taudis** *(m)* hovel

**taureau** *(m)* bull

**taux** *(m)* rate (of exchange, interest, etc.)

**tellement** *(adv)* so much

**témoignage** *(m)* testimony

**témoin** *(m)* witness

**tendre** to tender; to extend, stretch; **tendre la main** to hold out one's hand

**tendre** *(adj)* tender; kind, loving

**ténu** *(adj)* thin, tenuous

**thon** *(m)* tuna fish

**tilleul** *(m)* linden tree

**tirer** to pull

**tiroir** *(m)* drawer

**toit-ouvrant** *(m)* sliding roof

**tondre** to mow; to shave (hair)

**tordre** to twist; to wring

**tournure** *(f)* turn; course of events; **tournure de phrase** turn of phrase

**tourtière** *(f)* French-Canadian pie made with chopped meat

**trafiquant** *(m)* dope peddler

**trahir** to betray

**trainard** *(m)* sluggish person, dawdler

**trait** *(m)* feature, trait; stroke, mark, line

**traitement** *(m)* treatment; salary (for professionals)

**transitif, transitive** *(adj)* said of verbs taking an object

**tricher** to cheat

**tripe** *(f)* tripe

**trompe** *(f)* trunk (elephant)

**tronc** *(m)* trunk

**trône** *(m)* throne

**trou** *(m)* hole

**troupeau** *(m)* herd (of animals)

**truffe** *(f)* truffle

**truie** *(f)* sow

**truite** *(f)* trout

**tuyau** *(m)* pipe; *(fam)* piece of good advice

## U

**usine** *(f)* factory

## V

**vache** *(f)* cow

**vaguement** vaguely

**vaisselle** *(f)* dishes

**valoir** to be worth

**veau** *(m)* calf, veal

**vécu** *(pp.* of **vivre)** lived

**veilleur** *(m)* watcher (at night)

**vendangeur** *(m)*, **vendangeuse** *(f)* grape harvester

**vendeur** *(m)*, **vendeuse** *(f)* salesperson

**verglas** *(m)* ice (on road)

**verrou** *(m)* lock

**vers** *(m)* verse; *(prep)* toward(s)

**veuf** *(m)* widower

**viande** *(f)* meat

**vichyssoise : soupe vichyssoise** cold leek and potato soup

**vieillir** to age, grow old

**vif, vive** *(adj)* lively, vivid, bright, energetic

**vinaigrette** *(f)* oil and vinegar dressing

**vitesse** *(f)* speed

**vitrail** *(m)* stained-glass window

**vitre** *(f)* glass pane

**vitreux, vitreuse** *(adj)* glassy, vitreous

**vitrier** *(m)* seller of window-panes

**voie** *(f)* way, path

**voile** *(m)* veil; *(f)* sail

**voilé** *(adj)* veiled

**voix** *(f)* voice

**voluptueux, voltupteuse** *(adj)* voluptuous, sensuous

**voyou** *(m)* hoodlum, bum

**vrai** *(adj)* true

# INDEX

## A

**à:** contraction avec, 22, 67, 107, 210, après **infé-rieur, supérieur,** 201, + **qui / quoi** 66; **c'est** + adjectif + **à** + infinitif, 11; + infinitif, 11, 34, 71, 109, 130–131, 150, 168, 186, 249; avec les noms géographiques, 283; + nom de ville, 283; emploi de, 284; **à bicyclette,** 286; **à temps,** 289; **à l'heure,** 289; **être à (appartenir à),** 108; **à peine,** 110, 244 (note); **avoir à,** 34; **avoir chaud (froid) à,** 29; **avoir mal à,** 29, 33

accord: du participe passé 45–46, 123–125; du participe présent, 248; des adjectifs, 165; du verbe après **la plupart des, la moitié des,** 26; du verbe avec **ni... ni... ne,** 146; du verbe avec un nom collectif, 165

adjectif: possessif, 26–29; comparatif, 195–196, 198–199; superlatif, 196–199; féminin de, 159–162; démonstratif, 30; indéfini, 145, 150; de couleur, 161–162; pluriel de, 162–165; accord, 165; interrogatif, 66; place de, 166–168

adverbe: formation de, 228–230; comparatif de, 198–199; superlatif de, 198–199, de manière, 228–229; place de, 230; de temps, 230

**afin: afin de,** 181, 284; **afin que,** 181

âge: comparaison de, 199; avoir + **âge,** 33

**agir: s'agir de,** 127

**air: avoir l'air,** 33, 34; **d'un air,** 230

**aller** + infinitif, 12

**amener,** 215

**ancien:** place de, 167

**appartenir,** 108

**apporter,** 215

**après: après avoir,** 54; **après que** + indicatif / subjonctif, 182; **d'après,** 288

**arriver:** impersonnel, 70; **qu'est-ce qui est arrivé?** 70

article: omission de, 25–26; avec les parties du corps, 28–29; défini, 22–23, 196; indéfini, 23–24, 143; partitif, 24–25, 143; répétition de, 22; avec les noms géographiques, 282–283

**asseoir: s'asseoir / être assis,** 131

**attendre: s'attendre à,** 186

**au:** article contracté, 22; **au cas où,** 91

**aucun: ne... aucun / aucun... ne,** 145, 148, 149

**aucunement,** 150

**aujourd'hui / ce jour-là,** 227

**auparavant,** 230

**auquel,** 210

**aussi:** négation de, 142; dans la comparaison, 195–196; + inversion, 110; **aussi / si,** 201

**aussitôt que,** 83, 87, 181

**autant: autant de,** 196; **autant / tant,** 201

**autre: d'autres,** 24

**autrefois,** 230, 289

auxiliaire, 43; répétition de, 111; *voir* **avoir** et **être**

**avant,** 285; **avant que,** 179, 181, 182; **avant de,** 54, 181

**avoir:** conjugaison de, 4, 259–260; auxiliaire, 42–43; dans les comparaisons de grandeur, de poids et d'âge, 199; expressions idiomatiques avec, 33–34; **avoir beau** + infinitif, 35

## B

**beau: avoir beau,** 35; **il fait beau,** 288

**beaucoup: beaucoup de,** 26; pour renforcer une comparaison, 195; **pas beaucoup de** + subjonctif, 183–184

**bicyclette: à bicyclette,** 286

**bien:** comparatif de, 199; superlatif de, 199; place de, 230 (note); **bien des,** 26; **être bien / être bon,** 200; **bien que,** 179, 181

**bon:** comparatif de, 198; superlatif de, 198